中级财务会计

INTERMEDIATE FINANCIAL ACCOUTING

裴淑红 王海霞 编著

中国市场出版社
China Market Press

·北京·

图书在版编目（CIP）数据

中级财务会计/裴淑红，王海霞编著. —北京：中国市场出版社，2018.1
ISBN 978-7-5092-1626-2

Ⅰ.①中… Ⅱ.①裴… ②王… Ⅲ.①财务会计-教材 Ⅳ.①F234.4

中国版本图书馆 CIP 数据核字（2017）第 291279 号

中级财务会计
ZHONGJI CAIWU KUAIJI

编　著	裴淑红　王海霞		
责任编辑	郭　佳		
出版发行	中国市场出版社 China Market Press		
社　址	北京月坛北小街2号院3号楼	邮政编码	100837
电　话	编 辑 部（010）68050425	读者服务部	（010）68022950
	发 行 部（010）68021338　68020340　68053489		
	68024335　68033577　68033539		
	总 编 室（010）68020336		
	盗版举报（010）68020336		
经　销	新华书店		
印　刷	河北鑫兆源印刷有限公司		
规　格	170 mm×240 mm　16 开本	版　次	2018年1月第1版
印　张	24.5	印　次	2018年1月第1次印刷
字　数	478 千字	定　价	39.00 元
书　号	ISBN 978-7-5092-1626-2		

版权所有　　侵权必究　　印装差错　　负责调换

PREFACE
前 言

本书以科学、完善的会计学理论体系为基础，依据最新企业会计准则、财税法律法规及相关政策，结合企业会计实务编写。

一、本书为会计理论与实务系列教材之一

《初级会计学》、《中级财务会计》与《高级财务会计》为会计理论系列教材，《初级会计仿真实训》与《财务会计综合实训》为会计实务系列教材。五本教材分工明确，各司其职。在内容的安排上，《初级会计学》与《初级会计仿真实训》，本书、《高级财务会计》与《财务会计综合实训》分别为会计理论与实务配套教材，结合使用有助于使用者更加准确、系统地掌握会计理论与实务知识，提高会计专业胜任能力。

二、本书的主要特点

1. 内容系统全面

我们借鉴吸收了其他教材的优点，经过与多名一线教师、学生的广泛讨论、调研，在十余年教学经验的基础上，本着适用性原则，最终确定了11章内容，包括：(1) 总论；(2) 货币资金；(3) 金融资产；(4) 存货；(5) 长期股权投资；(6) 固定资产；(7) 无形资产及其他非流动资产；(8) 负债；(9) 所有者权益；(10) 收入、费用和利润；(11) 财务报告。

2. 案例典型实用

为贴近实务，我们收集、整理了大量会计信息资料，针对会计实务中的疑点和难点问题，设计了大量教学案例。案例典型实用，讲解清楚翔实，帮助读者更透彻地理解会计准则，也能为企业会计人员解决诸多会计实务中的疑难问题，具有一定的示范作用和推广价值。

3. 自测题内容丰富

为便于使用者掌握教材中的基本概念、基本方法和基本原理，本书参考会计

职称考试、注册会计师会计考试真题和权威模拟试题，结合学习者的实际情况，每章都编写了内容丰富的自测题，并附客观题参考答案及讲解清楚的计算题、核算题、综合题参考答案，便于使用者自测自查，夯实基础。

三、教学参考进度与安排

为了方便教学，本书根据《中级财务会计》课程教学大纲，以90学时为例（也可根据学校实际情况酌情增减），建议教学参考进度与安排如下：第一章"总论"，2学时；第二章"货币资金"，4学时；第三章"金融资产"，14学时；第四章"存货"，8学时；第五章"长期股权投资"，10学时；第六章"固定资产"，4学时；第七章"无形资产及其他非流动资产"，2学时；第八章"负债"，12学时；第九章"所有者权益"，4学时；第十章"收入、费用和利润"，8学时；第十一章"财务报告"，22学时。

本书定位准确，难度适中，内容实用，案例典型，可作为普通高校、职业教育、成人教育等各类本专科会计教学用教材，也可作为企业会计人员有益的工作参考用书。

本书由裴淑红、王海霞共同完成，各章编写具体分工如下：裴淑红，第三、四、五、八、十一章；王海霞，第一、二、六、七、九、十章。

刘欣、梁萌、张傲、王蕊在本书编写过程中做了大量工作，在此深表感谢。本书的编写参考了注册会计师全国统一考试辅导教材《会计》的部分内容，借鉴、吸收了国内外会计理论研究、实务操作和教学的优秀成果，在此谨向相关作者深表感谢，尤其感谢李宝珍、付倩、张兰老师对本书的贡献。

我们悉心著书，但疏漏之处在所难免，诚望广大读者、师生及学界同仁批评指正。

作　者

2018年1月于北京

CONTENTS 目 录

第一章 总 论

- 第一节 财务会计概述 ·· 2
  - 一、财务会计及其作用 ·· 2
  - 二、企业会计准则体系 ·· 3
  - 三、财务会计的目标 ·· 3
- 第二节 会计基本假设与会计核算基础 ································ 4
  - 一、会计基本假设 ·· 4
  - 二、会计核算基础 ·· 7
- 第三节 会计信息质量要求 ·· 7
  - 一、可靠性 ·· 7
  - 二、相关性 ·· 8
  - 三、可理解性 ·· 8
  - 四、可比性 ·· 9
  - 五、实质重于形式 ·· 9
  - 六、重要性 ··· 10
  - 七、谨慎性 ··· 10
  - 八、及时性 ··· 11
- 第四节 会计要素及其确认与计量原则 ······························· 11
  - 一、资产 ··· 11
  - 二、负债 ··· 13
  - 三、所有者权益 ··· 15
  - 四、收入 ··· 16
  - 五、费用 ··· 17

六、利润 …………………………………………………………… 17
　　七、会计要素计量属性及其应用原则 …………………………… 18
自测题 ……………………………………………………………………… 19

第二章　货币资金

第一节　库存现金 ……………………………………………………… 26
　　一、现金管理制度 ………………………………………………… 26
　　二、库存现金的会计处理 ………………………………………… 27
　　三、库存现金的清查 ……………………………………………… 28
第二节　银行存款 ……………………………………………………… 30
　　一、银行存款的有关规定 ………………………………………… 30
　　二、银行存款的会计处理 ………………………………………… 31
　　三、银行存款的核对 ……………………………………………… 32
第三节　其他货币资金 ………………………………………………… 33
　　一、银行汇票存款 ………………………………………………… 34
　　二、银行本票存款 ………………………………………………… 35
　　三、信用卡存款 …………………………………………………… 36
　　四、信用证保证金存款 …………………………………………… 37
　　五、外埠存款 ……………………………………………………… 37
　　六、存出投资款 …………………………………………………… 38
自测题 ……………………………………………………………………… 38

第三章　金融资产

第一节　以公允价值计量且其变动计入当期损益的金融资产 ……… 44
　　一、以公允价值计量且其变动计入当期损益的金融资产概述 … 44
　　二、以公允价值计量且其变动计入当期损益的金融资产的会计
　　　　处理 …………………………………………………………… 46
第二节　持有至到期投资 ……………………………………………… 49
　　一、持有至到期投资的概念 ……………………………………… 49
　　二、持有至到期投资的会计处理 ………………………………… 49
第三节　应收款项 ……………………………………………………… 54
　　一、应收票据 ……………………………………………………… 54

二、应收账款 ·· 58
　　三、预付账款 ·· 59
　　四、应收股利 ·· 59
　　五、应收利息 ·· 60
　　六、其他应收款 ·· 60
　　七、长期应收款 ·· 60
　　八、坏账准备 ·· 60
第四节　可供出售金融资产 ··· 62
　　一、可供出售金融资产概述 ·· 62
　　二、可供出售金融资产的会计处理 ·· 62
自测题 ·· 65

第四章　存　货

第一节　存货概述 ·· 76
　　一、存货的概念 ·· 76
　　二、存货的确认条件 ·· 77
　　三、存货初始成本的计量 ·· 77
第二节　原材料 ·· 79
　　一、实际成本法 ·· 79
　　二、计划成本法 ·· 86
第三节　库存商品 ·· 93
　　一、实际成本法 ·· 93
　　二、计划成本法 ·· 94
第四节　委托加工物资 ··· 94
　　一、委托加工物资的概念 ·· 94
　　二、委托加工物资的核算 ·· 94
第五节　周转材料 ·· 96
　　一、周转材料的概念和内容 ·· 96
　　二、周转材料的核算 ·· 96
第六节　存货的期末计量 ··· 99
　　一、存货期末计量原则 ·· 99
　　二、存货可变现净值的含义 ·· 100
　　三、存货可变现净值低于成本的情形 ································· 100

四、计提存货跌价准备的方法 ……………………………… 101
　　五、存货跌价准备的会计处理 ……………………………… 102
自测题 ……………………………………………………………… 104

第五章　长期股权投资

第一节　长期股权投资概述 …………………………………… 112
　　一、长期股权投资的概念 …………………………………… 112
　　二、长期股权投资的种类 …………………………………… 112
　　三、长期股权投资的科目设置 ……………………………… 114
第二节　长期股权投资的初始投资成本 ……………………… 114
　　一、企业合并形成的长期股权投资 ………………………… 114
　　二、企业合并以外其他方式取得的长期股权投资 ………… 117
　　三、投资成本中包含的已宣告但尚未发放的现金股利或利润的
　　　　处理 ………………………………………………………… 119
第三节　长期股权投资的后续计量 …………………………… 120
　　一、长期股权投资核算的成本法 …………………………… 120
　　二、长期股权投资核算的权益法 …………………………… 121
　　三、长期股权投资的减值 …………………………………… 127
第四节　长期股权投资核算方法的转换及处置 ……………… 128
　　一、长期股权投资核算方法的转换 ………………………… 128
　　二、长期股权投资的处置 …………………………………… 131
自测题 ……………………………………………………………… 132

第六章　固定资产

第一节　固定资产概述 ………………………………………… 140
　　一、固定资产的定义和特征 ………………………………… 140
　　二、固定资产的确认条件 …………………………………… 140
　　三、固定资产确认过程中的其他问题 ……………………… 141
第二节　取得固定资产的核算 ………………………………… 141
　　一、外购的固定资产 ………………………………………… 141
　　二、自行建造的固定资产 …………………………………… 144
　　三、其他方式取得的固定资产 ……………………………… 147

　　　　四、存在弃置义务的固定资产 …………………………………… 147
第三节　固定资产折旧 ————————————————————— 148
　　　　一、固定资产折旧的概念 ……………………………………… 148
　　　　二、影响固定资产折旧的因素 ………………………………… 148
　　　　三、计提折旧的固定资产范围 ………………………………… 149
　　　　四、固定资产折旧方法 ………………………………………… 149
　　　　五、固定资产折旧的账务处理 ………………………………… 153
　　　　六、固定资产使用寿命、预计净残值和折旧方法的复核 …… 153
第四节　固定资产的后续支出 ————————————————————— 154
　　　　一、资本化的后续支出 ………………………………………… 154
　　　　二、费用化的后续支出 ………………………………………… 156
第五节　固定资产的期末计价 ————————————————————— 156
　　　　一、固定资产的减值迹象 ……………………………………… 156
　　　　二、固定资产可收回金额的估计 ……………………………… 157
　　　　三、固定资产减值的核算 ……………………………………… 158
第六节　固定资产的处置 ————————————————————— 160
　　　　一、出售固定资产的核算 ……………………………………… 160
　　　　二、报废固定资产的核算 ……………………………………… 161
　　　　三、盘亏固定资产的核算 ……………………………………… 163
自测题 ————————————————————————————— 163

第七章　无形资产及其他非流动资产

第一节　无形资产 ————————————————————————— 170
　　　　一、无形资产概述 ……………………………………………… 170
　　　　二、无形资产的初始计量 ……………………………………… 172
　　　　三、内部研究开发支出的确认和计量 ………………………… 175
　　　　四、无形资产的后续计量 ……………………………………… 178
　　　　五、无形资产的处置 …………………………………………… 182
第二节　其他非流动资产 ————————————————————— 184
　　　　一、投资性房地产 ……………………………………………… 184
　　　　二、长期待摊费用 ……………………………………………… 185
　　　　三、递延所得税资产 …………………………………………… 185
　　　　四、商誉 ………………………………………………………… 186

自测题 ·· 186

第八章　负　债

第一节　负债概述 ·· 192
　　一、负债的概念 ·· 192
　　二、负债的分类 ·· 192
　　三、负债的计量 ·· 192
第二节　流动负债 ·· 193
　　一、短期借款 ·· 193
　　二、应付票据 ·· 194
　　三、应付账款 ·· 196
　　四、预收账款 ·· 197
　　五、应付职工薪酬 ·· 199
　　六、应交税费 ·· 204
　　七、应付利息 ·· 216
　　八、应付股利 ·· 217
　　九、其他应付款 ·· 217
第三节　非流动负债 ·· 217
　　一、长期借款 ·· 217
　　二、应付债券 ·· 219
　　三、长期应付款 ·· 222
自测题 ·· 224

第九章　所有者权益

第一节　所有者权益概述 ·· 232
　　一、所有者权益的概念 ·· 232
　　二、所有者权益的构成和来源 ·· 232
第二节　实收资本 ·· 233
　　一、实收资本概述 ·· 233
　　二、实收资本的核算 ·· 233
第三节　资本公积和其他综合收益 ···································· 236
　　一、资本公积 ·· 236

二、其他综合收益 ………………………………………… 238
第四节　留存收益 ……………………………………………… 239
　　一、盈余公积 ……………………………………………… 239
　　二、未分配利润 …………………………………………… 240
自测题 …………………………………………………………… 243

第十章　收入、费用和利润

第一节　收入 …………………………………………………… 248
　　一、收入的概念与分类 …………………………………… 248
　　二、销售商品收入 ………………………………………… 249
　　三、提供劳务收入 ………………………………………… 258
　　四、让渡资产使用权收入 ………………………………… 261
第二节　费用 …………………………………………………… 262
　　一、费用的概念 …………………………………………… 262
　　二、费用的核算 …………………………………………… 262
第三节　利润 …………………………………………………… 264
　　一、利润的概念 …………………………………………… 264
　　二、利润的构成 …………………………………………… 264
　　三、利润的核算 …………………………………………… 266
自测题 …………………………………………………………… 268

第十一章　财务报告

第一节　财务报告概述 ………………………………………… 276
　　一、财务报表的定义、构成和分类 ……………………… 276
　　二、财务报表列报的基本要求 …………………………… 277
第二节　资产负债表 …………………………………………… 281
　　一、资产负债表的内容及结构 …………………………… 281
　　二、资产负债表的列报方法 ……………………………… 282
第三节　利润表 ………………………………………………… 296
　　一、利润表的内容、结构及编制程序 …………………… 296
　　二、利润表的填列方法 …………………………………… 297

第四节 现金流量表 ———————————————————— 299
　　一、现金流量表及其作用 ································ 299
　　二、现金流量表的编制基础 ···························· 300
　　三、现金流量的分类 ···································· 300
　　四、现金流量表的结构、各项目的内容及其填列 ········ 301
　　五、现金流量表的编制方法及程序 ···················· 306
第五节 所有者权益变动表 ———————————————————— 325
　　一、所有者权益变动表的内容及结构 ·················· 325
　　二、所有者权益变动表的列报方法 ···················· 326
第六节 附注的主要内容 ———————————————————— 328
自测题 ·· 329

附：自测题参考答案 ·· 340
参考文献 ·· 378

01

总 论

ZHONGJI CAIWU KUAIJI

第一节 财务会计概述

一、财务会计及其作用

随着企业公司制的建立，所有权、经营权的分离以及资本市场的发展，企业会计逐步演化为两大分支：一是服务于企业内部管理决策所需信息的管理会计，或称对内报告会计；二是服务于企业外部信息使用者决策所需信息的财务会计，或称对外报告会计。财务会计由于需要服务于外部信息使用者，在保护投资者及社会公众利益、维护市场经济秩序健康有序发展方面起着越来越重要的作用。具体来说，财务会计在市场经济中的作用主要体现在以下几个方面：

（1）财务会计有助于会计信息使用者做出合理决策。企业的投资者为了选择投资对象、衡量投资收益及风险，需要了解企业的毛利率、总资产收益率、净资产收益率等盈利能力和发展趋势方面的财务会计信息；作为债权人的银行，为了选择贷款对象、衡量贷款风险、做出贷款决策，需要了解企业的流动比率、速动比率、资产负债率等短期偿债能力和长期偿债能力等财务会计信息；作为社会经济管理者的政府部门，为了制定经济政策、进行宏观调控、配置社会资源，也需要从总体上掌握企业的资产负债结构、损益状况和现金流转情况等财务会计信息。财务会计通过对外报告有关企业的财务状况、经营成果和现金流量，为投资者、债权人和政府有关部门等各方面提供信息，帮助其做出正确、合理的决策。

（2）财务会计有助于考核企业管理层经济责任的履行情况。企业接受了包括政府在内的各类投资者的投资，有责任按照预定的发展目标和要求，合理利用资源，加强经济管理，提高经济效益，接受考核和评价。投资者需要了解企业当年经济活动成果和当年的资产保值、增值情况，需要将利润表中的净利润与上年度进行对比，以反映企业的盈利发展趋势；需要将企业与同行业进行对比，以反映企业在同行业竞争中所处的位置。这些都需要财务会计提供的信息，帮助投资者考核企业管理层经济责任的履行情况。

（3）财务会计有助于企业加强经营管理，提高经济效益，促进企业可持续发展。企业管理者通过利用财务会计提供的关于企业的财务状况、经营成果和现金流量等方面的会计信息，可以全面、系统、总括地了解企业生产经营活动情况、财务状况和经营成果，并在此基础上预测和分析未来发展前景；可以通过发现过去经营活动存在的问题，找出问题的原因，并提出改进措施。总之，财务会计通过真实地反映财务信息，参与经营决策，有助于发挥财务会计在加强企业经营管理、提高经济效益等方面的积极作用。

二、企业会计准则体系

财务会计需要服务于外部信息使用者，其在社会经济生活中的地位日益突出，迫切需要一套社会公认的统一的会计原则来规范。我国的企业会计准则作为法规体系的组成部分，具有强制性的特点，要求企业必须执行，是财务会计的重要规范。

我国于2006年颁布了《企业会计准则——基本准则》、38项具体准则及企业会计准则应用指南。随后于2014年进行了自2006年以来最大的一次会计准则改革，以适应我国企业和资本市场发展的实际需要，实现我国企业会计准则与国际财务报告准则的持续趋同。我国企业会计准则体系由基本准则、具体准则、会计准则应用指南和解释公告组成。其中，基本准则在整个体系中扮演着概念框架的角色，规范了包括财务报告目标、会计基本假设、会计信息质量要求、会计要素的定义及其确认计量原则、财务报告等在内的基本问题，是制定具体准则的基础，对各项具体准则的制定起着统驭作用，可以确保各具体准则的内在一致性。同时也为会计实务中出现的、具体准则尚未规范的新问题提供会计处理依据，从而确保企业会计准则体系对所有会计实务问题的规范作用。具体准则是在基本准则的基础上，对各类企业的各项经济交易或者事项进行会计处理的规范。具体准则分为一般业务准则、特殊业务准则和报告类准则，主要规范了各项具体业务与事项的确认、计量和报告。应用指南是对具体准则的一些重点难点问题做出的操作性规定。解释公告是随着企业会计准则的贯彻实施，就实务中遇到的实施问题而对准则做出的具体解释。

三、财务会计的目标

财务会计的目标也就是财务报告的目标，财务报告目标在整个财务会计系统和企业会计准则体系中具有十分重要的地位，是构建会计要素确认、计量和报告原则并制定各项准则的基本出发点。

我国《企业会计准则——基本准则》第四条规定："财务会计报告的目标是向财务会计报告使用者提供与财务状况、经营成果和现金流量等有关的会计信息，反映企业管理层受托责任履行情况，有助于财务会计报告使用者做出经济决策。"财务报告目标的具体内容应包括以下三个方面：

(1) 财务报告使用者。财务报告使用者主要包括投资者、债权人、政府有关部门和社会公众等。财务会计报告的使用者中，投资者位列其首，充分体现了财务会计报告目标既与资本市场相适应，又与国际会计准则趋同。财务会计报告首先需要满足投资者对会计信息的需要。投资者包括个人投资者、单位投资者、国家投资者以及这三个层面的潜在投资者，他们是资本市场的主体。债权人包括潜在债权人，主要是贷款人或供应商等。政府有关部门即经济管理部门和经济监管部门，包括国有资产管理部门、财政部门、税务部门、统计部门、审计部门和金融机构等。

(2) 财务报告的内容。财务报告的内容一是要报告企业的财务状况、经营成果和现金流量等方面的会计信息，包括如实反映企业拥有或控制的经济资源、对经济资源的要求权以及经济资源及其要求权的变化情况；如实反映企业的各项收入、费用、利得和损失的金额及其变动情况；如实反映企业各项经营活动、投资活动、筹资活动等所形成的现金流入和流出情况等。二是要反映企业管理层受托责任履行情况，包括如实反映企业管理层保管、使用资产的情况。

(3) 财务报告的目的。财务报告的目的是帮助财务会计报告使用者做出经济决策。投资者根据财务报告所提供的信息，可以对企业的资产质量、盈利能力、运营效率、现金流量等进行正确、合理的评价，以便做出理性的投资决策；债权人根据财务报告所提供的信息，可以对企业能否如期支付贷款本金及其利息、能否如期支付购货款等进行评价，以便做出贷款或赊销等决策；政府及其有关部门根据财务报告所提供的信息，可以对整个社会的资源配置情况是否合理、经济秩序是否有序、宏观决策所依据的信息是否真实可靠等做出评价，以便制定或调整税收政策、货币政策等宏观经济政策。

第二节　会计基本假设与会计核算基础

一、会计基本假设

会计的基本假设是企业会计确认、计量和报告的前提，是对会计核算所处时间、空间环境等所做的合理设定。

会计核算所处的社会环境极为复杂且变化不定，在这种情况下，会计人员有必要对所处的环境做出判断，确定一些假设条件。只有做出了这些假设，会计核算才能得以正常进行。会计核算的假设条件，是人们在长期会计实践中认识和总结形成的。会计的基本假设包括会计主体、持续经营、会计分期、货币计量。

1. 会计主体

会计主体，是指企业会计确认、计量和报告的空间范围。是会计工作为其服务的特定单位或组织。

会计核算的对象是企业生产经营活动，一家企业的生产经营活动总是与其他单位的生产经营活动相联系。因此，会计核算首先需要确定核算的范围，明确哪些经济活动应当予以确认、计量和报告，哪些经济活动不包括在核算的范围内。在会计主体假设下，企业应当对其本身发生的交易或者事项进行会计确认、计量和报告，反映企业本身所从事的各项生产经营活动。明确界定会计主体，是开展会计确认、计量和报告工作的重要前提。

（1）明确会计主体，才能划定会计所要处理的各项交易和事项的范围。在会计工作中，要求会计核算区分自身的经济活动与其他单位的经济活动，只有那些影响企业本身经济利益的各项交易或事项，才能加以确认、计量和报告；那些不影响企业本身经济利益的各项交易或事项，则不能确认、计量和报告。

（2）明确会计主体，才能区分企业的经济活动与企业投资者的经济活动。企业核算的只是企业自身的经济活动，而不涉及投资者的经济活动。这样才能正确反映会计主体的资产、负债和所有者权益情况，才能准确衡量会计主体的收入、费用和经营成果，才能提供信息使用者所需要的会计信息。

会计主体与法律主体不是同一个概念。一般说来，作为一个法律主体，其经济上是独立的，需要进行独立核算，因而必然是会计主体。但会计主体不一定是法律主体。任何企业，无论是独资、合伙还是合资，都是一个会计主体，甚至一个较大规模的法人企业的分支机构，也可以作为一个会计主体。在控股经营的情况下，母公司与子公司组成的企业集团是多个法律主体，但在编制合并报表的情况下，也可以作为一个会计主体。又如，由企业管理的证券投资基金、企业年金基金等，尽管不属于法律主体，但属于会计主体，应当对每项基金进行会计确认、计量和报告。因此，会计主体可以是法人，也可以是非法人；可以是一家企业，也可以是企业内部的一个部门或分支机构；可以是单一企业，也可以是几家企业组成的企业集团。

2. 持续经营

持续经营，是指在可以预见的将来，某一企业将会按照当前的规模和状态继续经营下去，不会停业，也不会大规模削减业务。在持续经营前提下，会计确认、计量和报告应当以企业持续、正常的生产经营活动为前提，这是对企业会计核算时间范围的界定。

任何一家企业都可能有两种前途，一种是能够持续经营，另一种是可能破产、倒闭。两种情况下所用的核算方法不同，企业必须选择一种作为前提。因为绝大多数企业是能够持续经营的，所以一般会计主体都以持续经营为前提。企业会计准则体系是以企业持续经营为前提来制定和规范的。

企业是否以持续经营为前提，在会计原则和会计方法的选择上有很大差别。假定企业能够持续经营，会计核算才能运用历史成本原则对资产进行计价，才能按照正常的情况使用其所拥有的各种经济资源，才能按照偿还条件偿还企业的负债，才可以在机器设备的使用年限内，按照其价值和使用情况进行折旧核算，等等。如果持续经营前提不存在了，上述一系列的会计原则和会计方法将会失去存在的基础，也就不能采用通常的方式提供会计信息了。

3. 会计分期

会计分期，是指将企业持续不断的生产经营活动划分为一个个连续的、长短相同的期间。会计分期的目的，在于通过会计期间的划分将持续进行的生产经营活动划分成连续、相等的期间，据以结算盈亏，按期编报财务报告，从而及时向财务报告使用者提供有关企业财务状况、经营成果和现金流量的会计信息。

会计分期假设是以持续经营假设为前提条件的。只有假定企业是持续经营的，才有可能和必要将连续不断的经营过程分成一个一个的会计期间。根据持续经营的假设，一家企业将会按照当前的规模和状态继续经营下去。但是，无论是企业的生产经营决策还是投资者、债权人等的决策，都需要及时的信息，需要将企业持续的生产经营活动划分为一个个连续的、长短相同的期间，分期确认、计量和报告企业的财务状况、经营成果和现金流量。会计分期假设也是对企业会计核算时间上的界定。明确会计分期假设是必要的，正是由于会计分期，才产生了当期与以前期间、以后期间的差别，才使不同类型的会计主体有了记账的基准，进而出现了折旧、摊销、预收、预付、应收、应付等会计处理方法。

4. 货币计量

货币计量，是指会计主体在财务会计确认、计量和报告时以货币计量，反映会计主体的生产经营活动。

企业的生产经营活动多数表现为实物运动，如厂房、机器设备和其他财物的增减等。由于这些实物的计量单位千差万别，有重量、长度等，无法在量上进行比较，不便于管理和会计计量、计算。为全面、综合地反映企业生产经营活动的各种业务和事项，会计核算需要有一种统一的计量单位作为各种实物的计价量度。在商品经济条件下，货币作为商品的一般等价物，是衡量一般商品价值的共同尺度。因此，基本准则规定，会计确认、计量和报告，选择货币作为计量单位。

在有些情况下，统一采用货币计量也有缺陷，某些影响企业财务状况和经营成果的因素，如企业经营战略、研发能力、市场竞争力等，往往难以用货币衡量，但这些信息对于使用者决策也很重要，企业可以在财务报告中补充披露有关非财务信息来弥补上述缺陷。

二、会计核算基础

企业的会计核算即企业会计的确认、计量和报告应当以权责发生制为基础。权责发生制,是指收入和费用的确认应当以收入和费用的实际发生和影响作为确认和计量的标准。权责发生制基础要求,凡是当期已经实现的收入和已经发生或应负担的费用,不论款项是否收付,都应当作为当期的收入和费用,计入利润表;凡是不属于当期的收入和费用,即使款项已经在当期收付,也不应当作为当期的收入和费用。

在会计实务中,企业交易或者事项的发生时间与相关货币的收支时间有时并不完全一致。例如,款项已收到,但销售并未实现;或者款项已经支付,但并不是为本期生产经营活动而发生的。为了更加真实、公允地反映特定会计期间的财务状况和经营成果,基本准则规定,企业在确认、计量和报告中应当以权责发生制为基础。

收付实现制是与权责发生制相对应的一种会计基础,它以收到或支付现金作为确认收入和费用的依据。目前,我国的行政单位会计采用收付实现制,事业单位会计除经营业务可以采用权责发生制外,其他大部分业务采用收付实现制。

第三节 会计信息质量要求

为了实现财务会计报告的目标,保证会计信息的质量,必须明确会计信息的质量要求。会计信息的质量要求是财务会计报告所提供的信息应达到的基本要求,是使财务报告中所提供的会计信息对投资者等使用者决策有用应具备的基本特征。会计信息质量要求的内容主要包括:可靠性、相关性、可理解性、可比性、实质重于形式、重要性、谨慎性和及时性等。其中,可靠性、相关性、可理解性、可比性是会计信息的首要质量要求,是财务报告中所提供的会计信息应具备的基本质量特征;实质重于形式、重要性、谨慎性和及时性是会计信息的次级质量要求,是对首要质量要求的补充和完善,尤其是对某些特殊交易或者事项进行处理时,需要根据这些质量要求来把握其会计处理原则。

一、可靠性

可靠性要求企业应当以实际发生的交易或者事项为依据进行会计确认、计量和报告,如实反映符合确认和计量要求的各项会计要素及其他相关会计信息,保证会计信息真实可靠、内容完整。

可靠性是对会计信息最重要的一项质量要求。会计信息是投资者、债权人、政府有关部门及企业内部经营管理进行决策的依据，如果会计数据不能真实、客观地反映企业经济活动的实际情况，会计工作就失去了存在的意义，甚至会误导会计信息使用者，导致决策失误。为了贯彻可靠性要求，企业应当做到如下两点。

（1）以实际发生的交易或者事项为依据进行确认和计量，将符合会计要素定义及其确认条件的资产、负债、所有者权益、收入、费用和利润等如实反映在财务报表中，不得根据虚构的、没有发生的或者尚未发生的交易或者事项进行确认、计量和报告。

（2）在符合重要性和成本效益原则的前提下，保证会计信息的完整性，其中包括：应当编报的报表及其附注的内容等应当保持完整，不能随意遗漏或者减少应予披露的信息，与使用者决策相关的信息都应当充分披露。

二、相关性

相关性要求企业提供的会计信息应当与投资者等财务报告使用者的经济决策需要相关，有助于财务报告使用者对企业过去、现在或者未来的情况做出评价或者预测。

会计信息是否有用、是否具有价值，关键是看其与使用者的决策需要是否相关，是否有助于决策或者提高决策水平。相关会计信息应当能够有助于使用者评价企业过去的决策，证实或者修正过去的有关预测，因而具有反馈价值；还应当具有预测价值，有助于使用者根据财务报告所提供的会计信息预测企业未来的财务状况、经营成果和现金流量。

会计信息质量的相关性要求，需要企业在确认、计量和报告会计信息的过程中，充分考虑使用者的决策模式和信息需要。相关性以可靠性为基础，两者之间并不矛盾，不应将两者对立起来。

三、可理解性

可理解性要求企业提供的会计信息应当清晰明了，便于投资者等财务报告使用者理解和使用。

提供会计信息的目的在于信息的使用。要使用会计信息，就必须使会计信息使用者能理解会计信息的内涵，弄懂会计信息的内容。如果所提供的会计信息含糊不清或存在错误，将会影响到信息使用者的理解和使用。

明晰性要求会计记录应当准确、清晰，填制会计凭证、登记会计账簿必须做到依据合法、账户对应关系清楚、文字摘要完整；在编制会计报表时，项目勾稽关系清楚、项目完整、数字准确。

四、可比性

可比性要求企业提供的会计信息应当相互可比。这主要包括两层含义：

1. 同一企业不同时期可比

为了便于投资者等财务报告使用者了解企业财务状况、经营成果和现金流量的变化趋势，比较企业在不同时期的财务报告信息，全面、客观地评价过去、预测未来，从而做出决策，会计信息质量的可比性要求同一企业不同时期发生的相同或相似的交易或事项应采用一致的会计政策，不得随意变更。但是，满足会计信息可比性要求，并非表明企业不得变更会计政策，如果按照规定或者在会计政策变更后可以提供更可靠、更相关的会计信息，可以变更会计政策。有关会计政策变更的情况，应当在附注中予以说明。

企业发生的交易或事项具有复杂性和多样化，对于某些交易或事项，可以有多种会计核算方法。如存货的领用核算可以采用几种方法；固定资产的折旧计提也有多种方法。如果企业在不同期间采用不同的方法，将不利于会计信息使用者对信息的理解。因此，在会计核算中坚持不同时期可比的会计政策，除了有利于提高会计信息的使用价值以外，还可以制约和防止会计主体通过随意变更会计处理方法，在会计核算上弄虚作假，粉饰会计报表。

2. 不同企业相同会计期间可比

为了便于投资者等财务报告使用者评价不同企业的财务状况、经营成果和现金流量及其变动情况，会计信息质量的可比性要求不同企业同一会计期间发生的相同或相似的交易或事项应当采用规定的会计政策，确保会计信息口径一致、相互可比，以使不同企业按照一致的确认、计量和报告要求提供有关会计信息。

不同的企业可能处于不同行业、不同地区，经济业务发生于不同时点，为了保证会计信息能够满足决策的需要，便于比较不同企业的财务状况、经营成果和现金流量，只要是相同的交易或事项，就应当采用相同的会计处理方法。强调可比性的实质在于，通过不同企业之间的比较，分析经营绩效，从而发现问题，寻找原因，提出改进措施。

五、实质重于形式

实质重于形式要求企业应当按照交易或事项的经济实质进行会计确认、计量和报告，而不应仅仅以交易和事项的法律形式为依据。

企业发生的交易或事项在多数情况下其经济实质和法律形式是一致的，但在有些情况下也会出现不一致。在这种情况下，如果仅仅根据其形式反映，不仅不利于会计信息使用者决策，甚至可能会误导其决策。例如，企业按照销售合同销售商品，但又签订了售后回购协议，虽然从法律形式上看实现了收入，但如果企业没有将商品所有权上的主要风险和报酬转移给购货方，没有满足收入确认的各项条件，即使签订了商品销售合同或者已经将商品交付给购货方，也不应当确认销售收入。又如，采用融资租赁方式租入的固定资产，从法律形式上看，企业不拥有该项固定资产的所有权，但是，由于在租赁期里承租企业实质上获得了该资产所提供的主要经济利益，同时承担了与资产有关的风险，因此承租企业应将融资租入资产作为一项固定资产计价入账，同时确认相应的负债，并且要计提固定资产折旧，这样处理体现了实质重于形式的要求。

六、重要性

重要性要求企业提供的会计信息应当反映与企业财务状况、经营成果和现金流量等有关的所有重要交易或事项。

如果财务报告中提供的会计信息的省略或者错报会影响投资者等财务报告使用者据此做出决策的，该信息就具有重要性。重要性的应用需要依赖职业判断，企业应当根据其所处的环境和实际情况，从项目的性质和金额两方面加以判断。凡是对会计信息使用者的决策有较大影响的交易或事项，应作为会计确认、计量和报告的重点；对不重要的经济业务，则可以采用简化的处理程序和方法，也不必在会计报表上详细列示。

重要性的要求与会计信息成本与效益直接相关。如果对一切会计业务的处理，不分轻重主次，采取完全相同的处理方法，必将耗费过多的人力、物力和财力，使会计信息的成本大于收益。在会计核算中坚持重要性要求，能够使会计核算在全面反映企业业务的基础上保证重点，有助于加强对经济活动和经营决策有重大影响和有重要意义的关键性问题的核算，并简化核算，节约人力、物力和财力，提高工作效率。

七、谨慎性

谨慎性要求企业对交易和事项进行会计确认、计量和报告时，应当保持应有的谨慎，不应高估资产或收益，低估负债或费用。

在市场经济环境下，企业的生产经营活动面临着许多风险和不确定性，如应收款项的可收回性、固定资产和无形资产的使用寿命、售出商品可能发生的退货或者返修等。谨慎性要求需要企业在面临不确定性因素的情况下做出职业判断时，应保持应有的谨慎，充分估计到各种风险和损失，既不高估资产或者收益，也不低估负债或者费用。例如，要求企业对可能发生的资产减值损失计提资产减值准备、对期末存货估价采用成本与可变现净值孰低法计价、对售出商品可能发生的保修义务等确认预计负债等做法，都体现了谨慎性的要求。

谨慎性的应用也不允许企业设置秘密准备。如果企业故意低估资产或者收益，故意高估负债或者费用，将不符合会计信息的可靠性和相关性的要求，损害会计信息质量，扭曲企业实际的财务状况和经营成果，从而对信息使用者的决策产生误导，这也是会计准则所不允许的。

八、及时性

及时性要求企业对已经发生的交易或者事项，应当及时进行会计确认、计量和报告，不得提前或延后。

会计信息具有时效性。特别是在市场经济条件下，市场瞬息万变，企业竞争日趋激烈，各方面对会计信息的及时性要求越来越高，如果企业不能及时进行会计核算，不能及时提供会计信息，就无助于经济决策，会计工作将失去意义。

在会计核算中坚持及时性原则，一是要求及时收集会计信息，即在经济业务发生之后，及时收集整理各种原始单据或者凭证；二是要求及时处理各种信息，即按照会计准则的规定，及时编出财务报告；三是要求及时传递会计信息，即在国家规定的时限内及时将财务报告传递给财务报告使用者，便于其及时使用或者决策。

第四节　会计要素及其确认与计量原则

会计要素是根据交易或者事项的经济特征所确定的财务会计对象的基本分类。会计要素按照其性质分为资产、负债、所有者权益、收入、费用和利润。其中，资产、负债、所有者权益要素侧重反映企业的财务状况，收入、费用和利润要素侧重反映企业的经营成果。会计要素的界定和分类可使财务会计系统更加科学严密，为投资者等财务报告使用者提供更加有用的信息。

一、资产

（一）资产及其特征

资产是指企业过去的交易或事项形成的、由企业拥有或者控制的、预期会给企业带来经济利益的资源。它具有以下特征：

1. 资产预期会给企业带来经济利益

资产预期会给企业带来经济利益，是指资产具有直接或者间接导致现金或者现金等价物流入企业的潜力。这种潜力可以来自企业日常的生产经营活动，也可以来自非日常生产经营活动；带来的经济利益可以是现金或者现金等价物，也可以是能够转化为现金或者现金等价物的其他资产，还可以表现为减少现金或者现金等价物的流出。

资产预期能为企业带来经济利益是资产的重要特征。如果一项资源虽然为企业拥有或者控制，但预期不能给企业带来经济利益，就不能将其确认为企业的资产。过去确认为企业资产的一项资源，如果由于种种原因不能再为企业带来经济利益的，也不能再确认为企业的资产。例如，记入"待处理财产损溢"科目中的毁损的存货，因为其已不能为企业带来经济利益，不符合资产的定义，因此不应再在资产负债表中确认为一项资产。

2. 资产是由企业拥有或者控制的经济资源

资产作为一项资源，应当由企业拥有或控制，具体是指企业享有某项资源的所有权，或者虽然不享有某项资源的所有权，但该资源能够被企业所控制。

企业享有资产的所有权，通常表明企业能够排他性地从资产中获取经济利益。通常，在判断资产是否存在时，所有权是考虑的首要因素。但是有些情况下，资产虽然不为企业所拥有，但企业能控制这些资产，这同样表明企业能从该资产中获取经济利益，符合会计上对资产的定义。如以融资方式租入的固定资产，尽管所有权不属于企业，但由于受承租企业实际控制，因而在会计实务中应作为企业的固定资产核算。反之，如果企业既不拥有也不控制资产所能带来的经济利益，就不能将其作为企业的资产予以确认。

3. 资产是由企业过去的交易或者事项形成的

资产应当由企业过去的交易或者事项形成，过去的交易或者事项包括购买、生产、建造行为或者其他交易或事项。即只有过去发生的交易或事项才能产生资产，企业预期在未来发生的交易或者事项不形成资产。例如，购买某项存货的计划或者愿望，由于其购买行为尚未发生，就不符合资产的定义，不能确认为企业的存货；又如，已签订了建造合同，但建造行为尚未发生的工程，也不能确认为企业的在建工程或者固定资产。

(二) 资产的分类

资产按照流动性可以分为流动资产和非流动资产。资产满足下列条件之一的，应当归类为流动资产：

(1) 预计在一个正常的营业周期中变现、出售或耗用；
(2) 主要为交易目的而持有；
(3) 预计在资产负债表日起一年内变现；
(4) 在资产负债表日起一年内，交换其他资产或清偿负债的能力不受限制的现金或现金等价物。

流动资产以外的资产应当归类为非流动资产。通常情况下，流动资产主要包括现金、银行存款、短期投资、应收及预付款项、存货等；非流动资产主要包括长期股权投资、固定资产、无形资产等。

（三）资产的确认条件

将一项资源确认为资产，首先应当符合资产的定义。除此之外，还应当同时满足以下两项条件：

1. **与该资源有关的经济利益很可能流入企业**

能够带来经济利益是资产的一项本质特征，但是由于经济环境瞬息万变，与资源有关的经济利益能否流入企业具有很大的不确定性。因此，资产的确认应当与经济利益流入的不确定性程度的判断结合起来。如果根据编制财务报表时所取得的证据，与资源有关的经济利益很可能流入企业，就应当将其作为资产予以确认；反之，则不能确认为资产。

2. **该资源的成本或者价值能够可靠地计量**

财务会计系统是一套确认、计量和报告的系统，其中计量起着枢纽作用，可计量性是所有会计要素确认的重要前提，资产的确认同样需要符合这一要求。只有当有关资源的成本或者价值能够可靠计量时，资产才能予以确认。在实务中，对于企业在取得资产时发生的成本，实际发生的购买成本或者生产成本能够可靠地计量，均应视为符合资产确认的可计量条件。在某些情况下，企业取得资产没有发生实际成本或者发生的实际成本很小，例如企业持有的衍生金融工具形成的资产，尽管没有实际成本或者发生的实际成本很小，但是如果公允价值能够可靠计量，也被认为符合资产确认的可计量条件。

符合资产定义和资产确认条件的项目，应当列入资产负债表；符合资产定义、但不符合资产确认条件的项目，不应当列入资产负债表。

二、负债

（一）负债及其特征

负债是指企业过去的交易或事项形成的、预期会导致经济利益流出企业的现时义务。它具有以下特征：

1. **负债是企业承担的现时义务**

负债必须是企业承担的现时义务，这是负债的一项基本特征。现时义务是指企业在现行条件下已承担的义务。未来发生的交易或事项形成的义务，不属于现时义务，不应当确认为负债。

现时义务可以是法定义务，也可以是推定义务。其中，法定义务是指具有约束力的合同或者法律、法规规定的义务，通常在法律意义上需要强制执行。例如，企业购买商品形成的应付账款、企业从银行贷入款项形成的借款等，均属于企业承担的法定义务。推定义务是指根据企业多年来的习惯做法、公开的承诺或者公开宣布的政策而导致企业将承担的责任，这些责任也使有关各方形成了企业将履行义务从而解脱责任的合理预期。例如，企业多年来制定且实施的一项销售政策，对于售出商品提供一定期限的保修服务，该项保修服务属于推定义务，应当将其确认为一项负债。

2. 负债的清偿预期会导致经济利益流出企业

预期会导致经济利益流出企业，也是负债的一项本质特征，只有企业在履行义务时会导致经济利益流出企业的，才符合负债的定义。清偿负债导致经济利益流出企业的形式多种多样，如用现金偿还或以实物资产偿还；以提供劳务偿还；部分转移资产，部分提供劳务偿还；将负债转为资本等。

3. 负债是由过去的交易或事项形成的

负债应当由企业过去的交易或者事项所形成，过去的交易或者事项包括购买货物、使用劳务、接受银行贷款等。即只有过去的交易或者事项才形成负债，企业对未来发生的承诺、签订的合同等交易或者事项，不形成负债。

（二）负债的分类

负债按照流动性可以分为流动负债和非流动负债。负债满足下列条件之一的，应当归类为流动负债：

（1）预计在一个正常的营业周期中清偿；

（2）主要为交易目的而持有；

（3）在资产负债表日起一年内到期应予以清偿；

（4）企业无权自主地将清偿推迟至资产负债表日后一年以上。

流动负债以外的负债应当归类为非流动负债。通常情况下，流动负债主要包括短期借款、应付票据、应付账款、预收账款、应付职工薪酬、应付股利、应交税费、其他暂收应付款项和一年内到期的长期负债等；非流动负债包括长期借款、应付债券、长期应付款等。

（三）负债的确认条件

将一项现时义务确认为负债，首先应当符合负债的定义。除此之外，还应当同时满足以下两个条件：

1. 与该义务有关的经济利益很可能流出企业

预期会导致经济利益流出企业，是负债的第一项本质特征。鉴于履行义务所需流出的经济利益具有不确定性，尤其是与推定义务相关的经济利益通常需要依赖大量的估计，因此负债的确认应当与经济利益流出的不确定性程度的判断结合起来。如有确凿证据表明,与现时义务有关的经济利益很可能流出企业,就应当将其作为负债加以确认;反之,如果企业承担了现时义务,但是导致经济利益流出企业的可能性已不复存在,就不符合负债确认的条件,不应当将其作为负债加以确认。

2. 未来流出的经济利益的金额能够可靠地计量

负债的确认也需要符合可计量性的要求。对于与法定义务有关的经济利益流出金额,通常可以根据合同或者法律规定的金额予以确定。对于与推定义务有关的经济利益流出金额,通常需要进行估计。在确定未来经济利益流出金额时,还应考虑货币时间价值及风险等因素的影响。

三、所有者权益

(一) 所有者权益的定义

所有者权益是指资产扣除负债后,由所有者享有的剩余权益。公司的所有者权益又称股东权益。所有者权益是所有者对企业资产的剩余索取权,是企业资产扣除了债权人权益后应由所有者享有的部分。这样定义,既可以反映所有者投入资本的保值增值情况,又可以体现保护债权人权益的理念。

(二) 所有者权益的来源构成

所有者权益按其来源,主要包括所有者投入的资本、直接计入所有者权益的利得和损失、留存收益等。通常由实收资本(或股本)、资本公积、盈余公积、未分配利润和其他综合收益构成。

所有者投入的资本,是指所有者投入企业的部分,它既包括构成企业注册资本或者股本部分的金额,也包括投入资本超过注册资本或者股本部分的金额,即资本溢价或者股本溢价,我国企业会计准则将其作为资本公积。

直接计入所有者权益的利得和损失,是指不应计入当期损益、会导致所有者权益发生增减变动的、与所有者投入的资本或者向所有者分配利润无关的利得或者损失。其中,利得是指由企业非日常活动形成的、会导致所有者权益增加的、与所有者投入资本无关的经济利益的流入,包括直接计入所有者权益的利得和直接计入当期利润的利得。损失是指由企业非日常活动形成的、会导致所有者权益减少的、与向所有者分配利润无关的经济利益的流出,包括直接计入所有者权益的损失和直接计入当期利润的损失。直接计入所有者权益的利得和损失主要反映在资本公积与其他综合收益中。

留存收益,是企业历年实现的净利润留存企业的部分,主要包括累计计提的盈余公积和未分配利润。

(三) 所有者权益的确认条件

由于所有者权益体现的是所有者在企业中的剩余权益，因此，所有者权益的确认主要依赖于其他会计要素，尤其是资产和负债的确认；所有者权益金额的确定也主要取决于资产和负债的计量。例如，企业接受所有者投入的资产，在该资产符合企业资产确认条件时，也相应地符合了所有者权益的确认条件；当该资产的价值能够可靠计量时，所有者权益的金额也就可以确定了。

四、收入

(一) 收入及其特征

收入是指企业在日常活动中形成的、会导致所有者权益增加的、与所有者投入资本无关的经济利益的总流入。收入具有以下特征：

1. 收入是企业在日常活动中形成的

日常活动是指企业为完成其经营目标所从事的经常性活动以及与之相关的活动。如工业企业制造并销售产品、商业企业销售商品等。明确界定日常活动是为了将收入与利得相区别，企业非日常活动形成的经济利益的流入不能确认为收入，而应当计入利得。

2. 收入是与所有者投入资本无关的经济利益的总流入

收入应当会导致经济利益的流入，从而导致资产的增加。例如，企业销售商品，必须要收到现金或者取得了收取现金的权利，才表明该交易符合收入的定义。与收入相关的经济利益的流入，应当将所有者投入的资本排除在外。

3. 收入最终会导致所有者权益增加

与收入相关的经济利益的流入最终会导致所有者权益增加，不会导致所有者权益增加的经济利益的流入不符合收入的定义，不应确认为收入。例如，企业向银行借入款项，尽管也导致了企业经济利益的流入，但该流入并不导致所有者权益的增加，反而使企业承担了一项现时义务，因此该项借款不应确认为收入，而应当确认为负债。

(二) 收入的分类

按照收入的来源，可以将收入分为三类：一是销售商品取得的收入；二是提供劳务取得的收入；三是让渡资产使用权所取得的收入，让渡资产使用权主要表现为对外贷款、对外投资或者对外出租等。

按照日常活动在企业所处的地位，可以将收入分为主营业务收入和其他业务收入。

(三) 收入的确认条件

收入的确认除了应当符合其定义外，还应当满足严格的确认条件。收入的确认至少应当符合以下条件：一是与收入相关的经济利益很可能流入企业；二是经济利益流入企业的结果会导致资产的增加或者负债的减少；三是经济利益的流入金额能够可靠计量。

五、费用

（一）费用及其特征

费用是指企业在日常活动中发生的、会导致所有者权益减少的、与向所有者分配利润无关的经济利益的总流出。它具有以下特征：

1. 费用是企业在日常活动中发生的

费用必须是企业在日常活动中发生的，这些日常活动的界定与收入中涉及的日常活动相一致。日常活动中发生的费用通常包括销售成本（营业成本）、职工薪酬、折旧费、无形资产摊销费用等。将费用界定为日常活动中发生的，是为了将其与损失相区分，企业非日常活动所形成的经济利益的流出不能确认为费用，应当计入损失。

2. 费用是与向所有者分配利润无关的经济利益的总流出

费用应当会导致经济利益的流出，从而导致资产的减少或负债的增加。虽然向所有者分配利润也会导致经济利益的流出，但该经济利益的流出属于所有者权益的抵减项目，因而不应确认为费用，应当将其排除在费用之外。

3. 费用会导致所有者权益减少

与费用相关的经济利益的流出最终会导致所有者权益减少，不会导致所有者权益减少的经济利益的流出不符合费用的定义，不应确认为费用。

（二）费用的分类

按照费用与收入的关系，费用可以分为营业成本和期间费用。营业成本按照其在企业日常活动中所处的地位可以分为主营业务成本和其他业务成本。期间费用包括管理费用、销售费用和财务费用。

（三）费用的确认条件

费用的确认除了应当符合其定义外，还应当满足严格的确认条件。费用的确认至少应当符合以下条件：一是与费用相关的经济利益很可能流出企业；二是经济利益流出企业的结果会导致资产的减少或者负债的增加；三是经济利益的流出金额能够可靠计量。

六、利润

（一）利润的定义

利润是指企业在一定会计期间的经营成果。通常情况下，如果企业实现了利润,表明企业的所有者权益将会增加,业绩得到提升;反之,如果企业出现了亏损,表明企业的所有者权益将会减少,业绩下滑。因此,利润往往是评价企业管理层业绩的一项重要指标,也是投资者、债权人等做出投资决策、信贷决策等的重要参考指标。

(二) 利润的来源构成

利润包括收入减去费用后的净额、直接计入当期利润的利得和损失等。收入减去费用后的净额反映的是企业日常活动的业绩,直接计入当期利润的利得和损失反映的是企业非日常活动的业绩。

(三) 利润的确认条件

利润的确认主要依赖于收入和费用以及利得和损失的确认,其金额的确定也主要取决于收入、费用、利得、损失金额的计量。

七、会计要素计量属性及其应用原则

(一) 会计要素计量属性

会计计量,是将符合确认条件的会计要素登记入账并列报于财务报表从而确定其金额的过程。企业应当按照规定的计量属性进行计量,确定相关金额。计量属性是指所予计量的某一要素的特性方面,如绳子的长度、矿石的重量、楼房的面积等。从会计角度看,计量属性反映的是会计要素金额的确定基础。根据基本准则的规定,会计计量属性主要有历史成本、重置成本、可变现净值、现值和公允价值等。

1. 历史成本

历史成本,又称实际成本,就是取得和制造某项财产物资时所实际支付的现金或其他等价物。在历史成本计量下,资产按照购置时支付的现金或者现金等价物的金额,或者按照购置资产时所付出的对价的公允价值计量;负债按照其因承担现时义务而实际收到的款项或者资产的金额,或者承担现时义务的合同金额,或者按照日常活动中为偿还负债预期需要支付的现金或现金等价物的金额计量。

2. 重置成本

重置成本,又称现行成本,是指按照当前市场条件,重新取得同样一项资产所需支付的现金或现金等价物的金额。在重置成本计量下,资产按照现在购买相同或者相似资产所需支付的现金或者现金等价物的金额计量;负债按照现在偿付该项债务所需支付的现金或者现金等价物的金额计量。

3. 可变现净值

可变现净值,是指在正常生产经营过程中,以预计售价减去进一步加工成本和预计销售费用以及相关税费后的净值。在可变现净值计量下，资产按照其正常对外销售所能收到现金或者现金等价物的金额扣减该资产至完工时估计将要发生的成本、估计的销售费用以及相关税费后的金额计量。

4. 现值

现值，是指对未来现金流量以恰当的折现率进行折现后的价值，是考虑货币时间价值因素等的一种计量方式。在现值计量下，资产按照预计从其持续使用和最终处置中所产生的未来净现金流入量的折现金额计量；负债按照预计期限内需要偿还的未来净现金流出量的折现金额计量。

5. 公允价值

公允价值，是指市场参与者在计量日发生的有序交易中，出售一项资产所能收到或者转移一项负债所需支付的价格。在公允价值计量下，资产和负债按照市场参与者在计量日发生的有序交易中，出售资产所能收到或者转移负债所需支付的价格计量。

（二）计量属性的应用原则

企业在对会计要素计量时，一般应当采用历史成本。采用重置成本、可变现净值、现值、公允价值计量的，应当保证所确定的会计要素金额能够取得并可靠计量。

在某些情况下，如果仅仅以历史成本作为计量属性，可能难以达到会计信息质量的要求，不利于实现财务报告目标。为了达到会计信息的有用性要求，有必要采用其他计量属性进行会计计量，以弥补历史成本计量属性的缺陷。鉴于应用其他计量属性往往需要依赖于估计，所以企业会计准则要求企业应当保证根据其他计量属性确定的会计要素金额能够取得并可靠计量；如果这些金额无法取得或者可靠计量的，则不允许采用其他计量属性。

自测题

一、名词解释

1. 财务报告目标
2. 权责发生制
3. 可比性
4. 谨慎性
5. 会计要素
6. 会计确认
7. 会计计量
8. 资产
9. 负债
10. 所有者权益
11. 收入
12. 费用

13. 利润
14. 利得
15. 损失
16. 历史成本
17. 可变现净值
18. 现值
19. 公允价值
20. 重置成本

二、简答题

1. 如何理解财务会计的作用？
2. 如何理解财务报告目标？
3. 简述会计基本假设各项内容的含义。
4. 简述企业会计核算的基础及其含义。
5. 简述企业会计信息质量要求的各项内容及其含义。
6. 简述会计计量属性。

三、单项选择题

1. 会计信息应当满足信息使用者的需要，这体现了（   ）原则的要求。
   A. 可靠性   B. 相关性   C. 重要性   D. 清晰性

2. 会计核算上将以融资租赁方式租入的资产视为企业的资产所反映的会计信息质量要求是（   ）。
   A. 实质重于形式   B. 谨慎性
   C. 相关性   D. 及时性

3. 下列事项中，不属于反映"会计信息质量要求"的是（   ）。
   A. 可靠性   B. 可比性
   C. 实质重于形式   D. 历史成本

4. 确立会计核算空间范围所依据的会计基本假设是（   ）。
   A. 会计主体   B. 持续经营
   C. 会计分期   D. 货币计量

5. 权责发生制基础要求对企业的（   ）进行确认和计量。
   A. 资产和负债   B. 本期实现的收入
   C. 所有者权益   D. 前期发生或应负担的费用

6. 在会计的基本假设中，（   ）假设是企业选择会计处理方法和程序保持稳定的条件。
   A. 会计主体   B. 持续经营
   C. 会计分期   D. 货币计量

7. 下列各项中，符合谨慎性要求的是（   ）。
   A. 按要求对可能发生的资产减值损失计提减值准备
   B. 低估资产或收益

C. 高估负债或费用

D. 企业设置秘密准备

8. 下列项目中，能同时影响资产和负债发生变化的是（　　）。

A. 接受投资者投入设备　　　B. 支付现金股利

C. 收回应收账款　　　　　　D. 支付股票股利

9. 下列各项经济业务中，会引起公司股东权益总额变动的是（　　）。

A. 用资本公积转增资本

B. 向投资者分配股票股利

C. 股东大会向投资者宣告分配现金股利

D. 用盈余公积弥补亏损

10. 下列项目中，符合资产定义的是（　　）。

A. 购入的某项专利权　　　　B. 经营租入的设备

C. 待处理的财产损失　　　　D. 计划购买的某项设备

四、多项选择题

1. 下列组织中，可以作为一个会计主体进行核算的有（　　）。

A. 独资企业　　　　　　　　B. 销售部门

C. 分公司　　　　　　　　　D. 企业集团

2. 会计信息质量的相关性要求所提供的会计信息应当（　　）。

A. 满足企业内部加强经济管理的需要

B. 满足国家宏观经济管理的需要

C. 满足有关各方了解企业财务状况和经营成果的需要

D. 满足提高全民素质的需要

3. 资产具有的基本特征包括（　　）。

A. 资产是由过去的交易或事项所形成的

B. 资产必须是投资者投入或向债权人借入的

C. 资产是企业拥有或者控制的

D. 资产预期能给企业带来经济利益

4. 下列内容中，符合收入定义的有（　　）。

A. 销售商品收入　　　　　　B. 出租固定资产收入

C. 罚款收入　　　　　　　　D. 提供运输劳务收入

5. 下列项目中，属于所有者权益项目的有（　　）。

A. 所有者投入的资本

B. 直接计入所有者权益的利得和损失

C. 留存收益

D. 应付职工薪酬
6. 可靠性要求（　　）。
A. 企业应当以实际发生的交易或者事项为依据进行会计确认、计量和报告
B. 如实反映符合确认和计量要求的各项会计要素及其他相关信息
C. 保证会计信息真实可靠、内容完整
D. 企业提供的会计信息应当具有可比性
7. 下列各项中，属于会计实务中使用的计量基础有（　　）。
A. 可变现净值　　　　　　　B. 历史成本
C. 现值　　　　　　　　　　D. 千克
8. 混淆产品成本与期间费用会对（　　）的确认产生影响。
A. 资产　　　　　　　　　　B. 负债
C. 利润　　　　　　　　　　D. 所有者权益
9. 按照权责发生制原则，下列事项中，属于本期收入和费用的有（　　）。
A. 以银行存款支付本期电费
B. 收回前期销货款
C. 本期提供劳务的款项尚未收回
D. 以银行存款支付下期的保险费
10. 我国会计准则体系包括（　　）。
A. 基本准则　　　　　　　　B. 会计法
C. 具体准则　　　　　　　　D. 会计准则应用指南

五、判断题

1. 某项财产物资要确认为企业的资产，其产权必须属于企业。（　　）
2. 对于任何一项经济业务，只能依据其法律形式进行会计核算。（　　）
3. 按谨慎性原则的要求，企业会计核算要合理估计可能发生的损失及预计可能发生的收益。（　　）
4. 可比性原则要求企业会计方法一经选定就不能改变。（　　）
5. 在对会计要素计量时，一般情况下应当采用公允价值。（　　）
6. 某一会计事项是否具有重要性，在很大程度上取决于会计人员的职业判断。同一会计事项，在某一企业具有重要性，在另一企业则不一定具有重要性。（　　）
7. 会计核算以历史成本作为计价原则，但在某些特殊情况下，也可以采用其他的计价方法。（　　）
8. 持续经营是会计核算的基本前提之一，如果没有这个前提，一些公认的会计处理方法都将缺乏存在的基础。（　　）

9. 可比性原则中，同一企业不同时期可比与不同企业相同会计期间可比，其目的都在于使会计信息能够相互比较，但二者比较的基础不同。（　　）

10. 会计主体和法律主体是统一的，因此，会计主体只能是独立的法人，不能是非法人。（　　）

02

货币资金

ZHONGJI CAIWU KUAIJI

货币资金是企业流动性最强的一项重要资产。企业一些主要经济业务始于货币资金，终于货币资金。货币资金从本质上讲，属于金融资产范畴，由于其会计处理的特殊性，本章单独加以阐述。货币资金的会计核算较为简单，但由于其流动性很强，为保证企业的正常经营，企业应对货币资金实行有效的计划和控制。根据货币资金的存放地点及其用途的不同，货币资金分为库存现金、银行存款及其他货币资金。由于我国对货币资金管理较为严格，这三类项目在管理和核算上都有较大区别。

第一节 库存现金

库存现金是指通常存放于企业财会部门，由出纳人员保管，作为日常零星开支所需的那部分货币资金。库存现金包括人民币现金和外币现金。

库存现金是企业流动性最强的资产，为了保证企业货币资金的安全和完整，加强银行对企业的监督和控制，我国对现金的使用和管理有较严格的规定。企业应当严格遵守国家有关现金管理制度，正确进行现金收支的核算，确保现金使用的合法性与合理性。

一、现金管理制度

根据国务院发布的《现金管理暂行条例》的规定，现金管理制度主要包括以下内容。

1. 现金的使用范围

允许企业使用现金结算的范围是：
（1）职工工资、津贴；
（2）个人劳务报酬；
（3）根据国家规定颁发给个人的科学技术、文化艺术、体育等各种奖金；
（4）各种劳保、福利费用以及国家规定的对个人的其他支出；
（5）向个人收购农副产品和其他物资的款项；
（6）出差人员必须随身携带的差旅费；
（7）结算起点以下的零星支出；
（8）中国人民银行确定需要支付现金的其他支出。
除上述情况外，其他款项的支付应通过银行转账结算。

2. 现金的限额

现金的限额是指为了保证企业日常零星开支的需要，允许单位留存现金的最高数额。这一限额由开户银行根据单位的实际需要核定，一般按照单位 3~5 天日常零星开支的需要确定。边远地区和交通不便地区开户单位的库存现金限额，可按多于 5 天但不超过 15 天的日常零星开支的需要确定。核定后的现金限额，开户单位必须严格遵守，超过部分应于当日终了前存入银行；库存现金低于限额时，可以签发现金支票，从银行提取现金，补足限额。需要增加或减少现金限额的单位，应向开户银行提出申请，由开户银行核定。

3. 现金收支的规定

企业应当根据中国人民银行规定的现金管理办法和财政部关于各单位货币资金管理和控制的规定，办理有关现金收支业务。办理现金收支业务时，应当遵守以下几项规定：

（1）开户单位收入现金，应于当日送存开户银行；当日送存确有困难的，由开户银行确定送存时间。

（2）开户单位支付现金，可以从本单位库存现金中支付或从开户银行提取，不得从本单位的现金收入中直接支付，即不得"坐支"现金，因特殊情况需要坐支现金的单位，应事先报经开户银行审查批准，并在核定的范围和限额内进行，同时，收支的现金必须入账。

（3）开户单位从开户银行提取现金时，应如实写明提取现金的用途，由本单位财会部门负责人签字盖章，并经开户银行审查批准后予以支付。

（4）因采购地点不确定、交通不便、抢险救灾及其他特殊情况必须使用现金的单位，应向开户银行提出书面申请，由本单位财会部门负责人签字盖章，并经开户银行审查批准后予以支付。

（5）企业不准用不符合国家统一会计制度的凭证顶替库存现金，即不得"白条顶库"；不准谎报用途套取现金；不准用银行账户代其他单位和个人存入或支取现金；不准将单位收入的现金以个人名义存入储蓄；不准保留账外公款，即不得"公款私存"、不得设置"小金库"等。

对于违反上述规定的企业，银行将按照违规金额的一定比例予以处罚。

二、库存现金的会计处理

1. 库存现金的会计处理

为了总括地反映企业库存现金的收入、支出和结存情况，企业应当设置"库存现金"科目，核算企业的库存现金。企业增加库存现金时，根据审核无误的记账凭证，借记"库存现金"科目，贷记相关科目；减少库存现金时，作相反的会计分录。"库存现金"科目期末借方余额，反映企业持有的库存现金。

企业应当设置现金总账和现金日记账，分别进行企业库存现金的总分类核算和明细分类核算。有外币现金收支业务的企业,应当按照人民币现金、外币现金的币种设置现金账户进行明细核算。

现金日记账由出纳人员根据收付款凭证,按照业务发生顺序逐笔登记。每日终了,应当在现金日记账上计算出当日的现金收入合计额、现金支出合计额和结余额,并将现金日记账的账面结余额与实际库存现金额核对,保证账款相符;月度终了,现金日记账的余额应当与现金总账的余额核对,做到账账相符。

2. 备用金的会计处理

企业有内部周转使用备用金的,可以单独设置"备用金"科目。单独设置"备用金"科目的企业,由企业财务部门单独拨给企业内部各单位周转使用的备用金,借记"备用金"科目,贷记"库存现金"或"银行存款"科目。从备用金中支付零星支出,应根据有关的支出凭单,定期编制备用金报销清单,财务部门根据内部各单位提供的备用金报销清单,定期补足备用金,借记"管理费用"等科目,贷记"库存现金"或"银行存款"科目。除了增加或减少拨入的备用金外,使用或报销有关备用金支出时,不再通过"备用金"科目核算。

【例 2-1】甲公司为公司采购部门设置备用金 800 元。某日,公司采购部门购买办公用品 300 元。后来,公司决定取消采购部门的备用金。

根据上述资料,甲公司会计处理如下:

(1) 设置备用金时:

借:备用金 800
　　贷:库存现金 800

(2) 采购部门持发票报销时:

借:管理费用 300
　　贷:库存现金 300

(3) 取消备用金时:

借:库存现金 800
　　贷:备用金 800

三、库存现金的清查

企业应当按规定进行现金的清查。一般采用实地盘点法,对于清查的结果,应当编制现金盘点报告单。如果有挪用现金、白条顶库的情况,应及时予以纠正;对于超限额留存的现金,应及时送存银行。如果账款不符,发现的有待查明原因的现金短缺或溢余,应先通过"待处理财产损溢"科目核算。属于现金短缺,应按实际短缺的金额,借记"待处理财产损溢——待处理流动资产损溢"科目,贷记"库存现金"科目;属于现金溢余,按实际溢余的金额,借记"库存现金"科目,贷记"待处理财产损溢——待处理流动资产损溢"科目。待查明原因后,分别以下情况处理。

1. 库存现金短缺的处理

如为库存现金短缺,属于应由责任人赔偿的部分,借记"其他应收款——应收现金短缺款(××个人)"或"库存现金"等科目,贷记"待处理财产损溢——待处理流动资产损溢"科目;属于应由保险公司赔偿的部分,借记"其他应收款——应收保险赔款"科目,贷记"待处理财产损溢——待处理流动资产损溢"科目;属于无法查明的其他原因,根据管理权限,经批准后处理,借记"管理费用——现金短缺"科目,贷记"待处理财产损溢——待处理流动资产损溢"科目。

【例2-2】 甲公司清查现金时,发现库存现金短缺200元,经查明原因,其中140元是由于出纳陈红疏忽所致,应由其赔偿,陈红当即交回现金140元以作赔偿;剩余60元短缺原因确实无法查明,经批准作为管理费用处理。

根据上述资料,甲公司会计处理如下:
(1) 发现现金短缺:
 借:待处理财产损溢——待处理流动资产损溢 200
  贷:库存现金 200
(2) 查明原因处理短缺损失:
 借:其他应收款——应收现金短缺款(陈红) 140
   管理费用 60
  贷:待处理财产损溢——待处理流动资产损溢 200
(3) 收到陈红赔款:
 借:库存现金 140
  贷:其他应收款——应收现金短缺款(陈红) 140

2. 库存现金溢余的处理

如为库存现金溢余,属于应支付给有关人员或单位的,借记"待处理财产损溢——待处理流动资产损溢"科目,贷记"其他应付款——应付现金溢余(××个人或单位)"科目;属于无法查明原因的现金溢余,经批准后,借记"待处理财产损溢——待处理流动资产损溢"科目,贷记"营业外收入——现金溢余"科目。

【例2-3】 甲公司清查现金时,发现库存现金溢余500元,查明原因系由上月光辉公司购货时多付所致并以现金退回。

根据上述资料,甲公司会计处理如下:

(1) 发现现金溢余时：

借：库存现金　　　　　　　　　　　　　　　　　　　　　　　500

　　贷：待处理财产损溢——待处理流动资产损溢　　　　　　　　500

(2) 查明原因处理时：

借：待处理财产损溢——待处理流动资产损溢　　　　　　　　500

　　贷：其他应付款——应付现金溢余（光辉公司）　　　　　　500

(3) 支付多余款时：

借：其他应付款——应付现金溢余（光辉公司）　　　　　　500

　　贷：库存现金　　　　　　　　　　　　　　　　　　　　500

第二节　银行存款

银行存款是指企业存入银行或其他金融机构的各种款项。企业应当根据业务需要，按照规定在其所在地银行开立账户，运用所开立的账户，进行存款、取款以及各种收支转账业务的结算。银行存款的收付应严格执行银行结算制度的规定。

一、银行存款的有关规定

1. 银行存款开户的有关规定

银行存款账户分为基本存款账户、一般存款账户、临时存款账户和专用存款账户。

基本存款账户是企业办理日常结算和现金收付的账户。企业的工资、奖金等现金的支取，只能通过基本存款账户办理。

一般存款账户是企业在基本存款账户以外的银行借款转存、与企业基本存款账户不在同一地点的附属非独立核算单位的账户。企业可以通过该账户办理转账结算和现金缴存，但不能办理现金支取。

临时存款账户是企业因临时经营活动需要设立的账户。企业可以通过本账户办理转账结算和根据国家现金管理的规定办理现金收付。

专用存款账户是企业因特定用途需要开立的账户。

一个企业只能选择一家银行的一个营业机构开立一个基本存款账户，不得在多家银行机构开立基本存款账户。

企业除了按规定留存的库存现金以外，所有货币资金都必须存入银行。企业与其他单位之间的一切收付款项，除制度规定可用现金支付的部分以外，都必须通过银行办理转账结算，也就是由银行按照事先规定的结算方式，将款项从付款单位的账户划出，转入收款单位的账户。因此，企业不仅要在银行开立账户，而且账户内必须要有可供支付的存款。

2. 银行结算制度

企业通过银行办理支付结算时，应当认真执行国家各项管理办法和结算制度。中国人民银行1997年颁布的《支付结算办法》规定：单位和个人办理支付结算，不准签发没有资金保证的票据或远期支票，套取银行信用；不准签发、取得和转让没有真实交易和债权债务的票据，套取银行和他人的资金；不准无理拒绝付款，任意占用他人资金；不准违反规定开立和使用账户。

二、银行存款的会计处理

企业应当设置银行存款总账和银行存款日记账，分别进行银行存款的总分类核算和明细分类核算。有外币业务的企业，应在"银行存款"科目下分别人民币和各种外币设置明细账进行核算。

企业应设置"银行存款"科目，核算企业存入银行或其他金融机构的各种款项。企业增加银行存款（如企业收到支票）时，借记"银行存款"科目，贷记"库存现金"或"应收账款"等科目；减少银行存款（如企业开出支票）时，作相反的会计分录。"银行存款"科目期末借方余额，反映企业存在银行或其他金融机构的各种款项。

支票是银行结算的主要方式之一，通过"银行存款"科目核算。支票是单位或个人签发的、委托办理支票存款业务的银行在见票时无条件支付确定的金额给收款人或者持票人的票据。支票结算方式简便、灵活，是同城结算中应用比较广泛的一种结算方式。单位和个人在同一票据交换区域的各种款项结算，均可使用支票。

支票由银行统一印制，分为现金支票、转账支票和普通支票。支票上印有"现金"字样的为现金支票，现金支票只能用于支取现金。支票上印有"转账"字样的为转账支票，转账支票只能用于转账，不能支取现金。支票上未印有"现金"或"转账"字样的为普通支票，普通支票可以用于支取现金，也可以用于转账。在普通支票左上角划两条平行线的，为划线支票，划线支票只能用于转账，不得支取现金。

支票的提示付款期限为自出票日起10日内，中国人民银行另有规定的除外。超过提示付款期限的，持票人开户银行不予受理，付款人不予付款。转账支票可以根据需要在票据交换区域内背书转让。支票遗失时，应立即到银行办理挂失，如挂失前已被冒领，银行概不负责。

【例 2-4】 甲公司因销售商品而开具增值税专用发票,注明价款为 10 000 元,增值税税款为 1 700 元,取得一张 11 700 元的支票送交银行,银行审核无误后,将款项转入其银行账户。

根据上述资料,甲公司会计处理如下:

借:银行存款　　　　　　　　　　　　　　　　　　　　　11 700
　贷:主营业务收入　　　　　　　　　　　　　　　　　　　10 000
　　　应交税费——应交增值税(销项税额)　　　　　　　　　 1 700

【例 2-5】 甲公司为支付货款开出一张面值为 11 700 元的支票送交销货企业,并取得一张增值税专用发票,注明价款为 10 000 元,增值税税款为 1 700 元。

根据上述资料,甲公司会计处理如下:

借:在途物资　　　　　　　　　　　　　　　　　　　　　10 000
　　应交税费——应交增值税(进项税额)　　　　　　　　　　 1 700
　贷:银行存款　　　　　　　　　　　　　　　　　　　　　11 700

三、银行存款的核对

企业可按开户银行和其他金融机构、存款种类等设置银行存款日记账,根据收付款凭证,按照业务的发生顺序逐笔登记。每日终了,应结出余额。银行存款日记账应定期与银行对账单核对,至少每月核对一次。企业银行存款账面余额与银行对账单余额之间如有差额,必须逐笔查明原因,并应按月编制银行存款余额调节表,调节相符。

企业应按期核对银行存款账目,核对环节主要包括:一是对银行存款日记账与银行存款收、付款凭证进行相互核对;二是对银行存款日记账与银行存款总账进行相互核对;三是对银行存款日记账与银行开出的银行存款对账单进行相互核对。

企业应将银行存款日记账记录与银行的对账单进行逐笔核对,如发现双方余额不一致,要及时查找原因。属于记账差错的,要立即更正;属于未达账项的,无须做账面调整,待结算凭证到达后,再登记入账。

未达账项是指企业与银行之间由于在时间传递上存在差异,一方已登记入账,而另一方尚未入账的款项。由于未达账项的出现,导致企业账银行存款的余额与银行账企业存款的余额不一致。未达账项具体包括以下四种情况:

(1)银行已记作企业的存款增加,但企业尚未接到收款通知而未记账的款项,如银行支付给企业的存款利息。

(2)银行已记作企业的存款减少,但企业尚未接到付款通知而未记账的款项,如银行代企业支付的公用事业费用。

(3) 企业已记作银行存款增加,但银行尚未办理入账的款项,如企业存入其他单位的转账支票。

(4) 企业已记作银行存款减少,但银行尚未办理入账的款项,如企业已开出转账支票但对方尚未到银行办理转账手续的款项。

在核对银行存款账目过程中,如发现未达账项时,应编制银行存款余额调节表进行调节,如没有记账错误,调节后的双方余额应相等。

【例2-6】甲公司2017年12月31日在工商银行的银行存款日记账的余额为256 000元,银行转来对账单的余额为265 000元。经逐笔核对,发现以下未达账项:

(1) 企业送存转账支票2 000元,并已登记银行存款增加,但银行尚未记账。

(2) 企业委托银行代收某公司购货款12 000元,银行已收妥并登记入账,但企业尚未收到收款通知,尚未记账。

(3) 银行代企业支付电话费4 000元,银行已登记企业银行存款减少,但企业未收到银行付款通知,尚未记账。

(4) 企业开出转账支票3 000元,但持票单位尚未到银行办理转账,银行尚未记账。

根据上述资料,甲公司应编制银行存款余额调节表(见表2-1)。

表2-1 银行存款余额调节表
2017年12月31日 单位:元

项目	金额	项目	金额
企业银行存款日记账余额	256 000	银行对账单余额	265 000
加:银行已收、企业未收款	12 000	加:企业已收、银行未收款	2 000
减:银行已付、企业未付款	4 000	减:企业已付、银行未付款	3 000
调节后的存款余额	264 000	调节后的存款余额	264 000

银行存款余额调节表的作用是核对账目,企业不能根据银行存款余额调节表调整银行存款的金额,只能等到相关的结算凭证到达后才能入账。银行存款调节表调整后的余额表示企业实际可以动用的银行存款。如果调节后存款余额仍然不一致,应该及时查明原因,并按库存现金短缺或溢余的思路进行处理。

第三节 其他货币资金

其他货币资金是指企业除库存现金、银行存款以外的各种货币资金,主要包括银行汇票存款、银行本票存款、信用卡存款、信用证保证金存款、外埠存款、存出投资款等。

为了反映和监督其他货币资金的收支和结存情况，企业应当设置"其他货币资金"科目，核算企业的银行汇票存款、银行本票存款、信用卡存款、信用证保证金存款、外埠存款、存出投资款等其他货币资金。"其他货币资金"科目可按银行汇票或本票、信用证的收款单位及外埠存款的开户银行，分别"银行汇票"、"银行本票"、"信用卡"、"信用证保证金"、"外埠存款"和"存出投资款"等科目进行明细核算。企业增加其他货币资金，借记"其他货币资金"科目，贷记"银行存款"科目；减少其他货币资金，借记有关科目，贷记"其他货币资金"科目。"其他货币资金"科目期末借方余额，反映企业持有的其他货币资金。

一、银行汇票存款

银行汇票是汇款人将款项交存当地出票银行，由出票银行签发的，由其在见票时，按照实际结算金额无条件支付给收款人或者持票人的票据。银行汇票具有使用灵活、票随人到、兑现性强等特点，适用于先收款后发货或钱货两清的商品交易。单位和个人各种款项的结算，均可使用银行汇票。银行汇票可以用于转账，填明"现金"字样的银行汇票可以用于支取现金。

汇款单位（即申请人）使用银行汇票，应向出票银行填写"银行汇票申请书"，填明收款人名称、金额、申请人名称、申请日期等事项并签章，签章为其预留银行的签章。出票银行受理银行汇票申请书，收妥款项后签发银行汇票，并用压数机压印出票金额，将银行汇票和解讫通知一并交给申请人。申请人应将银行汇票和解讫通知一并交付给汇票上记明的收款人。收款人受理申请人交付的银行汇票时，应在出票金额以内，根据实际需要的款项办理结算，并将实际结算的金额和多余金额准确、清晰地填入银行汇票和解讫通知的有关栏内，到银行办理款项入账手续。收款人可以将银行汇票背书转让给被背书人。银行汇票的提示付款期限为自出票日起1个月，收款人或持票人超过付款期限提示付款的，银行将不予受理。收款人或持票人向银行提示付款时，必须同时提交银行汇票和解讫通知，缺少任何一联，银行不予受理。银行汇票丧失，失票人可以凭人民法院出具的其享有票据权利的证明，向出票银行请求付款或退款。

汇款单位（即申请人）向银行申请出票时，借记"其他货币资金——银行汇票"科目，贷记"银行存款"科目；持银行汇票购货、收到有关发票账单时，借记"在途物资"、"材料采购"、"原材料"或"库存商品"及"应交税费——应交增值税（进项税额）"等科目，按实际结算金额贷记"其他货币资金——银行汇票"科目；采购完毕收回剩余款项时，借记"银行存款"科目，贷记"其他货币资金——银行汇票"科目。收款单位（即收款人或持票人）收到银行汇票、填制进账单到开户银行办理款项入账手续时，根据进账单及销货发票等，借记"银行存款"科目，贷记"主营业务收入"和"应交税费——应交增值税（销项税额）"等科目。汇票因超过付款期限或其他原因未曾使用而退还款项时，汇款单位（即申请人）应借记"银行存款"科目，贷记"其他货币资金——银行汇票"科目。

【例2-7】 甲公司向银行申请签发银行汇票，出票金额为12 000元，银行同意受理，款项从结算账户划出。采购员李强持银行汇票到深圳采购材料，取得增值税专用发票，注明的价款为10 000元，增值税税款为1 700元。公司收到银行转来的银行汇票第四联，退回余额300元。

根据上述资料，甲公司会计处理如下：
(1) 取得银行汇票时：
　　借：其他货币资金——银行汇票　　　　　　　　　　　　　12 000
　　　　贷：银行存款　　　　　　　　　　　　　　　　　　　　　　12 000
(2) 采购材料取得票证时：
　　借：在途物资　　　　　　　　　　　　　　　　　　　　　　10 000
　　　　应交税费——应交增值税（进项税额）　　　　　　　　　　1 700
　　　　贷：其他货币资金——银行汇票　　　　　　　　　　　　　11 700
(3) 收到多余款项时：
　　借：银行存款　　　　　　　　　　　　　　　　　　　　　　　　300
　　　　贷：其他货币资金——银行汇票　　　　　　　　　　　　　　300

二、银行本票存款

银行本票是指银行签发的，承诺自己在见票时无条件支付确定的金额给收款人或持票人的票据。单位和个人在同一票据交换区域需要支付的各种款项，均可使用银行本票。银行本票可以用于转账，注明"现金"字样的银行本票可以用于支取现金。

银行本票分为不定额本票和定额本票两种。定额本票面额为1 000元、5 000元、10 000元和50 000元。银行本票的提示付款期限自出票日起最长不得超过2个月。在有效付款期内，银行见票付款。持票人超过付款期限提示付款的，银行不予受理。

申请人使用银行本票，应向银行填写"银行本票申请书"。申请人或收款人为单位的，不得申请签发现金银行本票。出票银行受理银行本票申请书，收妥款项后签发银行本票，在本票上签章后交给申请人。申请人应将银行本票交付给本票上记明的收款人。收款人可以将转账银行本票背书转让给被背书人。

申请人因银行本票超过提示付款期限或其他原因要求退款时，应将银行本票提交到出票银行并出具单位证明。出票银行对于在本行开立存款账户的申请人，只能将款项转入原申请人账户；对于现金银行本票和未在本行开立存款账户的申请人，可以退付现金。

银行本票丧失，失票人可以凭人民法院出具的其享有票据权利的证明，向出票银行请求付款或退款。

申请企业填写"银行本票申请书"并将款项交存银行时，借记"其他货币资金——银行本票"科目，贷记"银行存款"科目；企业持银行本票购货、收到有关发票账单时，借记"在途物资"、"材料采购"、"原材料"或"库存商品"及"应交税费——应交增值税（进项税额）"等科目，按票面金额贷记"其他货币资金——银行本票"科目。如果本票票面金额大于实际结算金额，还应借记"其他应收款——应收销货单位款"科目。销货企业（即收款人或持票人）收到银行本票、填制进账单到开户银行办理款项入账手续时，根据进账单及销货发票等，借记"银行存款"科目，贷记"主营业务收入"和"应交税费——应交增值税（销项税额）"等科目。如果本票票面金额大于实际结算金额，还应贷记"其他应付款——应付购货单位款"科目。如因本票超过付款期限或其他原因未曾使用，申请人要求银行退款时，应借记"银行存款"科目，贷记"其他货币资金——银行本票"科目。

【例 2-8】 甲公司向银行申请签发银行本票，出票金额为 12 000 元，银行同意受理，款项从结算账户划出。采购员马力持银行本票采购材料，取得增值税专用发票，注明的价款为 10 000 元，增值税税款为 1 700 元。

根据上述资料，甲公司会计处理如下：

(1) 取得银行本票时：

  借：其他货币资金——银行本票   12 000
    贷：银行存款   12 000

(2) 采购材料取得票证时：

  借：在途物资   10 000
     应交税费——应交增值税（进项税额）   1 700
     其他应收款   300
    贷：其他货币资金——银行本票   12 000

三、信用卡存款

信用卡存款是指企业为取得信用卡而存入银行信用卡专户的款项。信用卡是银行卡的一种。信用卡按使用对象分为单位卡和个人卡；按信用等级分为金卡和普通卡；按是否向发卡银行交存备用金分为贷记卡和准贷记卡。

凡在中国境内金融机构开立基本存款账户的单位可申领单位卡。单位卡可申领若干张，持卡人资格由申领单位法定代表人或其委托的代理人书面指定和注销。单位卡账户的资金一律从其基本存款账户转账存入，不得交存现金，不得将销货收入的款项存入其账户。持卡人可持信用卡在特约单位购物、消费，但单位卡不得用于10万元以上的商品交易、劳务供应款项的结算，不得支取现金。特约单位在每日营业终了，应将当日受理的信用卡签购单汇总，计算手续费和净计金额，并填写汇（总）计单和进账单，连同签购单一并送交收单银行办理进账。

企业应填制"信用卡申请表"，连同支票和有关资料一并送存发卡银行，根据银行盖章退回的进账单，借记"其他货币资金——信用卡"科目，贷记"银行存款"科目；企业用信用卡购物或支付有关费用，收到开户银行转来的信用卡存款的付款凭证及所附发票账单，借记"管理费用"等科目，贷记"其他货币资金——信用卡"科目；企业信用卡在使用过程中，需要向其账户续存资金的，借记"其他货币资金——信用卡"科目，贷记"银行存款"科目。企业的持卡人如不需要继续使用信用卡时，应持信用卡主动到发卡银行办理销户，销卡时，单位卡科目余额转入企业基本存款户，不得提取现金，借记"银行存款"科目，贷记"其他货币资金——信用卡"科目。

四、信用证保证金存款

信用证保证金存款是指采用信用证结算方式的企业为开具信用证而存入银行信用证保证金专用户的款项。企业向银行申请开立信用证，应按规定向银行提交开证申请书、信用证申请人承诺书和购销合同。

企业填写"信用证申请书"，将信用证保证金交存银行时，应根据银行盖章退回的"信用证申请书"回单，借记"其他货币资金——信用证保证金"科目，贷记"银行存款"科目。企业接到开证行通知，根据供货单位信用证结算凭证及所附发票账单，借记"在途物资"、"材料采购"、"原材料"或"库存商品"及"应交税费——应交增值税（进项税额）"等科目，贷记"其他货币资金——信用证保证金"科目；将未用完的信用证保证金存款余额转回开户银行时，借记"银行存款"科目，贷记"其他货币资金——信用证保证金"科目。

五、外埠存款

外埠存款是指企业到外地进行临时或零星采购，而汇往采购地银行开立采购专户的款项。

企业将款项汇往外地时，应填写汇款委托书，委托开户银行办理汇款。汇入地银行以汇款单位名义开立临时采购账户,该账户的存款不计利息、只付不收、付完清户,除了采购人员可从中提取少量现金外,一律采用转账结算。

企业将款项汇往外地开立采购专用账户时,根据汇出款项凭证,借记"其他货币资金——外埠存款"科目,贷记"银行存款"科目;收到采购人员转来供应单位发票账单等报销凭证时,借记"在途物资"、"材料采购"、"原材料"或"库存商品"及"应交税费——应交增值税(进项税额)"等科目,贷记"其他货币资金——外埠存款"科目;采购完毕收回剩余款项时,根据银行的收账通知,借记"银行存款"科目,贷记"其他货币资金——外埠存款"科目。

【例2-9】 甲公司委派张山到天津采购材料,委托开户银行汇款到天津开立采购专户,汇出金额为12 000元。采购员张山到天津采购材料,取得增值税专用发票上注明的价款为10 000元,增值税税款为1 700元。采购专户结束,余额划回。

根据上述资料,甲公司会计处理如下:

(1) 开立采购专户时:

借:其他货币资金——外埠存款　　　　　　　　　　　　12 000
　　贷:银行存款　　　　　　　　　　　　　　　　　　12 000

(2) 采购材料取得票证时:

借:在途物资　　　　　　　　　　　　　　　　　　　10 000
　　应交税费——应交增值税(进项税额)　　　　　　　1 700
　　贷:其他货币资金——外埠存款　　　　　　　　　　11 700

(3) 收到多余款项时:

借:银行存款　　　　　　　　　　　　　　　　　　　　300
　　贷:其他货币资金——外埠存款　　　　　　　　　　　300

六、存出投资款

存出投资款是指企业已存入证券公司但尚未进行投资的货币资金。

企业向证券公司划出资金时,借记"其他货币资金——存出投资款"科目,贷记"银行存款"科目;购买股票、债券等时,按实际发生的金额,借记"交易性金融资产"科目,贷记"其他货币资金——存出投资款"科目。

自测题

一、名词解释

1. 坐支　　　　　　　　　　　　2. 基本存款账户

3. 未达账项
4. 支票
5. 其他货币资金
6. 银行汇票
7. 银行本票
8. 信用卡

二、简答题

1. 简述库存现金的使用范围。
2. 银行存款日记账账面余额与银行对账单余额之间出现不一致的原因主要有哪些？应如何处理？
3. 其他货币资金的核算包括哪些内容？

三、单项选择题

1. 企业一般不得从本单位的现金收入中直接支付现金，因特殊情况需要支付现金的，应事先报经（　　）审查批准。
   A. 本企业单位负责人　　　　　B. 上级主管部门
   C. 开户银行　　　　　　　　　D. 财税部门
2. 按照《银行账户管理办法》规定，企业的工资、奖金、津贴等的支取，只能通过（　　）办理。
   A. 基本存款账户　　　　　　　B. 一般存款账户
   C. 临时存款账户　　　　　　　D. 专业存款账户
3. 除中国人民银行另有规定外，支票的提示付款期限一般为自出票日起（　　）天。
   A. 7　　　　B. 10　　　　C. 15　　　　D. 20
4. 下列各项中，不通过"其他货币资金"科目核算的是（　　）。
   A. 信用证保证金存款　　　　　B. 备用金
   C. 信用卡存款　　　　　　　　D. 银行本票存款
5. 企业对已存入证券公司但尚未进行短期投资的资金进行会计处理时，应借记的会计科目是（　　）。
   A. 银行存款　　　　　　　　　B. 交易性金融资产
   C. 其他应收款　　　　　　　　D. 其他货币资金
6. 企业存放在银行的信用证保证金存款，应通过（　　）科目进行核算。
   A. 其他货币资金　　　　　　　B. 银行存款
   C. 备用金　　　　　　　　　　D. 库存现金
7. 下列各项中，属于其他货币资金核算内容的是（　　）。
   A. 库存现金　　　　　　　　　B. 备用金
   C. 外埠存款　　　　　　　　　D. 银行存款
8. 对于银行已入账而企业尚未入账的未达账项，企业应当（　　）。

A. 根据银行对账单记录的金额入账

B. 根据银行存款余额调节表和银行对账单自制原始凭证入账

C. 在编制银行存款余额调节表的同时入账

D. 待有关结算凭证到达后入账

四、多项选择题

1. 下列各项中，符合《现金管理暂行条例》规定，可以用现金结算的有（　　）。

   A. 为职工缴纳社会保障费支付的款项

   B. 出差人员必须携带的差旅费

   C. 支付给个人的劳务报酬

   D. 向个人收购农副产品支付的款项

2. 按照《银行账户管理办法》规定，企业转账可以通过（　　）办理。

   A. 基本存款账户　　　　　　B. 一般存款账户

   C. 临时存款账户　　　　　　D. 专业存款账户

3. 《银行结算办法》中规定了银行结算纪律，即（　　）。

   A. 不准出租、出借银行账户　　B. 不准签发空头支票

   C. 不准套取银行信用　　　　　D. 不准异地转账结算

4. 在（　　）情况下，企业银行存款日记账余额会小于银行对账单余额。

   A. 企业开出支票，对方未到银行兑现

   B. 银行误将其他公司的存款计入本企业银行存款账户

   C. 银行代扣水电费，企业尚未接到付款通知

   D. 银行收到委托收款结算方式下结算款项，企业尚未收到通知

5. 下列各项中，不通过"其他货币资金"科目核算的有（　　）。

   A. 信用证保证金存款　　　　B. 银行承兑汇票

   C. 备用金　　　　　　　　　D. 商业承兑汇票

6. 下列各项中，通过"其他货币资金"账户核算的有（　　）。

   A. 外埠存款　　　　　　　　B. 银行汇票存款

   C. 信用卡存款　　　　　　　D. 银行本票存款

7. 根据我国现行银行结算办法的规定，企业可以通过（　　）方式办理银行结算。

   A. 银行本票　　　　　　　　B. 支票

   C. 信用证　　　　　　　　　D. 信用卡

五、判断题

1. "库存现金"账户反映企业库存的现金，不包括企业内部各部门周转使

用、由各部门保管的定额备用金。（　　）

2. 企业可以根据经营需要，在一家或几家银行开立基本存款账户。（　　）

3. 单位和个人各种款项的结算，均可采用支票结算方式。（　　）

4. 在核对银行存款账目过程中，如发现未达账项，应编制银行存款余额调节表调节相符。因此，银行存款余额调节表应当作为调整银行存款账面余额的记账依据。（　　）

5. 企业从银行提取现金，不会影响资产负债表中货币资金项目的变动。（　　）

6. 为了减少货币资金管理和控制中产生舞弊的可能性，并及时发现有关人员的舞弊行为，对涉及货币资金管理和控制的业务人员应实行定期轮换岗位制度。（　　）

六、核算题

1. 甲公司 2017 年 1 月发生以下业务：

（1）1 月 2 日，上月清查溢余的现金 100 元，经查系由光辉公司上月购货时多付所致，现以现金退回。

（2）1 月 8 日，委托开户银行汇往广州银行 100 000 元开立采购专户，并派王芳到广州采购。王芳预借差旅费 800 元，以现金支付。

（3）1 月 19 日，向银行申请签发银行汇票，出票金额 26 000 元，银行同意受理，款项从结算户划出。

（4）1 月 20 日，持上述银行汇票向中普公司预付购料款 25 500 元，收到中普公司开来收据。

（5）1 月 23 日，销售商品一批，价款 90 000 元，增值税 15 300 元，对方单位交来出票金额为 110 000 元的银行汇票进行结算。

（6）1 月 26 日，收到银行转来本月 19 日签发的银行汇票多余款 500 元的收账通知。

（7）1 月 27 日，王芳在广州采购一批材料，取得的增值税专用发票上注明的价款为 80 000 元，税款为 13 600 元。

（8）1 月 30 日，王芳从广州回来，报销差旅费 750 元，并交回多余现金 50 元。广州的采购专户结束，余额划回。

（9）1 月 30 日，将现金 18 000 元送存银行。

要求：根据以上经济业务，编制相关会计分录。

2. 乙公司 2017 年 1 月份发生如下经济业务：

（1）开出现金支票一张，向银行提取现金 15 000 元。

（2）职工刘芳出差，借支差旅费 1 500 元，以现金支付。

(3) 收到甲公司交来的转账支票一张，金额 50 000 元，用以归还上月所欠货款，支票已送交银行。

(4) 开出转账支票一张，归还前欠丙公司货款 20 000 元。

(5) 职工刘芳出差回来报销差旅费，原借支 1 500 元，实报销 1 650 元，差额 150 元用现金补付。

(6) 公司在现金清查中发现现金短缺 200 元。经过核查，发现原因是出纳陈红工作失职造成，陈红当即交回现金 200 元以作赔偿。

(7) 公司委托银行开出银行本票 50 000 元，有关手续已办妥，采购员李强持银行本票采购材料。

(8) 李强采购结束，增值税专用发票上注明的材料价款为 40 000 元，增值税税款为 6 800 元，价税合计 46 800 元，用上述银行本票结算，差额 3 200 元为销货方暂欠，材料已验收入库。

(9) 公司购买办公用品 2 300 元，用信用卡付款。收到银行转来的信用卡存款付款凭证及所附账单，经审核无误。

要求：根据以上经济业务，编制相关会计分录。

3. 甲公司 2017 年 12 月 31 日在建设银行的银行存款日记账的余额为 866 000 元，银行转来对账单的余额为 889 000 元。经逐笔核对，发现以下未达账项：

(1) 企业送存转账支票 100 000 元，并已登记银行存款增加，但银行尚未记账。

(2) 企业委托银行代收某公司购货款 117 000 元，银行已收妥并登记入账，但企业尚未收到收款通知，尚未记账。

(3) 银行代企业支付水电费 6 000 元，银行已登记企业银行存款减少，但企业未收到银行付款通知，尚未记账。

(4) 企业开出转账支票 12 000 元，但持票单位尚未到银行办理转账，银行尚未记账。

要求：

(1) 根据上述资料，编制银行存款余额调节表。

(2) 如果调节后双方的银行存款余额仍不相等，请说明应如何处理。

03

金融资产

ZHONGJI CAIWU KUAIJI

金融资产是企业资产的重要组成部分，主要包括库存现金、银行存款、应收票据、应收账款、其他应收款项、债权投资、股权投资以及衍生工具形成的资产等。其中，货币资金（即库存现金、银行存款、其他货币资金）的会计处理请见"货币资金"章节的相关内容；长期股权投资（即企业对外能够形成控制、共同控制和重大影响的股权投资）的会计处理请见"长期股权投资"章节的相关内容。

金融资产分类是金融资产会计处理的起点。金融资产分类的目的，主要是希望通过分类处理为会计信息使用者提供更加有用的与金融资产相关的信息。企业在对某金融资产进行分类时，应综合考虑以下因素：(1) 持有该金融资产的目的或意图，如是否为交易而短期持有、是否为持有至到期等；(2) 该金融资产合约的性质，如是否为衍生金融工具（资产）、权益证券或债务工具等；(3) 该金融资产是否在公开市场进行交易，如是否在证券交易所挂牌交易等；(4) 持有该金融资产的企业所在行业及所从事业务特征，如该金融资产是否为金融机构所持有等；(5) 持有该金融资产的企业所选择的风险管理方式或会计政策。

在综合考虑这些因素的基础上，企业应将取得的金融资产在初始确认时划分为下列四类：(1) 以公允价值计量且其变动计入当期损益的金融资产；(2) 持有至到期投资；(3) 贷款和应收款项；(4) 可供出售金融资产。

第一节　以公允价值计量且其变动计入当期损益的金融资产

一、以公允价值计量且其变动计入当期损益的金融资产概述

以公允价值计量且其变动计入当期损益的金融资产，可以进一步划分为交易性金融资产和指定为以公允价值计量且其变动计入当期损益的金融资产。同时，某项金融资产划分为以公允价值计量且其变动计入当期损益的金融资产后，不能再重分类为其他类别的金融资产；其他类别的金融资产也不能再重分类为以公允价值计量且其变动计入当期损益的金融资产。不允许重分类进入或转出以公允价值计量且其变动计入当期损益的金融资产，是为了防范少数市场主体利用金融资产公允价值变动来调节或平衡损益。

1. 交易性金融资产

交易性金融资产，主要是指企业为了近期内出售而持有的债券投资、股票投资、基金投资等金融资产。金融资产满足下列条件之一的，应当划分为交易性金融资产：

（1）取得该金融资产的目的，主要是为了近期内出售。例如，企业以赚取差价为目的从二级市场购入的债券、股票、基金等。

（2）属于进行集中管理的可辨认金融工具组合的一部分，且有客观证据表明企业近期采用短期获利方式对组合进行管理。在这种情况下，即使组合中有某个组成项目持有的期限稍长，也不受影响。例如，企业基于其投资策略和风险管理的需要，将某些资产进行组合从事短期获利活动，对于组合中的金融资产，应采用公允价值计量，并将其公允价值变动计入当期损益。

（3）属于衍生金融工具，如国债期货、股指期货、远期合同等，其公允价值变动大于零时，应将其相关变动金额确认为交易性金融资产，同时计入当期损益。但是，如果衍生工具被企业指定为有效套期关系中的套期工具，那么该衍生金融工具初始确认后的公允价值变动应根据其对应的套期关系（即公允价值套期、现金流量套期或境外经营净投资套期）不同，采用相应的方法进行处理。

2. 指定为以公允价值计量且其变动计入当期损益的金融资产

企业将某项金融资产指定为以公允价值计量且其变动计入当期损益的金融资产，可能受诸多因素影响。比如：（1）通过该公允价值选择的指定，可以消除或明显减少相关金融资产（和金融负债）计量基础不同所导致的相关利得或损失在确认或计量方面不一致的情况（也称"会计不匹配"）；（2）通过将两个项目指定为以公允价值计量且其变动计入当期损益能够达到与运用套期会计类似的结果，这样就可以避免套期关系指定、有效性评价等较为苛刻的要求；（3）通过将混合工具指定为以公允价值计量且其变动计入当期损益，无须考虑在嵌入衍生工具与主合同不密切相关情况下的分拆问题，因为整个合同都按公允价值计量且其变动计入当期损益。

企业不能随意将某项金融资产直接指定为以公允价值计量且其变动计入当期损益的金融资产。通常情况下，只有满足下列条件之一，企业才能在初始确认时将某项金融资产直接指定为以公允价值计量且其变动计入当期损益的金融资产：

（1）该指定可以消除或明显减少由于该金融资产的计量基础不同所导致的相关利得或损失在确认或计量方面不一致的情况。

（2）企业风险管理或投资策略的正式书面文件已载明，该金融资产组合或该金融资产和金融负债组合，以公允价值为基础进行管理、评价并向关键管理人员报告。

需要补充说明的是：（1）将某项金融资产指定为以公允价值计量且其变动计入当期损益的金融资产，必须在初始确认时就指定，且不可撤销；（2）对在活跃市场中没有报价且其公允价值不能可靠计量的权益工具投资，以及与该权益工具挂钩并须通过交付该权益工具结算的衍生金融资产，不能做这种金融资产公允值选择权指定；(3) 这种金融资产公允价值选择指定类似于会计政策选择，不同之处在于，它可以基于逐项金融资产进行指定（不能将某项金融产的一部分进行指定）。

二、以公允价值计量且其变动计入当期损益的金融资产的会计处理

企业对以公允价值计量且其变动计入当期损益的金融资产的会计处理，应着重于该金融资产与金融市场的紧密结合性，反映该类金融资产相关市场变量变化对其价值的影响，进而对企业财务状况和经营成果的影响。

1. 以公允价值计量且其变动计入当期损益的金融资产的计量

以公允价值计量且其变动计入当期损益的金融资产初始确认时，企业应按公允价值计量，相关交易费用应当直接计入当期损益。其中，交易费用是指可直接归属于购买、发行或处置金融工具新增的外部费用。新增的外部费用是指企业不购买、发行或处置金融工具就不会发生的费用。交易费用包括支付给代理机构、咨询公司、券商等的手续费和佣金及其他必要支出，不包括债券溢价、折价、融资费用、内部管理成本及其他与交易不直接相关的费用。

企业取得以公允价值计量且其变动计入当期损益的金融资产所支付的价款中，包含已宣告但尚未发放的现金股利或已到付息期但尚未领取的债券利息的，应单独确认为应收项目。企业在持有以公允价值计量且其变动计入当期损益的金融资产期间取得的现金股利或利息，应当确认为投资收益。

资产负债表日，企业应将以公允价值计量且其变动计入当期损益的金融资产的公允价值变动计入当期损益。

处置该金融资产时，应将取得价款与初始入账金额之间的差额确认为投资收益，同时调整公允价值变动损益。

2. 以公允价值计量且其变动计入当期损益的金融资产的账务处理

企业应设置"交易性金融资产"科目，核算企业为交易目的所持有的债券投资、股票投资、基金投资等交易性金融资产的公允价值。企业持有的直接指定为以公允价值计量且其变动计入当期损益的金融资产，也在本科目核算。本科目可按交易性金融资产的类别和品种，分别"成本"和"公允价值变动"等进行明细核算。本科目期末借方余额，反映企业持有的交易性金融资产的公允价值。

交易性金融资产的主要账务处理如下：

(1) 企业取得交易性金融资产，按其公允价值，借记"交易性金融资产——成本"科目，按发生的交易费用，借记"投资收益"科目，按支付的价款中所包含的已到付息期但尚未领取的利息或已宣告但尚未发放的现金股利，借记"应收利息"或"应收股利"科目，按实际支付的金额，贷记"银行存款"等科目。

(2) 交易性金融资产持有期间被投资单位宣告发放的现金股利，或在资产负债表日按分期付息、一次还本债券投资的票面利率计算的利息，借记"应收股利"或"应收利息"科目，贷记"投资收益"科目。

(3) 资产负债表日，交易性金融资产的公允价值高于其账面余额的差额，借记"交易性金融资产——公允价值变动"科目，贷记"公允价值变动损益"科目；公允价值低于其账面余额的差额，做相反的会计分录。

(4) 出售交易性金融资产，应按实际收到的金额，借记"银行存款"等科目，按该金融资产的账面余额，贷记"交易性金融资产"科目，按其差额，贷记或借记"投资收益"科目。同时调整公允价值变动损益，借记或贷记"公允价值变动损益"科目，贷记或借记"投资收益"科目。

【例3-1】 甲公司以交易为目的，于2017年5月10日以105 000元的价格购入乙公司2017年1月6日发行的股票，其中5 000元为已宣告但尚未发放的现金股利，另支付相关税费1 000元。2017年5月19日，甲公司收到乙公司发放的现金股利5 000元。2017年6月30日，股票投资的公允价值为80 000元。2017年12月11日，将该股票投资转让，取得价款为90 000元，交易费略。甲公司将该股票投资划分为交易性金融资产，假定不考虑其他因素。

根据上述资料，甲公司会计处理如下：

(1) 2017年5月10日，购入乙公司股票时：

借：交易性金融资产——成本　　　　　　　　　　　　100 000
　　应收股利　　　　　　　　　　　　　　　　　　　　5 000
　　投资收益　　　　　　　　　　　　　　　　　　　　1 000
　　贷：银行存款　　　　　　　　　　　　　　　　　106 000

(2) 2017年5月19日，收到乙公司发放的现金股利时：

借：银行存款　　　　　　　　　　　　　　　　　　　5 000
　　贷：应收股利　　　　　　　　　　　　　　　　　5 000

(3) 2017年6月30日，确认股票公允价值变动时：

借：公允价值变动损益　　　　　　　　　　　　　　　20 000
　　贷：交易性金融资产——公允价值变动（80 000－100 000）　20 000

(4) 2017年12月11日，将乙公司股票全部出售时：

借：银行存款　　　　　　　　　　　　　　　　　　　90 000
　　交易性金融资产——公允价值变动　　　　　　　　20 000
　　投资收益　　　　　　　　　　　　　　　　　　　10 000
　　贷：交易性金融资产——成本　　　　　　　　　100 000
　　　　公允价值变动损益　　　　　　　　　　　　　20 000

或者：
借：银行存款 90 000
　　交易性金融资产——公允价值变动 20 000
　　贷：交易性金融资产——成本 100 000
　　　　投资收益 10 000
借：投资收益 20 000
　　贷：公允价值变动损益 20 000

【例3-2】 甲公司以交易为目的，于2017年4月1日以304 500元（含已到付息期但尚未领取的债券利息4 500元）的价格购入乙公司2016年7月1日发行的面值为300 000元、票面利率为6%、期限为15个月、按季计息并于次月5日付息、到期还本的公司债券，另支付相关税费2 000元。甲公司将该债券投资划分为交易性金融资产。

根据上述资料，甲公司会计处理如下：

(1) 2017年4月1日，购入乙公司债券时：
借：交易性金融资产——成本 300 000
　　应收利息 4 500
　　投资收益 2 000
　　贷：银行存款 306 500

(2) 2017年4月5日，收到债券利息时：
借：银行存款 4 500
　　贷：应收利息 4 500

(3) 2017年6月30日，确认投资收益时：
借：应收利息（300 000×6%÷12×3） 4 500
　　贷：投资收益 4 500

(4) 2017年7月5日，收到债券利息时：
借：银行存款 4 500
　　贷：应收利息 4 500

(5) 2017年9月30日，确认投资收益时：
借：应收利息 4 500
　　贷：投资收益 4 500

(6) 2017年10月5日，收到债券本息时：
借：银行存款 304 500
　　贷：应收利息 4 500
　　　　交易性金融资产——成本 300 000

第二节 持有至到期投资

一、持有至到期投资的概念

持有至到期投资是指到期日固定、回收金额固定或可确定，且企业有明确意图和能力持有至到期的非衍生金融资产。通常情况下，能够划分为持有至到期投资的金融资产，主要是债权性投资。例如，企业从二级市场上购入的固定利率国债、浮动利率金融债券等，符合持有至到期投资条件的，可以划分为持有至到期投资。购入的股权投资因其没有固定的到期日，不符合持有至到期投资的条件，不能划分为持有至到期投资。持有至到期投资通常具有长期性质，但期限较短（1年以内）的债券投资，符合持有至到期投资条件的，也可将其划分为持有至到期投资。

二、持有至到期投资的会计处理

企业对持有至到期投资的会计处理，应着重于该金融资产的持有者有能力且意图将投资持有至到期，未到期前通常不会出售或者重分类，主要解决该金融资产实际利率的计算、摊余成本的确定、持有期间的收益确认及将其处置时损益的处理等问题。

（一）持有至到期投资的计量

1. 持有至到期投资的初始计量

持有至到期投资初始确认时，应当按取得时的公允价值和相关交易费用之和作为初始入账金额。支付的价款中包含的已到付息期但尚未领取的债券利息，应单独确认为应收项目。

实际利率应当在取得持有至到期投资时确定，在该持有至到期投资预期存续期间或适用的更短期间内保持不变。

实际利率，是指将金融资产或金融负债在预期存续期间或适用的更短期间内的未来现金流量，折现为该金融资产或金融负债当前账面价值所使用的利率。

2. 持有至到期投资的后续计量

企业应当采用实际利率法，按摊余成本对持有至到期投资进行后续计量。

实际利率法是指按照金融资产或金融负债（含一组金融资产或金融负债）的实际利率计算其摊余成本及各期利息收入或利息费用的方法。

金融资产的摊余成本是指该金融资产的初始确认金额经下列调整后的结

果：(1) 扣除已偿还的本金；(2) 加上或减去采用实际利率法将该初始确认金额与到期日金额之间的差额进行摊销形成的累计摊销额；(3) 扣除已发生的减值损失。

持有至到期投资在持有期间应当采用实际利率法，按照摊余成本和实际利率计算确认利息收入，计入投资收益。实际利率与票面利率差别较小的，也可按票面利率计算利息收入，计入投资收益。

处置持有至到期投资时，应将所取得价款与该投资账面价值之间的差额，计入当期损益。

(二) 持有至到期投资的账务处理

企业应设置"持有至到期投资"科目，核算企业持有至到期投资的摊余成本。本科目可按持有至到期投资的类别和品种，分别"成本"、"利息调整"和"应计利息"等进行明细核算。本科目期末借方余额，反映企业持有至到期投资的摊余成本。

企业应设置"持有至到期投资减值准备"科目，核算企业持有至到期投资的减值准备。本科目可按持有至到期投资类别和品种进行明细核算。本科目期末贷方余额，反映企业已计提但尚未转销的持有至到期投资减值准备。

持有至到期投资的主要账务处理如下：

1. 取得持有至到期投资

企业可按债券面值、溢价或折价购入企业债券。债券溢价或折价是由于债券的名义利率（或票面利率）与实际利率（或市场利率）不同而引起的。当债券票面利率高于市场利率，表明债券发行单位实际支付的利息将高于按市场利率计算的利息，则购买单位应按高于债券票面价值的价格即溢价购入债券，为以后多得利息而事先付出代价。如果债券的票面利率低于市场利率，表明发行单位今后实际支付的利息低于按照市场利率计算的利息，则购买单位应按照低于债券票面价值的价格即折价购入债券，为今后少得利息而事先得到补偿。债券溢折价通过"利息调整"明细科目进行核算。

企业取得的持有至到期投资，应按该投资的面值，借记"持有至到期投资——成本"科目，按支付的价款中包含的已到付息期但尚未领取的利息，借记"应收利息"科目，按实际支付的金额，贷记"银行存款"等科目，按其差额，借记或贷记"持有至到期投资——利息调整"科目。

2. 确认持有至到期投资的投资收益

溢价或折价购入的债券，其溢价或折价应在债券购入后至到期前的期间内于确认相关债券利息收入时摊销，调整各期的投资收益。当期按债券面值和适用利率计算的应计利息扣除当期摊销的溢价，或当期按债券面值和适用利率计算的应计利息与摊销的折价的合计,确认为当期投资收益。

资产负债表日,持有至到期投资为分期付息、到期一次还本债券投资的,应按票面利率计算确定的应收未收利息,借记"应收利息"科目,按持有至到期投资期初摊余成本和实际利率计算确定的利息收入,贷记"投资收益"科目,按其差额,借记或贷记"持有至到期投资——利息调整"科目。持有至到期投资为到期一次还本付息债券投资的,应于资产负债表日,按票面利率计算确定的应收未收利息,借记"持有至到期投资——应计利息"科目,按持有至到期投资期初摊余成本和实际利率计算确定的利息收入,贷记"投资收益"科目,按其差额,借记或贷记"持有至到期投资——利息调整"科目。

3. 持有至到期投资发生减值

资产负债表日,持有至到期投资发生减值的,按应减记的金额,借记"资产减值损失"科目,贷记"持有至到期投资减值准备"科目。已计提减值准备的持有至到期投资价值以后又得以恢复的,应在原已计提的减值准备金额内,按恢复增加的金额,借记"持有至到期投资减值准备"科目,贷记"资产减值损失"科目。

4. 出售持有至到期投资

出售持有至到期投资,应按实际收到的金额,借记"银行存款"等科目,按其账面余额,贷记"持有至到期投资——成本、利息调整、应计利息"科目,按其差额,贷记或借记"投资收益"科目。已计提减值准备的,还应同时结转减值准备。

【例3-3】甲公司2014年1月1日以1 036 299元(含交易费用)的价格购入乙公司2014年1月1日发行的面值1 000 000元、期限4年、票面利率为5%、按年付息到期一次还本的债券。甲公司将该债券投资划分为持有至到期投资。债券溢价按实际利率法摊销,实际利率为4%。

根据上述资料,甲公司会计处理如下:

(1) 2014年1月1日,购入债券时:

  借:持有至到期投资——成本   1 000 000
      ——利息调整   36 299
    贷:银行存款   1 036 299

(2) 2014年12月31日,确认实际利息收入、收到票面利息时:

  借:应收利息(票面利息=面值×票面利率=1 000 000×5%) 50 000
    贷:持有至到期投资——利息调整(差额=票面利息-实际利息) 8 548
      投资收益[实际利息=期初摊余成本×实际利率
           =(1 000 000+36 299)×4%]   41 452

借：银行存款	50 000	
贷：应收利息		50 000

(3) 2015年12月31日，确认实际利息收入、收到票面利息时：

借：应收利息	50 000	
贷：持有至到期投资——利息调整		8 890
投资收益 {[1 000 000＋(36 299－8 548)]×4%}		41 110
借：银行存款	50 000	
贷：应收利息		50 000

(4) 2016年12月31日，确认实际利息收入、收到票面利息时：

借：应收利息	50 000	
贷：持有至到期投资——利息调整		9 246
投资收益 {[1 000 000＋(36 299－8 548－8 890)]×4%}		40 754
借：银行存款	50 000	
贷：应收利息		50 000

(5) 2017年12月31日，确认实际利息收入、收到债券本息时：

借：应收利息	50 000	
贷：持有至到期投资——利息调整 [36 299－(8 548＋8 890＋9 246)]		9 615
投资收益		40 385
借：银行存款	1 050 000	
贷：应收利息		50 000
持有至到期投资——成本		1 000 000

【例3-4】甲公司2014年1月1日以950 500元（含交易费用）的价格购入乙公司2014年1月1日发行的4年期债券，面值1 000 000元，票面利率5%。该债券按年计息，到期一次还本付息，利息以单利计算。甲公司将该债券投资划分为持有至到期投资。债券折价按实际利率法摊销，实际利率6%。

根据上述资料，甲公司会计处理如下：

(1) 2014年1月1日，购入债券时：

借：持有至到期投资——成本	1 000 000	
贷：银行存款		950 500
持有至到期投资——利息调整		49 500

(2) 2014年12月31日，确认实际利息收入时：

借：持有至到期投资——应计利息（票面利息＝面值×票面利率
　　　　　　　　　　　　　　　　　　＝1 000 000×5%）　50 000

　　　　　——利息调整（差额＝实际利息－票面利息）　　7 030
　　贷：投资收益［实际利息＝期初摊余成本×实际利率
　　　　　　　　　＝(1 000 000－49 500)×6％］　　　　57 030
(3) 2015年12月31日，确认实际利息收入时：
　　借：持有至到期投资——应计利息　　　　　　　　　50 000
　　　　　　　　　　——利息调整　　　　　　　　　　10 452
　　贷：投资收益｛[1 000 000－(49 500－7 030)＋50 000]×6％｝
　　　　　　　　　　　　　　　　　　　　　　　　　　60 452
(4) 2016年12月31日，确认实际利息收入时：
　　借：持有至到期投资——应计利息　　　　　　　　　50 000
　　　　　　　　　　——利息调整　　　　　　　　　　14 079
　　贷：投资收益｛[1 000 000－(49 500－7 030－10 452)＋50 000×2]×6％｝
　　　　　　　　　　　　　　　　　　　　　　　　　　64 079
(5) 2017年12月31日，确认实际利息收入、收到债券本息时：
　　借：持有至到期投资——应计利息　　　　　　　　　50 000
　　　　　　　　　　——利息调整［49 500－(7 030＋10 452＋14 079)］
　　　　　　　　　　　　　　　　　　　　　　　　　　17 939
　　贷：投资收益　　　　　　　　　　　　　　　　　　67 939
　　借：银行存款　　　　　　　　　　　　　　　　 1 200 000
　　贷：持有至到期投资——成本　　　　　　　　　 1 000 000
　　　　　　　　　　——应计利息　　　　　　　　　 200 000

（三）持有至到期投资重分类的会计处理

企业因持有至到期投资部分出售或重分类的金额较大，且不属于企业会计准则所允许的例外情况，使该投资的剩余部分不再适合划分为持有至到期投资的，企业应当将该投资的剩余部分重分类为可供出售金融资产，并以公允价值进行后续计量。重分类日，该投资剩余部分的账面价值与其公允价值之间的差额计入其他综合收益，在该可供出售金融资产发生减值或终止确认时转出，计入当期损益。

将持有至到期投资重分类为可供出售金融资产的，应在重分类日按其公允价值，借记"可供出售金融资产"科目，按其账面余额，贷记"持有至到期投资——成本、利息调整、应计利息"科目，按其差额，贷记或借记"其他综合收益"科目。已计提减值准备的，还应同时结转减值准备。

第三节　应收款项

一般企业的应收款项，主要包括销售商品或提供劳务形成的应收款项、持有的其他企业的债权。通常设置"应收票据"、"应收账款"、"预付账款"、"应收利息"、"应收股利"、"其他应收款"和"坏账准备"等科目，核算企业的应收款项及坏账损失。

一、应收票据

1. 商业汇票

商业汇票是出票人签发的、委托付款人在指定日期无条件支付确定的金额给收款人或者持票人的票据。在银行开立存款账户的法人以及其他组织之间须具有真实的交易关系或债权债务关系，才能使用商业汇票。

商业汇票的付款期限由交易双方商定，但最长不得超过 6 个月。商业汇票的提示付款期限自汇票到期日起 10 日内。定日付款或者出票后定期付款的商业汇票，持票人应当在汇票到期日前向付款人提示承兑；见票后定期付款的汇票，持票人应当自出票日起 1 个月内向付款人提示承兑。汇票未按规定期限提示承兑的，持票人丧失对其前手的追索权。

商业汇票可以由付款人签发并承兑，也可以由收款人签发交由付款人承兑。我国现行的商业汇票属于定期金额兑付的票据，如发生大额交易需分期付款时，应一次签发若干张不同期限和金额的汇票。承兑是指汇票的承兑人在汇票上所做的同意付款的文字记载及签字。承兑是使用商业汇票的一道关键性环节，谁承兑谁就负有汇票到期无条件付款的责任。付款人应当自收到提示承兑的汇票之日起 3 日内承兑或者拒绝承兑。付款人拒绝承兑的，必须出具拒绝承兑的证明。

商业汇票根据承兑人不同分为商业承兑汇票和银行承兑汇票两种。商业承兑汇票是由银行以外的付款人承兑。商业承兑汇票按交易双方约定，由销货企业或购货企业签发，但由购货企业承兑。商业承兑汇票到期时，如果购货企业的存款不足支付票款，开户银行应将汇票退还销货企业，银行不负责付款，由购销双方自行处理。银行承兑汇票由银行承兑，由在承兑银行开立存款账户的存款人签发。承兑银行凭汇票将承兑款项无条件转给销货企业，如果购货企业于汇票到期日未能足额交存票款，承兑银行除凭票向持票人无条件付款外，对出票人尚未支付的汇票金额按照每天 0.5‰ 计收罚息。

符合条件的已承兑商业汇票的持票人可持未到期的商业汇票连同贴现凭证，

向银行申请贴现。贴现是指商业汇票的持有人在需要资金时，将未到期的汇票办理背书手续后转让给开户银行，并向开户银行贴付一定的利息而取得现款。汇票持有人在转让汇票过程中贴付开户银行的利息称为贴现息。

2. 应收票据的会计处理

应收票据的计价包括取得时入账价值的确定，以及持有期间的期末计息。对于带息的应收票据，应于期末（指中期期末或年末）按应收票据的票面价值和确定的利率计提利息，计提的利息应增加应收票据的账面价值。

企业应设置"应收票据"科目，核算企业因销售商品、提供劳务等而收到的商业汇票，包括银行承兑汇票和商业承兑汇票。本科目可按开出、承兑商业汇票的单位进行明细核算。本科目期末借方余额，反映企业持有的商业汇票的票面金额。

应收票据的主要账务处理如下：

（1）企业因销售商品、提供劳务等而收到开出、承兑的商业汇票，按商业汇票的票面金额，借记"应收票据"科目，按确认的营业收入，贷记"主营业务收入"等科目，按应交的增值税额，贷记"应交税费——应交增值税（销项税额）"科目。对于带息的应收票据，应于期末（指中期期末 6 月 30 日或年末 12 月 31 日）按应收票据的票面价值和确定的利率计提利息，计提的利息应增加应收票据的账面价值，同时，冲减财务费用。票据利息的计算公式如下：

$$应收票据利息＝应收票据票面金额×票面利率×票据期限$$

其中，"票面利率"一般为年利率；"票据期限"指签发日至到期日或期末的时间间隔。票据的期限可用月或日表示，在实务中，为了计算方便，常把一年定为 360 天，一个月定为 30 天。票据期限按月表示时，应以到期月份中与出票日相同的那一天为到期日。月末签发的票据，不论月份大小，以到期月份的月末那一天为到期日。同时，计算利息时将年利率换算成月利率（＝年利率÷12）。票据期限按日表示时，应从出票日起按实际经历天数计算。通常，只能计算出票日和到期日其中的一天，即"算头不算尾"或"算尾不算头"。同时，计算利息时，要将年利率换算成日利率（＝年利率÷360）。

（2）企业持未到期的商业汇票向银行贴现，应按实际收到的金额（即减去贴现息后的净额），借记"银行存款"等科目，按贴现息部分，借记"财务费用"科目，按商业汇票的到期值，贷记"应收票据"或"短期借款"科目。票据贴现的计算公式如下：

$$票据到期价值＝票据面值×(1＋年利率÷360×票据到期天数)$$

或
$$＝票据面值×(1＋年利率÷12×票据到期月数)$$

对于无息票据来说，票据的到期价值就是其面值。

贴现天数＝贴现日至票据到期日实际经历天数－1
贴现息＝票据到期价值×贴现率÷360×贴现天数
贴现所得金额＝票据到期价值－贴现息

根据《支付结算办法》的规定，实付贴现金额按票据到期值扣除贴现日至汇票到期前一日的贴现利息计算。承兑人在异地的，贴现利息的计算应另加3天的划款日期。

(3) 企业将持有的商业汇票背书转让以取得所需物资，按应计入取得物资成本的金额，借记"在途物资"、"材料采购"、"原材料"或"库存商品"等科目，按取得的增值税专用发票上注明的增值税额，借记"应交税费——应交增值税（进项税额）"科目，按商业汇票的票面金额，贷记"应收票据"科目，如有差额，借记或贷记"银行存款"等科目。

(4) 商业汇票到期，应按实际收到的金额，借记"银行存款"科目，按商业汇票的票面金额，贷记"应收票据"科目。商业承兑汇票到期，承兑人违约拒付或无力偿还票款时，收款企业应将到期票据的票面金额转入"应收账款"科目。

需要说明的是，应收债权的出售通常分为不附追索权的出售和附追索权的出售：

(1) 不附追索权应收债权的出售。企业将其按照销售商品、提供劳务的销售合同所产生的应收债权出售给银行等金融机构，根据企业、债务人及银行等金融机构之间的协议，在所售应收债权到期无法收回时，银行等金融机构不能够向出售应收债权的企业进行追偿。在这种情况下，企业应将所售应收债权予以转销，结转计提的相关坏账准备，确认按协议约定预计将发生的销售退回、销售折让、现金折扣等，确认出售损益。

(2) 附追索权应收债权的出售。企业在出售应收债权的过程中如附有追索权，即在有关应收债权到期无法从债务人处收回时，银行等金融机构有权向出售应收债权的企业追偿，或按照协议约定，企业有义务按照约定金额自银行等金融机构回购部分应收债权，应收债权的坏账风险由售出应收债权的企业负担，则企业应按照以应收债权为质押取得借款的核算原则进行会计处理。

【例3-5】 甲公司销售一批商品给乙公司，货已发出，增值税专用发票上注明的商品价款为200 000元，增值税额为34 000元。当日收到乙公司签发的不带息银行承兑汇票一张，该票据的期限为3个月。相关销售商品收入符合收入确认条件。

根据上述资料，甲公司会计处理如下：

(1) 销售实现时：
  借：应收票据　　　　　　　　　　　　　　　　　　　234 000
    贷：主营业务收入　　　　　　　　　　　　　　　　　200 000
       应交税费——应交增值税（销项税额）　　　　　　 34 000
(2) 3个月后，应收票据到期，甲公司收回款项234 000元，存入银行：
  借：银行存款　　　　　　　　　　　　　　　　　　　234 000
    贷：应收票据　　　　　　　　　　　　　　　　　　　234 000
(3) 如果甲公司在该票据到期前向银行贴现，且银行不附追索权，则表明甲公司的应收票据贴现符合金融资产终止确认条件，应将票据贴现后结转。假定甲公司贴现获得现金净额231 660元，则甲公司相关账务处理如下：
  借：银行存款　　　　　　　　　　　　　　　　　　　231 660
    财务费用　　　　　　　　　　　　　　　　　　　　 2 340
    贷：应收票据　　　　　　　　　　　　　　　　　　　234 000

【例3-6】　甲公司2017年3月1日销售一批产品给乙公司，货已发出，增值税专用发票注明价款为500 000元，增值税额为85 000元，甲公司收到乙公司交来的商业承兑汇票一张，期限为6个月，票面利率为6%。相关销售商品收入符合收入确认条件。

根据上述资料，甲公司会计处理如下：
(1) 2017年3月1日收到商业汇票，确认收入时：
  借：应收票据　　　　　　　　　　　　　　　　　　　585 000
    贷：主营业务收入　　　　　　　　　　　　　　　　　500 000
       应交税费——应交增值税（销项税额）　　　　　　 85 000
(2) 2017年6月30日，计提票据利息时：
  应收票据利息＝应收票据票面金额×票面利率×票据期限
         ＝585 000×6%÷12×4＝11 700(元)

  借：应收票据　　　　　　　　　　　　　　　　　　　 11 700
    贷：财务费用　　　　　　　　　　　　　　　　　　　 11 700

  应收票据账面价值＝585 000＋11 700＝596 700(元)
(3) 2017年9月1日，应收票据到期收回全部款项时：

  票据到期收回款项＝585 000×(1＋6%÷12×6)＝602 550(元)
  未计提的票据利息＝585 000×6%÷12×2＝5 850(元)
  或　　　　　　　＝602 550－596 700＝5 850(元)

借：银行存款　　　　　　　　　　　　　　　　　　　602 550
　　贷：应收票据　　　　　　　　　　　　　　　　　　596 700
　　　　财务费用　　　　　　　　　　　　　　　　　　　5 850

(4) 假定甲公司因急需资金，于 2017 年 7 月 5 日，在该票据到期前向银行贴现，且银行拥有追索权，则表明甲公司的应收票据贴现不符合金融资产终止确认条件，应将贴现所得确认为一项金融负债"短期借款"。假设该企业与承兑企业在同一票据交换区域内，银行年贴现率为 10%。

票据贴现的有关计算如下：

票据到期日为 9 月 1 日。

票据到期价值＝票据面值×(1＋年利率÷12×票据到期月数)
　　　　　　＝585 000×(1＋6%÷12×6)＝602 550(元)

贴现天数＝贴现日至票据到期日实际经历天数－1＝27＋31＋1－1
　　　　＝58(天)

(承兑人如在异地，贴现利息的计算应另加 3 天的划款日期。)

贴现息＝票据到期价值×贴现率÷360×贴现天数
　　　＝602 550×10%÷360×58＝9 708(元)

贴现所得金额＝票据到期价值－贴现息＝602 550－9 708＝592 842(元)

借：银行存款　　　　　　　　　　　　　　　　　　　592 842
　　财务费用　　　　　　　　　　　　　　　　　　　　9 708
　　贷：短期借款　　　　　　　　　　　　　　　　　　602 550

需要说明的是，企业应当设置应收票据备查簿，逐笔登记商业汇票的种类、号数和出票日、票面金额、交易合同号和付款人、承兑人、背书人的姓名或单位名称、到期日、背书转让日、贴现日、贴现率和贴现净额以及收款日和收回金额、退票情况等资料。商业汇票到期结清票款或退票后，在备查簿中应予注销。

二、应收账款

应收账款是指企业由于销售商品、产品或提供劳务等原因，应向购货单位或接受劳务的单位收取的款项或代垫的运杂费等。这里所称的"应收账款"，有其特定的范围：(1) 应收账款是指因销售活动形成的债权，不包括应收职工欠款、应收债务人的利息等其他应收款；(2) 应收账款是指流动资产性质的债权，不包括长期的债权，如购买的长期债券等；(3) 应收账款是指本企业应收客户的款项，不包括本企业付出的各类押金，如租入包装物所交的押金等。

企业应设置"应收账款"科目，核算企业因销售商品、提供劳务等经营活动，应向购货单位或接受劳务单位收取的款项。因销售商品、提供劳务等，采用递延方式收取合同或协议价款、实质上具有融资性质的，在"长期应收款"科目核算。不单独设置"预收账款"科目的企业，预收的账款也在本科目核算。本科目可按债务人进行明细核算。本科目期末借方余额，反映企业尚未收回的应收账款；期末如为贷方余额，反映企业预收的账款。

企业发生应收账款，按应收金额，借记"应收账款"科目，按确认的营业收入，贷记"主营业务收入"等科目，按应交的增值税额，贷记"应交税费——应交增值税（销项税额）"科目。收回应收账款时，借记"银行存款"等科目，贷记"应收账款"科目。代购货单位垫付的包装费、运杂费，借记"应收账款"科目，贷记"银行存款"等科目。收回代垫费用时，借记"银行存款"科目，贷记"应收账款"科目。具体业务核算请见"收入、费用和利润"章节的相关内容。

三、预付账款

预付账款是指企业按照购货合同或劳务合同规定，预先支付给供货单位或提供劳务方的款项。

为了加强对预付账款的管理，一般应单独设置"预付账款"科目，核算企业按照合同规定预付的款项。企业进行在建工程预付的工程价款，也在"预付账款"科目核算。本科目可按供货单位进行明细核算。本科目期末借方余额，反映企业预付的款项；期末如为贷方余额，反映企业尚未补付的款项。预付款项情况不多的，也可以不设置"预付账款"科目，将预付的款项直接记入"应付账款"科目。但在编制财务报表时，仍然要按"预付款项"和"应付账款"项目分开报告。

企业因购货而预付的款项，借记"预付账款"科目，贷记"银行存款"等科目。收到所购物资，按应计入所购物资成本的金额，借记"在途物资"、"材料采购"或"原材料"、"库存商品"等科目，按增值税专用发票上注明的增值税额，借记"应交税费——应交增值税（进项税额）"科目，按应支付的金额，贷记"预付账款"科目。补付的款项，借记"预付账款"科目，贷记"银行存款"等科目；退回多付的款项，做相反的会计分录。

企业进行在建工程预付的工程价款，借记"预付账款"科目，贷记"银行存款"等科目。按工程进度结算工程价款，借记"在建工程"科目，贷记"预付账款"和"银行存款"等科目。

四、应收股利

应收股利是指企业应收取的现金股利和应收取其他单位分配的利润。

企业应设置"应收股利"科目，核算企业应收取的现金股利和应收取其他单位分配的利润。本科目可按被投资单位进行明细核算。本科目期末借方余额，反映企业尚未收回的现金股利或利润。

五、应收利息

应收利息是指企业交易性金融资产、持有至到期投资、可供出售金融资产等应收取的利息。

企业应设置"应收利息"科目，核算企业交易性金融资产、持有至到期投资、可供出售金融资产等应收取的利息。企业购入的一次还本付息的持有至到期投资持有期间计提的利息，在"持有至到期投资——应计利息"科目核算。本科目可按借款人或被投资单位进行明细核算。本科目期末借方余额，反映企业尚未收回的利息。

六、其他应收款

其他应收款是指企业除应收票据、应收账款、预付账款、应收股利、应收利息、长期应收款等以外的其他各种应收、暂付款项。

企业应设置"其他应收款"科目，核算企业除存出保证金、应收票据、应收账款、预付账款、应收股利、应收利息、应收代位追偿款、长期应收款等以外的其他各种应收及暂付款项。本科目可按对方单位（或个人）进行明细核算。本科目期末借方余额，反映企业尚未收回的其他应收款项。

企业发生其他各种应收、暂付款项时，借记"其他应收款"科目，贷记"银行存款"或"固定资产清理"等科目；收回或转销各种款项时，借记"库存现金"或"银行存款"等科目，贷记"其他应收款"科目。

七、长期应收款

长期应收款是指企业因融资租赁产生的长期应收款项、采用递延方式具有融资性质的销售商品和提供劳务等产生的长期应收款项。

企业应设置"长期应收款"科目，核算企业的长期应收款项，包括融资租赁产生的应收款项、采用递延方式具有融资性质的销售商品和提供劳务等产生的应收款项等。实质上构成对被投资单位净投资的长期权益，也通过本科目核算。本科目可按债务人进行明细核算。本科目的期末借方余额，反映企业尚未收回的长期应收款。

八、坏账准备

企业应采用备抵法按期估计坏账损失，计提坏账准备。估计坏账损失主要有应收账款余额百分比法、账龄分析法和销货百分比法三种方法。应收账款余额百分比法是根据会计期末应收账款的余额乘以估计坏账比例确定坏账损失，据此提取坏账准备的方法。账龄分析法是根据应收账款入账时间的长短来估计坏账损失的方法。销货百分比法是根据赊销金额的一定百分比估计坏账损失的方法。

企业应设置"坏账准备"科目，核算企业应收款项的坏账准备。本科目可按应收款项的类别进行明细核算。本科目期末贷方余额，反映企业已计提但尚未转销的坏账准备。

坏账准备的主要账务处理如下：

（1）资产负债表日，应收款项发生减值的，按应减记的金额，借记"资产减值损失"科目，贷记"坏账准备"科目。本期应计提的坏账准备大于其账面余额的，应按其差额计提；应计提的坏账准备小于其账面余额的差额，做相反的会计分录。

（2）对于确实无法收回的应收款项，按管理权限报经批准后作为坏账，转销应收款项，借记"坏账准备"科目，贷记"应收票据"、"应收账款"、"预付账款"或"其他应收款"等科目。

（3）已确认并转销的应收款项以后又收回的，应按实际收回的金额，借记"应收票据"、"应收账款"、"预付账款"或"其他应收款"等科目，贷记"坏账准备"科目；同时，借记"银行存款"科目，贷记"应收票据"、"应收账款"、"预付账款"或"其他应收款"等科目。

【例 3-7】 甲公司采用应收账款余额百分比法核算坏账损失，坏账计提比例为 1‰。已知 2015 年应收账款年末余额为 1 000 000 元；2016 年发生了坏账损失 8 000 元，应收账款年末余额为 1 100 000 元；2017 年已核销的坏账 5 000 元又收回，应收账款年末余额为 800 000 元。假定 2015 年年初坏账准备的余额为零。

根据上述资料，甲公司会计处理如下：

（1）2015 年年末计提坏账准备时：

借：资产减值损失　　　　　　　　　　　　　　　　10 000
　　贷：坏账准备（1 000 000×1‰）　　　　　　　　　　　　10 000

2015 年年末坏账准备余额为 10 000 元。

（2）2016 年年末补提坏账准备时：

①核销坏账 8 000 元：

借：坏账准备　　　　　　　　　　　　　　　　　　8 000
　　贷：应收账款　　　　　　　　　　　　　　　　　　　　 8 000

②补提坏账准备 9 000 元：

借：资产减值损失　　　　　　　　　　　　　　　　9 000

　　　　贷：坏账准备 [1 100 000×1‰－(10 000－8 000)]　　　　　　　　　9 000
2016 年年末坏账准备余额为 11 000 元 (10 000－8 000＋9 000)。
　　(3) 2017 年年末冲减坏账准备时：
①已核销的坏账又收回，先冲回应收账款，再做收款处理：
　　借：应收账款　　　　　　　　　　　　　　　　　　　　　　　　　　　　 5 000
　　　　贷：坏账准备　　　　　　　　　　　　　　　　　　　　　　　　　　　 5 000
　　借：银行存款　　　　　　　　　　　　　　　　　　　　　　　　　　　　　 5 000
　　　　贷：应收账款　　　　　　　　　　　　　　　　　　　　　　　　　　　 5 000
②冲减坏账准备 8 000 元：
　　借：坏账准备　　　　　　　　　　　　　　　　　　　　　　　　　　　　　 8 000
　　　　贷：资产减值损失 [800 000×1‰－(11 000＋5 000)]　　　　　　　　　 8 000
2017 年年末坏账准备余额为 8 000 元 (11 000＋5 000－8 000)。

第四节　可供出售金融资产

一、可供出售金融资产概述

可供出售金融资产，通常是指企业没有划分为以公允价值计量且其变动计入当期损益的金融资产、持有至到期投资、贷款和应收款项的金融资产。

对于在活跃市场上有报价的金融资产，既可划分为以公允价值计量且其变动计入当期损益的金融资产，也可划分为可供出售金融资产。如果该金融资产属于有固定到期日、收回金额固定或可确定的金融资产，还可划分为持有至到期投资。某项金融资产具体应分为哪一类，主要取决于企业管理层的投资风险和管理意图。

二、可供出售金融资产的会计处理

可供出售金融资产的会计处理，与以公允价值计量且其变动计入当期损益的金融资产的会计处理有类似之处，也有不同。例如，初始确认时，两者都应按公允价值计量，但对于可供出售金融资产，相关交易费用应计入初始入账金额；资产负债表日，两者都应按公允价值计量，但对于可供出售金融资产，公允价值变动（包括可供出售外币股权投资因资产负债表日汇率变动形成的汇兑损益）不是计入当期损益，而通常应先计入其他综合收益。

1. 可供出售金融资产的计量

企业在对可供出售金融资产进行确认时，还应注意以下问题：

(1) 可供出售金融资产应当按取得该金融资产的公允价值和相关交易费用之和作为初始确认金额。企业取得可供出售金融资产支付的价款中包含的已宣告但尚未发放的现金股利或已到付息期但尚未领取的债券利息，应单独确认为应收项目，不计入初始确认金额。在随后期间收到这部分股利或利息时，再冲减应收项目金额。可供出售金融资产持有期间取得的利息或现金股利，应当计入投资收益。资产负债表日，可供出售金融资产应当以公允价值计量，且其公允价值变动计入其他综合收益。

(2) 如果可供出售金融资产是外币货币性金融资产，其形成的汇兑差额也应当计入当期损益。采用实际利率法计算的可供出售金融资产的利息，应当计入当期损益；可供出售权益工具投资的现金股利，应当在被投资单位宣告发放股利时计入当期损益。

(3) 处置可供出售金融资产时，应将取得的价款与该金融资产账面价值之间的差额，计入投资损益；同时，将原直接计入其他综合收益的公允价值变动累计额对应处置部分的金额转出，计入投资损益。

2. 可供出售金融资产的账务处理

企业应设置"可供出售金融资产"科目，核算企业持有的可供出售金融资产的公允价值，包括划分为可供出售的股票投资、债券投资等金融资产。本科目按可供出售金融资产的类别和品种，分别"成本"、"利息调整"、"应计利息"和"公允价值变动"等科目进行明细核算。本科目期末借方余额，反映企业可供出售金融资产的公允价值。可供出售金融资产发生减值的，可以单独设置"可供出售金融资产减值准备"科目。

可供出售金融资产的主要账务处理如下：

(1) 企业取得可供出售金融资产为权益投资的，应按其公允价值与交易费用之和，借记"可供出售金融资产——成本"科目；按支付的价款中包含的已宣告但尚未发放的现金股利，借记"应收股利"科目；按实际支付的金额，贷记"银行存款"等科目。企业取得的可供出售金融资产为债券投资的，应按债券的面值，借记"可供出售金融资产——成本"科目；按支付的价款中包含的已到付息期但尚未领取的利息，借记"应收利息"科目；按实际支付的金额，贷记"银行存款"等科目；按其差额，借记或贷记"可供出售金融资产——利息调整"科目。

(2) 资产负债表日，可供出售债券为分期付息、一次还本债券投资的，应按票面利率计算确定的应收未收利息，借记"应收利息"科目；按可供出售债券的摊余成本和实际利率计算确定的利息收入，贷记"投资收益"科目；按其差额，借记或贷记"可供出售金融资产——利息调整"科目。可供出售债券为一次还本付息债券投资的,应于资产负债表日按票面利率计算确定的应收未收利息,借记"可供出售金融资产——应计利息"科目;按可供出售债券的摊余成本和实际利率计算确定的利息收入,贷记"投资收益"科目;按其差额,借记或贷记"可供出售金融资产——利息调整"科目。

(3) 资产负债表日,可供出售金融资产的公允价值高于其账面余额的差额,借记"可供出售金融资产——公允价值变动"科目,贷记"其他综合收益"科目;公允价值低于其账面余额的差额,做相反的会计分录。

(4) 将持有至到期投资重分类为可供出售金融资产的,应在重分类日,按其公允价值,借记"可供出售金融资产"科目;按其账面余额,贷记"持有至到期投资"科目;按其差额,贷记或借记"其他综合收益"科目。

(5) 出售可供出售的金融资产,应按实际收到的金额,借记"银行存款"等科目;按其账面余额,贷记"可供出售金融资产——成本、公允价值变动、利息调整、应计利息"科目;按应从其他综合收益中转出的公允价值累计变动额,借记或贷记"其他综合收益"科目;按其差额,贷记或借记"投资收益"科目。

【例3-8】 2016年5月9日,甲公司支付价款10 160 000元(含交易费用10 000元和已宣告但尚未发放的现金股利150 000元)购入乙公司发行的股票2 000 000股,占乙公司有表决权股份的5%,未对乙公司产生重大影响。甲公司将该股票投资划分为可供出售金融资产核算。与该股票投资相关的信息如下:

(1) 2016年5月16日,甲公司收到乙公司发放的现金股利150 000元。

(2) 2016年6月30日,该股票市价为每股5.2元。

(3) 2016年12月31日,甲公司仍持有该股票,当日该股票市价为每股4.9元。

(4) 2017年5月8日,乙公司宣告发放现金股利4 000 000元。

(5) 2017年5月16日,甲公司收到乙公司发放的现金股利200 000元。

(6) 2017年12月25日,甲公司以每股4.8元的价格将乙公司股票全部出售。

根据上述资料,甲公司会计处理如下:

(1) 2016年5月9日,购入股票时:

借:应收股利　　　　　　　　　　　　　　　　　　　150 000
　　可供出售金融资产——成本　　　　　　　　　　10 010 000
　　　贷:银行存款　　　　　　　　　　　　　　　　10 160 000

(2) 2016年5月16日,收到现金股利时:

借:银行存款　　　　　　　　　　　　　　　　　　　150 000
　　　贷:应收股利　　　　　　　　　　　　　　　　　150 000

(3) 2016 年 6 月 30 日，确认股票的价格变动时：
借：可供出售金融资产——公允价值变动（5.2×2 000 000－10 010 000）
　　　　　　　　　　　　　　　　　　　　　　　　　　　390 000
　　贷：其他综合收益　　　　　　　　　　　　　　　　　390 000
(4) 2016 年 12 月 31 日，确认股票的价格变动时：
借：其他综合收益　　　　　　　　　　　　　　　　　　600 000
　　贷：可供出售金融资产——公允价值变动 [(4.9－5.2)×2 000 000]
　　　　　　　　　　　　　　　　　　　　　　　　　　　600 000
(5) 2017 年 5 月 8 日，确认现金股利时：
借：应收股利（4 000 000×5%）　　　　　　　　　　　 200 000
　　贷：投资收益　　　　　　　　　　　　　　　　　　　200 000
(6) 2017 年 5 月 16 日，收到现金股利时：
借：银行存款　　　　　　　　　　　　　　　　　　　　200 000
　　贷：应收股利　　　　　　　　　　　　　　　　　　　200 000
(7) 2017 年 12 月 25 日，出售股票时：
借：银行存款（4.8×2 000 000）　　　　　　　　　　 9 600 000
　　可供出售金融资产——公允价值变动　　　　　　　　210 000
　　投资收益　　　　　　　　　　　　　　　　　　　　410 000
　　贷：可供出售金融资产——成本　　　　　　　　　 10 010 000
　　　　其他综合收益　　　　　　　　　　　　　　　　210 000
或者：
借：银行存款（4.8×2 000 000）　　　　　　　　　　 9 600 000
　　可供出售金融资产——公允价值变动　　　　　　　　210 000
　　投资收益　　　　　　　　　　　　　　　　　　　　200 000
　　贷：可供出售金融资产——成本　　　　　　　　　 10 010 000
借：投资收益　　　　　　　　　　　　　　　　　　　　210 000
　　贷：其他综合收益　　　　　　　　　　　　　　　　210 000

自测题

一、名词解释
1. 金融资产　　　　　　　　　　2. 交易性金融资产
3. 持有至到期投资　　　　　　　4. 摊余成本

5. 实际利率法 6. 票据贴现
7. 备抵法 8. 可供出售金融资产

二、简答题

1. 简述交易性金融资产的确认条件。
2. 简述持有至到期投资的特征。
3. 摊余成本是指什么？摊余成本与历史成本有何区别？
4. 简述持有至到期投资的利息处理以及溢折价的摊销。
5. 试说明应收票据、应收账款、其他应收款及预付账款的核算内容有何不同。
6. 什么是可供出售金融资产？它与交易性金融资产、持有至到期投资有何区别和联系？
7. 可供出售金融资产与持有至到期投资在会计处理方面有何区别？

三、单项选择题

1. 实际支付的投资价款中包含的已宣告但尚未领取的现金股利或已到付息期但尚未领取的债券利息应计入（　　）。
   A. 应收项目　　B. 投资成本　　C. 投资收益　　D. 投资溢价

2. 关于以公允价值计量且其变动计入当期损益的金融资产，下列说法中不正确的是（　　）。
   A. 交易性金融资产主要是指企业为了近期内出售而持有的金融资产
   B. 以公允价值计量且其变动计入当期损益的金融资产包括交易性金融资产
   C. 以公允价值计量且其变动计入当期损益的金融资产和交易性金融资产是同一概念
   D. 直接指定为以公允价值计量且其变动计入当期损益的金融资产，主要是指企业基于风险管理、战略投资需要等所做的指定

3. 根据《企业会计准则第22号——金融工具确认和计量》的规定，下列关于交易性金融资产的后续计量的表述中，正确的是（　　）。
   A. 按照公允价值进行后续计量，公允价值变动计入当期投资收益
   B. 按照公允价值进行后续计量，公允价值变动计入当期公允价值变动损益
   C. 按照公允价值进行后续计量，公允价值变动计入其他综合收益
   D. 按照摊余成本进行后续计量

4. 关于交易性金融资产的计量，下列说法中正确的是（　　）。
   A. 应当按取得该金融资产的公允价值和相关交易费用之和作为初始确认金额
   B. 应当按取得该金融资产的公允价值作为初始确认金额，相关交易费用在

发生时计入当期损益

C. 资产负债表日，企业应将该金融资产的公允价值变动计入其他综合收益

D. 处置该金融资产时，其公允价值与初始入账金额之间的差额应确认为投资收益，不调整公允价值变动损益

5. 期末，企业对交易性金融资产应当采用（　　）计价。

　　A. 权益法　　　　　　　　　B. 公允价值
　　C. 成本法　　　　　　　　　D. 成本与市价孰低法

6. 2017年1月3日，甲公司以1 100万元（其中包含已到付息期但尚未领取的债券利息25万元）购入乙公司发行的公司债券，另支付交易费用10万元，将其确认为交易性金融资产。该债券面值为1 000万元，票面年利率为5%，每年年末付息一次。不考虑其他因素，甲公司取得该项金融资产的初始入账金额为（　　）万元。

　　A. 1 000　　　B. 1 100　　　C. 1 075　　　D. 1 110

7. 2017年12月11日，甲公司购入乙公司股票10万股，将其划分为交易性金融资产，购买日支付价款249万元，另支付交易费用0.6万元，2017年12月31日，该股票的公允价值为258万元，不考虑其他因素，甲公司2017年度利润表"公允价值变动收益"项目本期金额为（　　）万元。

　　A. 9　　　B. 9.6　　　C. 0.6　　　D. 8.4

8. 甲公司将其持有的交易性金融资产全部出售，售价为3 000万元；出售前该金融资产的账面价值为2 800万元（其中成本2 500万元，公允价值变动300万元）。假定不考虑其他因素，甲公司对该交易应确认的投资收益为（　　）万元。

　　A. 200　　　B. －200　　　C. 500　　　D. －500

9. 企业持有的持有至到期投资为一次还本付息的债券，资产负债表日确认当期应收未收的利息应记入的科目是（　　）。

　　A. "持有至到期投资——应计利息"
　　B. "应收利息"
　　C. "其他应收款"
　　D. "长期应收款"

10. 2016年1月1日，甲公司自证券市场购入面值总额为2 000 000元的债券。购入时实际支付价款2 089 000元。该债券发行日为2016年1月1日，系分期付息、到期还本的债券，期限为5年，票面利率为5%，实际利率为4%，每年12月31日支付当年利息。甲公司将该债券作为持有至到期投资核算。假定不考虑其他因素，该持有至到期投资2017年12月31日的账面价值为（　　）元。

A. 2 055 462　　B. 2 072 560　　C. 2 072 540　　D. 2 059 462

11. 甲公司于2017年1月1日购入乙公司当日发行的债券作为持有至到期投资。该公司债券的公允价值为965 560元，面值为1 000 000元，票面利率为5%，实际利率为6%，期限为3年，系按年计息到期一次还本付息的债券。债券溢折价采用实际利率法摊销。2017年12月31日，持有至到期投资的摊余成本为（　　）元。

A. 1 000 000　　B. 1 023 494　　C. 973 494　　D. 965 560

12. 甲公司于2017年1月1日购入A公司当日发行的债券作为持有至到期投资。该公司债券的公允价值为1 027 750元，面值为1 000 000元，票面利率为5%，实际利率为4%，期限为3年，系按年付息到期一次还本的债券。债券溢折价采用实际利率法摊销。2017年12月31日，"持有至到期投资——利息调整"科目的余额为（　　）元。

A. 27 750　　B. 18 860　　C. 50 000　　D. 40 000

13. 2017年1月1日，甲公司购入乙公司当日发行的面值总额为1 000万元的债券，期限为5年，到期一次还本付息。票面利率8%，支付价款1 080万元，另支付相关税费10万元，甲公司将其划分为持有至到期投资，甲公司应确认"持有至到期投资——利息调整"的金额为（　　）万元。

A. 70　　B. 80　　C. 90　　D. 110

14. 甲公司2017年7月3日将一项持有至到期投资对外出售，取得转让款2 000万元，支付交易费用2万元，出售时持有至到期投资的成本明细科目金额为1 800万元，利息调整明细科目金额为300万元（贷方），出售时应当确认的投资收益为（　　）万元。

A. 200　　B. 500　　C. 498　　D. 198

15. "应收票据"科目应按（　　）作为入账金额。

A. 票据面值　　　　　　　　B. 票据到期价值
C. 票据面值加应计利息　　　D. 票据贴现所得金额

16. 2017年11月28日签发的一张30天的票据，其到期日为2017年（　　）。

A. 12月26日　　B. 12月27日　　C. 12月28日　　D. 12月29日

17. 某企业2017年11月1日收到一张商业承兑汇票，票面金额为100 000元，利率为6%，期限为6个月。2017年年末资产负债表上列示的"应收票据"项目金额为（　　）元。

A. 100 000　　B. 101 000　　C. 103 000　　D. 100 500

18. 2017年7月3日，某企业持一张带息应收票据到银行贴现。该票据面值为 100 000 元，2017 年 6 月 30 日已计利息 1 000 元，尚未计提利息 900 元，银行贴现息 1 200 元。该应收票据贴现时应计入财务费用的金额为（　　）元。

A．－300　　　　B．300　　　　C．－1 300　　　　D．900

19．在以应收账款余额百分比法计提坏账准备的情况下，已确认的坏账又收回时，应借记（　　）科目，贷记"坏账准备"科目。

A．"应收账款"　　　　　　　　B．"银行存款"
C．"资产减值损失"　　　　　　D．"营业外收入"

20．预付货款不多的企业，为简化核算，可以将预付的货款直接记入（　　）账户的借方，而不单独设置"预付账款"账户。

A．"应收账款"　　　　　　　　B．"其他应收款"
C．"应付账款"　　　　　　　　D．"预收账款"

21．下列应收、暂付款项中，不通过"其他应收款"科目核算的是（　　）。

A．应收保险企业的赔款　　　　B．应收出租包装物的押金
C．应向职工收取的各种垫付款项　D．应向购货方收取的代垫运杂费

22．A 公司于 2017 年 5 月 12 日从证券市场上购入 B 公司发行的股票 200 000 股作为可供出售金融资产，每股支付价款 4 元（含已宣告但尚未发放的现金股利 0.5 元/股），另支付相关费用 5 000 元，A 公司可供出售金融资产取得时的入账价值为（　　）元。

A．700 000　　　B．800 000　　　C．705 000　　　D．805 000

23．关于可供出售金融资产的计量，下列说法中正确的是（　　）。

A．应当按取得该金融资产的公允价值和相关交易费用之和作为初始确认金额
B．应当按取得该金融资产的公允价值作为初始确认金额，相关交易费用在发生时计入当期损益
C．持有期间取得的利息或现金股利，应当冲减投资成本
D．资产负债表日，可供出售金融资产应当以公允价值计量，且其公允价值变动计入所有者权益

四、多项选择题

1．下列项目中，属于金融资产的有（　　）。

A．交易性金融资产　　　　　　B．持有至到期投资
C．应收款项　　　　　　　　　D．应付款项

2．下列项目中，属于交易费用的有（　　）。

A．支付给代理机构的手续费　　B．支付给代理机构的佣金
C．内部管理成本　　　　　　　D．债券折价

3. 下列项目中,可作为交易性金融资产核算的有（   ）。
A. 企业以赚取差价为目的从二级市场购入的股票
B. 企业以赚取差价为目的从二级市场购入的债券
C. 企业以赚取差价为目的从二级市场购入的基金
D. 到期日固定、回收金额固定或可确定,且企业有明确意图和能力持有至到期的非衍生金融资产

4. 下列项目中,不应作为投资企业当期投资收益确认的有（   ）。
A. 交易性金融资产持有期间收到的债券利息或现金股利
B. 采用公允价值计价的交易性金融资产成本高于市价的差额
C. 被投资企业分派的股票股利
D. 采用公允价值计价的交易性金融资产成本低于市价的差额

5. 下列各项中,应在"持有至到期投资"账户贷方核算的内容有（   ）。
A. 购入债券溢价   B. 购入债券折价
C. 债券溢价的摊销   D. 债券折价的摊销

6. 下列各项中,可作为持有至到期投资核算的有（   ）。
A. 企业从二级市场上购入的固定利率国债
B. 企业从二级市场上购入的浮动利率金融债券
C. 购入的股权投资
D. 符合持有至到期投资条件的期限较短（1年以内）的债券投资

7. 按现行会计制度规定,不能用"应收票据"及"应付票据"科目核算的票据包括（   ）。
A. 银行本票   B. 银行承兑汇票
C. 银行汇票   D. 商业承兑汇票

8. "应收票据"账户借方登记的内容包括（   ）。
A. 应收票据的票面价值   B. 持有应收票据的应计利息
C. 到期收回的票据金额   D. 已经贴现的应收票据金额

9. 下列各项应收款项中,应通过"应收账款"账户核算的有（   ）。
A. 应收销货款
B. 应收为客户代垫的运杂费
C. 应收客户的增值税额
D. 未设置"预付账款"账户的企业预付的购货款

10. 下列内容中,应在"坏账准备"账户借方反映的有（   ）。
A. 发生的坏账损失金额
B. 收回以前已经确认为坏账并转销的应收账款金额

C. 冲回多提的坏账准备金额
D. 提取的坏账准备金额

11. 关于"预付账款"账户，下列说法中正确的有（　　）。
   A. 该账户借方余额反映企业向供应单位预付的货款
   B. 预付货款不多的企业，可以不单独设置"预付账款"账户，将预付的货款直接记入"应付账款"账户的借方
   C. "预付账款"账户贷方余额反映的是应付供应单位的款项
   D. "预付账款"账户核算企业因销售业务产生的往来款项

12. 根据企业会计准则的规定，应计提坏账准备的应收款项包括（　　）。
   A. 应收账款　　B. 预付账款　　C. 预收账款　　D. 长期应收款

13. 根据《企业会计准则第 22 号——金融工具确认和计量》的规定，下列关于金融资产的初始计量的表述中，正确的有（　　）。
   A. 以公允价值计量且其变动计入当期损益的金融资产，初始计量为公允价值，交易费用计入当期损益
   B. 可供出售金融资产，初始计量为公允价值，交易费用计入初始入账金额
   C. 持有至到期投资，初始计量为公允价值，交易费用计入初始入账金额
   D. 持有至到期投资，初始计量为公允价值，交易费用计入当期损益

14. 关于金融资产的后续计量，下列说法中正确的有（　　）。
   A. 资产负债表日，企业应将"以公允价值计量且其变动计入当期损益"的金融资产的公允价值变动计入当期损益
   B. 持有至到期投资在持有期间应当按照摊余成本和实际利率计算确认实际利息收入，计入投资收益
   C. 资产负债表日，可供出售金融资产应当以公允价值计量，且公允价值变动计入其他综合收益
   D. 资产负债表日，长期股权投资应当以公允价值计量，且公允价值变动计入投资损益

五、判断题

1. 企业在持有以公允价值计量且其变动计入当期损益的金融资产期间取得的利息或现金股利，应当冲减交易性金融资产的账面价值。（　　）

2. 资产负债表日，企业应将以公允价值计量且其变动计入当期损益的金融资产的公允价值变动计入当期损益，核算时应通过"投资收益"科目核算。（　　）

3. 处置交易性金融资产时，该金融资产的公允价值与初始入账金额之间的差额应确认为投资收益，同时将原记入"公允价值变动损益"科目的金额转入

"投资收益"科目。（ ）

4. 企业划分为以公允价值计量且其变动计入当期损益的金融资产，应当按照取得时的公允价值和相关的交易费用作为初始确认金额，支付的价款中包含已宣告但尚未发放的现金股利或已到付息期但尚未领取的债券利息，应当单独确认为应收项目。（ ）

5. 持有至到期投资应当按取得时的公允价值和相关交易费用之和作为初始确认金额，支付的价款中包含已到付息期但尚未领取的债券利息，应单独确认为应收项目。（ ）

6. 持有至到期投资在持有期间应当按照实际利率法确认利息收入，计入投资收益。（ ）

7. 投资者购入债券发生的折价，是因以后少得利息而事先获得的补偿。（ ）

8. 某企业对外销售商品或提供劳务形成的应收债权，应按从购货方应收的合同或协议价款作为初始入账金额。（ ）

9. 无论商业汇票是否带息，将其到银行贴现时取得的贴现净额一定小于票据的面值。（ ）

10. 不带息商业汇票的贴现能同时引起企业资产和利润的减少。（ ）

11. 企业已经确认为坏账的应收款项即意味着企业放弃了其追索权，如果该应收账款又收回，应确认为营业外收入。（ ）

12. 年末按应收账款余额的一定比例计算的金额为本年坏账准备计提数。（ ）

13. 应收账款的账面价值扣除已计提的坏账准备后的余额，称为应收账款的账面余额。（ ）

六、核算题

1. 2017年5月10日，甲公司以620 000元（含已宣告但尚未发放的现金股利20 000元）购入乙公司股票200 000股作为交易性金融资产，另支付手续费1 000元，5月18日，甲公司收到现金股利20 000元。2017年6月30日，该股票每股市价为3.2元。2017年8月10日，以630 000元的价格出售该交易性金融资产。

要求：根据上述资料，编制甲公司相关会计分录。

2. 甲公司2014年1月1日以965 350元的价格购入乙公司2014年1月1日发行的面值1 000 000元、期限4年、票面利率为5%、按年付息到期一次还本的债券。甲公司将该债券投资划分为持有至到期投资。债券溢价按实际利率法摊销，实际利率为6%。

要求：根据上述资料，编制甲公司相关会计分录。

3. 甲公司 2014 年 1 月 1 日以 1 025 750 元的价格购入乙公司 2014 年 1 月 1 日发行的 4 年期债券，面值 1 000 000 元，票面利率 5%。该债券按年计息，到期一次还本付息，利息以单利计算。甲公司将该债券投资划分为持有至到期投资。债券折价按实际利率法摊销，实际利率 4%。

要求：根据上述资料，编制甲公司相关会计分录。

4. 甲公司有关资料如下：

(1) 2017 年 9 月 6 日，甲公司收到乙公司当日签发的带息商业承兑汇票一张，用以偿还前欠货款，该票据的面值为 100 000 元，期限 90 天，年利率为 6%。假定甲、乙公司在同一票据交换区域内。

(2) 2017 年 10 月 17 日，甲公司因急需资金，将该商业承兑汇票向银行贴现，年贴现率为 9%，贴现收入存入银行。银行拥有对该商业汇票的追索权。

要求：

(1) 计算该项应收票据的到期值、贴现天数、贴现息和贴现所得金额（列出计算过程）。

(2) 编制相关会计分录。

5. 2017 年年初，甲公司"应收账款"账户借方余额为 320 000 元，"坏账准备"账户贷方余额为 16 000 元。采用应收账款余额百分比法核算坏账，坏账准备的计提比例为 5%。假定当年发生如下相关经济业务：

(1) 应收乙公司货款 10 000 元，经确认无法收回，按规定作为坏账损失予以转销。

(2) 年初收到丙公司交来的商业承兑汇票一张用以结清前欠货款，面值为 468 000 元，期限为 60 天，票面利率为 6%。因该商业承兑汇票到期未收到票款而转入"应收账款"账户。

(3) 向丁公司销售产品 210 件，单价为 10 000 元，增值税税率为 17%，单位销售成本为 6 000 元，货款尚未收到。

(4) 收回前期已核销的坏账 20 000 元，存入银行。

(5) 期末核算坏账准备。

要求：根据上述资料，编制甲公司相关会计分录。

04

存 货

ZHONGJI CAIWU KUAIJI

第一节　存货概述

一、存货的概念

存货是指企业在日常活动中持有以备出售的产成品或商品,处在生产过程中的在产品、在生产过程或提供劳务过程中耗用的材料和物料等。

存货属于企业的流动资产,具有流动性较大、变现能力较强、时效性明显及可能发生潜在损失等特点。企业持有固定资产的目的是自用,而持有存货的最终目的不是自用,而是出售,这是企业持有固定资产和存货最明显的区别。

企业的存货通常包括原材料、在产品、半成品、产成品、商品、周转材料等。

(1) 原材料。原材料是指企业在生产过程中经加工改变其形态或性质并构成产品主要实体的各种原料及主要材料、辅助材料、外购半成品(外购件)、修理用备件(备品备件)、包装材料、燃料等。为建造固定资产等各项工程而储备的各种材料,虽然同属于材料,但是由于用于建造固定资产等各项工程,不符合存货的定义,因此不能作为企业存货进行核算。

(2) 在产品。在产品是指企业正在制造且尚未完工的产品,包括正在各道生产工序加工的产品和已加工完毕但尚未检验或已检验但尚未办理入库手续的产品。

(3) 半成品。半成品是经过一定生产过程并已检验合格,交付半成品仓库保管,但尚未制造完工成为产成品,仍需进一步加工的中间产品。

(4) 产成品。产成品是指工业企业已经完成全部生产过程并验收入库,可以按照合同规定的条件送交订货单位,或者可以作为商品对外销售的产品。企业接受外来原材料加工制造的代制品和为外单位加工修理的代修品,制造和修理完成验收入库后,应视同企业的产成品。

(5) 商品。商品是指商品流通企业外购或委托加工完成验收入库用于销售的各种商品。

(6) 周转材料。周转材料是指企业能够多次使用、逐渐转移其价值但仍保持原有形态,不确认为固定资产的材料,如包装物和低值易耗品。其中,包装物是指为了包装本企业商品而储备的各种包装容器,如桶、箱、瓶、坛、袋等,其主要作用是盛装、装潢产品或商品。低值易耗品是指不能作为固定资产核算的各种用具物品,如工具、管理用具、玻璃器皿、劳动保护用品,以及在经营过程中周转使用的容器等。其特点是单位价值较低,或使用期限较短(与固定资产相比),

在使用过程中基本保持其原有实物形态不变。

(7) 委托加工物资。委托加工物资是指企业因现有的材料物资不能直接用于生产，或者自己能够加工但成本较高时，需要委托外单位进行加工的物资。

(8) 委托代销商品。委托代销商品是指企业采用支付手续费方式委托其他单位代销的商品。从商品所有权的转移来分析，代销商品在售出以前，所有权属于委托方，受托方只是代委托方销售商品。因此，委托代销商品应作为委托方的存货处理。

(9) 受托代销商品。受托代销商品是指企业采用收取手续费方式接受其他单位委托代销的商品。受托代销商品在售出以前，所有权属于委托方，形式上却属于受托方。为了使受托方加强对代销商品的核算和管理，企业会计制度要求受托方将其受托代销商品视为自己的存货管理，同时将与受托代销商品相对应的受托代销商品款作为一项负债处理，期末分别列示在其资产负债表的存货和其他流动负债项目中。

二、存货的确认条件

存货必须符合定义并同时满足以下两项条件，才能予以确认。

1. 与该存货有关的经济利益很可能流入企业

资产最重要的特征是预期会给企业带来经济利益。如果某项存货不能给企业带来经济利益，就不能确认为存货。存货的所有权是存货包含的经济利益很可能流入企业的一项重要标志，一般情况下，可根据存货的所有权归属判断存货包含的经济利益的流向。例如，已经售出的商品（已经取得现金或收取现金的权利），因其所有权已经转移，该项存货所含的经济利益已不能流入本企业，因而不能再作为企业的存货进行核算，即使该存货尚未运离企业。企业判断经济利益是否能够流入企业的重要依据是存货的所有权的归属，而不是存货的存放地点。

2. 该存货的成本能够可靠地计量

成本能够可靠地计量是资产确认的另一项基本条件。能够可靠计量是指必须以取得确凿证据为依据，并且具有可验证性。如企业的订货合同，由于购买还没有开始，购买成本还没有发生，成本不能可靠计量，因此不能作为企业的存货予以确认。

三、存货初始成本的计量

各种类型的存货取得时初始成本的计量基本相同，可以在存货项目下统一说明。企业取得存货的初始成本主要包括采购成本、加工成本和其他成本。

(一) 外购取得的存货的成本

企业外购存货主要包括原材料和商品。外购存货的成本即存货的采购成本，指企业物资从采购到入库前所发生的全部支出，包括购买价款、相关税费、运输费、装卸费、保险费以及其他可归属于存货采购成本的费用。

1. 存货的购买价款

存货的购买价款是指企业购入的材料或商品的发票账单上列明的价款，但不包括按规定可以抵扣的增值税额。

2. 存货的相关税费

存货的相关税费是指企业购买存货发生的进口关税、消费税、资源税和不能抵扣的增值税进项税额以及相应的教育费附加等应计入存货采购成本的税费。

3. 其他可归属于存货采购成本的费用

其他可归属于存货采购成本的费用，即采购成本中除上述各项以外的可归集于存货采购成本的费用，如在存货采购过程中发生的仓储费、包装费、运输途中的合理消耗、入库前的挑选整理费用等。这些费用能分清负担对象的，应直接计入存货的采购成本；不能分清负担对象的，应选择合理的分配方法，分别计入有关存货的采购成本。分配方法通常包括按所购存货的数量或采购价格比例进行分配。

（二）加工取得的存货的成本

企业通过进一步加工取得的存货主要包括产成品、在产品、半成品、委托加工物资等，其成本由采购成本、加工成本构成。某些存货还包括使存货达到目前场所和状态所发生的其他成本，如可以直接认定的产品设计费用等。通过进一步加工取得的存货的成本中，采购成本是由所使用或消耗的原材料采购成本转移而来的，因此，计量加工取得的存货的成本，重点是确定存货的加工成本。

存货的加工成本由直接人工和制造费用构成，其实质是企业进一步加工存货的过程中追加发生的生产成本，因此不包括直接由材料存货转移来的价值。其中，直接人工是指企业在生产产品过程中直接从事产品生产的工人的职工薪酬。直接人工和间接人工的划分依据通常是生产工人是否与所生产的产品直接相关（即可否直接确定其服务的产品对象）。制造费用是指企业为生产产品和提供劳务而发生的各项间接费用。制造费用是一种间接生产成本，包括企业生产部门（如生产车间）管理人员的职工薪酬、折旧费、办公费、水电费、机物料消耗、劳动保护费、车间固定资产的修理费用、季节性和修理期间的停工损失等。

（三）其他方式取得的存货的成本

企业取得存货的其他方式主要包括接受投资者投资、非货币性资产交换、债务重组、企业合并以及存货盘盈等。

1. 投资者投入存货的成本

投资者投入存货的成本，应当按照投资合同或协议约定的价值确定，但合同或协议约定价值不公允的除外。在投资合同或协议约定价值不公允的情况下,按照该项存货的公允价值作为其入账价值。

2. **通过非货币性资产交换、债务重组和企业合并取得的存货的成本**

企业通过非货币性资产交换、债务重组和企业合并取得的存货的成本,应当分别按照相关规定确定。

3. **盘盈存货的成本**

盘盈的存货,应按其重置成本作为入账价值,并通过"待处理财产损溢——待处理流动资产损溢"科目进行会计处理,按管理权限报经批准后,冲减当期管理费用。

由于不同种类的存货发出计量的差异较大,因此,存货发出的计量按照几种主要存货并结合该种存货的完整核算过程分别进行说明。

第二节 原材料

原材料是企业存货的重要组成部分,是流动性较强的存货。原材料可以按实际成本法,也可以按计划成本法进行日常核算。

一、实际成本法

实际成本法一般适用于规模较小、存货品种简单、收发业务不多的企业。

(一)科目设置

材料按实际成本进行日常核算,从材料的收发凭证到明细分类账和总分类账全部按实际成本计价,需要设置"在途物资"和"原材料"等科目进行核算。

企业应设置"在途物资"科目,核算企业采用实际成本(进价)进行材料、商品等物资的日常核算、货款已付尚未验收入库的在途物资的采购成本。本科目可按供应单位和物资品种进行明细核算。本科目借方登记购入材料、商品的实际采购成本,贷方登记验收入库的材料、商品的实际采购成本,期末借方余额,反映企业在途材料、商品等物资的采购成本。

企业应设置"原材料"科目,核算企业库存的各种材料,包括原料及主要材料、辅助材料、外购半成品(外购件)、修理用备件(备品备件)、包装材料、燃料等的实际成本。本科目可按材料的保管地点(仓库)、材料的类别、品种和规格等进行明细核算。本科目借方登记购入并已验收入库的材料的实际成本,贷方登记发出材料的实际成本,期末借方余额,反映企业库存材料的实际成本。

实际成本法下,原材料等存货取得和发出的成本是按照实际成本确定的。原材料等存货取得成本的确定如前所述。由于每批原材料等存货的实际成本各不相同，因此每批原材料等存货发出的实际成本需要通过一定的方法来计算确定。

（二）发出存货的计价方法

发出存货的计价方法与存货的流转顺序有关。企业的存货在不断地流入和流出，流入与流出相抵后的结余即为本期期末存货；本期期末存货结转到下期，则为下期的期初存货；下期继续流动，这样就形成了生产经营过程中的存货流转。存货流转包括实物流转和成本流转两个方面。在实务中，由于企业的存货进出量大、品种繁多、单位成本多变等原因，难以保证各种存货的成本流转与实物流转相一致。

由于不同单价的同一种存货同样满足生产或销售的需要，在存货被耗用或销售后，没有必要逐一辨别哪一批实物被发出、哪一批实物留作库存，即成本的流转顺序和实物的流转顺序可以分离，只要按照不同的成本流转程序能够确定已发出存货的成本和期末库存存货的成本即可。这样，在发出存货与期末存货之间分配成本，就产生了不同的确定发出存货成本的方法，即发出存货的计价方法。

企业应当根据各类存货的实物流转方式、企业管理的要求、存货的性质等实际情况，合理地确定发出存货的计价方法，以及当期发出存货的实际成本。企业应当采用先进先出法、月末一次加权平均法、移动加权平均法或者个别计价法确定存货的实际成本，不得采用后进先出法确定发出存货的实际成本。对于性质和用途相似的存货，应当采用相同的成本计算方法确定发出存货的成本。计价方法一旦选定，企业不得随意变更。

1. 先进先出法

先进先出法是以先购入的存货应先发出（销售或消耗）这样一种存货实物流转假设为前提，对发出存货进行计价的一种方法。采用这种方法，先购入的存货成本在后购入的存货成本之前转出，据此确定发出存货和期末存货的成本。

【例4-1】甲公司2017年12月A材料明细账如表4-1所示。采用先进先出法计算发出存货和期末存货的成本。

甲公司填制A材料明细账如下：

表4-1　　　　　　　　　　　存货明细账

存货名称及规格：A材料　　　　　数量单位：千克；单价单位：元/千克；金额单位：元

2017年		凭证编号	摘要	收入			发出			结存		
月	日			数量	单价	金额	数量	单价	金额	数量	单价	金额
12	1		期初余额							300	5	1 500
	8		购入材料	900	6	5 400				300 900	5 6	1 500 5 400

续表

2017年		凭证编号	摘要	收入			发出			结存		
月	日			数量	单价	金额	数量	单价	金额	数量	单价	金额
	15		发出材料				300 500	5 6	1 500 3 000	400	6	2 400
	18		购入材料	600	7	4 200				400 600	6 7	2 400 4 200
	20		发出材料				400 400	6 7	2 400 2 800	200	7	1 400
	25		购入材料	200	8	1 600				200 200	7 8	1 400 1 600
12	31		本月发生额及月末余额	1 700	—	11 200	1 600	—	9 700	200 200	7 8	1 400 1 600

采用先进先出法核算时，结存存货成本是按最近购货价格确定的，期末存货成本比较接近现行的市场价值。其优点是使企业不能随意挑选存货计价以调整当期利润；缺点是如果存货收发业务比较频繁，核算工作量会很大。而且，当价格上涨时，发出存货的成本偏低，从而高估企业当期利润和库存存货价值；反之，会低估企业存货价值和当期利润。

2. 月末一次加权平均法

月末一次加权平均法是指以当月全部进货数量加上月初存货数量作为权数，去除当月全部进货成本加上月初存货成本，计算出存货的加权平均单位成本，以此为基础计算确定当月发出存货和期末存货的成本的一种方法。计算公式如下：

$$\text{存货加权平均单位成本} = (\text{月初存货成本} + \text{当月各批进货成本}) \div (\text{月初存货数量} + \text{当月各批进货数量})$$

当月发出存货成本＝当月发出存货数量×存货加权平均单位成本

月末存货成本＝月末存货数量×存货加权平均单位成本

或　　　　＝月初存货成本＋当月全部进货成本－当月发出存货成本

【例 4-2】 沿用例 4-1 的资料，以 A 材料明细账为例，采用月末一次加权平均法计算其材料成本如下：

当月材料加权平均单位成本＝(1 500＋5 400＋4 200＋1 600)/(300＋900＋600＋200)

　　　　　　　　　　　＝12 700÷2 000＝6.35(元/千克)

$$当月发出材料成本=(300+500+400+400)\times 6.35=1\,600\times 6.35$$
$$=10\,160(元)$$
$$月末材料成本=(2\,000-1\,600)\times 6.35=2\,540(元)$$

或
$$=1\,500+5\,400+4\,200+1\,600-10\,160=2\,540(元)$$

采用月末一次加权平均法，只在月末一次计算加权平均单位成本，计算比较简单，且在市场价格上涨或下跌时所计算出来的单位成本平均化，对存货成本的分摊较为折中。但由于平时无法随时取得发出和结存存货的成本，不利于加强对存货的管理和控制。

3. 移动加权平均法

移动加权平均法是指以每次进货的成本加上原有存货的成本，除以每次进货数量加上原有存货的数量之和，据以计算出加权平均单位成本，作为在下次进货前计算各次发出存货成本依据的一种方法。计算公式如下：

$$存货加权平均单位成本=\left(\dfrac{原有存货}{成本}+\dfrac{本批进货}{成本}\right)\div\left(\dfrac{原有存货}{数量}+\dfrac{本批进货}{数量}\right)$$

$$本次发出存货成本=本次发货数量\times\dfrac{根据最近一次进货计算的}{存货加权平均单位成本}$$

$$月末存货成本=月末存货数量\times\dfrac{根据当月最后一次进货计算的}{存货加权平均单位成本}$$

或
$$=月初存货成本+当月全部进货成本-当月发出存货成本$$

【例 4-3】 沿用例 4-1 的资料，以 A 材料明细账为例，采用移动加权平均法计算其材料成本如下：

$$第一批进货后的加权平均单位成本=(1\,500+5\,400)\div(300+900)$$
$$=5.75(元/千克)$$
$$第一批发出的材料成本=800\times 5.75=4\,600(元)$$
$$当时结存的材料成本=400\times 5.75=2\,300(元)$$
$$第二批进货后的加权平均单位成本=(2\,300+4\,200)\div(400+600)$$
$$=6.5(元/千克)$$
$$第二批发出的材料成本=800\times 6.5=5\,200(元)$$
$$当时结存的材料成本=200\times 6.5=1\,300(元)$$
$$第三批进货后的加权平均单位成本=(1\,300+1\,600)\div(200+200)$$
$$=7.25(元/千克)$$
$$月末结存材料成本=(300+900-800+600-800+200)\times 7.25=2\,900(元)$$

或
$$=1\,500+(5\,400+4\,200+1\,600)-(4\,600+5\,200)=2\,900(元)$$

采用移动加权平均法计算的平均单位成本以及发出和结存的存货成本比较客观，而且能使管理者及时了解存货的结存情况；但每次收货都要计算一次平均单价，计算工作量较大，对收发货较频繁的企业不适用。

4. 个别计价法

个别计价法亦称个别认定法、具体辨认法、分批实际法，其特征是注重所发出存货具体项目的实物流转与成本流转之间的联系，逐一辨认各批发出存货和期末存货所属的购进批别或生产批别，分别按其购入或生产时所确定的单位成本作为计算各批发出存货和期末存货成本的方法。个别计价法把每一种存货的实际成本作为计算发出存货成本和期末存货成本的基础，因此其确定的存货成本最为准确。对于不能替代使用的存货、为特定项目专门购入或制造的存货以及提供劳务的成本，通常采用个别计价法确定发出存货的成本。在实际工作中，越来越多的企业采用计算机信息系统进行会计处理，个别计价法可以广泛应用于发出存货的计价。

（三）原材料的核算

1. 取得材料的核算

企业购入材料尚未入库时，按应计入材料、商品采购成本的金额，借记"在途物资"科目，按取得的增值税专用发票上注明的增值税额，借记"应交税费——应交增值税（进项税额）"科目，按实际支付或应支付的金额，贷记"银行存款"、"应付账款"或"应付票据"等科目。所购材料、商品到达验收入库，按实际成本，借记"原材料"科目，贷记"在途物资"科目。如果所购材料的发票账单和材料同时到达，也可以直接借记"原材料"和"应交税费——应交增值税（进项税额）"科目，贷记"银行存款"、"应付账款"或"应付票据"等科目。

自制并已验收入库的材料，按实际成本，借记"原材料"科目，贷记"生产成本"科目。委托外单位加工完成并已验收入库的材料，按实际成本，借记"原材料"科目，贷记"委托加工物资"科目。

企业外购材料时，由于结算方式和采购地点不同，材料入库和货款的支付在时间上不一定完全同步，从而其账务处理也有所不同。

（1）单料已到，货款未付或者已付。企业对发票等结算凭证已到，且材料同时运达企业并验收入库，但款项尚未支付或者款项已经支付以及已开出、承兑商业汇票的采购业务，可根据实际成本直接记账。企业按发票账单等结算凭证确定的材料成本，借记"原材料"科目，按取得的增值税专用发票上注明的增值税额，借记"应交税费——应交增值税（进项税额）"（增值税一般纳税人，下同）科目，按照需要支付的或者实际支付的款项或应付票据面值，贷记"应付账款"、"银行存款"或"应付票据"等科目。

【例 4-4】 甲公司为增值税一般纳税人，2017 年 12 月 11 日购入 A 材料一批，取得的增值税专用发票上注明的材料价款为 100 000 元，增值税额为 17 000 元，对方代垫的装卸费为 100 元，材料已验收入库，但货款尚未支付。

根据上述资料，甲公司会计处理如下：

借：原材料——A 材料（100 000＋100）　　　　　　　100 100
　　应交税费——应交增值税（进项税额）　　　　　　 17 000
　　贷：应付账款　　　　　　　　　　　　　　　　　117 100

(2) 料到，单未到。企业对材料已到达并已验收入库，但发票账单等结算凭证未到，货款尚未支付的采购业务，应于月末，按材料的暂估价值，借记"原材料"科目，贷记"应付账款——暂估应付账款"科目；下月初用红字做同样的记账凭证，予以冲回，以便下月付款或开出、承兑商业汇票后，按正常程序处理，即借记"原材料"和"应交税费——应交增值税（进项税额）"科目，贷记"银行存款"或"应付票据"等科目。

【例 4-5】 甲公司为增值税一般纳税人，2017 年 11 月 13 日购入 B 材料一批，材料已验收入库，但结算凭证未到，货款尚未支付，暂估价 11 000 元。

根据上述资料，甲公司会计处理如下：

(1) 11 月末估计入账时：

借：原材料——B 材料　　　　　　　　　　　　　　　 11 000
　　贷：应付账款——暂估应付账款　　　　　　　　　　11 000

(2) 12 月初红字冲回时：

借：原材料——B 材料　　　　　　　　　　　　　　　 11 000
　　贷：应付账款——暂估应付账款　　　　　　　　　　11 000

(3) 12 月 5 日，收到该批材料的发票，发票上注明的价款 10 000 元，增值税税款 1 700 元，开出、承兑商业汇票 11 700 元时：

借：原材料——B 材料　　　　　　　　　　　　　　　 10 000
　　应交税费——应交增值税（进项税额）　　　　　　 1 700
　　贷：应付票据　　　　　　　　　　　　　　　　　 11 700

(3) 单到，料未到。企业对已经付款或已开出、承兑商业汇票，但材料尚未到达或尚未验收入库的采购业务，应根据发票账单等结算凭证，借记"在途物资"和"应交税费——应交增值税（进项税额）"科目，贷记"银行存款"或"应付票据"等科目；待材料到达、验收入库后，再根据收料单，借记"原材料"科目，贷记"在途物资"科目。

【例 4-6】 甲公司为增值税一般纳税人，2017 年 12 月 15 日购入 C 材料一批，取得的增值税专用发票上注明的材料价款为 30 000 元，增值税额为 5 100

元，结算凭证已到，货款已付，货物尚未到达。

根据上述资料，甲公司会计处理如下：

(1) 取得发票支付货款时：

借：在途物资——C材料	30 000
应交税费——应交增值税（进项税额）	5 100
贷：银行存款	35 100

(2) 上述材料到达验收入库时：

借：原材料——C材料	30 000
贷：在途物资——C材料	30 000

(4) 预付货款方式。企业采用预付货款的方式采购材料，因为在预付货款时材料所有权并未转移，所以应按实际预付金额，借记"预付账款"科目，贷记"银行存款"科目；待已预付货款的材料验收入库时，应按发票账单等所列的价款、税额等，借记"原材料"和"应交税费——应交增值税（进项税额）"科目，贷记"预付账款"科目；退回上项多预付的款项，借记"银行存款"科目，贷记"预付账款"科目；预付款项不足，补付上项货款，按补付金额，借记"预付账款"科目，贷记"银行存款"科目。

【例4-7】甲公司为增值税一般纳税人，2017年11月15日为购入一批D材料，预付货款12 000元，12月28日货物到达入库，并取得增值税专用发票，发票上注明的原材料价款为10 000元，增值税额为1 700元。

根据上述资料，甲公司会计处理如下：

(1) 预付货款时：

借：预付账款	12 000
贷：银行存款	12 000

(2) 材料到达入库时：

借：原材料——D材料	10 000
应交税费——应交增值税（进项税额）	1 700
贷：预付账款	11 700

(3) 收到退回多预付的款项时：

借：银行存款	300
贷：预付账款	300

2. 领用和出售原材料的核算

采用实际成本进行材料日常核算的，发出材料的实际成本，可以选用先进先出法、月末一次加权平均法、移动加权平均法或个别计价法中的一种方法计算确定。

企业生产经营领用材料，按实际成本，借记"生产成本"、"制造费用"和"管理费用"等科目，贷记"原材料"科目。

【例 4-8】 沿用例 4-1 的资料，甲公司存货发出的计价采用先进先出法，2017 年 12 月 15 日，车间生产产品，领用 A 材料 800 千克。12 月 20 日，车间生产产品，领用 A 材料 800 千克。

根据上述资料，甲公司会计处理如下：

借：生产成本　　　　　　　　　　　　　　　　　　　　　　9 700
　　贷：原材料——A 材料　　　　　　　　　　　　　　　　　9 700

企业发出委托外单位加工的材料，借记"委托加工物资"科目，贷记"原材料"科目。

企业工程领用材料，按实际成本，借记"在建工程"等科目，贷记"原材料"科目。

对于出售的材料，企业应当按已收或应收的价款，借记"银行存款"或"应收账款"等科目，按实现的营业收入，贷记"其他业务收入"科目，按应交的增值税额，贷记"应交税费——应交增值税（销项税额）"科目；月度终了，按出售材料的实际成本，借记"其他业务成本"科目，贷记"原材料"科目。

【例 4-9】 乙公司为增值税一般纳税人，存货发出的计价采用月末一次加权平均法，该企业 12 月 25 日销售 B 材料 500 千克，开出增值税专用发票，发票上注明的原材料价款为 10 000 元，增值税税额为 1 700 元。款项收到存入银行。当月该材料加权平均单位成本为每千克 15 元。

根据上述资料，乙公司会计处理如下：

(1) 销售材料时：

借：银行存款　　　　　　　　　　　　　　　　　　　　　　11 700
　　贷：其他业务收入　　　　　　　　　　　　　　　　　　　10 000
　　　　应交税费——应交增值税（销项税额）　　　　　　　　1 700

(2) 结转材料成本时：

借：其他业务成本　　　　　　　　　　　　　　　　　　　　　7 500
　　贷：原材料——B 材料　　　　　　　　　　　　　　　　　7 500

发出材料业务频繁的企业，为简化核算，一般可以在月末根据各种发料凭证，按领用部门和用途，编制"发料凭证汇总表"，并据以登记总分类账。

二、计划成本法

计划成本法是指企业对每项存货以其实际成本为依据预先制定一个单位计划成本，并据以对存货的收入、发出和结存情况进行日常核算，同时设置成本差异账户，核算实际成本与计划成本的差异以及差异的分担情况，在月末，通过分担成本差异，将发出存货和期末存货的计划成本调整为实际成本的一种方法。

采用计划成本法进行材料的日常核算，主要有以下优点：(1)有利于考核采购部门的业绩。有了合理的计划成本之后，将各批材料的计划成本与实际成本比较，可以对采购部门进行考核，促使其降低采购成本，节约支出。(2)有利于简化会计处理工作。在计划成本法下，材料明细账平时可以只记收入、发出和结存的数量，将数量乘以计划成本，随时求得材料收、发、存的金额，通过"材料成本差异"科目计算和调整发出和结存材料的实际成本，简便易行。其缺点是在价格变动频繁、变动幅度较大的情况下，难以确定适合的计划成本，加大修正计划成本的工作量。

计划成本法一般适用于材料品种多、收发业务频繁的企业，如大中型企业中的各种原材料。存货计划成本所包含的内容与其实际成本的构成一致。存货的计划成本一般由企业采购部门会同财会等有关部门共同制定，制定的计划成本应尽可能接近实际。除特殊情况外，计划成本在年度内不得随意变更。

(一) 科目设置

材料按计划成本进行日常核算时，取得的原材料首先必须通过"材料采购"科目进行核算，用以确定材料的实际采购成本；然后从材料验收入库到发出材料的凭证、明细分类账和总分类账要全部按计划成本登记，原材料的实际成本与计划成本的差额，则通过"材料成本差异"科目核算；月份终了，通过分配材料成本差异，将发出材料和库存材料的计划成本调整为实际成本。

企业应设置"材料采购"科目，核算企业采用计划成本进行材料日常核算而购入材料的采购成本。本科目可按供应单位和材料品种进行明细核算。借方登记购入材料的实际成本和结转的实际成本低于计划成本的差异，贷方登记验收入库的材料的计划成本和结转的实际成本大于计划成本的差异。本科目期末借方余额，反映企业在途材料的采购成本。

企业应设置"原材料"科目，计划成本法下的"原材料"科目与实际成本法下的"原材料"科目的核算内容、明细账的设置相同，但科目借、贷方的具体内容有区别：计划成本法下，本科目借方登记购入并已验收入库的材料的计划成本，贷方登记发出材料的计划成本。本科目期末借方余额，反映企业库存材料的计划成本。

企业应设置"材料成本差异"科目，核算企业采用计划成本进行日常核算的材料计划成本与实际成本的差额。本科目借方登记发生的材料成本超支差异，即入库材料的实际成本大于计划成本的差额，以及结转发出材料应负担的成本节约差异;贷方登记发生的材料成本节约差异,即入库材料的实际成本小于计划成本的差额,以及结转发出材料应负担的成本超支差异。本科目可以分别原材料、周转材料等,按照类别或品种进行明细核算。本科目期末借方余额,反映企业库存材料等的实际成本大于计划成本的差异;贷方余额反映企业库存材料等的实际成本小于计划成本的差异。

(二)原材料的核算

1. 取得原材料的核算

企业支付材料价款和运杂费等,按应计入材料采购成本的金额,借记"材料采购"科目,按负担的增值税额,借记"应交税费——应交增值税(进项税额)"科目,按实际支付或应支付的金额,贷记"银行存款"、"库存现金"、"其他货币资金"、"应付账款"、"应付票据"或"预付账款"等科目。

期末,企业应将仓库转来的外购收料凭证分别下列不同情况进行处理:

(1) 对于已经付款或已开出、承兑商业汇票的收料凭证,应按实际成本和计划成本分别汇总,按计划成本,借记"原材料"等科目,贷记"材料采购"科目,按实际成本大于计划成本的差额,借记"材料成本差异"科目,按材料实际采购成本,贷记"材料采购"科目,或者按实际成本小于计划成本的差额,贷记"材料成本差异"科目。

(2) 对于尚未收到发票账单的收料凭证,月末应按计划成本暂估入账,借记"原材料"或"周转材料"等科目,贷记"应付账款——暂估应付账款"科目,下期初做相反分录予以冲回。下期收到发票账单的收料凭证,借记"材料采购"科目,贷记"银行存款"、"应付账款"或"应付票据"等科目。涉及增值税进项税额的,还应进行相应的处理。

自制并已验收入库的材料,按计划成本,借记"原材料"科目,按实际成本,贷记"生产成本"科目,按计划成本与实际成本的差异,借记或贷记"材料成本差异"科目。

委托外单位加工完成并已验收入库的材料,按计划成本,借记"原材料"科目,按实际成本,贷记"委托加工物资"科目,按计划成本与实际成本的差异,借记或贷记"材料成本差异"科目。

【例 4-10】 丙公司为增值税一般纳税人,2017 年 12 月 19 日购入一批材料,取得的增值税专用发票上注明的材料价款为 50 000 元,增值税额为 8 500 元,货款已通过银行转账支付,材料已验收入库。用现金支付运费,取得的增值税专用发票(运费增值税税率为 11%)上注明的运费为 500 元,增值税额为 55 元。材料计划成本为 48 000 元。

根据上述资料,丙公司会计处理如下:

(1) 按发票等结算凭证确定材料的实际采购成本时：

借：材料采购	50 500
应交税费——应交增值税（进项税额）（8 500＋55）	8 555
贷：银行存款	58 500
库存现金	555

(2) 结转入库材料的计划成本和材料成本差异时：

借：原材料	48 000
贷：材料采购	48 000
借：材料成本差异	2 500
贷：材料采购	2 500

或者，直接将上面两笔业务合成一笔，即：

借：原材料	48 000
材料成本差异	2 500
贷：材料采购	50 500

需要说明的是，企业采用计划成本法计价核算时，不论材料是否验收入库，都必须先通过"材料采购"科目核算材料的实际采购成本，再按计划成本，在材料验收入库时转入"原材料"科目，同时结转材料成本差异。

【例 4-11】 丙公司为增值税一般纳税人，2017 年 12 月 26 日购入一批材料 1 000 千克，计划单位成本为 5 元/千克。取得的增值税专用发票上注明的材料价款为 5 500 元，增值税额为 935 元，材料验收入库时，实收 990 千克，其中 10 千克经查明属途中合理损耗。

根据上述资料，丙公司会计处理如下：

(1) 根据发票账单确定实际采购成本时：

借：材料采购	5 500
应交税费——应交增值税（进项税额）	935
贷：银行存款	6 435

(2) 结转入库材料计划成本和材料成本差异时：

借：原材料（5×990）	4 950
材料成本差异	550
贷：材料采购	5 500

需要说明的是，在计划成本下，对于购入材料途中发生的短缺或毁损，属于途中合理损耗的，应计入材料的实际成本，材料明细账按实收数量入账，对该批材料按实收数量乘以单位计划成本计算确定材料的计划成本，将合理损耗材料的金额计入材料成本差异。

2. 发出原材料的账务处理

采用计划成本进行材料日常核算的，为简化核算，平日发出材料按计划成本转出至成本费用类各科目。生产经营领用材料，借记"生产成本"、"制造费用"、"销售费用"或"管理费用"等科目，贷记"原材料"科目。出售材料结转成本，借记"其他业务成本"科目，贷记"原材料"科目。发出委托外单位加工的材料，借记"委托加工物资"科目，贷记"原材料"科目。

期末，发出材料还应结转材料成本差异，将发出材料的计划成本调整为实际成本。结转发出材料应负担的材料成本差异，按实际成本大于计划成本的差异，借记"生产成本"、"管理费用"、"销售费用"、"委托加工物资"或"其他业务成本"等科目，贷记"材料成本差异"科目；实际成本小于计划成本的差异，做相反的会计分录。

需要说明的是，本章所讲的"材料成本差异"带符号计算，对发生的材料差异，以超支差异（借方）为正，以节约差异（贷方）为负；对发出材料负担的差异，以发出材料应负担的超支差异为正，以发出材料应负担的节约差异为负。以下要计算的本月领用材料应负担的成本差异率，如果计算结果为正数，表示发出材料要分担超支差异；如果计算结果为负数，表示发出材料要分担节约差异。

发出材料应负担的成本差异，应当按期（月）分摊，不得在季末或年末一次计算。发出材料应负担的成本差异，除委托外部加工发出材料可按期初成本差异率计算外，应使用当期的实际差异率；期初成本差异率与本期成本差异率相差不大的，也可按期初成本差异率计算。计算方法一经确定，不得随意变更。分担材料成本差异的有关的计算公式如下：

$$\text{本期材料成本差异率} = \left(\text{期初结存材料的成本差异} + \text{本期验收入库材料的成本差异}\right) \div \left(\text{期初结存材料的计划成本} + \text{本期验收入库材料的计划成本}\right) \times 100\%$$

或：

$$\text{期初材料成本差异率} = \text{期初结存材料的成本差异} \div \text{期初结存材料的计划成本} \times 100\%$$

$$\text{本期发出材料应负担的成本差异} = \text{发出材料的计划成本} \times \text{本期材料成本差异率}$$

$$\text{本期发出材料的实际成本} = \text{发出材料的计划成本} + \text{发出材料应负担的成本差异}$$

$$\text{期末结存材料应负担的成本差异} = \text{期初结存材料的成本差异} + \text{本期验收入库材料的成本差异} - \text{本期发出材料应负担的成本差异}$$

$$\text{期末结存材料的实际成本} = \text{期末结存材料的计划成本} + \text{期末结存材料应负担的成本差异}$$

经过材料成本差异的分配，本期发出材料应分配的成本差异从"材料成本差异"科目转出之后，属于期末库存材料应分配的成本差异，仍保留在"材料成本差异"科目内，作为库存材料的调整项目，编制资产负债表时，存货项目中的材料存货，应当列示计划成本加材料成本差异后的实际成本。

【例 4-12】 丁公司为增值税一般纳税人，采用计划成本法核算材料的成本。2017 年 12 月，"原材料"科目期初余额 56 000 元，"材料成本差异"科目期初借方余额 1 500 元。原材料单位计划成本 12 元。12 月发生的经济业务如下：

(1) 11 日，购进材料 1 500 千克，进价 10 元/千克，款项已付；12 日，材料验收入库。

(2) 15 日，生产产品领用 1 200 千克，车间领用 600 千克，行政管理部门领用 200 千克。

(3) 20 日，购进材料 2 000 千克，进价 13 元/千克，款项已付；22 日，材料验收入库。

(4) 25 日，购进材料，取得金额为 5 000 元的普通发票，材料尚未到厂，货款未付。

(5) 25 日，生产产品领用 1 000 千克，车间领用 500 千克，行政管理部门领用 300 千克。

(6) 26 日，收到东风厂发来材料，已验收入库，计划成本为 1 000 元，但发票账单等尚未收到。

根据上述资料，丁公司会计处理如下：

(1) 2017 年 12 月 11 日，购进材料时：

借：材料采购　　　　　　　　　　　　　　　　　　　　　15 000
　　应交税费——应交增值税（进项税额）　　　　　　　　 2 550
　　贷：银行存款　　　　　　　　　　　　　　　　　　　17 550

(2) 2017 年 12 月 12 日，材料验收入库时：

借：原材料（12×1 500）　　　　　　　　　　　　　　　　18 000
　　贷：材料采购　　　　　　　　　　　　　　　　　　　15 000
　　　　材料成本差异　　　　　　　　　　　　　　　　　 3 000

(3) 2017 年 12 月 20 日，购进材料时：

借：材料采购　　　　　　　　　　　　　　　　　　　　　26 000
　　应交税费——应交增值税（进项税额）　　　　　　　　 4 420
　　贷：银行存款　　　　　　　　　　　　　　　　　　　30 420

(4) 2017 年 12 月 22 日，材料验收入库时：

借：原材料（12×2 000） 24 000
　　材料成本差异 2 000
　　贷：材料采购 26 000

(5) 2017 年 12 月 25 日，购进材料时：

借：材料采购 5 000
　　贷：应付账款 5 000

(6) 2017 年 12 月 31 日，对 26 日入库材料暂估入账时：

借：原材料 1 000
　　贷：应付账款——暂估应付账款 1 000

(7) 2017 年 12 月 31 日，汇总领用材料时：

借：生产成本 [12×(1 200+1 000)] 26 400
　　制造费用 [12×(600+500)] 13 200
　　管理费用 [12×(200+300)] 6 000
　　贷：原材料 45 600

(8) 2017 年 12 月 31 日，分配本月领用材料负担的材料成本差异时：

本月材料成本差异率＝(1 500－3 000＋2 000)÷
　　　　　　　　　　(56 000＋18 000＋24 000)×100%
　　　　　　　　　＝0.51%

本月发出材料应负担的成本差异＝(26 400＋13 200＋6 000)×0.51%
　　　　　　　　　　　　　　＝135＋67＋31＝233(元)

借：生产成本 135
　　制造费用 67
　　管理费用 31
　　贷：材料成本差异 233

本月发出材料的实际成本＝45 600＋233＝45 833(元)

需要说明的是，在计算本月材料成本差异率时，由于计算公式的分子不包括月末暂估入账材料的成本差异，因而分母也不应包括暂估入账材料的计划成本。

(9) 2017 年 12 月 31 日，计算结存材料成本：

月末结存材料应负担的成本差异＝1 500－3 000＋2 000－233＝267(元)
月末结存材料的计划成本＝56 000＋18 000＋24 000＋1 000－45 600
　　　　　　　　　　　＝53 400(元)

月末结存材料的实际成本＝53 400＋267＝53 667(元)

月末编制资产负债表时,存货项目中的原材料,应当按照其实际成本 53 667 元列示。

第三节　库存商品

库存商品包括库存产成品、外购商品、存放在门市部准备出售的商品、发出展览的商品、寄存在外的商品、接受来料加工制造的代制品和外单位加工修理的代修品等。库存商品需要设置"库存商品"和"发出商品"等科目核算。

企业应设置"库存商品"科目,核算企业库存的各种商品的实际成本或计划成本。本科目可按库存商品的种类、品种和规格等进行明细核算。本科目借方登记库存商品的增加,贷方登记库存商品的减少,期末借方余额,反映企业库存商品的实际成本或计划成本。

企业应设置"发出商品"科目,核算企业未满足收入确认条件,但已发出商品的实际成本或计划成本。本科目可按购货单位、商品类别和品种进行明细核算。本科目借方登记未满足收入确认条件但已发出商品的实际成本或计划成本,贷方登记满足了收入确认条件时结转已售产品的成本。期末借方余额,反映企业发出商品的实际成本或计划成本。

库存商品可以采用实际成本法、计划成本法进行核算。

一、实际成本法

工业企业的产成品一般按实际成本法进行核算。

实际成本法下,企业产成品的入库和出库,平时只记数量,不记金额,期(月)末计算入库产成品的成本。生产完成验收入库时,按实际成本,借记"库存商品"科目,贷记"生产成本"等相关科目;发出产成品的实际成本可以采用先进先出法、加权平均法、个别认定法计算确定(参见原材料)。对外销售产成品结转销售成本时,借记"主营业务成本"科目,贷记"库存商品"科目,"库存商品"科目期末借方余额,反映企业库存商品的实际成本。

对于未满足收入确认条件的发出商品,应按发出商品的实际成本,借记"发出商品"科目,贷记"库存商品"科目。发出商品发生退回的,应按退回商品的实际成本,借记"库存商品"科目,贷记"发出商品"科目。发出商品满足收入确认条件时,应结转销售成本,借记"主营业务成本"科目,贷记"发出商品"科目。

二、计划成本法

工业企业产成品种类较多的，也可按计划成本进行日常核算。

计划成本法下，企业产成品的入库和出库均按计划成本登记。生产完成验收入库时，按计划成本，借记"库存商品"科目，贷记"生产成本"等相关科目；对外销售产成品，结转销售成本时，按计划成本，借记"主营业务成本"科目，贷记"库存商品"科目，"库存商品"科目期末借方余额，反映企业库存商品的计划成本。产品的实际成本与计划成本的差异，可以单独设置"产品成本差异"科目，比照"材料成本差异"科目核算。

对于未满足收入确认条件的发出商品，应按发出商品的计划成本，借记"发出商品"科目，贷记"库存商品"科目。发出商品发生退回的，应按退回商品的计划成本，借记"库存商品"科目，贷记"发出商品"科目。发出商品满足收入确认条件时，应结转销售成本，借记"主营业务成本"科目，贷记"发出商品"科目。同时还应结转应分摊的产品成本差异。

第四节 委托加工物资

一、委托加工物资的概念

委托加工物资是指企业因现有的材料物资不能直接用于生产，或者自己能够加工但成本较高时，需要委托外单位进行加工的物资。

委托加工物资的实际成本包括实际耗用发出加工材料物资的实际成本和支付的扣除准予抵扣的增值税进项税额后的加工费、运费、装卸费等。

二、委托加工物资的核算

（一）科目设置

企业应设置"委托加工物资"科目，核算企业委托外单位加工的各种材料、商品等物资的实际成本。本科目可按加工合同、受托加工单位以及加工物资的品种等进行明细核算。本科目借方登记发给外单位加工的物资、支付的加工费、运杂费和收回后直接用于销售的委托加工物资应交给受托方的消费税等；贷方登记加工完成验收入库的物资和剩余物资。期末借方余额，反映企业委托外单位加工尚未完成物资的实际成本。

(二) 主要账务处理

1. 发出委托加工物资的账务处理

企业发给外单位加工的物资,按实际成本,借记"委托加工物资"科目,贷记"原材料"或"库存商品"等科目;按计划成本核算的,还应同时结转材料成本差异。

2. 支付加工费等的账务处理

企业支付加工费、运杂费等,按扣除准予抵扣的增值税进项税额后的加工费、运杂费等的实际成本,借记"委托加工物资"科目;按准予抵扣的增值税进项税额,借记"应交税费——应交增值税(进项税额)"科目;按支付的加工费等税费金额,贷记"银行存款"或"应付账款"等科目。

需要缴纳消费税的委托加工物资,由受托方代收代缴的消费税,借记"委托加工物资"(收回后用于直接销售的)或"应交税费——应交消费税"科目(收回后用于继续加工的);按应支付的消费税税额,贷记"银行存款"或"应付账款"等科目。

3. 收回委托加工物资并验收入库的账务处理

企业加工完成验收入库的物资和剩余的物资,按加工收回物资的实际成本和剩余物资的实际成本,借记"原材料"或"库存商品"等科目,贷记"委托加工物资"科目。

采用计划成本核算的,按计划成本,借记"原材料"或"库存商品"科目;按实际成本,贷记"委托加工物资"科目;按实际成本与计划成本之间的差额,借记或贷记"材料成本差异"科目。

采用计划成本核算的,也可以采用上期材料成本差异率计算分摊本期应分摊的材料成本差异。

【例4-13】某市甲公司委托乙公司加工一批半成品,加工所需材料由甲公司提供,材料价款为200 000元,支付加工费用50 000元(含税),并取得增值税专用发票,由受托方代垫辅助材料价款30 000元(含税),半成品已经加工完毕并验收入库,加工费用等已经支付,甲公司按实际成本对原材料进行日常核算。乙公司适用的增值税税率为17%。

根据上述资料,甲公司会计处理如下:

(1) 发出委托加工材料时:

借:委托加工物资 200 000
　　贷:原材料 200 000

(2) 支付加工费用时:

借:委托加工物资 [(50 000+30 000)÷(1+17%)] 68 376

　　　　应交税费——应交增值税（进项税额）（68 376×17％）　　　11 624
　　　　贷：银行存款　　　　　　　　　　　　　　　　　　　　　　80 000
　（3）收回材料验收入库时：
　　　　借：原材料　　　　　　　　　　　　　　　　　　　　　　268 376
　　　　贷：委托加工物资　　　　　　　　　　　　　　　　　　　268 376

第五节　周转材料

一、周转材料的概念和内容

周转材料是指企业能够多次使用、逐渐转移其价值但仍保持原有形态，不确认为固定资产的材料。如包装物，低值易耗品，以及建筑承包企业的钢模板、木模板、脚手架，等等。

包装物按其用途不同，可分为：（1）生产过程中用于包装产品，作为产品组成部分的包装物；（2）随同商品出售而不单独计价的包装物；（3）随同商品出售并单独计价的包装物；（4）出租或出借给购买单位使用的包装物。各种包装用的材料，如纸、绳、铁丝、铁皮等，应在"原材料"科目核算；用于储存和保管产品或商品、材料等而不随同产品或商品出售、出租或出借的包装物，如企业在经营过程中周转使用的包装容器，应按其价值大小和使用年限长短，分别在"固定资产"或"周转材料——低值易耗品"科目核算。

低值易耗品是指单位价值较低、使用期限较短，不能作为固定资产的各种用具物品，如工具、管理用具、玻璃器皿，以及在经营过程中周转使用的包装容器等。

二、周转材料的核算

（一）科目设置

企业应设置"周转材料"科目，核算企业周转材料的计划成本或实际成本，包括包装物和低值易耗品以及建筑承包企业的钢模板、木模板、脚手架等。本科目可按周转材料的种类，分别"在库"、"在用"和"摊销"进行明细核算。本科目借方登记购入、自制、委托外单位加工完成并已验收入库的周转材料；贷方登记领用或发出周转材料时应摊销或结转的周转材料成本。期末借方余额，反映企业在库周转材料的计划成本或实际成本以及在用周转材料的摊余价值。

企业周转材料增加的核算，比照原材料增加相关规定进行处理。

企业领用或发出周转材料时，需要摊销或结转周转材料成本。

（二）周转材料的摊销方法

企业应当采用一次转销法、五五摊销法或者分次摊销法对周转材料进行摊销，计入相关资产的成本或者当期损益。

1. 一次转销法

一次转销法是指周转材料在领用时就将其全部账面价值一次计入相关资产的成本或者当期损益的方法。这种方法比较简单，但周转材料的成本从账上一次转出，不利于财物的保管，费用负担也不够均衡。主要适用于一次领用数量不多、价值较低、极易损坏或使用期限较短的周转材料的摊销，如包装物。

2. 五五摊销法

五五摊销法是指周转材料在领用时先按其全部账面价值的一半摊销，计入领用当期相关资产的成本或者当期损益，在报废时再将其全部账面价值的另一半摊销，计入报废当期相关资产的成本或者当期损益的方法。采用五五摊销法，账上反映周转材料的成本，有利于加强财物的保管，但核算较烦琐。通常适用于一次领用数量较大、单位价值较高或使用期限较长的低值易耗品的摊销。

3. 分次摊销法

分次摊销法是指根据周转材料的原价和预计的使用期限，将周转材料的价值平均、分次计入有关成本费用的一种方法。采用这种方法，有利于成本、费用的合理、均衡负担，但核算较烦琐。建造承包企业的钢模板、木模板、脚手架和其他周转材料等，可以采用分次摊销法进行摊销。

（三）包装物的核算

企业购入、自制、委托外单位加工完成的包装物验收入库时，借记"周转材料——包装物"科目，贷记相关科目。

企业领用或发出包装物时，一般应采用一次转销法摊销该包装物的成本。企业领用或发出包装物，应按发出包装物的不同用途分别进行处理。

（1）生产领用包装物。企业生产部门领用的用于包装产品的包装物，构成了产品的组成部分，因此应将包装物的成本计入产品生产成本。生产领用包装物，借记"生产成本"等科目，贷记"周转材料——包装物"科目。

（2）随同商品出售不单独计价的包装物。随同商品出售但不单独计价的包装物，应于包装物发出时，按其实际成本计入销售费用，借记"销售费用"科目，贷记"周转材料——包装物"科目。

（3）随同商品出售单独计价的包装物。应视同材料销售处理，应对该包装物单独计价，确认包装物的销售利润。因此，应于商品出售时，按出售包装物取得的金额，借记"银行存款"科目；按出售包装物的收入，贷记"其他业务收入"科目，按应纳增值税额,贷记"应交税费——应交增值税(销项税额)"科目;按出售包装物的成本,借记"其他业务成本"科目,贷记"周转材料——包装物"科目。

(4) 出租包装物。企业多余或闲置不用的包装物可以出租给外单位使用。

出租包装物,在第一次领用新包装物时,应结转成本,按出租包装物的实际成本,借记"其他业务成本"科目,贷记"周转材料——包装物"科目。

收到出租包装物的租金时,借记"库存现金"或"银行存款"等科目,贷记"其他业务收入"和"应交税费——应交增值税(销项税额)"科目。

出租的包装物不能使用而报废时,按其残料价值,借记"原材料"等科目,贷记"其他业务成本"科目。

(5) 出借包装物。企业多余或闲置不用的包装物也可以出借给外单位使用。

出借包装物,在第一次领用新包装物时,应结转成本,按出借包装物的实际成本,借记"销售费用"科目,贷记"周转材料——包装物"科目。

出借的包装物不能使用而报废时,按其残料价值,借记"原材料"等科目,贷记"销售费用"科目。

(6) 出租、出借包装物的押金。收到出租、出借包装物的押金,借记"库存现金"或"银行存款"等科目,贷记"其他应付款"科目。退回押金,做相反会计分录。

对于逾期未退包装物,按没收的押金,借记"其他应付款"科目;按应交的增值税,贷记"应交税费——应交增值税(销项税额)"科目;按其差额,贷记"其他业务收入"科目。

采用计划成本核算包装物的企业,月末结转生产领用、出售、出租、出借所领用新包装物应分摊的成本差异。

【例 4-14】 甲公司销售商品时,出租包装物收取租金 1 170 元,收取押金 3 510 元。假定承租人未按时归还包装物,押金被没收,包装物的账面价值为 2 000 元。包装物采用一次转销法摊销。

根据上述资料,甲公司会计处理如下:

(1) 发出包装物时:

借:其他业务成本　　　　　　　　　　　　　　　　　2 000
　　贷:周转材料——包装物　　　　　　　　　　　　　　　2 000

(2) 收到出租包装物的租金、押金时:

借:银行存款　　　　　　　　　　　　　　　　　　　4 680
　　贷:其他应付款　　　　　　　　　　　　　　　　　　　3 510
　　　　其他业务收入 [1 170÷(1+17%)]　　　　　　　　1 000
　　　　应交税费——应交增值税(销项税额)　　　　　　　　170

(3) 没收逾期未退包装物押金时：

借：其他应付款　　　　　　　　　　　　　　　　　　　　3 510
　　贷：其他业务收入 [3 510÷(1+17%)]　　　　　　　　　　3 000
　　　　应交税费——应交增值税（销项税额）　　　　　　　510

（四）低值易耗品的核算

企业购入、自制、委托外单位加工完成的低值易耗品验收入库时，借记"周转材料——低值易耗品"科目，贷记相关科目。

企业领用或发出低值易耗品时，一般应采用五五摊销法摊销该低值易耗品的成本。

【例 4-15】 甲公司期初库存 20 套专用工具，2017 年 1 月 1 日，生产车间领用 10 套专用工具，每套实际成本为 500 元，共计 5 000 元；2017 年 12 月 31 日，有 2 套专用工具报废。

根据上述资料，甲公司会计处理如下：

(1) 2017 年 1 月 1 日，领用低值易耗品时：

借：周转材料——低值易耗品（在用）　　　　　　　　　　5 000
　　贷：周转材料——低值易耗品（在库）　　　　　　　　　5 000

(2) 2017 年 1 月 1 日，领用时摊销低值易耗品的一半：

借：制造费用　　　　　　　　　　　　　　　　　　　　　2 500
　　贷：周转材料——低值易耗品（摊销）　　　　　　　　　2 500

(3) 2017 年 12 月 31 日，2 套低值易耗品报废时摊销其余一半：

借：制造费用　　　　　　　　　　　　　　　　　　　　　　500
　　贷：周转材料——低值易耗品（摊销）　　　　　　　　　　500

(4) 2017 年 12 月 31 日，报废时对冲已报废低值易耗品在用数与摊销数：

报废时，将 2 套报废的低值易耗品明细账上的在用数和摊销数对冲转销。

借：周转材料——低值易耗品（摊销）　　　　　　　　　　1 000
　　贷：周转材料——低值易耗品（在用）　　　　　　　　　1 000

第六节　存货的期末计量

一、存货期末计量原则

为了真实、准确地反映企业资产的价值，体现谨慎性原则，企业会计准则要求在资产负债表日，存货应当按照成本与可变现净值孰低计量，使存货更符合资产的定义。

当存货成本低于其可变现净值时，存货按成本计量，不计提存货跌价准备；当存货成本高于其可变现净值时，存货按可变现净值计量，同时按成本高于可变现净值的差额计提存货跌价准备，计入当期损益。

其中，存货成本是指期末存货的实际成本。如企业对存货成本的日常核算采用计划成本法、售价金额核算法等简化核算方法，则成本应为经调整后的实际成本。

二、存货可变现净值的含义

可变现净值是指企业在日常活动中，存货的估计售价减去至完工估计将要发生的成本、估计的销售费用以及相关税费后的金额。存货的可变现净值由存货的估计售价、至完工时将要发生的成本、估计的销售费用和估计的相关税费等内容构成。可变现净值具有以下基本特征：

（1）确定存货可变现净值的前提是企业在进行日常活动，即企业在进行正常的生产经营活动。如果企业不是在进行正常的生产经营活动，如企业处于清算过程，那么不能按照存货准则的规定确定存货的可变现净值。

（2）可变现净值特征表现为存货的预计未来净现金流量，而不是存货的售价或合同价。企业预计的销售存货现金流量，并不完全等于存货的可变现净值。存货在销售过程中可能发生的销售费用和相关税费，以及为达到预定可销售状态还可能发生的加工成本等相关支出，构成现金流入的抵减项目。企业预计的销售存货现金流量，扣除这些抵减项目后，才能确定存货的可变现净值。

（3）不同存货可变现净值的构成不同：①产成品、商品和用于出售的材料等直接用于出售的商品存货，在正常生产经营过程中，应当以该存货的估计售价减去估计的销售费用和相关税费后的金额，确定其可变现净值。②需要经过加工的材料存货，在正常生产经营过程中，应当以所生产的产成品的估计售价减去至完工时估计将要发生的成本、估计的销售费用和相关税费后的金额，确定其可变现净值。

三、存货可变现净值低于成本的情形

存货存在下列情形之一的，通常表明存货的可变现净值低于成本：

（1）该存货的市场价格持续下跌，并且在可预见的未来无回升的希望；

（2）企业使用该项原材料生产的产品的成本大于产品的销售价格；

（3）企业因产品更新换代，原有库存原材料已不适应新产品的需要，而该原材料的市场价格又低于其账面成本；

(4) 因企业所提供的商品或劳务过时或消费者偏好改变而使市场的需求发生变化，导致市场价格逐渐下跌；
(5) 其他足以证明该项存货实质上已经发生减值的情形。

存货存在下列情形之一的，通常表明存货的可变现净值为零：
(1) 已霉烂变质的存货；
(2) 已过期且无转让价值的存货；
(3) 生产中已不再需要，并且已无使用价值和转让价值的存货；
(4) 其他足以证明已无使用价值和转让价值的存货。

对于存货的可变现净值低于成本和存货的可变现净值为零的情况，企业应计提存货跌价准备。

四、计提存货跌价准备的方法

企业持有存货的情况不同，计提存货跌价准备的方法不同。

1. 按照单个存货项目计提存货跌价准备

企业通常应当按照单个存货项目计提存货跌价准备。在企业采用计算机信息系统进行会计处理的情况下，完全有可能做到按单个存货项目计提存货跌价准备。在这种方式下，企业应当将每个存货项目的成本与其可变现净值逐一进行比较，按较低者计量存货，并且按成本高于可变现净值的差额计提存货跌价准备。这就要求企业应当根据管理要求和存货的特点，明确规定存货项目的确定标准。例如，将某一型号和规格的材料作为一个存货项目、将某一品牌和规格的商品作为一个存货项目，等等。

2. 按照存货类别计提存货跌价准备

对于数量繁多、单价较低的存货，可以按照存货类别计提存货跌价准备。如果某一类存货的数量繁多且单价较低，企业可以按照存货类别计量成本与可变现净值，即按存货类别的成本的总额与可变现净值的总额进行比较，每种存货类别均取较低者确定存货期末价值。

3. 合并计提存货跌价准备

与在同一地区生产和销售的产品系列相关、具有相同或类似最终用途或目的，且难以与其他项目分开计量的存货，可以合并计提存货跌价准备。存货具有相同或类似最终用途或目的，并在同一地区生产和销售，意味着存货所处的经济环境、法律环境、市场环境等相同，具有相同的风险和报酬。因此，在这种情况下，可以对该存货进行合并计提存货跌价准备。

【例 4-16】 甲公司的有关资料及存货期末计量如表 4-2 所示，假设甲公司在此之前没有对存货计提跌价准备。假定不考虑相关税费和销售费用。

表 4-2　　　　　　　　　计提存货跌价准备计算表
2017 年 12 月 31 日　　　　　　　　　金额单位：元

商品	数量（件）	成本		可变现净值		需计提的存货跌价准备
		单价（元/件）	总额	单价（元/件）	总额	
A 商品	400	10	4 000	9	3 600	400
B 商品	500	7	3 500	8	4 000	0
第一组小计			7 500		7 600	0
C 商品	200	50	10 000	48	9 600	400
D 商品	100	45	4 500	44	4 400	100
第二组小计			14 500		14 000	500
E 商品	300	100	30 000	80	24 000	6 000
F 商品	400	110	44 000	100	40 000	4 000
第三组小计			74 000		64 000	10 000
合计			96 000		85 600	10 400

五、存货跌价准备的会计处理

资产负债表日，企业应当确定存货的可变现净值，既不能提前，也不能延后，并且在每一个资产负债表日都应当重新确定存货的可变现净值。如果期末结存存货的成本低于可变现净值时，则不需要做账务处理，资产负债表中的存货仍按期末账面价值列示；如果期末存货的可变现净值低于成本时，则必须在当期确认存货跌价损失，并进行有关的账务处理。

企业应设置"存货跌价准备"科目，核算企业存货的跌价准备。本科目可按存货项目或类别进行明细核算。本科目贷方登记计提的存货跌价准备，借方登记冲回和结转的存货跌价准备。本科目期末贷方余额，反映企业已计提但尚未转销的存货跌价准备。

1. 存货跌价准备的计提

存货发生减值的，按存货可变现净值低于成本的差额计提存货跌价准备，借记"资产减值损失"科目，贷记"存货跌价准备"科目。如果存货可变现净值继续下跌，若应提数大于已提数，则应予补提，借记"资产减值损失"科目，贷记"存货跌价准备"科目。

2. 存货跌价准备的转回

存货准则规定，企业的存货在符合条件的情况下，可以转回计提的存货跌价准备。存货跌价准备转回的条件是以前减计存货价值的影响因素已经消失，而不是在当期造成存货可变现净值高于成本的其他因素。

当符合存货跌价准备转回的条件时，应在原已计提的存货跌价准备的金额内转回，即在对该项存货、该类存货或该合并存货已计提的存货跌价准备的金额内转回。转回的存货跌价准备与计提该准备的存货项目或类别应当存在直接关系，但转回的金额以将存货的跌价准备的余额冲减至零为限。

存货跌价准备转回的金额计入当期损益，借记"存货跌价准备"科目，贷记"资产减值损失"科目。

【例4-17】甲公司期末存货按成本与可变现净值孰低法计价，按照单个存货项目计提存货跌价准备。

甲公司发生的业务及会计处理如下：

(1) 2017年3月31日，W7型机器的账面成本为200 000元，但由于其市场价格下跌，预计可变现净值为190 000元，由此应计提的存货跌价准备为10 000元（200 000－190 000）。

  借：资产减值损失   10 000
    贷：存货跌价准备   10 000

(2) 2017年6月30日，W7型机器的市场价格继续下跌，预计可变现净值为185 000元，由此应补提的存货跌价准备为5 000元［(200 000－185 000)－10 000］。

  借：资产减值损失   5 000
    贷：存货跌价准备   5 000

(3) 2017年9月30日，W7型机器的市场价格有所上升，预计可变现净值为193 000元，则应转回已计提的存货跌价准备8 000元［(200 000－193 000)－(10 000＋5 000)］。

  借：存货跌价准备   8 000
    贷：资产减值损失   8 000

(4) 2017年12月31日，W7型机器的市场价格进一步上升，预计可变现净值为205 000元，则应冲减已计提的存货跌价准备7 000元［0－(10 000＋5 000－8 000)］（即以将对W7型机器已计提的"存货跌价准备"账户余额冲减至零为限）。

  借：存货跌价准备   7 000
    贷：资产减值损失   7 000

3. 存货跌价准备的结转

发出存货结转跌价准备的，借记"存货跌价准备"科目，贷记"主营业务成本"或"生产成本"等科目。

【例4-18】2017年9月30日，甲公司W8型机器的账面成本为20 000元，已计提的存货跌价准备为1 000元。2017年12月13日，甲公司将W8型机器以

21 000 元的价格售出。假定不考虑可能发生的销售费用及税金影响,甲公司应在结转销售成本的同时,将已经计提的存货跌价准备全部转销。

甲公司的相关账务处理如下:

借:主营业务成本　　　　　　　　　　　　　　　　　19 000
　　存货跌价准备　　　　　　　　　　　　　　　　　 1 000
　　贷:库存商品　　　　　　　　　　　　　　　　　　20 000

自测题

一、名词解释

1. 存货　　　　　　　　　　2. 低值易耗品
3. 包装物　　　　　　　　　4. 委托加工物资
5. 成本与可变现净值孰低法　　6. 存货跌价准备
7. 先进先出法　　　　　　　8. 计划成本法
9. 材料成本差异

二、简答题

1. 简述存货的范围。
2. 在价格不断上涨的情况下,试分析先进先出法对发出存货成本和期末结存存货成本的影响。
3. 怎样理解成本与可变现净值孰低法中的"成本"和"可变现净值"的含义?
4. 存货按计划成本计价的日常核算如何进行?期末如何调整?
5. 为什么要对存货进行期末计量?

三、单项选择题

1. 一般情况下,判断存货包含的经济利益的流入可根据(　　)。
   A. 是否取得了存货的法定所有权　　B. 是否支付了货款
   C. 是否收到货物并验收入库　　　　D. 是否签订了购货合同

2. 下列各项中,不应包括在存货项目中的是(　　)。
   A. 工程物资　　B. 原材料　　C. 周转材料　　D. 在产品

3. 甲公司为加工制造企业,其发生的下列业务或事项中,不应计入存货成本的是(　　)。
   A. 季节性和修理期间的停工损失
   B. 在生产过程中为达到下一个生产阶段所必需的仓储费用

C. 因自然灾害毁损的直接材料
D. 采购商品过程中发生的运输费

4. 在价格持续上涨的情况下，下列各种计价方法中，使发出存货价值最小的是（   ）。
   A. 先进先出法   B. 计划成本法
   C. 月末一次加权平均法   D. 移动加权平均法

5. 下列关于先进先出法的表述中，不正确的是（   ）。
   A. 需要假设前提即先购进的存货先发出
   B. 按先进先出的假定流转顺序来确定发出存货的成本及期末结存存货的成本
   C. 先进先出法不能随时结转发出存货的成本及期末结存存货的成本
   D. 如果购入存货单价不稳定时工作量较大

6. 在价格下降期间，企业将存货的计价方法由原来的加权平均法改为先进先出法后，对企业毛利、资产负债表上的存货数额产生的影响是（   ）。
   A. 增加毛利，增加存货   B. 增加毛利，减少存货
   C. 减少毛利，增加存货   D. 减少毛利，减少存货

7. 下列各项支出中，一般纳税企业不计入存货成本的是（   ）。
   A. 购进存货时发生的增值税进项税额
   B. 入库前的整理挑选费用
   C. 购买存货而发生的运输费用
   D. 购买存货发生的进口关税

8. 某企业为增值税一般纳税人。本月购进原材料200吨，增值税专用发票上注明的价款为60万元，增值税额为10.2万元，支付的保险费为3万元，入库前的挑选整理费用为1万元。不考虑其他因素，该批原材料实际成本为每吨（   ）万元。
   A. 0.3   B. 0.32   C. 0.37   D. 0.35

9. 在计划成本法下，年末"原材料"账户中登记的是原材料的（   ）。
   A. 计划成本   B. 实际成本   C. 超支差异   D. 节约差异

10. 在出借包装物采用一次摊销法的情况下，出借包装物报废时收回的残料价值应冲减的是（   ）。
    A. 管理费用   B. 其他业务成本
    C. 包装物成本   D. 销售费用

11. 下列关于甲公司存货的会计处理中，不正确的是（   ）。
    A. 甲公司因该项委托加工业务支付的消费税应该计入委托加工材料的成本

B. 尚未提货的已销售 C 产品不在资产负债表中列示

C. 委托加工收入原材料支付的增值税的计税基础是加工费

D. 委托加工物资的消费税可以抵扣,不计入收回后原材料的成本

12. 企业某种存货的期初实际成本为 200 万元,期初"存货跌价准备"账户贷方余额 2.5 万元,本期购入该种存货实际成本为 45 万元,领用 150 万元,期末估计库存该种存货的可变现净值为 91 万元。则本期应计提存货跌价准备金额为( )万元。

 A. 1.5   B. 2.5   C. 4   D. 9

13. 存货发生减值时,应记入的科目是( )。

 A. "管理费用"   B. "资产减值损失"

 C. "营业外支出"   D. "主营业务成本"

14. 在编制资产负债表时,"存货跌价准备"科目的贷方余额应( )。

 A. 列为存货的抵减项目并单独列示

 B. 在流动负债类下设项目反映

 C. 列为存货

 D. 计入未分配利润项目

15. 某股份有限公司对期末存货采用成本与可变现净值孰低法计价。2017 年 12 月 31 日,库存自制半成品的实际成本为 20 万元,预计进一步加工所需费用为 8 万元,预计销售费用为 4 万元。该半成品加工完成后的产品预计销售价格为 30 万元。2017 年 12 月 31 日,该项存货应计提的跌价准备为( )万元。

 A. 0   B. 12   C. 8   D. 2

四、多项选择题

1. 下列资产中,属于周转材料的有( )。

 A. 原材料   B. 包装物

 C. 低值易耗品   D. 库存商品

2. 下列项目中,应计入材料成本的税金有( )。

 A. 材料委托加工后用于连续生产应税消费品已缴的消费税

 B. 一般纳税企业购入材料时支付的增值税

 C. 材料委托加工后直接用于销售时已缴的消费税

 D. 进口关税

3. 下列项目中,应计入材料成本的项目有( )。

 A. 材料的买价

 B. 一般纳税企业购入原材料已缴的增值税

 C. 保险费

D. 运输费
4. 下列关于存货的会计处理方法中，正确的有（　　）。
A. 存货实际成本的买价是指购货价格扣除现金折扣以后的金额
B. 存货的加工成本是指加工过程中实际发生的人工成本等，不包含按照一定方法分配的制造费用
C. 通过提供劳务取得的存货，其成本按从事劳务提供人员的直接人工和其他直接费用以及可归属于该存货的间接费用计量
D. 为执行销售合同而持有的存货，应当以产成品或商品的合同价格作为其可变现净值的计算基础
5. 发出存货可采用的核算方法有（　　）。
A. 后进先出法　　　　　　　　B. 个别计价法
C. 移动加权平均法　　　　　　D. 月末一次加权平均法
6. 期末存货计价过高，可能会引起（　　）。
A. 当期收益增加　　　　　　　B. 当期收益减少
C. 所有者权益增加　　　　　　D. 销售成本减少
7. 在计划成本法下，结转发出材料应负担的材料成本差异应当随同原材料转入（　　）科目。
A. "生产成本"　　　　　　　　B. "制造费用"
C. "管理费用"　　　　　　　　D. "其他业务成本"
8. "材料成本差异"账户贷方可以用来登记（　　）。
A. 采购物资的超支差异　　　　B. 采购物资的节约差异
C. 发出材料应分摊的超支差异　D. 发出材料应分摊的节约差异
9. 对收回后直接销售的委托加工的应税消费品的成本应当包括（　　）。
A. 发出的原材料　　　　　　　B. 支付的加工费
C. 代收代缴的消费税　　　　　D. 负担的增值税
10. 资产负债表中，"存货"项目包括的内容有（　　）。
A. 委托代销商品　　　　　　　B. 库存商品
C. 发出商品　　　　　　　　　D. 存货跌价准备
11. 下列项目中，应作为销售费用处理的有（　　）。
A. 随同产品出售不单独计价包装物的成本
B. 随同产品出售单独计价包装物的成本
C. 出租包装物的摊销价值
D. 出借包装物的摊销价值
12. 下列项目中，应计入其他业务成本的有（　　）。

A. 转让无形资产使用权
B. 随同商品出售并单独计价的包装物成本
C. 领用的用于出借的包装物成本
D. 对外销售的原材料成本

13. 下列关于存货会计处理的表述中，正确的有（　　）。
A. 因自然灾害造成的净损失，计入营业外支出
B. 随商品出售单独计价的包装物成本，计入其他业务成本
C. 一般纳税人进口原材料缴纳的增值税，计入相关原材料的成本
D. 结转商品销售成本时，将相关存货跌价准备调整主营业务成本

14. 下列关于存货的论断中，正确的有（　　）。
A. 盘亏存货的增值税不可以抵扣
B. 存货采购环节的合理损耗不会追加总采购成本，而是追加单位采购成本
C. 存货应包括委托代销商品，但不应包括受托代销商品
D. 存货跌价准备不可能出现借方余额

五、判断题

1. 发出存货的计价不完全遵循成本流转与实物流转相一致的原则。（　　）
2. 材料物资在运输途中发生的合理短缺损失应计入外购材料物资的实际成本。（　　）
3. 企业原材料平日按计划成本计价核算，其计入生产成本的原材料成本为所耗用材料的计划成本。（　　）
4. 已计提跌价准备的存货，当其可变现净值恢复并超过成本时，存货跌价准备应在已提存货跌价准备的范围内转回。（　　）
5. 自然灾害或意外事故以外的原因造成的存货毁损所发生的净损失，均应计入管理费用。（　　）
6. 因为期末存货按成本与可变现净值孰低计量，因此无论是成本低还是可变现净值低都应该调整存货的账面价值。（　　）
7. 成本与可变现净值孰低的理论基础是使存货更符合资产的定义。（　　）
8. 企业出售已计提跌价准备的存货，应当同时结转已计提的存货跌价准备。（　　）
9. 在计划成本法下，发出存货的计价可以采用先进先出法、加权平均法和个别计价法核算。（　　）

六、核算题

1. 某市甲公司2017年12月份A材料收发情况如表1所示。

表1　　　　　　　　　　A材料数量、金额情况表

期初结存		本期收入			本期发出	
数量（千克）	单价（元/千克）	日期	数量（千克）	单价（元/千克）	日期	数量（千克）
3 000	1.50	4日 12日 20日	1 800 2 500 3 000	1.55 1.45 1.50	5日 15日 25日	3 000 3 500 2 000

要求：分别采用先进先出法、月末一次加权平均法和移动加权平均法登记A材料明细账。

2. 某市甲公司为增值税一般纳税人，2017年12月初有关账户余额如下："材料采购"账户余额为5 200元（1 000千克），"材料成本差异"账户借方余额为400元，"原材料"账户余额为14 000元。12月发生以下业务：

（1）5日，月初在途材料全部到达公司，经验收发现短缺5%，系合理损失。材料已入库，单位计划成本5元。

（2）18日，向大星公司购料，发票上货款8 000元，增值税税额1 360元，对方代垫保险费500元，货款上月已预付6 000元，余款已由银行汇出。该材料到达验收入库，计划成本8 600元。

（3）25日，向中兴公司购料，取得金额为5 000元普通发票，材料尚未到达，货款采用商业汇票结算，开出经银行承兑的商业汇票一张，已交中兴公司。

（4）28日，经盘点，发现盘盈材料一批，计划成本为500元。

（5）29日，收到东风公司发来材料，已验收入库，计划成本为1 000元，但发票账单等尚未收到。

（6）31日，本月仓库发料汇总如下（计划成本）：生产产品领用6 000元，车间领用800元，公司管理部门领用1 000元，合计7 800元。

要求：根据以上资料编制有关会计分录，并计算本月材料成本差异率及发出和结存材料分担的材料成本差异。

3. 某市甲公司委托乙公司加工一批半成品，加工所需材料由甲公司提供，材料价款为200 000元，支付加工费用23 400元，由受托方代垫辅助材料价款11 700元，并取得增值税专用发票，半成品已经加工完毕并验收入库，加工费用等已经支付，该公司按实际成本对原材料进行日常核算。乙公司适用的增值税税率为17%。

要求：编制甲公司委托加工的相关会计分录。

4. 甲公司共有三种存货，2017年10月1日至2017年12月31日，有关存货收入、发出、结存情况和各期的可变现净值如表2所示。

表2　　　　　　　　　存货成本与可变现净值比较表　　　　　　　　单位：元

存货种类	期初余额		本年发生额		年末余额	
	账面余额	可变现净值	收入	发出	账面余额	可变现净值
A	4 000	3 900	7 000	4 500	6 500	6 100
B	5 000	5 100	0	5 000	0	0
C	6 000	5 800	1 000	0	7 000	6 950
合计	15 000	14 800	8 000	9 500	13 500	13 050

要求：分别按单项比较法和总额比较法编制甲公司2017年年末计提存货跌价准备的有关会计分录。

05

长期股权投资

ZHONGJI CAIWU KUAIJI

第一节　长期股权投资概述

一、长期股权投资的概念

市场经济条件下，企业生产经营日益多元化，除传统的经过原材料投入、加工、销售方式获取利益外，企业通常也采用投资、租赁、收购、兼并、重组等方式拓宽生产经营渠道，提高企业获利能力。特别是新企业会计准则将投资收益列入营业利润，明显提高了企业的营业利润水平。

长期股权投资，是指投资方对被投资单位实施控制、重大影响的权益性投资，以及其对合营企业的权益性投资。长期股权投资具有投资大、期限长、风险大以及能为企业带来长期利益等特点。

二、长期股权投资的种类

长期股权投资准则规范的权益性投资，主要包括以下几方面。

1. 对子公司投资

投资企业能够对被投资单位实施控制的权益性投资，即对子公司投资。控制，是指投资方拥有对被投资方的权力，通过参与被投资方的相关活动而享有可变回报，并且有能力运用对被投资方的权力影响其回报金额。当投资方因参与被投资方的相关活动而享有可变回报，且有能力运用对被投资方的权力来影响上述回报时，投资方即控制被投资方。

2. 对合营企业投资

合营企业投资，是指投资方持有的对构成合营企业的合营安排的投资。投资方判断持有的对合营企业的投资，应当首先看是否构成合营安排，其次再看有关合营安排是否构成合营企业。投资方通过与其他方共同出资设立被投资单位或是通过购买等方式取得对被投资单位的投资，能够与其他方一并对被投资单位实施共同控制的，虽然从法律形式上体现为投资，但是否能够作为会计意义上对合营企业的投资还是仅构成对合营安排中的投资，并最终体现为投资方财务报表中占合营安排中有关资产、负债、收入、费用的份额，要依有关判断确定。

合营安排，是指一项或者两个或两个以上的参与方共同控制的安排。合营安排具有以下特征：（1）各参与方均受到该安排的约束；（2）两个或两个以上的参与方对该安排实施共同控制。任何一个参与方都不能单独控制该安排，对该安排具有共同控制的任何一个参与方均能够阻止其他参与方或参与方组合单独控制该安排。

共同控制，是指按照相关约定对某项安排所共有的控制，并且该安排的相关活动必须经过分享控制权的参与方一致同意后才能决策。如果存在两个或者两个以上的参与方组合能够集体控制某项安排的，不构成共同控制。

3. 对联营企业投资

投资企业对被投资单位具有重大影响的权益性投资，即对联营企业投资。重大影响，是指投资方对被投资单位的财务和经营政策有参与决策的权力，但并不能够控制或者与其他方一起共同控制这些政策的制定。这里所称"重大影响"，其实对于投资单位只要能够参与被投资单位的生产经营决策即可，在此基础上不再衡量影响的重大程度如何，即投资方有关提议的接受程度或是在被投资单位的财务和生产经营决策过程中发言权的比重等。

实务中，较为常见的重大影响体现为在被投资单位的董事会或类似权力机构中派有代表，通过在被投资单位财务和经营决策制定过程中的发言权实施重大影响。从股权比例来看，投资方直接或通过子公司间接持有被投资单位20%以上但低于50%的表决权股份时，一般认为对被投资单位具有重大影响，除非有明确的证据表明这种情况下不能参与被投资单位的生产经营决策，不形成重大影响。投资企业拥有被投资单位有表决权股份的比例低于20%的，一般认为对被投资单位不具有重大影响。

在以持有股权来判断投资方对被投资单位的影响程度时，应综合考虑投资方自身持有的股权、通过子公司间接持有的股权以及投资方或其他方持有的可转换为对被投资单位股权的其他潜在因素影响，该类潜在因素通常包括被投资单位发行的当期可转换的认股权证、股份期权及可转换公司债券等的影响。上述因素中，以投资方自身直接或通过子公司间接持有的股权来分析和判断，且在判断中注重的是投资方现时施加重大影响的能力。理论上讲，重大影响的判断应当基于现时实际持有股权及被投资单位发行的其他当期可转换为普通股的认股权证、股份期权等的影响，但实际执行中，投资方往往难以获得充分有效的信息用以评估有关潜在表决权因素对其自身及被投资单位其他投资者可能施加表决权的影响。

通常可以通过以下一种或几种情形来判断企业是否对被投资单位具有重大影响：

（1）在被投资单位的董事会或类似权力机构中派有代表。这种情况下，由于在被投资单位的董事会或类似权力机构中派有代表，并享有实质性的参与决策权，投资方可以通过该代表参与被投资单位经营决策的制定，达到对被投资单位施加重大影响的目的。

（2）参与被投资单位财务和经营政策制定过程，包括股利分配政策等的制定。这种情况下，因可以参与被投资单位的政策制定过程，在政策制定过程中可以为其自身利益提出建议和意见，从而对被投资单位施加重大影响。

（3）与被投资单位之间发生重要交易。有关的交易因对被投资单位的日常经营具有重要性，一定程度上可以影响被投资单位的生产经营决策。

（4）向被投资单位派出管理人员。这种情况下，通过投资方对被投资单位派出管理人员，管理人员有权力并负责被投资单位的财务和经营活动，从而能够对被投资单位施加重大影响。

（5）向被投资单位提供关键技术资料。因被投资单位的生产经营需要依赖投资方的技术或技术资料，表明投资方对被投资单位具有重大影响。

三、长期股权投资的科目设置

企业应设置"长期股权投资"科目，核算企业持有的采用成本法和权益法核算的长期股权投资。本科目可按被投资单位进行明细核算。长期股权投资采用权益法核算的，还应当分别"投资成本"、"损益调整"、"其他综合收益"和"其他权益变动"科目进行明细核算。本科目期末借方余额，反映企业长期股权投资的价值。

第二节 长期股权投资的初始投资成本

长期股权投资取得方式不同，其初始投资成本的确定也不相同。长期股权投资初始投资成本的确定，应当区分企业合并形成的长期股权投资和其他方式取得的长期股权投资两种方式。

一、企业合并形成的长期股权投资

企业合并形成的长期股权投资，初始投资成本的确定应区分企业合并的类型，分别同一控制下企业合并和非同一控制下企业合并形成的长期股权投资的初始投资成本。

（一）同一控制下企业合并形成的长期股权投资

同一控制下的企业合并是指参与合并的企业在合并前后均受同一方或相同的多方最终控制且该控制并非暂时性的。

对于同一控制下的企业合并，从能够对参与合并各方在合并前后均实施最终控制的一方来看，最终控制方在企业合并前后能够控制的资产并没有发生变化。合并方通过合并形成的对被投资方的长期股权投资，其成本代表的是在被合并方账面所有者权益中享有的份额。

1. 以支付现金、转让非现金资产或承担债务方式作为合并对价取得长期股权投资

合并方以支付现金、转让非现金资产或承担债务方式作为合并对价的，应当在合并日按照被合并方所有者权益在最终控制方合并财务报表中的账面价值的份额作为长期股权投资的初始投资成本。长期股权投资初始投资成本与支付的现金、转让的非现金资产以及所承担债务账面价值之间的差额，应当调整资本公积；资本公积不足冲减的，调整留存收益。合并方为进行企业合并发生的各项直接费用，包括为进行企业合并支付的审计、法律服务、评估咨询等中介费用以及其他相关管理费用，应当于发生时计入当期损益；为企业合并发行的债券或承担其他债务支付的手续费、佣金等，应当计入所发行债券及其他债务的初始计量金额；企业合并中发行的权益性证券发生的手续费、佣金等费用，应当抵减权益性证券溢价收入，溢价收入不足冲减的，冲减留存收益。

合并方在合并日，按取得被合并方所有者权益在最终控制方合并财务报表中账面价值的份额，借记"长期股权投资"科目；按享有被投资单位已宣告但尚未发放的现金股利或利润，借记"应收股利"科目；按支付的合并对价的账面价值，贷记有关资产或借记有关负债科目，如为贷方差额，贷记"资本公积——资本溢价或股本溢价"科目；如为借方差额，借记"资本公积——资本溢价或股本溢价"科目，"资本公积——资本溢价或股本溢价"科目不足冲减的，借记"盈余公积"和"利润分配——未分配利润"科目。合并方为进行企业合并发生的各项直接费用，包括为进行企业合并支付的审计、法律服务、评估咨询等中介费用以及其他相关管理费用时，应借记"管理费用"科目，贷记"银行存款"等科目。

【例 5-1】甲公司和乙公司同为丙公司的子公司。2017 年 1 月 1 日，甲公司与乙公司达成合并协议，约定甲公司以固定资产和银行存款 15 000 000 元向乙公司投资，占乙公司有表决权股份的 60%，甲公司对该项投资计划长期持有。甲公司参与企业合并的固定资产原价为 13 000 000 元，已提折旧 3 000 000 元，未计提固定资产减值准备。2017 年 1 月 1 日，乙公司所有者权益总额为 40 000 000 元；甲公司所有者权益中资本公积余额为 3 500 000 元。

根据上述资料，甲公司会计处理如下：

借：固定资产清理 10 000 000
　　累计折旧 3 000 000
　贷：固定资产 13 000 000
借：长期股权投资——乙公司 24 000 000
　　资本公积——资本溢价 1 000 000

       贷：固定资产清理　　　　　　　　　　　　　　　　　　10 000 000
　　　　　银行存款　　　　　　　　　　　　　　　　　　　　15 000 000

2. 以发行权益性证券作为合并对价取得长期股权投资

合并方以发行权益性证券作为合并对价的，应按发行股份的面值总额作为股本，长期股权投资初始投资成本与所发行股份面值总额之间的差额，应当调整资本公积（资本溢价或股本溢价）；资本公积（资本溢价或股本溢价）不足冲减的，调整留存收益。

合并方应在合并日，按取得被合并方所有者权益在最终控制方合并财务报表中的账面价值的份额，借记"长期股权投资"科目；按享有被投资单位已宣告但尚未发放的现金股利或利润，借记"应收股利"科目；按发行权益性证券的面值，贷记"股本"科目，如为贷方差额，贷记"资本公积——资本溢价或股本溢价"科目；如为借方差额，借记"资本公积——资本溢价或股本溢价"科目，"资本公积——资本溢价或股本溢价"科目不足冲减的，借记"盈余公积"和"利润分配——未分配利润"科目。

【例5-2】甲公司和丙公司同为丁公司的子公司。2017年1月1日，甲公司与丙公司达成合并协议，约定甲公司以增发的权益性证券作为对价向丙公司投资，占丙公司有表决权股份的51%，甲公司对该项投资计划长期持有。2017年1月1日，甲公司增发的权益性证券成功，共增发普通股10 000 000股，每股面值1元，实际发行价格为每股2元，在发行普通股过程中，甲公司共发生相关税费200 000元，与发行普通股股票直接相关的手续费、佣金1 000 000元，均以银行存款支付。2017年1月1日，丙公司所有者权益总额为40 000 000元。

根据上述资料，甲公司会计处理如下：
　　借：长期股权投资——丙公司　　　　　　　　　　　　20 400 000
　　　　贷：股本　　　　　　　　　　　　　　　　　　　10 000 000
　　　　　　资本公积——股本溢价　　　　　　　　　　　　9 200 000
　　　　　　银行存款　　　　　　　　　　　　　　　　　　1 200 000

需要说明的是，上述在按照合并日应享有被合并方账面所有者权益的份额确定长期股权投资的初始投资成本时，前提是合并前合并方与被合并方采用的会计政策一致。企业合并前合并方与被合并方采用的会计政策不同的，应首先统一合并方与被合并方的会计政策，按照合并方的会计政策对被合并方资产、负债的账面价值进行调整，在此基础上计算确定形成长期股权投资的初始投资成本。

（二）非同一控制下企业合并形成的长期股权投资

非同一控制下的企业合并，是指参与合并各方在合并前后不受同一方或相同的多方最终控制的合并交易，即除判断属于同一控制下企业合并的情况以外其他的企业合并。

非同一控制下的控股合并中，购买方应当按照确定的企业合并成本作为长期股权投资的初始投资成本。

非同一控制企业合并下，企业合并成本包括购买方付出的资产、发生或承担的负债、发行的权益性证券的公允价值之和。购买方为企业合并发生的审计、法律服务、评估咨询等中介费用以及其他相关管理费用，应当于发生时计入当期损益；购买方作为合并对价发行的权益性证券或债务性证券的交易费用，应当计入权益性证券或债务性证券的初始确认金额。

对于非同一控制下企业合并形成的长期股权投资，应在购买日，按企业合并成本（不含应自被投资单位收取的现金股利或利润），借记"长期股权投资"科目；按享有被投资单位已宣告但尚未发放的现金股利或利润，借记"应收股利"科目；按发生的审计费等，借记"管理费用"科目；按支付合并对价的账面价值，贷记有关资产或借记有关负债科目；按其差额，贷记"营业外收入"或"投资收益"等科目，或者借记"营业外支出"或"投资收益"等科目；按发生的直接相关费用，贷记"银行存款"等科目。

【例5-3】 2017年12月1日，甲公司与丁公司达成合并协议，约定甲公司以固定资产和银行存款120 000元向丁公司投资，占丁公司有表决权股份的60%，甲公司对该项投资计划长期持有。甲公司参与企业合并的固定资产原价为1 000 000元，已提折旧300 000元，已计提固定资产减值准备100 000元，公允价值为620 000元。假定甲公司与丁公司在此之前不存在任何关联关系，属于非同一控制下的企业合并。不考虑其他相关税费。

根据上述资料，甲公司会计处理如下：

```
借：固定资产清理                                600 000
    累计折旧                                    300 000
    固定资产减值准备                            100 000
    贷：固定资产                                       1 000 000
借：长期股权投资——丁公司（620 000＋120 000）   740 000
    贷：固定资产清理                                     600 000
        银行存款                                         120 000
        营业外收入——非流动资产处置利得                    20 000
```

二、企业合并以外其他方式取得的长期股权投资

除企业合并形成的长期股权投资应遵循特定的会计处理以外，其他方式取得的长期股权投资，应当遵循下列规定确定其初始投资成本。

1. 以支付现金取得的长期股权投资

以支付现金取得的长期股权投资，应当按照实际支付的购买价款作为初始投资成本，包括购买过程中支付的手续费、税费等必要支出。但所支付价款或对价中包含的被投资单位已宣告但尚未发放的现金股利或利润，作为应收项目处理，不构成取得长期股权投资的成本。

企业以支付现金取得的长期股权投资，应当按初始投资成本，借记"长期股权投资"科目；按包含有已宣告但尚未发放的现金股利或利润，借记"应收股利"科目；按实际支付的价款，贷记"银行存款"等科目。

【例5-4】2017年12月5日，甲公司购买了乙公司发行的股票1 000 000股，价值为2 000 000元，占乙公司有表决权股份的20%，另支付手续费等相关税费20 000元。甲公司对该项投资计划长期持有。

根据上述资料，甲公司会计处理如下：

借：长期股权投资——乙公司　　　　　　　　　　　　2 020 000
　　贷：银行存款　　　　　　　　　　　　　　　　　　2 020 000

2. 以发行权益性证券取得的长期股权投资

以发行权益性证券方式取得的长期股权投资，应当按照发行权益性证券的公允价值作为初始投资成本，但不包括被投资单位已宣告但尚未发放的现金股利或利润。为发行权益性证券支付给有关承销机构等的手续费、佣金等与权益性证券发行直接相关的费用，不构成长期股权投资的成本，该部分费用应自权益性证券的溢价发行收入中扣除，权益性证券的溢价收入不足冲减的，应冲减盈余公积和未分配利润。

企业以发行权益性证券取得的长期股权投资，应当按照权益性证券的公允价值，借记"长期股权投资"科目；按权益性证券的面值，贷记"实收资本"或"股本"科目；按权益性证券的公允价值与其面值之间的差额，贷记"资本公积——资本溢价或股本溢价"科目。在这一过程中，与发行权益性证券有关的税费及其直接相关费用，应当冲减"资本公积——资本溢价或股本溢价"科目。资本公积（资本溢价或股本溢价）不足冲减的，应冲减"盈余公积"和"利润分配——未分配利润"科目。

【例5-5】2017年10月11日，甲公司与戊公司达成协议，约定甲公司以增发的权益性证券作为对价向戊公司投资，占戊公司有表决权股份的20%，甲公司对该项投资计划长期持有。2017年12月11日，甲公司增发权益性证券成功，共增发普通股10 000 000股，每股面值1元，实际发行价格为每股2元，支付证券公司因证券承销的佣金及手续费600 000元。假定不考虑其他税费。

根据上述资料，甲公司会计处理如下：
(1) 以发行股份的公允价值作为长期股权投资的成本：

借：长期股权投资——戊公司　　　　　　　　　　20 000 000
　　贷：股本　　　　　　　　　　　　　　　　　　10 000 000
　　　　资本公积——股本溢价　　　　　　　　　　10 000 000

(2) 发行权益性证券支付的佣金和手续费，应冲减权益性证券的溢价收入：

借：资本公积——股本溢价　　　　　　　　　　　　　600 000
　　贷：银行存款　　　　　　　　　　　　　　　　　　600 000

3. 投资者投入的长期股权投资

投资者投入的长期股权投资，是指投资者将其持有的对第三方的投资作为出资投入企业，接受投资的企业原则上应当按照投资各方在投资合同或协议中约定的价值作为取得长期股权投资的初始投资成本，但合同或协议约定价值不公允的除外。

企业接受投资者投入的长期股权投资，应当按照投资合同或协议约定的价值以及相关的税费等作为初始投资成本，借记"长期股权投资"科目；按照投资者出资构成实收资本（或股本）的部分，贷记"实收资本"或"股本"等科目；按支付的相关税费，贷记"银行存款"等科目；按照上述借贷方之间的差额，贷记"资本公积——资本溢价或股本溢价"科目。

【例5-6】 2017年12月20日，甲公司接受乙公司以其所持有的戊公司的投资作为出资，而取得长期股权投资。乙公司对戊公司长期股权投资的账面余额为1 500 000元，未计提长期股权投资减值准备。甲公司与乙公司约定的对戊公司长期股权投资价值为1 800 000元，乙公司占甲公司有表决权股份的20%，甲公司对戊公司投资计划长期持有。假定2017年12月20日，甲公司股本总额为8 000 000元。不考虑相关税费。

根据上述资料，甲公司会计处理如下：

借：长期股权投资——戊公司　　　　　　　　　　　1 800 000
　　贷：股本——乙公司（8 000 000×20%）　　　　　1 600 000
　　　　资本公积——股本溢价　　　　　　　　　　　　200 000

4. 以非货币性资产交换、债务重组等方式取得的长期股权投资

以非货币性资产交换、债务重组等方式取得的长期股权投资，其初始投资成本的确定请见《高级财务会计》第三版"非货币性资产交换"和"债务重组"章节的相关内容。

三、投资成本中包含的已宣告但尚未发放的现金股利或利润的处理

无论企业以何种方式取得长期股权投资，取得投资时，对于支付的对价中包

含的应享有被投资单位已经宣告但尚未发放的现金股利或利润,应作为应收股利单独核算,构成企业一项债权,而不构成取得长期股权投资的成本。

【例 5-7】 沿用例 5-4 的资料,假定甲公司在取得该项投资时,投资款中包含乙公司已宣告但尚未发放的现金股利 30 000 元。

根据上述资料,甲公司会计处理如下:

借:长期股权投资——乙公司　　　　　　　　　　　　　1 990 000
　　　应收股利　　　　　　　　　　　　　　　　　　　　　30 000
　　贷:银行存款　　　　　　　　　　　　　　　　　　　2 020 000

第三节　长期股权投资的后续计量

长期股权投资在持有期间,根据投资企业对被投资单位能够施加的影响程度进行划分,在个别财务报表中分别采用成本法及权益法进行核算。

一、长期股权投资核算的成本法

(一)成本法的定义及其适用范围

成本法,是指长期股权投资按成本计价的方法。长期股权投资的成本法适用于企业持有的、能够对被投资单位实施控制的长期股权投资。

(二)成本法的核算

1. 长期股权投资账面价值的调整

采用成本法核算的长期股权投资,初始投资或追加投资时,按照初始投资或追加投资时的成本增加长期股权投资的账面价值。

2. 投资损益的确认

采用成本法核算的长期股权投资,除取得投资时实际支付的价款或对价中包含的已宣告但尚未发放的现金股利或利润外,投资企业应当按照享有被投资单位宣告发放的现金股利或利润确认投资收益,不管有关利润分配是属于对取得投资前还是取得投资后被投资单位实现净利润的分配。

需要说明的是,投资企业在确认自被投资单位应分得的现金股利或利润后,应当考虑有关长期股权投资是否发生减值。在判断该类长期股权投资是否存在减值迹象时,一般应当关注长期股权投资的账面价值是否大于享有被投资单位净资产(包括相关商誉)账面价值的份额等情况。出现类似情况时,企业应当按照《企业会计准则第 8 号——资产减值》的规定对长期股权投资进行减值测试,可收回金额低于长期股权投资账面价值的,应当计提减值准备。

【例5-8】 甲公司于2016年1月1日以银行存款购入C公司60%的股份，初始投资成本为3 300 000元。C公司于2016年5月12日宣告分派2015年度的现金股利500 000元；C公司2016年1月1日所有者权益合计为5 500 000元；C公司2016年实现净利润400 000元；2017年5月12日宣告分派现金股利300 000元。

根据上述资料，甲公司会计处理如下：
(1) 2016年1月1日，取得投资时：
 借：长期股权投资——C公司   3 300 000
  贷：银行存款   3 300 000
(2) 2016年5月12日，C公司宣告分派现金股利时：
 借：应收股利（500 000×60%）   300 000
  贷：投资收益（投资前）   300 000
(3) 2017年5月12日，C公司宣告发放现金股利时：
 借：应收股利（300 000×60%）   180 000
  贷：投资收益（投资后）   180 000

二、长期股权投资核算的权益法

（一）权益法的定义及其适用范围

权益法是指投资以初始投资成本计量后，在持有期间内，根据被投资单位所有者权益的变动，投资企业按应享有（或应分担）被投资企业所有者权益的份额调整其投资账面价值的方法。

应当采用权益法核算的长期股权投资包括两类：一是投资企业对被投资单位具有共同控制的长期股权投资，即对合营企业投资；二是投资企业对被投资单位具有重大影响的长期股权投资，即对联营企业投资。

（二）权益法的核算

1. 初始投资成本的调整

投资企业取得对联营企业或合营企业的投资以后，对于取得投资时投资成本与应享有被投资单位可辨认净资产公允价值份额之间的差额，应区别以下情况处理：

（1）长期股权投资的初始投资成本大于取得投资时应享有被投资单位可辨认净资产公允价值份额的，该部分差额从本质上是投资企业在取得投资过程中通过购买作价体现出的与所取得股权份额相对应的商誉及被投资单位不符合确认条件的资产价值。长期股权投资在投资方的个别财务报表中作为单项资产核算的情况下，商誉等不单独反映，初始投资成本大于投资时应享有被投资单位可辨认净资产公允价值的份额时,不要求对长期股权投资的成本进行调整。

【例5-9】 甲公司于2017年12月1日以银行存款410 000元向B公司投资,占B公司有表决权股份的20%,并能够对B公司实施重大影响,甲公司按权益法核算对B公司的投资。投资当日,B公司可辨认净资产的公允价值为2 000 000元(假定被投资单位各项可辨认净资产、负债的公允价值与其账面价值相同)。

根据上述资料,甲公司会计处理如下:

借:长期股权投资——B公司(投资成本)　　　　　　410 000
　　贷:银行存款　　　　　　　　　　　　　　　　　410 000

(2) 长期股权投资的初始投资成本小于取得投资时应享有被投资单位可辨认净资产公允价值份额的,两者之间的差额体现为双方在交易作价过程中转让方的让步,该部分经济利益流入应作为收益处理,计入取得投资当期的营业外收入,同时调整增加长期股权投资的账面价值,借记"长期股权投资——投资成本"科目,贷记"营业外收入"科目。

【例5-10】 甲公司于2017年12月1日以银行存款380 000元向C公司投资,占C公司有表决权股份的20%,并能够对C公司实施重大影响,甲公司按权益法核算对C公司的投资。投资当日C公司可辨认净资产的公允价值为2 000 000元(假定被投资单位各项可辨认净资产、负债的公允价值与其账面价值相同)。

根据上述资料,甲公司会计处理如下:

借:长期股权投资——C公司(投资成本)　　　　　　380 000
　　贷:银行存款　　　　　　　　　　　　　　　　　380 000
借:长期股权投资——C公司(投资成本)　　　　　　 20 000
　　贷:营业外收入(2 000 000×20%－380 000)　　　 20 000

2. 投资损益的处理

投资企业取得长期股权投资后,应当按照应享有或应分担被投资单位实现净利润或发生净亏损的份额,确认投资损益并调整长期股权投资的账面价值。根据被投资单位实现净利润或经调整净利润计算应享有的份额,借记"长期股权投资——损益调整"科目,贷记"投资收益"科目。被投资单位发生净亏损,做相反的会计分录,但以"长期股权投资"科目账面价值减记至零为限。

在确认应享有或应分担被投资单位的净利润或者净亏损时,在被投资单位账面净利润的基础上,应考虑以下因素的影响进行适当调整:

一是被投资单位采用的会计政策及会计期间与投资企业不一致的,应当按照投资企业的会计政策及会计期间对被投资单位的财务报表进行调整。

【例 5-11】 沿用例 5-9 的资料，假定在长期股权投资的成本大于取得投资时被投资单位可辨认净资产公允价值份额的情况下，取得投资当年，投资单位实现净利润 1 600 000 元。投资企业与被投资单位均以公历年度作为会计年度，两者之间采用的会计政策相同。由于投资时被投资单位各项资产、负债的账面价值与其公允价值相同，不需要对被投资单位实现的净损益进行调整，应确认的投资收益为 320 000 元。

根据上述资料，甲公司会计处理如下：

借：长期股权投资——B公司（损益调整）　　　　　　320 000
　　贷：投资收益　　　　　　　　　　　　　　　　　　320 000

二是以取得投资时被投资单位固定资产、无形资产的公允价值为基础计提的折旧额或摊销额，以及以投资企业取得投资时有关资产的公允价值为基础计算确定的资产减值准备金额等对被投资单位净利润的影响。

三是在评估投资方对被投资单位是否具有重大影响时，应当考虑潜在表决权的影响，但在确定应享有的被投资单位实现的净损益、其他综合收益和其他所有者权益变动的份额时，潜在表决权所对应的权益份额不应予以考虑。

四是在确认应享有或应分担的被投资单位净利润（或亏损）额时，法规或章程规定不属于投资企业的净损益应当予以剔除后计算。

五是在确认投资收益时，除考虑公允价值的调整外，对于投资企业与其联营企业及合营企业之间发生的未实现内部交易损益应予抵销。

3. 取得现金股利或利润的处理

按照权益法核算的长期股权投资，投资企业自被投资单位取得的现金股利或利润，应抵减长期股权投资的账面价值。在被投资单位宣告分派现金股利或利润时，借记"应收股利"科目，贷记"长期股权投资——损益调整"科目；自被投资单位取得的现金股利或利润属于投资成本收回的部分，应冲减长期股权投资的成本。

4. 超额亏损的确认

按照权益法核算的长期股权投资，投资企业确认应分担被投资单位发生的损失，原则上应以长期股权投资的账面价值以及其他实质上构成对被投资单位净投资的长期权益减记至零为限，投资企业负有承担额外损失义务的除外。

上述"其他实质上构成对被投资单位净投资的长期权益"，通常是指长期应收项目。例如，企业对被投资单位的长期债权，该债权没有明确的清收计划且在可预见的未来期间不准备收回的，实质上构成对被投资单位的净投资，但不包括投资企业与被投资单位之间因销售商品、提供劳务等日常活动所产生的长期债权。

投资企业在确认应分担被投资单位发生的亏损时,应当按照以下顺序进行处理:

第一步,冲减长期股权投资的账面价值。确认被投资单位净损益的份额时,应在"长期股权投资"科目下单独设置"损益调整"明细科目核算。在确认被投资单位发生的净亏损时,如果"损益调整"明细科目不够冲减,应继续冲减"损益调整"明细科目,而不冲减"投资成本"等明细科目,因而"损益调整"明细科目会出现负数。

第二步,在长期股权投资的账面价值减记至零的情况下,对于未确认的投资损失,考虑除长期股权投资外,投资方的账面上是否有其他实质上构成对被投资单位净投资的长期权益项目。如果有,则应以其他长期权益的账面价值为限,继续确认投资损失,冲减长期应收项目等的账面价值。

第三步,经过上述处理,按照投资合同或协议约定,投资企业仍需要承担额外损失弥补等义务的,应按预计将承担的义务金额确认预计负债,计入当期投资损失。

企业在实务操作过程中,在发生投资损失时,应借记"投资收益"科目,贷记"长期股权投资——损益调整"科目。在长期股权投资的账面价值减记至零以后,如有实质上构成对被投资单位净投资的长期权益,被投资单位发生的净亏损应由本企业承担的部分,应以"长期应收款"科目中实质上构成了对被投资单位净投资的长期权益部分账面价值减记至零为限,继续确认投资损失,借记"投资收益"科目,贷记"长期应收款"科目。除上述已确认投资损失外,投资合同或协议中约定仍应承担的损失,按照或有事项准则的规定,对于符合确认条件的义务,应确认为当期损失,同时确认预计负债,借记"投资收益"科目,贷记"预计负债"科目。除上述情况外仍未确认的应分担被投资单位的损失,应在账外备查登记。

在确认了有关的投资损失以后,被投资单位于以后期间实现盈利的,应按以上相反顺序分别减记账外备查登记的金额、已确认的预计负债、恢复其他长期权益及长期股权投资的账面价值,同时确认投资收益。即应当按照顺序分别借记"预计负债"、"长期应收款"和"长期股权投资——损益调整"科目,贷记"投资收益"科目。

【例 5-12】甲公司于 2015 年 1 月 5 日以银行存款 900 000 元向 H 公司投资,并准备长期持有,甲公司的投资占 H 公司有表决权资本的 40%,其初始投资成本与应享有被投资单位可辨认净资产公允价值份额相等。假设甲公司在取得该投资时,H 公司各项可辨认资产、负债的公允价值与其账面价值相等,双方所采用的会计政策及会计期间也相同。按照投资合同或协议约定,如被投资单位发生严重亏损,投资企业需要承担额外损失弥补等义务。持有期间未对该项长期股权投资计提减值准备,不考虑其他相关税费。具体业务如下:

(1) 2015年5月12日,H公司宣告分派现金股利300 000元;

(2) 2015年,H公司全年实现净利润550 000元;

(3) 2016年5月12日,H公司宣告分派现金股利350 000元;

(4) 2016年,H公司全年净亏损3 200 000元,此时甲公司账面上仍有应收H公司的长期应收账款360 000元,从目前情况看,该款项没有明确的清偿计划(并非产生于商品购销等日常活动);

(5) 2017年,H公司全年实现净利润1 500 000元。

根据上述资料,甲公司会计处理如下:

(1) 2015年1月5日,取得投资时:

借:长期股权投资——H公司(投资成本)　　　　　900 000
　　贷:银行存款　　　　　　　　　　　　　　　　　900 000

(2) 2015年5月12日,H公司宣告分派现金股利时:

借:应收股利——H公司(300 000×40%)　　　　　120 000
　　贷:长期股权投资——H公司(投资成本)　　　　120 000

(3) 2015年12月31日,确认投资收益时:

借:长期股权投资——H公司(损益调整)　　　　　220 000
　　贷:投资收益(550 000×40%)　　　　　　　　　220 000

2015年年末,"长期股权投资——H公司"科目的账面余额为1 000 000元(900 000-120 000+220 000)。

(4) 2016年5月12日,H公司宣告分派现金股利时:

借:应收股利——H公司(350 000×40%)　　　　　140 000
　　贷:长期股权投资——H公司(损益调整)　　　　140 000

宣告分派现金股利后,"长期股权投资——H公司"科目的账面余额为860 000元(1 000 000-140 000)。

(5) 2016年12月31日,计算确认亏损时:

H公司全年发生净亏损3 200 000元,甲企业按持股比例计算应承担的亏损额为1 280 000元(3 200 000×40%),但因"长期股权投资——H公司"科目的账面价值为860 000元,在长期股权投资的账面价值减记至零的情况下,应当以其他实质上构成对被投资单位净投资的长期权益的账面价值为限,继续确认投资损失,冲减长期应收项目等的账面价值。

借:投资收益　　　　　　　　　　　　　　　　　　860 000
　　贷:长期股权投资——H公司(损益调整)　　　　860 000

借：投资收益	360 000	
贷：长期应收款		360 000

经过上述处理，按照投资合同或协议约定，甲公司仍需要承担额外损失弥补等义务，应按预计承担的义务确认预计负债，计入当期投资损失。

借：投资收益（1 280 000－860 000－360 000）	60 000	
贷：预计负债		60 000

(6) 2017年12月31日，计算确认投资收益时：

在确认了有关的投资损失以后，被投资单位以后期间实现盈利的，应分别减记已确认的预计负债、恢复其他长期权益及长期股权投资的账面价值，同时确认投资收益。

借：预计负债	60 000	
长期应收款	360 000	
长期股权投资——H公司（损益调整）	180 000	
贷：投资收益		600 000

5. 其他综合收益的处理

在权益法核算下，被投资单位确认的其他综合收益及其变动，也会影响被投资单位所有者权益总额，进而影响投资企业应享有被投资单位所有者权益的份额。因此，当被投资单位其他综合收益发生变动时，投资企业应当按照归属于本企业的部分，相应调整长期股权投资的账面价值，同时增加或减少其他综合收益。

【例5-13】 甲公司持有乙公司30％的股份，并能对乙公司施加重大影响。当期乙公司因持有的可供出售金融资产公允价值的变动为1 500 000元，计入了其他综合收益。

甲公司调整账面价值如下：

借：长期股权投资——乙公司（其他综合收益）（1 500 000×30％）		
	450 000	
贷：其他综合收益		450 000

6. 被投资单位所有者权益其他变动的处理

采用权益法核算时，投资企业对于被投资单位除净损益、其他综合收益以及利润分配以外所有者权益的其他变动，应按照持股比例与被投资单位所有者权益的其他变动计算的归属于本企业的部分，相应调整长期股权投资的账面价值，同时增加或减少资本公积（其他资本公积）。

在持股比例不变的情况下，被投资单位除净损益、其他综合收益、利润分配以外所有者权益的其他变动，企业按持股比例计算应享有的份额，借记或贷记

"长期股权投资——其他权益变动"科目，贷记或借记"资本公积——其他资本公积"科目。

【例5-14】 甲公司对F公司的投资占F公司表决权资本的40%，能够对F公司施加重大影响。F公司为上市公司，当期F公司接受其母公司捐赠1 000 000元，该捐赠实质上属于资本性投资，F公司将其计入资本公积（股本溢价）。

根据上述资料，甲公司会计处理如下：
借：长期股权投资——F公司（其他权益变动）（1 000 000×40%）
　　　　　　　　　　　　　　　　　　　　　　　　400 000
　　贷：资本公积——其他资本公积　　　　　　　　400 000

7. 股票股利的处理

被投资单位分派的股票股利，投资企业不做账务处理，但应在备查簿中登记。投资企业应于除权日注明所增加的股数，以反映股份的变化情况。

三、长期股权投资的减值

长期股权投资在按规定进行会计核算，确定其账面价值的基础上，如果存在减值迹象的，应当按照相关准则的规定，计提减值准备。其中，对子公司、联营企业及合营企业的投资，应当按照《企业会计准则第8号——资产减值》的规定，确定其可收回金额及应予计提的减值准备，长期股权投资的减值准备在提取以后，不允许转回。企业应设置"长期股权投资减值准备"科目，核算企业长期股权投资的减值准备。本科目可按被投资单位进行明细核算。本科目期末贷方余额，反映企业已计提但尚未转销的长期股权投资减值准备。

资产负债表日，长期股权投资发生减值的，按应减记的金额，借记"资产减值损失"科目，贷记"长期股权投资减值准备"科目。处置长期股权投资时，应同时结转已计提的长期股权投资减值准备。

需要说明的是，长期股权投资一旦计提减值准备，即使未来其价值又得以恢复，原已计提的长期股权投资减值准备也不得转回。

【例5-15】 甲公司对B公司的长期股权投资按成本法核算，2015年年末，该长期股权投资账面价值为45 000 000元，由于B公司的股价持续下跌，其可收回金额估计为20 000 000元。2016年年末，B公司的股票市价回升至40 000 000元；2017年年末，由于B公司经营状况良好，使其股票市价回升至50 000 000元。

根据上述资料，甲公司会计处理如下：
(1) 2015年年末计提长期股权投资减值准备时：

借：资产减值损失　　　　　　　　　　　　　　　　25 000 000
　　贷：长期股权投资减值准备　　　　　　　　　　　25 000 000

(2) 2016年、2017年年末股票价值回升时，不得转回已计提的长期股权投资减值准备。

第四节　长期股权投资核算方法的转换及处置

一、长期股权投资核算方法的转换

1. 公允价值计量转换为权益法

持股比例小于20%，因追加投资导致持股比例大于等于20%但小于50%的，由公允价值计量转为权益法核算，应在转换日，按照原股权的公允价值加上为取得新增投资而应支付对价的公允价值，作为改按权益法核算的初始投资成本；原股权投资于转换日的公允价值与账面价值之间的差额，以及原计入其他综合收益的累计公允价值变动转入改按权益法核算的当期损益。

在此基础上，比较初始投资成本与获得被投资单位共同控制或重大影响时应享有被投资单位可辨认净资产公允价值份额之间的差额，前者大于后者的，不调整长期股权投资的账面价值；前者小于后者的，调整长期股权投资的账面价值，并计入当期营业外收入。

【例5-16】甲公司于2016年1月1日，取得B公司10%的股权，对B公司不具有控制、共同控制和重大影响，将其分类为可供出售金融资产核算，投资成本为900万元，取得投资时，B公司可辨认净资产公允价值总额为8 400万元（假定公允价值与账面价值相同）。

2017年4月10日，甲公司又以1 800万元取得B公司12%的股权，当日B公司可辨认净资产公允价值总额为12 000万元。取得该部分投资后，按照B公司章程规定，甲公司能够派人参与B公司的财务和生产经营决策，对该项长期股权投资转为采用权益法核算。

本例中，假定甲公司在取得对B公司10%股权后至新增投资日，B公司通过生产经营活动实现的净利润为3 600万元，未分派现金股利或利润。除所实现净利润外，未发生其他所有者权益变动事项。2017年4月10日，甲公司对B公司原10%股权投资的公允价值为1 300万元，原计入其他综合收益的累计公允价值变动收益为120万元。

分析：2017年4月10日，甲公司对B公司原10%股权投资的公允价值为

1 300万元，账面价值为1 020万元（900＋120），差额计入损益；同时，因追加投资改按权益法核算，原计入其他综合收益的累计公允价值变动收益120万元转入损益。

甲公司增持B公司股权后，持股比例改为22%，初始投资成本为3 100万元（1 300＋1 800），应享有B公司可辨认净资产公允价值份额为2 640万元（12 000×22%），前者大于后者460万元，不调整长期股权投资的账面价值。

根据上述资料，甲公司会计处理如下：

借：长期股权投资——投资成本　　　　　　　　　　　　31 000 000
　　贷：银行存款　　　　　　　　　　　　　　　　　　18 000 000
　　　　可供出售金融资产　　　　　　　　　　　　　　10 200 000
　　　　投资收益（13 000 000－10 200 000）　　　　　　2 800 000
借：其他综合收益　　　　　　　　　　　　　　　　　　1 200 000
　　贷：投资收益　　　　　　　　　　　　　　　　　　1 200 000

2. 公允价值计量转换为成本法

持股比例小于20%，因增加投资导致持股比例大于50%的，由公允价值计量转换为成本法，按本章第二节确认初始投资成本的方法处理。

3. 权益法转换为成本法

持股比例大于等于20%但小于等于50%，因增加投资导致持股比例大于50%的，由权益法转换为成本法，按本章第二节确认初始投资成本的方法处理。

4. 成本法转换为权益法

持股比例大于50%，因处置投资导致持股比例大于等于20%但小于等于50%的，长期股权投资由成本法转为权益法核算。

因处置投资导致对被投资单位的影响能力由控制转为具有重大影响或者与其他投资方一起实施共同控制的情况下，首先应按处置或收回投资的比例结转应终止确认的长期股权投资的成本。

长期股权投资的核算由成本法转为权益法时，应以成本法下转换时该项长期股权投资的账面价值作为按照权益法核算的初始投资成本，并在此基础上比较该初始投资成本与应享有被投资单位可辨认净资产公允价值的份额，确定是否需要对长期股权投资的账面价值进行调整。

在此基础上，应当比较剩余的长期股权投资成本与按照剩余持股比例计算原投资时应享有被投资单位可辨认净资产公允价值的份额，属于投资作价中体现的商誉部分，不调整长期股权投资的账面价值；属于投资成本小于原投资时应享有被投资单位可辨认净资产公允价值份额的，在调整长期股权投资成本的同时，应调整留存收益。

对于原取得投资后至转换为权益法核算之间被投资单位实现净损益中应享有的份额，一方面应当调整长期股权投资的账面价值，同时调整留存收益；其他原因导致被投资单位所有者权益变动中应享有的份额，在调整长期股权投资账面价值的同时，应当记入"其他综合收益"或"资本公积——其他资本公积"科目。

长期股权投资自成本法转为权益法后，未来期间应当按照准则规定计算确认应享有被投资单位实现的净损益及所有者权益其他变动的份额。

【例 5-17】 甲公司 2017 年 1 月 1 日持有 B 公司 60% 的股权，其账面余额为 6 000 000 元，未计提减值准备。2017 年 12 月 11 日，甲公司将其持有的对 B 公司长期股权投资中的 1/3 出售给某企业，出售取得价款 3 600 000 元，当日被投资单位可辨认净资产公允价值总额为 14 000 000 元（假定公允价值与账面价值相同）。甲公司原取得 B 公司 60% 股权时，B 公司可辨认净资产公允价值总额为 9 000 000 元（假定公允价值与账面价值相同）。自甲公司取得对 B 公司长期股权投资后至部分处置投资前，B 公司通过生产经营活动实现的净利润为 5 000 000 元。假定 B 公司一直未进行利润分配。本例中，甲公司按照净利润的 10% 提取法定盈余公积。

在出售 20% 的股权后，甲公司对 B 公司的持股比例为 40%，在被投资单位董事会中派有代表，但不能对 B 公司生产经营决策实施控制。对 B 公司该项长期股权投资由按成本法核算转为采用权益法核算。

根据上述资料，甲公司会计处理如下：

(1) 2017 年 12 月 11 日，确认长期股权投资处置损益时：

借：银行存款　　　　　　　　　　　　　　　　　　　3 600 000
　　贷：长期股权投资——B 公司　　　　　　　　　　2 000 000
　　　　投资收益　　　　　　　　　　　　　　　　　1 600 000

(2) 2017 年 12 月 11 日，调整长期股权投资账面价值时：

剩余长期股权投资的账面价值为 4 000 000 元（6 000 000－2 000 000），与原投资时应享有被投资单位可辨认净资产公允价值份额 3 600 000 元（9 000 000×40%）之间的差额 400 000 元，属于通过投资作价体现的商誉，该部分商誉的价值不需要对长期股权投资的成本进行调整。

处置投资以后按持股比例计算享有被投资单位自购买日至处置投资日期间实现的净损益 2 000 000 元（5 000 000×40%），应调整增加长期股权投资的账面价值，同时调整留存收益。针对该部分投资的账务处理为：

借：长期股权投资——B 公司（投资成本）　　　　　　4 000 000
　　贷：长期股权投资——B 公司　　　　　　　　　　4 000 000
借：长期股权投资——B 公司（损益调整）　　　　　　2 000 000

　　　　贷：盈余公积　　　　　　　　　　　　　　　　　　　　200 000
　　　　　　利润分配——未分配利润　　　　　　　　　　　　1 800 000
　　5. 成本法转换为公允价值计量
　　持股比例大于50%，因处置投资导致持股比例小于20%的，由成本法转为公允价值计量，按第三章"金融资产"处理。
　　6. 权益法转换为公允价值计量
　　持股比例大于等于20%但小于等于50%，因处置投资导致持股比例小于20%的，由权益法转为公允价值计量，按第三章"金融资产"处理。

二、长期股权投资的处置

　　企业持有长期股权投资的过程中，出于各方面的考虑，决定将所持有的对被投资单位的股权全部或部分出售时，应相应结转与所售股权相对应的长期股权投资的账面价值，出售所得价款与处置长期股权投资账面价值之间的差额，应确认为处置损益。

　　采用权益法核算的长期股权投资，原计入其他综合收益（不能结转损益的除外）或资本公积（其他资本公积）中的金额，如处置后因具有重大影响或共同控制仍然采用权益法核算的，在处置时亦应进行结转，将与所售股权相对应的部分，在处置时自其他综合收益或资本公积转入当期损益。如处置后对有关投资终止采用权益法的，则原计入其他综合收益（不能结转损益的除外）或资本公积（其他资本公积）中的金额全部结转。

　　处置长期股权投资时，应按实际收到的金额，借记"银行存款"等科目；按其账面余额，贷记"长期股权投资"科目；按尚未发放的现金股利或利润，贷记"应收股利"科目；按其差额，贷记或借记"投资收益"科目。已计提减值准备的，还应同时结转减值准备。

　　采用权益法核算长期股权投资的处置，除上述规定外，还应结转原计入其他综合收益、资本公积的相关金额，借记或贷记"其他综合收益"和"资本公积——其他资本公积"科目，贷记或借记"投资收益"科目。

　　【例5-18】甲公司持有B公司40%有表决权的股份，因能够对B公司的生产经营决策施加重大影响，采用权益法核算。2017年12月20日，甲公司决定出售B公司股权的1/4，出售以后，仍能够对B公司施加重大影响，仍应采用权益法核算。出售时，该项长期股权投资的账面价值为17 200 000元，其中，投资成本12 000 000元、损益调整3 200 000元、其他综合收益400 000元、其他权益变动1 600 000元。出售取得价款4 700 000元。

　　根据上述资料，甲公司会计处理如下：

(1) 2017年12月20日，出售1/4的股权时：

借：银行存款　　　　　　　　　　　　　　　　　4 700 000
　　贷：长期股权投资——B公司（投资成本）　　　3 000 000
　　　　　　　　　　——B公司（损益调整）　　　　800 000
　　　　　　　　　　——B公司（其他综合收益）　　100 000
　　　　　　　　　　——B公司（其他权益变动）　　400 000
　　　　　投资收益　　　　　　　　　　　　　　　　400 000

(2) 2017年12月20日，将原计入其他综合收益、资本公积的部分按比例转入当期损益时：

借：其他综合收益　　　　　　　　　　　　　　　　100 000
　　资本公积——其他资本公积　　　　　　　　　　400 000
　　贷：投资收益　　　　　　　　　　　　　　　　500 000

自测题

一、名词解释

1. 长期股权投资　　　　　　2. 成本法
3. 权益法　　　　　　　　　4. 长期投资减值准备

二、简答题

1. 与持有至到期投资相比，长期股权投资有何特点？
2. 说明长期股权投资成本法的适用范围及其核算方法。
3. 说明长期股权投资权益法的适用范围及其核算方法。
4. 对长期股权投资的减值如何进行账务处理？

三、单项选择题

1. 甲公司于2017年12月1日用货币资金从证券市场上购入乙公司发行股份的25%，实际支付价款500万元，另支付相关税费5万元，同日，乙公司可辨认净资产的公允价值为2 200万元。甲公司2017年12月1日取得的长期股权投资的初始投资成本为（　　）万元。

　A. 550　　　B. 505　　　C. 500　　　D. 55

2. 实际支付的长期股权投资价款中包含的已宣告但尚未发放的现金股利应计入（　　）。

　A. 应收股利　　　　　　　　B. 投资成本
　C. 投资收益　　　　　　　　D. 投资溢价

3. 甲公司2017年7月1日购买乙公司60%的股权。乙公司2017年全年实现净利润180 000元,年末宣告分派现金股利200 000元。甲公司按持股比例分得现金股利,2017年应确认对乙公司的投资收益为(　　)元。

　　A. 200 000　　　B. 108 000　　　C. 120 000　　　D. 180 000

4. 权益法下,长期股权投资的初始投资成本小于取得投资时应享有被投资单位可辨认净资产公允价值份额的,两者之间的差额应借记"长期股权投资——投资成本"科目,贷记(　　)科目核算。

　　A. "投资收益"　　　　　　　　B. "营业外收入"
　　C. "公允价值变动损益"　　　　D. "损益调整"

5. A公司以银行存款2 000万元取得N公司30%的股权,另支付相关税费10万元。取得投资时N公司可辨认资产公允价值为7 000万元。A公司能够对N公司施加重大影响。则A公司"长期股权投资——投资成本"账户余额为(　　)万元。

　　A. 2 110　　　B. 2 000　　　C. 2 100　　　D. 2 010

6. 当长期股权投资采用权益法核算时,下列各项中,应当确认投资收益的是(　　)。

　　A. 被投资单位实现净利润　　　B. 被投资单位提取盈余公积
　　C. 收到被投资单位分配的现金股利　D. 收到被投资单位分配的股票股利

7. 甲公司2017年1月1日以300万元的价格购入乙公司30%的股份。购入时,乙公司可辨认净资产的公允价值为1 100万元(假定乙公司各项可辨认资产、负债的公允价值与账面价值相等)。乙公司2017年实现净利润60万元。甲公司取得该项投资后对乙公司具有重大影响。假定不考虑其他因素,该投资对甲公司2017年度利润总额的影响为(　　)万元。

　　A. 16.5　　　B. 18　　　C. 48　　　D. 28.5

8. 某企业年末长期股权投资明细科目如下:"投资成本"明细科目的借方余额为3 000万元,"损益调整"明细科目借方余额为1 500万元,"其他综合收益"明细科目的借方余额为500万元。不考虑其他因素,年末该企业长期股权投资账面价值为(　　)万元。

　　A. 2 000　　　B. 4 500　　　C. 5 000　　　D. 3 000

9. A公司于2016年8月1日以银行存款取得B公司60%的股份,并准备长期持有。B公司当年实现净利240 000元。2017年5月12日,B公司宣告分配上年度现金股利200 000元,A公司2017年应确认的投资收益为(　　)元。

　　A. 120 000　　　B. 100 000　　　C. 240 000　　　D. 12 000

10. 长期股权投资采用权益法核算时,在持股比例不变的情况下,被投资单位除净损益以外所有者权益的增加，企业按持股比例计算应享有的份额，借记的科目是（　　）。

A. "长期股权投资——投资成本"

B. "资本公积——其他资本公积"

C. "长期股权投资——损益调整"

D. "长期股权投资——其他权益变动"

11. 权益法下，发生投资损失时，在长期股权投资的账面价值减记至零以后，如有实质上构成对被投资单位净投资的长期权益，被投资单位发生的净亏损应由本企业承担的部分，在"长期股权投资"的账面价值减记至零以后，还需承担的投资损失，应以"长期应收款"科目中实质上构成了对被投资单位净投资的长期权益部分账面价值减记至零为限。除上述已确认投资损失外，投资合同或协议中约定仍应承担的损失，按照或有事项准则的规定，对于符合确认条件的义务，应确认为当期损失，同时（　　）核算。

A. 冲减"长期股权投资——投资成本"科目

B. 记入"预计负债"科目

C. 冲减"长期股权投资——损益调整"科目

D. 冲减"长期应收款"科目

四、多项选择题

1. 下列各项中，可确认投资企业对被投资单位具有重大影响的有（　　）。

A. 在被投资单位的董事会或类似的权力机构中派有代表

B. 参与被投资单位的政策制定过程

C. 向被投资单位派出管理人员

D. 直接持有被投资单位20%以上至50%的表决权资本

2. 企业对长期股权投资应当采用（　　）计价。

A. 权益法　　　B. 公允价值　　　C. 成本法　　　D. 实际利率法

3. 按长期股权投资准则规定，下列事项中，投资企业应采用权益法核算的有（　　）。

A. 投资企业能够对被投资单位实施控制的长期股权投资

B. 投资企业对被投资单位不具有共同控制或重大影响，并且在活跃市场中没有报价、公允价值不能可靠计量的长期股权投资

C. 投资企业对被投资单位具有共同控制的长期股权投资

D. 投资企业对被投资单位具有重大影响的长期股权投资

4. 对于采用成本法核算的长期股权投资，下列各项中，不符合现行会计制度规定的有（　　）。

A. 对于被投资单位宣告分派的现金股利，应按其享有的份额调增长期股权投资的账面价值

B. 对于被投资单位所有者权益的增加额，应按其享有的份额调增长期股权投资的账面价值

C. 对于被投资单位宣告分派的现金股利或利润，应按其享有的份额确认投资收益

D. 对于被投资单位宣告分派的属于投资企业投资前实现的净利润，应按其享有的份额调减长期股权投资的账面价值

5. 采用权益法核算长期股权投资时，应当设置（　　）科目进行明细核算。

A. "投资成本"　　　　　　　　B. "其他综合收益"

C. "损益调整"　　　　　　　　D. "其他权益变动"

6. 采用权益法核算时，能引起长期股权投资账面价值增减变动的事项有（　　）。

A. 被投资企业实现净利润　　　B. 被投资企业宣告分派现金股利

C. 计提长期股权投资减值准备　D. 被投资单位接受外单位捐赠设备

7. 下列各项中，投资企业不应确认为当期投资收益的有（　　）。

A. 采用成本法核算时被投资单位接受的非现金资产捐赠

B. 采用成本法核算时投资当年收到被投资单位分配的上年度现金股利

C. 采用权益法核算时投资当年收到被投资单位分配的上年度现金股利

D. 收到包含在长期股权投资购买价款中的已宣告但尚未发放的现金股利

8. 采用成本法核算时，下列各项中，不会引起长期股权投资账面价值发生变动的有（　　）。

A. 收到被投资单位分派的股票股利

B. 被投资单位实现净利润

C. 被投资单位以资本公积转增资本

D. 计提长期股权投资减值准备

9. 企业的投资作为长期股权投资核算时，自被投资单位获得的现金股利或利润，应当（　　）核算。

A. 冲减"长期股权投资——投资成本"科目

B. 记入"投资收益"科目

C. 冲减"长期股权投资——损益调整"科目

D. 记入"长期股权投资——其他权益变动"科目

10. 对于已经计提的资产减值准备，当资产价值回升时不得转回资产减值准备的有（　　）。

A. 坏账准备　　　　　　　　　B. 持有至到期投资减值准备
C. 长期股权投资减值准备　　　D. 固定资产减值准备

五、判断题

1. 企业购买股票进行长期投资时，如果所购股票价格中含有已宣告但尚未发放的现金股利，应以支付价款扣除该项现金股利后的金额计入长期股权投资的初始投资成本。（　　）

2. 长期股权投资持有期间获得的现金股利，除已计入应收款项的现金股利外，应在实际收到时作为投资成本的收回，冲减长期股权投资的账面价值。（　　）

3. 按成本法核算长期股权投资时，所获得的被投资单位宣告分派的利润超过其在接受投资后产生的累积净利润中应享有份额的部分，应作为初始投资成本的收回。（　　）

4. 在采用权益法核算的情况下，投资企业应于被投资单位宣告分派利润时，按持有表决权资本比例计算应分得的利润，确认投资收益，并调整长期股权投资的账面价值。（　　）

5. 采用权益法核算时，"长期股权投资"的"投资成本"明细账户余额反映投资的初始投资成本。（　　）

6. 采用权益法核算长期股权投资时，投资企业对于被投资单位所有者权益的变动，应相应调整长期股权投资的账面价值，同时增加或减少投资收益。（　　）

7. 投资企业对长期股权投资中止采用权益法核算的，对于中止权益法前被投资单位发生的净亏损，应按权益法的要求确认投资损失；对于中止权益法前被投资单位实现的净利润，应按权益法的要求确认投资收益。（　　）

8. 采用权益法核算长期股权投资时，对于被投资单位接受的非现金资产捐赠，投资企业应作为投资收益处理。（　　）

9. 权益法下确认投资企业的投资损失，以该项长期股权投资的账面价值减记至零为限，即将该项长期股权投资各明细账户的余额全部冲销。（　　）

10. 长期股权投资一旦计提减值准备，即使未来长期股权投资的价值又得以恢复，原已计提的长期股权投资减值准备也不得转回。（　　）

六、核算题

1. A公司于2016年1月1日以银行存款3 000 000元购入C公司60%的股份，并准备长期持有，采用成本法核算。C公司于2016年5月12日宣告分派2015年度的现金股利100 000元。2017年5月12日，C公司宣告分派2016年度的现金股利300 000元。

要求：编制 A 公司长期股权投资的相关会计分录。

2. 甲公司 2016 年 1 月 5 日向 H 公司以银行存款投资 950 000 元，并准备长期持有，甲公司的投资占 H 公司有表决权资本的 45%，其初始投资成本与应享有被投资单位可辨认净资产公允价值份额相等。假设甲公司在取得该投资时，H 公司各项可辨认资产、负债的公允价值与其账面价值相等，双方所采用的会计政策及会计期间也相同。持有期间未对该项长期股权投资计提减值准备，不考虑其他相关税费。具体业务如下：

(1) 2016 年 5 月 12 日，H 公司宣告分派现金股利 300 000 元；
(2) 2016 年，H 公司全年实现净利润 500 000 元；
(3) 2017 年 5 月 12 日，H 公司宣告分派现金股利 250 000 元；
(4) 2017 年，H 公司全年净亏损 300 000 元。

要求：根据上述业务，编制甲公司相关会计分录。

06

固定资产

ZHONGJI CAIWU KUAIJI

第一节　固定资产概述

一、固定资产的定义和特征

固定资产，是指同时具有下列特征的有形资产：（1）为生产商品、提供劳务、出租或经营管理而持有的；（2）使用寿命超过一个会计年度。

从固定资产的定义可知，固定资产具有以下三项特征：

（1）固定资产的持有目的是为了生产商品、提供劳务、出租或经营管理，而不是为了出售，即固定资产是作为企业的劳动工具或手段而存在的。其中为出租而持有的固定资产，是指用以出租的机器设备类固定资产，不包括以经营租赁方式出租的建筑物，后者属于企业的投资性房地产，不属于固定资产。

（2）固定资产使用寿命超过一个会计年度。固定资产的使用寿命，是指企业使用固定资产的预计期间，或者该固定资产所能生产产品或提供劳务的数量。通常情况下，固定资产的使用寿命表现为企业所预计的固定资产的使用年限，但对于某些设备而言，可通过其产能来衡量使用寿命。例如，汽车等运输设备，可按预计总行驶里程来衡量其使用寿命。固定资产使用寿命超过一个会计年度，意味着固定资产属于非流动资产，其经济利益会在若干个会计期间逐渐流入企业。

（3）固定资产为有形资产。例如，生产经营用的房屋、建筑物、机器设备、运输工具等。固定资产具有实物形态的特征，将其与无形资产区别开来。

二、固定资产的确认条件

固定资产在符合定义的前提下，应当同时满足以下两个条件，才能加以确认：

1. 与该固定资产有关的经济利益很可能流入企业

企业在判断与某项固定资产有关的经济利益是否很可能流入企业时，通常应考虑与该固定资产所有权相关的风险和报酬是否转移到了企业。在实务中，取得固定资产所有权往往是一项重要标志。但在有些情况下，企业虽未取得某项固定资产所有权，也可能在实质上控制该资产产生的经济利益流入企业，例如融资租入的固定资产。企业购入的安全设备或环保设备等固定资产，虽然不能直接给企业带来未来经济利益，但有助于企业减少未来经济利益流出，也符合这一确认条件。

2. 该固定资产的成本能够可靠地计量

可靠计量是指能够取得固定资产成本的确凿证据，或能够对固定资产成本进行合理估计。例如，企业对于已达到预定可使用状态但尚未办理竣工决算的固定资产，应当根据工程预算、工程造价、实际发生的成本等资料，按估计价值确定其成本，办理竣工决算后，再按实际成本调整原来的暂估价值。

三、固定资产确认过程中的其他问题

工业企业持有的工具、用具、备品备件、维修设备等，施工企业持有的模板、挡板、架料等，以及地质勘探企业持有的管材等，虽然符合固定资产的定义和确认条件，但由于该类物资数量多、单价低，考虑到会计核算的成本效益原则，在实务中通常将它们确认为存货。但民用航空运输企业的高价周转件等，符合固定资产确认条件的，应当确认为固定资产。

对于构成固定资产的各组成部分，如果各自具有不同的使用寿命或者以不同方式为企业提供经济利益，适用不同的折旧率或折旧方法，该各组成部分实际上是以独立的方式为企业提供经济利益，因此，企业应当分别将各组成部分确认为单项固定资产。例如，飞机的引擎，如果与飞机机身具有不同的使用寿命，适用不同的折旧率或折旧方法，则企业应当将引擎单独确认为一项固定资产。

第二节 取得固定资产的核算

企业取得固定资产的方式是多种多样的，包括外购、自行建造、投资者投入、非货币性资产交换、债务重组、企业合并、融资租赁等。固定资产取得的方式不同，其成本的具体构成内容也不尽相同。一般而言，固定资产的初始取得成本，应包括企业为购建该固定资产而在资产达到预定可使用状态前所发生的一切合理的、必要的支出。

一、外购的固定资产

企业外购固定资产的成本，包括购买价款、相关税费、使固定资产达到预定可使用状态前发生的可归属于该项资产的运输费、装卸费、安装费和专业人员服务费等。

企业购入的固定资产如果不需要安装，直接将其成本记入"固定资产"科目；如果需要安装，则应先通过"在建工程"科目归集各项采购成本和安装成本，待固定资产安装完毕、达到预定可使用状态时，再将"在建工程"科目中归集的总成本转入"固定资产"科目。

【例6-1】 2017年1月3日，甲公司购入一台不需要安装的设备，取得的增

值税专用发票上注明设备价款为 50 000 元，增值税进项税额为 8 500 元；向物流公司支付的装卸费为 1 000 元，增值税进项税额为 60 元。款项全部付清。假定不考虑其他相关税费。

根据上述资料，甲公司会计处理如下：

借：固定资产　　　　　　　　　　　　　　　　　　　　　　　51 000
　　应交税费——应交增值税（进项税额）　　　　　　　　　　8 560
　　贷：银行存款　　　　　　　　　　　　　　　　　　　　　59 560

【例 6-2】 2017 年 2 月 6 日，甲公司购入一台需要安装的机器设备，取得的增值税专用发票上注明设备价款为 200 000 元，增值税进项税额为 34 000 元；支付的运输费为 1 800 元，增值税进项税额为 198 元。款项全部已支付。2 月 7 日，在安装过程中，领用本公司原材料一批，账面价值 5 000 元，购进该批原材料时支付的增值税进项税额为 850 元。2 月 8 日，确认应付安装工人的工资为 8 200 元。2 月 10 日，设备安装完毕，达到预定可使用状态。

根据上述资料，甲公司会计处理如下：

(1) 2017 年 2 月 6 日，支付设备价款、运输费、增值税：

借：在建工程　　　　　　　　　　　　　　　　　　　　　　　201 800
　　应交税费——应交增值税（进项税额）　　　　　　　　　　34 198
　　贷：银行存款　　　　　　　　　　　　　　　　　　　　　235 998

(2) 2 月 7 日，领用原材料：

借：在建工程　　　　　　　　　　　　　　　　　　　　　　　5 000
　　贷：原材料　　　　　　　　　　　　　　　　　　　　　　5 000

(3) 2 月 8 日，确认应付安装工人工资：

借：在建工程　　　　　　　　　　　　　　　　　　　　　　　8 200
　　贷：应付职工薪酬　　　　　　　　　　　　　　　　　　　8 200

(4) 2 月 10 日，安装完毕，结转成本：

借：固定资产　　　　　　　　　　　　　　　　　　　　　　　215 000
　　贷：在建工程　　　　　　　　　　　　　　　　　　　　　215 000

企业如果以一笔款项同时购入多项没有单独标价的固定资产，则应当按照各项固定资产的公允价值比例对总成本进行分配后，分别计入各固定资产的成本。

【例 6-3】 2017 年 3 月 7 日，甲公司一次购入三件不同型号的设备 A、B 和 C。甲公司为该批设备共支付货款 65 000 元，增值税进项税额 11 050 元；另支付装卸费 4 000 元，增值税进项税额 240 元。全部以银行存款付清。假定 A、B 和 C 设备的公允价值分别为 24 600 元、36 900 元和 20 500 元，不考虑其他相关税费。

根据上述资料，甲公司会计处理如下：

应计入固定资产的总成本＝65 000＋4 000＝69 000（元）

各项设备按公允价值确定的分配比例为：
A 设备：24 600/(24 600＋36 900＋20 500)×100％＝30％
B 设备：36 900/(24 600＋36 900＋20 500)×100％＝45％
C 设备：20 500/(24 600＋36 900＋20 500)×100％＝25％

各项设备的入账成本分别为：
A 设备：69 000×30％＝20 700（元）
B 设备：69 000×45％＝31 050（元）
C 设备：69 000×25％＝17 250（元）

借：固定资产——A	20 700
——B	31 050
——C	17 250
应交税费——应交增值税（进项税额）	11 290
贷：银行存款	80 290

企业购买固定资产通常在正常信用条件期限内付款，但也会发生超过正常信用条件购买固定资产的经济业务，如采用分期付款方式且付款期限比较长（如付款期在3年以上）。这类业务实质上具有向销货方融资的性质。因此，所支付的货款必须考虑货币的时间价值，即固定资产的成本应以购买价款的现值为基础确定，现值与应付价款之间的差额作为未确认的融资费用，在付款期间内按照实际利率法摊销，除符合资本化条件应予资本化以外，应当在信用期间内计入当期损益。

【例 6-4】 2015 年 1 月 8 日，甲公司与乙公司签订一项购货合同，甲公司从乙公司购入一台不需要安装的大型机器设备。由于甲公司资金周转比较困难，经与乙公司协议，采用分期付款方式支付货款。在现销方式下，该设备的销售价格为 5 160 000 元（不含税），分期付款方式支付设备价款共计 6 000 000 元（不含税）。设备款 6 000 000 元在 2015 年至 2017 年的 3 年中平均支付，每年的付款日期为当年的 12 月 31 日。甲公司按照合同约定用银行存款如期支付了款项。假定折现率为 8％，增值税在购入设备时一次用银行存款支付。

根据上述资料，甲公司会计处理如下：
(1) 2015 年 1 月 8 日：

借：固定资产	5 160 000
应交税费——应交增值税（进项税额）	877 200
未确认融资费用（6 000 000－5 160 000）	840 000

　　　　贷：长期应付款　　　　　　　　　　　　　　　　　　　　　6 000 000
　　　　　　银行存款　　　　　　　　　　　　　　　　　　　　　　877 200
（2）2015 年 12 月 31 日：

　　　未确认融资费用＝期初摊余成本×实际利率＝(6 000 000－840 000)×8%
　　　　　　　　　＝412 800(元)

　　　　借：财务费用　　　　　　　　　　　　　　　　　　　　　　412 800
　　　　　　贷：未确认融资费用　　　　　　　　　　　　　　　　　　412 800
　　　　借：长期应付款　　　　　　　　　　　　　　　　　　　　2 000 000
　　　　　　贷：银行存款　　　　　　　　　　　　　　　　　　　　2 000 000
（3）2016 年 12 月 31 日：

　　　未确认融资费用＝(6 000 000－840 000－2 000 000＋412 800)×8%
　　　　　　　　　＝285 824(元)

　　　　借：财务费用　　　　　　　　　　　　　　　　　　　　　　285 824
　　　　　　贷：未确认融资费用　　　　　　　　　　　　　　　　　　285 824
　　　　借：长期应付款　　　　　　　　　　　　　　　　　　　　2 000 000
　　　　　　贷：银行存款　　　　　　　　　　　　　　　　　　　　2 000 000
（4）2017 年 12 月 31 日：

　　　未确认融资费用＝840 000－412 800－285 824＝141 376(元)

　　　　借：财务费用　　　　　　　　　　　　　　　　　　　　　　141 376
　　　　　　贷：未确认融资费用　　　　　　　　　　　　　　　　　　141 376
　　　　借：长期应付款　　　　　　　　　　　　　　　　　　　　2 000 000
　　　　　　贷：银行存款　　　　　　　　　　　　　　　　　　　　2 000 000

二、自行建造的固定资产

　　自行建造固定资产的成本，由建造该项资产达到预定可使用状态前所发生的必要支出构成。包括工程用物资成本、人工成本、缴纳的相关税费、应予资本化的借款费用以及应分摊的间接费用等。
　　企业自行建造固定资产包括自营建造和出包建造两种方式。
　　1. 自营方式建造固定资产
　　企业以自营方式建造固定资产，是指企业自行组织工程物资采购、自行组织施工人员从事工程施工，在实务中较少采用。如果企业以自营方式建造固定资产，发生的各项成本应先通过"在建工程"科目归集，工程完工达到预定可使用状态时，再将总成本从"在建工程"科目转入"固定资产"科目。

企业为建造固定资产准备的各种物资应当按照实际支付的买价、运输费、保险费等相关税费作为实际成本，记入"工程物资"科目，工程领用时再转入"在建工程"科目。工程完工后，剩余的工程物资转为本企业存货的，应视企业采用的存货核算方法按其实际成本或计划成本进行结转。建设期间发生的工程物资盘亏、报废及毁损，减去残料价值以及保险公司、过失人等赔款后的净损失，计入所建工程项目的成本；盘盈的工程物资或处置净收益，冲减所建工程项目的成本。工程完工后发生的工程物资盘盈、盘亏、报废、毁损，计入当期营业外收支。

【例6-5】 2017年1月1日，甲公司准备自行建造一座仓库。相关资料如下：

(1) 1月5日，购入工程物资一批，价款为300 000元，支付的增值税税额为51 000元，款项以银行存款支付。

(2) 1月18日，领用生产用原材料一批，实际成本为20 000元，相关增值税为3 400元。

(3) 1月9日至6月30日，工程先后领用工程物资260 000元。

(4) 6月30日，对工程物资进行清查，发现工程物资减少25 000元，系保管员过失造成。根据企业管理规定，保管员应赔偿20 000元。剩余工程物资转入企业原材料，原材料按实际成本法核算。

(5) 工程建设期间发生工程人员职工薪酬78 500元。

(6) 6月30日，工程完工并交付使用。

根据上述资料，甲公司会计处理如下：

(1) 1月5日购入工程物资：

借：工程物资　　　　　　　　　　　　　　　　　　　　　300 000
　　应交税费——应交增值税（进项税额）　　　　　　　　51 000
　　贷：银行存款　　　　　　　　　　　　　　　　　　　351 000

(2) 1月18日领用原材料：

借：在建工程——仓库　　　　　　　　　　　　　　　　 20 000
　　贷：原材料　　　　　　　　　　　　　　　　　　　　20 000

(3) 1月9日至6月30日领用工程物资：

借：在建工程——仓库　　　　　　　　　　　　　　　　260 000
　　贷：工程物资　　　　　　　　　　　　　　　　　　 260 000

(4) 6月30日清查工程物资，并将其转为原材料：

①因非正常损失的 25 000 元，进项税额不允许抵扣，应当将进项税额转出。

  借：在建工程——仓库   9 250
    其他应收款——保管员   20 000
   贷：工程物资   25 000
    应交税费——应交增值税（进项税额转出） 4 250

②剩余工程物资的账面成本＝300 000－260 000－25 000＝15 000（元）

  借：原材料   15 000
   贷：工程物资   15 000

(5) 计提工程人员职工薪酬：

  借：在建工程——仓库   78 500
   贷：应付职工薪酬   78 500

(6) 工程完工交付使用：

  借：固定资产——仓库   367 750
   贷：在建工程——仓库   367 750

2. 出包方式建造固定资产

企业固定资产的新建、改建、扩建等，通常采用出包方式。企业通过招标将工程项目发包给建造承包商（即施工单位），由其组织工程施工。企业作为建造合同的甲方（即建设单位），负责筹集资金和组织管理工程建设。

企业按照建造合同规定的结算方式和工程进度，定期与建造承包商办理工程价款结算，结算的工程价款计入在建工程成本，工程完工达到预定可使用状态时，再将在建工程成本转入固定资产。

【例 6-6】 2017 年 3 月 3 日，甲公司将某固定资产的建造工程出包给乙公司承建，双方签订了建造合同。按照合同规定，3 月 6 日，甲公司向承包单位预付工程价款 200 000 元，以银行存款转账支付。2017 年 5 月 8 日，工程进度达到 50%，甲公司与乙公司办理工程结算，结算价款为 500 000 元，扣除预付款后，余款用银行存款支付。2017 年 6 月 30 日，主体工程完工，甲公司与乙公司再次办理工程结算，价款 480 000 元，已用银行存款支付。2017 年 7 月 1 日，固定资产达到预定可使用状态，交付使用。

根据上述资料，甲公司会计处理如下：

(1) 3 月 6 日，预付工程款：

  借：预付账款   200 000
   贷：银行存款   200 000

(2) 5 月 8 日，办理工程结算：

  借：在建工程   500 000

贷：预付账款	200 000
银行存款	300 000

(3) 6月30日，办理工程结算：

借：在建工程	480 000
贷：银行存款	480 000

(4) 7月1日，结转成本：

借：固定资产	980 000
贷：在建工程	980 000

三、其他方式取得的固定资产

1. 投资者投入的固定资产

投资者投入的固定资产的成本，应当按照投资合同或协议约定的价值确定，但合同或协议约定价值不公允的除外。如果投资合同或协议约定的价值不公允，则应按照该项固定资产的公允价值作为入账价值。

2. 通过非货币性资产交换、债务重组、企业合并等方式取得的固定资产

相关固定资产取得时的成本，应当按照《企业会计准则第7号——非货币性资产交换》《企业会计准则第12号——债务重组》《企业会计准则第20号——企业合并》等的规定确定。

3. 盘盈的固定资产

盘盈的固定资产，应作为前期差错处理。

四、存在弃置义务的固定资产

对于特殊行业的特定固定资产（如油气资产、核电站等），由于其在使用期满时还存在妥善处置、恢复周围生态环境等义务，因此其成本还应包括企业在未来发生的弃置费用。弃置费用的金额与其现值比较，通常相差较大，需要考虑货币时间价值。企业应将未来弃置费用的现值计入固定资产成本。

一般企业固定资产报废时发生的清理费用，不属于弃置费用，应当在实际发生时计入固定资产处置损益。

【例6-7】 经国家审批，某企业计划建造一座核电站，其主体设备核反应堆将会对当地的生态环境产生一定的影响。根据法律规定，企业应在该项设备使用期满后将其拆除，并对造成的污染进行整治。2017年1月1日，该项设备建造完成并交付使用，建造成本共2 500 000万元。预计使用寿命40年，预计弃置费用为250 000万元。假定折现率为10%。

弃置费用的现值：

$$P = 250\,000 \times (P/F, 10\%, 40) = 250\,000 \times 0.022\,1 = 5\,525(万元)$$
$$固定资产入账价值 = 2\,500\,000 + 5\,525 = 2\,505\,525(万元)$$

第三节 固定资产折旧

一、固定资产折旧的概念

企业的固定资产在使用过程中,由于损耗,其价值会逐渐降低。固定资产的损耗包括有形损耗和无形损耗。有形损耗是指由于使用和自然力影响而引起的固定资产使用价值和价值的下降;无形损耗是指由于科学技术的进步等原因引起的现有固定资产的贬值。随着固定资产在使用过程中的损耗,其价值或者转移到所生产的产品成本中,或者构成企业的费用。为了正确反映固定资产的价值转移,企业应合理计提固定资产的各期折旧。

固定资产折旧,是指在固定资产的使用寿命内,按照确定的方法对应计折旧额进行的系统分摊。应计折旧额,是指应当计提折旧的固定资产的原价扣除其预计净残值后的余额,如果对固定资产计提了减值准备,还应当扣除已计提的固定资产减值准备。

二、影响固定资产折旧的因素

1. 固定资产原值

固定资产原值,是指固定资产取得时的成本。它是影响固定资产应计折旧额的最主要因素。在其他条件相同的情况下,固定资产原值越大,则各期计提的折旧额越高。

2. 预计净残值

预计净残值,是指假定固定资产预计使用寿命已满并处于使用寿命终了时的预期状态,企业目前从该项资产处置中获得的扣除预计处置费用后的金额。预计净残值是企业按照当前市场状况,对未来固定资产使用期满后可收回残值的估计,其计算过程可概括为:

$$预计净残值 = 固定资产预计处置收入 - 预计处置费用$$

3. 固定资产减值准备

如果企业对固定资产计提了减值准备,则应根据减值后固定资产的账面价值,按其剩余使用寿命和预计净残值,重新计算未来各期的折旧额。

4. 固定资产使用寿命

固定资产使用寿命可以用时间或工作量来表示。企业在确定固定资产使用寿命时,应当考虑该资产的使用年限、预计生产能力或实物产量、资产预计将发生的有形损耗和无形损耗,以及法律法规对资产使用寿命的相关限制等因素。

三、计提折旧的固定资产范围

除了已提足折旧的固定资产和单独计价入账的土地以外,企业应当对其所拥有的全部固定资产(包括融资租入的固定资产)计提折旧。提足折旧是指已经提足该项固定资产的应计折旧额。

由以上原则可知,经营租入的固定资产不属于企业所有,不计提折旧,其使用成本为各期负担的租金费用。经营租出的固定资产应计提折旧,并应将折旧额确认为与租金收入相配比的租赁业务成本。闲置固定资产为企业所有,尽管未使用也应计提折旧。提前报废的固定资产,自终止确认起,不再计提折旧。

固定资产应当从达到预定可使用状态开始,至终止确认时为止,按月计提折旧。为了简化核算,当月增加的固定资产,当月不计提折旧,从下月起计提;当月减少的固定资产,当月仍计提折旧,从下月起不提。

已达到预定可使用状态但尚未办理竣工决算的固定资产,应按估计价值确定其成本,并计提折旧;待竣工决算后再按实际成本调整原估计价值,但不需要调整原已计提的折旧额。

四、固定资产折旧方法

企业应当根据与固定资产有关的经济利益的预期实现方式,合理选择折旧方法。可选用的折旧方法包括年限平均法、工作量法、双倍余额递减法和年数总和法等。固定资产的折旧方法一经确定,不得随意变更。

1. 年限平均法

年限平均法又称直线法,是指将固定资产的应计折旧额均衡地分摊到固定资产预计使用寿命内的一种方法。采用这种方法计算的每期折旧额均相等。计算公式如下:

年折旧率=(1−预计净残值率)÷预计使用年限×100%

月折旧率=年折旧率÷12

月折旧额=固定资产原价×月折旧率

【例 6-8】 甲公司 2016 年 3 月 1 日购入一项固定资产,原价为 100 000 元,预计可使用 10 年,预计报废时的净残值率为 5%,按年限平均法计提折旧。假定该项固定资产无需安装,购入后即达到预定可使用状态。

甲公司该项固定资产的折旧率和折旧额计算如下：

年折旧率＝(1－5％)÷10×100％＝9.5％

月折旧率＝9.5％÷12＝0.792％

月折旧额＝100 000×0.792％＝792(元)

2016年甲公司该项固定资产共计提9个月的折旧，折旧额为7 128元(792×9)。

采用年限平均法计算固定资产折旧虽然比较简便，但也存在明显的局限性。它没有考虑固定资产在不同时期提供经济效益的差异。一般而言，固定资产在其使用前期工作效率较高、维修费用较少，能带来较高的经济效益，而随着固定资产使用寿命的增加，其效益会逐渐下降。因此，在固定资产各期负荷程度不同的情况下，平均分摊各期折旧费用不符合固定资产价值的实现方式。

2. 工作量法

工作量法，是根据实际工作量计算每期应提折旧额的一种方法。计算公式如下：

单位工作量折旧额＝固定资产原价×(1－预计净残值率)÷预计总工作量

某项固定资产月折旧额＝该项固定资产当月工作量×单位工作量折旧额

【例6-9】 甲公司的一辆货运卡车原价为80 000元，预计总服务能力为500 000吨公里，预计净残值率为5％，本月提供服务4 000吨公里。

甲公司该车辆本月折旧额计算如下：

单位工作量折旧额＝80 000×(1－5％)÷500 000

＝0.152(元/吨公里)

本月折旧额＝4 000×0.152＝608(元)

工作量法能够使固定资产各期折旧额与固定资产的使用强度相匹配，但不能反映固定资产无形损耗对折旧的要求。

3. 双倍余额递减法

双倍余额递减法，是指在不考虑固定资产预计净残值的情况下，根据每期期初固定资产原价减去累计折旧后的金额（即固定资产净值）和双倍的直线法折旧率计算固定资产折旧的一种方法。由于每年年初固定资产余额没有扣除预计净残值，因此在应用这种方法计算折旧额时，必须注意不能使固定资产的净值降低到其预计净残值以下。同时，应在折旧年限的最后两年内，将固定资产账面折余价值扣除预计净残值后的余额平均摊销。计算公式如下：

年折旧率＝2÷预计使用年限×100％

月折旧率＝年折旧率÷12

月折旧额＝固定资产净值×月折旧率

最后两年年折旧额＝(固定资产净值－预计净残值)÷2

【例 6-10】 甲公司一项固定资产的原价为 60 000 元，预计使用年限为 5 年，预计净残值率为 4%，按双倍余额递减法计提折旧。

甲公司该项固定资产每年的折旧额计算如下：

年折旧率＝2÷5×100%＝40%

第一年的折旧额＝60 000×40%＝24 000(元)

第二年的折旧额＝(60 000－24 000)×40%＝14 400(元)

第三年的折旧额＝(60 000－24 000－14 400)×40%＝8 640(元)

第四、五年的折旧额＝(60 000－24 000－14 400－8 640－60 000×4%)

÷2

＝5 280(元)

假定该项固定资产是甲公司于 2016 年 5 月 17 日购入的，并于当月达到预定可使用状态，则：

2016 年的折旧额＝24 000×7/12＝14 000(元)

2017 年的折旧额＝24 000×5/12＋14 400×7/12＝10 000＋8 400

＝18 400(元)

4. 年数总和法

年数总和法又称年限合计法，是指将固定资产的原价减去预计净残值后的余额，乘以一个以固定资产尚可使用寿命为分子、以预计使用寿命逐年数字之和为分母的逐年递减的分数，计算每年的折旧额。计算公式如下：

年折旧率＝尚可使用年限÷预计使用寿命的年数总和×100%

月折旧率＝年折旧率÷12

月折旧额＝(固定资产原价－预计净残值)×月折旧率

【例 6-11】 甲公司一项固定资产的原值为 500 000 元，预计使用年限为 5 年，预计净残值为 20 000 元，采用年数总和法计提折旧。

该项固定资产每年的折旧额计算如下：

预计使用寿命的年数总和＝5＋4＋3＋2＋1＝15

第一年的折旧额＝(500 000－20 000)×5/15＝160 000(元)

第二年的折旧额＝(500 000－20 000)×4/15＝128 000(元)

第三年的折旧额＝(500 000－20 000)×3/15＝96 000(元)

第四年的折旧额＝(500 000－20 000)×2/15＝64 000(元)

第五年的折旧额＝(500 000－20 000)×1/15＝32 000(元)

双倍余额递减法和年数总和法都属于固定资产的加速折旧法，其特点是在固定资产使用早期多提折旧，后期少提折旧，从而促使固定资产成本在使用寿命内加快得到补偿。

【例 6-12】 甲公司于 2012 年 2 月 15 日购入一台不需要安装的设备，并于当日达到预定可使用状态。该项固定资产原值为 500 000 元，预计使用寿命为 5 年，预计净残值为 20 000 元。

甲公司采用年限平均法、双倍余额递减法、年数总和法计算各年的折旧额如表 6-1 所示。

表 6-1　采用年限平均法、双倍余额递减法、年数总和法计算各年折旧额　　单位：元

方法 年份	年限平均法	双倍余额递减法	年数总和法
2012 年 (3—12 月)	$\dfrac{(500\,000-20\,000)}{5} \div 12 \times 10$	$\dfrac{500\,000 \times 40\%}{12} \times 10$	$(500\,000-20\,000) \times \dfrac{5}{15} \div 12 \times 10$
2013 年 (1—12 月)	$\dfrac{(500\,000-20\,000)}{5}$	$\dfrac{500\,000 \times 40\%}{12} \times 2 +$ $\dfrac{(500\,000-200\,000) \times 40\%}{12} \times 10$	$(500\,000-20\,000) \times \dfrac{5}{15} \div 12 \times 2 +$ $(500\,000-20\,000) \times \dfrac{4}{15} \div 12 \times 10$
2014 年 (1—12 月)	$\dfrac{(500\,000-20\,000)}{5}$	$\dfrac{(500\,000-200\,000) \times 40\%}{12} \times 2 +$ $\dfrac{(300\,000-120\,000) \times 40\%}{12} \times 10$	$(500\,000-20\,000) \times \dfrac{4}{15} \div 12 \times 2 +$ $(500\,000-20\,000) \times \dfrac{3}{15} \div 12 \times 10$
2015 年 (1—12 月)	$\dfrac{(500\,000-20\,000)}{5}$	$\dfrac{(300\,000-120\,000) \times 40\%}{12} \times 2 +$ $\dfrac{(180\,000-72\,000-20\,000)}{12} \times 10 \div 2$	$(500\,000-20\,000) \times \dfrac{3}{15} \div 12 \times 2 +$ $(500\,000-20\,000) \times \dfrac{2}{15} \div 12 \times 10$
2016 年 (1—12 月)	$\dfrac{(500\,000-20\,000)}{5}$	$\dfrac{(180\,000-72\,000-20\,000)}{2}$	$(500\,000-20\,000) \times \dfrac{2}{15} \div 12 \times 2 +$ $(500\,000-20\,000) \times \dfrac{1}{15} \div 12 \times 10$
2017 年 (1—2 月)	$\dfrac{(500\,000-20\,000)}{5} \div 12 \times 2$	$\dfrac{(180\,000-72\,000-20\,000)}{12} \times 2 \div 2$	$(500\,000-20\,000) \times \dfrac{1}{15} \div 12 \times 2$
合计	480 0000	480 000	480 000

注：双倍余额递减法下，年折旧率＝2÷5×100％＝40％。

五、固定资产折旧的账务处理

企业按月计提的固定资产折旧,应通过"累计折旧"科目核算。"累计折旧"科目是固定资产的备抵科目,可按固定资产的类别或项目进行明细核算。"累计折旧"科目贷方登记各期计提的固定资产折旧额,借方登记处置固定资产时应结转的折旧额,本科目期末贷方余额,反映企业固定资产的累计折旧额。

企业计提固定资产折旧时,应根据固定资产的用途相应确认为相关资产的成本或当期损益。具体账务处理如下:

(1) 企业基本生产车间所使用的固定资产,其折旧应记入"制造费用"科目;
(2) 管理部门使用的固定资产,其折旧应记入"管理费用"科目;
(3) 销售部门使用的固定资产,其折旧应记入"销售费用"科目;
(4) 自行建造固定资产过程中使用的固定资产,其折旧应记入"在建工程"科目;
(5) 经营租出的固定资产,其折旧应记入"其他业务成本"科目;
(6) 未使用的固定资产,其折旧应记入"管理费用"科目。

【例6-13】甲公司2017年1月份固定资产计提折旧情况如下:
(1) 生产车间厂房计提折旧280 000元,机器设备计提折旧23 500元;
(2) 管理部门房屋建筑物计提折旧80 000元,运输工具计提折旧10 500元;
(3) 销售部门房屋建筑物计提折旧35 000元,运输工具计提折旧25 000元。

根据上述资料,甲公司2017年1月份计提折旧的会计处理如下:

借:制造费用   303 500
  管理费用   90 500
  销售费用   60 000
  贷:累计折旧   454 000

六、固定资产使用寿命、预计净残值和折旧方法的复核

在固定资产使用过程中,其所处的经济环境、技术环境以及其他环境有可能对固定资产使用寿命和预计净残值产生较大影响。例如,固定资产使用强度比正常情况大大加强,致使固定资产使用寿命大大缩短;替代该项固定资产的新产品的出现致使其实际使用寿命缩短,预计净残值减少等。为真实反映固定资产为企业提供经济利益的期间及每期实际的资产消耗,企业至少应当于每年年度终了,对固定资产使用寿命和预计净残值进行复核。如有确凿证据表明固定资产预计使用寿命或预计净残值发生了改变,应进行相应调整。

如果固定资产相关经济利益的预期实现方式发生重大改变,企业应改变固定

资产的折旧方法。例如，某采掘企业各期产量相对稳定，原来采用年限平均法计提固定资产折旧。年度复核中发现，由于使用了先进技术，产量大幅增加，可采储量逐年减少，该项固定资产给企业带来经济利益的预期实现方式已发生重大改变，需要将年限平均法改为产量法。

固定资产使用寿命、预计净残值和折旧方法的改变应作为会计估计变更，按照《企业会计准则第 28 号——会计政策、会计估计变更和差错更正》处理。

第四节　固定资产的后续支出

固定资产的后续支出，是指固定资产使用过程中发生的更新改造支出、维护修理费用等。企业的固定资产投入使用后，为了保证其正常运转，往往需要发生一些维修养护费用；为了提高固定资产的生产能力或优化其性能，有时还可能对其进行扩建改造或更新改良。固定资产发生的后续支出，如果符合固定资产确认条件，则应予以资本化，计入固定资产成本；如果不符合固定资产确认条件，则应予以费用化，计入当期损益。

一、资本化的后续支出

固定资产发生可资本化的后续支出时，企业一般应将固定资产的原价、已计提的累计折旧和减值准备转销，将固定资产的账面价值转入在建工程，并通过"在建工程"科目归集固定资产各项后续支出。固定资产改良完成，达到预定可使用状态时，再将新固定资产成本从"在建工程"科目转入"固定资产"科目。原固定资产折旧停止，改按重新确定的固定资产原价、使用寿命、预计净残值和折旧方法计提折旧。

企业发生的某些固定资产后续支出可能涉及替换原固定资产的某组成部分。为了避免将换入部分的成本和被替换部分的成本同时计入固定资产，导致固定资产成本高计，企业应将被替换部分的成本从账面价值中扣除。

企业对固定资产进行定期检查发生的大修理费用，有确凿证据表明符合固定资产确认条件的，可以计入固定资产成本。固定资产在定期大修理间隔期间，照提折旧。

【例 6-14】甲公司于 2014 年 12 月购入一条生产线，原价为 468 000 元（其中，部件 M 价值 93 600 元），预计可使用 6 年，预计净残值率为 5%，采用年限平均法计提折旧。2016 年 12 月，由于销售大幅增长，需要对该生产线进行改扩建，以提高其生产能力。为此，甲公司专门购买了性能更优越的部件 N，用以替换原部件 M。部件 N 不含税价款为 160 000 元，增值税税款为 27 200 元。甲公司另支付相关改扩建费用 28 000 元。被替换掉的原部件 M 变卖收入 8 000 元。2017 年 3 月 31 日，该生产线改扩建完工，达到预定可使用状态，其预计使用寿命延长至 2024 年 12 月，预计净残值率和折旧方法不变。

本例中，由于生产线改扩建后，生产能力将大大提高，能够为企业带来更多的经济利益，且改扩建的相关支出能够可靠计量，因此该项固定资产后续支出符合固定资产的确认条件，应计入固定资产成本。

根据上述资料，甲公司会计处理如下：

(1) 将原固定资产账面价值转入在建工程：

2015 年 1 月至 2016 年 12 月，已计提折旧：

$$468\,000\times(1-5\%)/6\times2=148\,200（元）$$

原生产线账面价值为：$468\,000-148\,200=319\,800$（元）。

借：在建工程	319 800
累计折旧	148 200
贷：固定资产	468 000

(2) 购买并安装新部件 N：

借：工程物资	160 000
应交税费——应交增值税（进项税额）	27 200
贷：银行存款	187 200
借：在建工程	160 000
贷：工程物资	160 000

(3) 发生改扩建支出：

借：在建工程	28 000
贷：银行存款	28 000

(4) 替换掉原部件 M（做提前报废处理）：

该部件的账面价值为：$93\,600-93\,600\times(1-5\%)/6\times2=63\,960$（元）。

报废损失为：$63\,960-8\,000=55\,960$（元）。

借：营业外支出	55 960
银行存款	8 000
贷：在建工程	63 960

(5) 2017 年 3 月 31 日，固定资产改扩建达到预定可使用状态，应结转的总成本为：$319\,800+160\,000+28\,000-63\,960=443\,840$（元）。

借：固定资产	443 840
贷：在建工程	443 840

(6) 改扩建后，新生产线的尚可使用时间为 93（7×12＋9）个月，其 2017 年 4—12 月的折旧额为：

443 840×(1－5%)/93×9＝40 805(元)

二、费用化的后续支出

与固定资产有关的修理费用等后续支出，不符合固定资产确认条件的，应当予以费用化，计入发生当期的损益。

一般情况下，企业生产车间和行政管理部门等发生的固定资产修理费用等后续支出记入"管理费用"科目；企业专设销售机构的，其相关固定资产修理费用等后续支出，记入"销售费用"科目。

【例 6-15】 2017 年 1 月 12 日，甲公司对管理部门用的一台设备进行日常维护，支付修理费 3 000 元，用银行存款转账支付。

根据上述资料，甲公司会计处理如下：

借：管理费用　　　　　　　　　　　　　　　　　　　3 000
　　贷：银行存款　　　　　　　　　　　　　　　　　　3 000

第五节　固定资产的期末计价

固定资产的期末计价，是指企业应当在资产负债表日判断固定资产是否发生了减值，即固定资产的可收回金额是否低于其账面价值。如果固定资产可收回金额低于其账面价值，则应按差额计提固定资产减值准备，确认当期资产减值损失。

一、固定资产的减值迹象

资产负债表日，企业应当根据各项外部信息和内部信息来判断固定资产是否存在减值迹象。如果存在以下减值迹象，则表明固定资产可能发生了减值：

(1) 固定资产的市价在当期大幅度下跌，其跌幅明显高于因时间的推移或者正常使用而预计的下跌。

(2) 企业经营所处的经济、技术或者法律等环境以及固定资产所处的市场在当期或者将在近期发生重大变化，从而对企业产生不利影响。

(3) 市场利率或者其他市场投资报酬率在当期已经提高，从而影响企业计算固定资产预计未来现金流量现值的折现率，导致固定资产可收回金额大幅减少。

(4) 有证据表明固定资产已经陈旧过时或者其实体已经损坏。

（5）固定资产已经或者将被闲置、终止使用或者计划提前处置。

（6）企业内部报告的证据表明固定资产的经济绩效已经低于或者将低于预期，如固定资产所创造的净现金流量或者实现的营业利润（或者亏损）远远少于（或者高于）预计金额等。

上述列举的固定资产减值迹象并不能穷尽所有的情形，企业应当根据实际情况来分析固定资产是否出现了减值迹象。如果有确凿证据表明固定资产存在减值迹象，则应当进行减值测试，估计固定资产的可收回金额。

二、固定资产可收回金额的估计

固定资产可收回金额的估计，应当根据其公允价值减去处置费用后的净额与资产预计未来现金流量的现值两者之间较高者确定。

1. 公允价值减去处置费用后的净额

固定资产的公允价值减去处置费用后的净额，反映的是固定资产如果被出售或处置时可以收回的净现金流入。其中，固定资产的公允价值是指在计量日发生的有序交易中，出售该项资产所能收到的价格；处置费用是指可以直接归属于资产处置的增量成本，包括与资产处置有关的法律费用、相关税费、搬运费以及为使资产达到可销售状态所发生的直接费用等，但财务费用和所得税费用不包括在内。

企业在确定固定资产公允价值时，应首先采用有序交易中的销售协议价格；不存在销售协议的，应按该固定资产的活跃市场价格来确定其公允价值；既不存在销售协议又不存在活跃市场的情况下，企业应以可获取的最佳信息为基础，估计在资产负债表日交易双方自愿进行公平交易时该固定资产的交易价格，并以此作为其公允价值。

2. 预计未来现金流量的现值

固定资产的预计未来现金流量现值，反映的是持续使用固定资产可获得的现金流量在当前的价值。其影响因素主要包括：固定资产的使用寿命、固定资产在未来使用过程中和最终处置时所产生的预计现金流量、折现率。

在预计固定资产未来现金流量时应注意：以资产的当前状况为基础，不应包括未来固定资产修理、改良等活动引起的现金流量；固定资产未来现金流量不包括筹资活动和所得税收付产生的现金流量；如果确定折现率时考虑了通货膨胀因素，则预计未来现金流量时也应考虑通货膨胀的影响，二者必须一致；如果固定资产的未来现金流量受内部转移价格影响，则应予以调整，采用在公平交易中企业管理层能够达成的最佳估计价格来预计未来现金流量。

计算固定资产未来现金流量现值时所使用的折现率，应反映固定资产投资的必要报酬率，通常以该资产的市场利率为确定依据。

【例6-16】 甲公司于2016年12月31日发现某固定资产存在减值迹象。经测试，该项固定资产当日公允价值为88 000元，预计处置费用为1 500元；如果持续使用该资产，预计未来现金流量现值为87 600元。试确定该项固定资产的可收回金额。

  公允价值减去处置费用后的净额＝88 000－1 500＝86 500(元)
  预计未来现金流量的现值＝87 600(元)

固定资产可收回金额按以上两个金额中的较高者确定，即87 600元。

三、固定资产减值的核算

资产负债表日，如果企业某项固定资产的可收回金额低于其账面价值，说明该项资产发生了减值。企业应将该项固定资产的账面价值减记至可收回金额，减记的金额确认为资产减值损失。即：按可收回金额与账面价值之间的差额，借记"资产减值损失"科目，贷记"固定资产减值准备"科目。

固定资产发生减值后，应重新计算以后各期的折旧额，将扣除减值准备后的固定资产新账面价值，按照系统合理的方法，在固定资产剩余使用寿命内重新进行分摊。

为防止利用固定资产价值波动来操纵利润，保持会计信息的稳健性，固定资产减值损失一经确认，不得转回。计提的固定资产减值准备在资产处置时相应结转。

【例6-17】 甲公司于2014年12月15日购入一项管理用设备，含税价款为351 000元，预计使用年限为10年，预计净残值为5 000元，按年限平均法计提折旧。2015年12月31日，该设备出现减值迹象，经测试，可收回金额为185 000元，甲公司按规定计提了固定资产减值准备。假定资产减值后，其预计净残值与使用年限均未发生变化，仍按年限平均法折旧。2016年12月31日，该固定资产可收回金额为170 000元。甲公司于2017年6月30日，将该固定资产出售，获得款项234 000元（含税，增值税税率为17%）。

根据上述资料，甲公司会计处理如下：

(1) 2014年购入设备：

  借：固定资产   300 000
    应交税费——应交增值税（进项税） 51 000
    贷：银行存款   351 000

(2) 2015年1—12月计提折旧：

年折旧额=(300 000-5 000)÷10=29 500(元)

借：管理费用　　　　　　　　　　　　　　　　　　　　　29 500
　　贷：累计折旧　　　　　　　　　　　　　　　　　　　　　29 500

(3) 2015年12月31日，计提固定资产减值准备：

固定资产账面价值=300 000-29 500=270 500(元)
固定资产可收回金额=185 000(元)
应计提减值准备=270 500-185 000=85 500(元)

借：资产减值损失　　　　　　　　　　　　　　　　　　　　85 500
　　贷：固定资产减值准备　　　　　　　　　　　　　　　　　85 500

减值后，固定资产账面价值=300 000-29 500-85 500=185 000(元)。

(4) 2016年1—12月计提折旧：

年折旧额=(185 000-5 000)÷9=20 000(元)

借：管理费用　　　　　　　　　　　　　　　　　　　　　　20 000
　　贷：累计折旧　　　　　　　　　　　　　　　　　　　　　20 000

(5) 2016年12月31日：

固定资产账面价值=300 000-(29 500+20 000)-85 500=165 000(元)
固定资产可收回金额=170 000(元)

固定资产可收回金额大于其账面价值，不计提减值准备。

(6) 2017年1—6月，计提折旧：

借：管理费用　　　　　　　　　　　　　　　　　　　　　　10 000
　　贷：累计折旧　　　　　　　　　　　　　　　　　　　　　10 000

(7) 2017年6月30日，出售固定资产：

固定资产原值=300 000(元)
累计折旧=29 500+20 000+10 000=59 500(元)
固定资产减值准备=85 500(元)
固定资产账面价值=300 000-59 500-85 500=155 000(元)
固定资产处置利得=234 000÷1.17-155 000=45 000(元)

借：固定资产清理　　　　　　　　　　　　　　　　　　　　155 000
　　累计折旧　　　　　　　　　　　　　　　　　　　　　　 59 500
　　固定资产减值准备　　　　　　　　　　　　　　　　　　　85 500
　　贷：固定资产　　　　　　　　　　　　　　　　　　　　　300 000

借：银行存款	234 000
贷：固定资产清理	155 000
应交税费——应交增值税（销项税额）	34 000
营业外收入——处置非流动资产利得	45 000

第六节　固定资产的处置

企业在生产经营过程中，对那些不适用或不需用的固定资产，可以通过对外出售的方式进行处置；对那些由于使用而不断磨损直至最终报废，或由于技术进步等原因发生提前报废，或由于遭受自然灾害等非常损失发生毁损的固定资产，应及时进行清理。此外，由于对外投资、抵债、资产交换以及盘亏等原因而发生的固定资产减少，也属于固定资产的处置范围。

企业应设置"固定资产清理"科目，核算企业因出售、报废、毁损、对外投资、非货币性资产交换、债务重组等原因转出的固定资产价值以及在清理过程中发生的费用等。本科目可按被清理的固定资产项目进行明细核算。本科目借方登记固定资产处置过程中的各项成本、费用；贷方登记固定资产处置过程中的各项收入。固定资产清理完成后，应将本科目的余额结转至"营业外收入"或"营业外支出"科目。

一、出售固定资产的核算

企业在出售固定资产时，一般按以下步骤进行账务处理：

（1）将待售固定资产的账面价值转入"固定资产清理"科目的借方。固定资产账面价值应根据固定资产原值减去累计折旧和固定资产减值准备计算。

（2）将出售过程中发生的相关税费和固定资产清理费用，记入"固定资产清理"科目的借方。

（3）将收到的固定资产出售价款，记入"固定资产清理"科目的贷方。

（4）将固定资产处置净损益，从"固定资产清理"科目转入"营业外收入——处置非流动资产利得"或"营业外支出——处置非流动资产损失"科目。

【例 6-18】甲公司出售一座办公楼，原价 3 000 000 元，累计已计提折旧 500 000 元，已计提固定资产减值准备 70 000 元。固定资产出售过程中，支付清理费用 14 000 元，收到价款 3 496 500 元（含税，增值税税率为 11%）。其他有关税费略。

根据上述资料，甲公司会计处理如下：

(1) 结转固定资产账面价值：
借：固定资产清理　　　　　　　　　　　　　　　　　2 430 000
　　累计折旧　　　　　　　　　　　　　　　　　　　　500 000
　　固定资产减值准备　　　　　　　　　　　　　　　　 70 000
　　贷：固定资产　　　　　　　　　　　　　　　　　 3 000 000
(2) 支付清理费用：
借：固定资产清理　　　　　　　　　　　　　　　　　　 14 000
　　贷：银行存款　　　　　　　　　　　　　　　　　　 14 000
(3) 收到处置收入：
借：银行存款　　　　　　　　　　　　　　　　　　　3 496 500
　　贷：固定资产清理　　　　　　　　　　　　　　　 3 150 000
　　　　应交税费——应交增值税（销项税额）　　　　　 346 500
(4) 结转固定资产处置净损益：
借：固定资产清理　　　　　　　　　　　　　　　　　　706 000
　　贷：营业外收入——处置非流动资产利得　　　　　　706 000

二、报废固定资产的核算

企业在报废固定资产时，一般按以下步骤进行账务处理：
(1) 将报废固定资产的账面价值转入"固定资产清理"科目的借方。
(2) 将固定资产清理过程中发生的相关税费和清理费用，记入"固定资产清理"科目的借方。
(3) 将收回的残料价值或变价收入，记入"固定资产清理"科目的贷方。
(4) 将收到的保险公司或责任人赔款，记入"固定资产清理"科目的贷方。
(5) "固定资产清理"科目如为借方余额，属于正常经营活动中的报废损失，则转入"营业外支出——处置非流动资产损失"科目；属于自然灾害等非正常原因造成的报废损失，则转入"营业外支出——非常损失"科目。"固定资产清理"科目如为贷方余额，则转入"营业外收入——处置非流动资产利得"科目。

【例6-19】　甲公司有一台设备，因使用期满经批准报废。该设备原值480 000元，已提折旧456 000元。在清理过程中，以银行存款支付清理费用12 000元，拆除的残料价值为5 000元，作为周转材料入库。假定企业未对固定资产提取减值准备。

根据上述资料，甲公司会计处理如下：
(1) 结转固定资产账面价值：
借：固定资产清理　　　　　　　　　　　　　　　　　　 24 000

累计折旧	456 000
贷：固定资产	480 000
（2）支付清理费用：	
借：固定资产清理	12 000
贷：银行存款	12 000
（3）残料入库：	
借：周转材料	5 000
贷：固定资产清理	5 000
（4）结转固定资产清理净损益：	
借：营业外支出——处置非流动资产损失	31 000
贷：固定资产清理	31 000

【例 6-20】 甲公司的一辆运输卡车，在一次交通事故中报废，原价 180 000 元，已提折旧 50 000 元，已计提固定资产减值准备 3 000 元。固定资产清理过程中，支付清理费 1 200 元，收到卡车残料变卖收入 7 020 元（含税，增值税税率为 17%），保险公司同意赔偿 100 000 元。

根据上述资料，甲公司会计处理如下：

（1）结转固定资产账面价值：	
借：固定资产清理	127 000
累计折旧	50 000
固定资产减值准备	3 000
贷：固定资产	180 000
（2）支付清理费：	
借：固定资产清理	1 200
贷：银行存款	1 200
（3）收到残料变卖收入：	
借：银行存款	7 020
贷：固定资产清理	6 000
应交税费——应交增值税（销项税额）	1 020
（4）确认保险公司赔款：	
借：其他应收款——保险公司	100 000
贷：固定资产清理	100 000
（5）结转固定资产清理净损益：	
借：营业外支出——非常损失	22 200
贷：固定资产清理	22 200

三、盘亏固定资产的核算

固定资产发生盘亏时,应先将其账面价值转入"待处理财产损溢——待处理非流动资产损溢"科目,按管理权限报经批准后,将扣除相关赔偿后的余额记入"营业外支出——盘亏损失"科目。

【例 6-21】甲公司年末对固定资产进行清查时,发现丢失一台加工设备。该设备原价 52 000 元,已计提折旧 20 000 元,已计提减值准备 13 000 元。经查,设备丢失系保管员失职造成。经批准,由保管员赔偿 5 000 元,另可获得保险公司赔款 10 000 元。

根据上述资料,甲公司会计处理如下:
(1) 发现设备丢失:

借:待处理财产损溢——待处理非流动资产损溢　　　　19 000
　　累计折旧　　　　　　　　　　　　　　　　　　　20 000
　　固定资产减值准备　　　　　　　　　　　　　　　13 000
　　　贷:固定资产　　　　　　　　　　　　　　　　　　52 000

(2) 报经批准后:

借:其他应收款——保险公司　　　　　　　　　　　　10 000
　　　　　　　　——保管员　　　　　　　　　　　　　 5 000
　　营业外支出——盘亏损失　　　　　　　　　　　　　 4 000
　　　贷:待处理财产损溢——待处理非流动资产损溢　　19 000

自测题

一、名词解释
1. 固定资产
2. 可收回金额
3. 固定资产折旧
4. 固定资产减值准备
5. 年数总和法
6. 双倍余额递减法

二、简答题
1. 固定资产的特征是什么?如何区分固定资产和存货?
2. 简述计提固定资产折旧的方法及各种方法的特点。
3. 试述企业不同来源取得的固定资产价值的构成。
4. 如何确定固定资产的减值损失?

三、单项选择题

1. 企业以自营方式建造固定资产时，发生的各项成本应先通过（　　）科目归集，工程完工达到预定可使用状态时，再将总成本转入"固定资产"科目。
   A. "工程物资"　　　　　　B. "在建工程"
   C. "工程施工"　　　　　　D. "工程结算"

2. 下列固定资产中，应计提折旧的是（　　）。
   A. 未提足折旧提前报废的房屋　　B. 闲置的房屋
   C. 已提足折旧继续使用的房屋　　D. 经营租赁租入的房屋

3. 某项固定资产原值为 15 500 元，预计使用年限为 5 年，预计净残值为 500 元，按双倍余额递减法计提折旧，则第二年年末该固定资产的账面价值为（　　）元。
   A. 5 580　　B. 6 320　　C. 5 900　　D. 6 500

4. 某企业2016年6月购进设备一台，该设备的入账价值为100万元，预计净残值为5.60万元，预计使用年限为5年。在采用双倍余额递减法计提折旧的情况下，该项设备2017年应提折旧额为（　　）万元。
   A. 24　　B. 20　　C. 32　　D. 8

5. 某企业2016年1月20日自行建造的一条生产线投入使用，该生产线建造成本为740万元，预计使用年限为5年，预计净残值为20万元。在采用年数总和法计提折旧的情况下，2016年该设备应计提的折旧额为（　　）万元。
   A. 240　　B. 140　　C. 120　　D. 220

6. 某设备的账面原价为80 000元，预计使用年限为5年，预计净残值为5 000元，按年数总和法计提折旧，该设备在第三年应计提的折旧额为（　　）元。
   A. 15 000　　B. 30 000　　C. 10 000　　D. 5 000

7. 固定资产改良过程中发生的支出应记入（　　）科目。
   A. "营业外支出"　　　　B. "在建工程"
   C. "营业外收入"　　　　D. "固定资产清理"

8. 某企业对生产线进行扩建。该生产线原价为1 000万元，已提折旧300万元。扩建生产线时发生扩建支出800万元，该生产线扩建后新的入账价值应为（　　）万元。
   A. 1 750　　B. 1 800　　C. 1 500　　D. 1 450

9. 某企业出售一项固定资产，固定资产的原价为100万元，累计折旧为60万元，发生清理费用5万元，获得出售收入为80万元，该固定资产处置净收益为（　　）万元。

A. 80　　　　B. 75　　　　C. 35　　　　D. 31

10. 某企业报废一台营运用车辆，该车辆原价为30万元，累计折旧为20万元，已计提减值准备6万元，发生清理费用1万元，应记入"营业外支出"的金额为（　　）万元。

A. 2　　　　B. 3　　　　C. 4　　　　D. 5

11. 2017年年末，甲公司某固定资产公允价值为52万元，预计处置费用为3万元；该固定资产的未来现金流量现值为50万元。则该项固定资产的可收回金额为（　　）万元。

A. 49　　　　B. 50　　　　C. 52　　　　D. 55

12. 2017年年末，甲公司某固定资产账面原值为70万元，已计提累计折旧45万元，已计提减值准备10万元，当日测试的该固定资产可收回金额为30万元，甲公司应进行的账务处理是（　　）。

A. 计提减值准备5万元

B. 转回原已计提的减值准备10万元

C. 转回减值准备15万元

D. 既不计提，也不转回固定资产减值准备

13. 甲公司2014年12月购入某固定资产，原值为100万元，按直线法折旧，预计寿命10年，无残值。2016年年末，该固定资产发生减值，计提减值准备16万元，假定减值后固定资产的折旧年限、折旧方法均不发生改变，则该固定资产2017年的折旧额为（　　）万元。

A. 8　　　　B. 9　　　　C. 10　　　　D. 11.6

14. 与年限平均法相比，采用年数总和法对固定资产计提折旧，将会（　　）。

A. 计提折旧的初期，企业利润减少，固定资产净值减少

B. 计提折旧的初期，企业利润减少，固定资产原值减少

C. 计提折旧的后期，企业利润减少，固定资产净值减少

D. 计提折旧的后期，企业利润减少，固定资产原值减少

四、多项选择题

1. 采用自营方式建造固定资产时，下列项目中应计入固定资产成本的有（　　）。

A. 工程耗用原材料　　　　B. 工程人员的工资

C. 工程领用本企业产品的实际成本　　D. 已购进、但尚未领用的工程物资

2. 下列各项中，影响固定资产折旧的因素有（　　）。

A. 固定资产的预计使用年限　　　　B. 固定资产取得时的原始价值

C. 固定资产的净残值 D. 固定资产减值准备

3. 企业下列固定资产中，应计提折旧的有（　　）。
   A. 闲置的设备 B. 融资租入的设备
   C. 临时出租的设备 D. 已提足折旧的设备

4. 下列固定资产中，不计提折旧的固定资产有（　　）。
   A. 当月增加的固定资产 B. 当月减少的固定资产
   C. 未提足折旧提前报废的固定资产 D. 单独计价入账的土地

5. 下列项目中，应计入固定资产入账价值的有（　　）。
   A. 外购固定资产的购买价款
   B. 自行建造固定资产过程中支付的工程人员工资
   C. 购买机器设备支付的增值税税款
   D. 未来弃置费用的现值

6. 确定固定资产处置损益时，应考虑的因素有（　　）。
   A. 累计折旧 B. 清理费用
   C. 固定资产减值准备 D. 残料变价收入

7. 下列关于固定资产的业务中，需要通过"在建工程"科目核算的有（　　）。
   A. 购入不需要安装的固定资产 B. 处置固定资产
   C. 购入需要安装的固定资产 D. 固定资产的改扩建

8. 下列事项中，需要重新计算固定资产折旧额的有（　　）。
   A. 对固定资产进行日常修理 B. 计提固定资产减值准备
   C. 将固定资产对外经营性出租 D. 对固定资产进行改扩建

9. 下列固定资产折旧方法中，体现谨慎性原则的折旧方法有（　　）。
   A. 双倍余额递减法 B. 年限平均法
   C. 年数总和法 D. 工作量法

10. "固定资产清理"账户借方核算的内容包括（　　）。
    A. 转入清理的固定资产净值 B. 发生的清理费用
    C. 固定资产变价收入 D. 清理过程中发生的相关税费

11. 影响固定资产计提减值准备的因素有（　　）。
    A. 固定资产的账面余额 B. 累积已计提的固定资产减值准备
    C. 固定资产可收回金额 D. 固定资产折旧方法

五、判断题

1. 以经营租赁方式出租的建筑物，不属于固定资产核算的范围。（　　）
2. 已达到预定可使用状态但尚未办理竣工决算的固定资产，因成本不能准

确计量,故不能确认入账。(　　)

3. 固定资产的折旧方法一经确定,不得随意变更。(　　)

4. 双倍余额递减法相对于其他折旧方法而言,其特点是不必考虑固定资产预计净残值。(　　)

5. 一般企业固定资产报废时发生的清理费用,不属于弃置费用,应当在实际发生时计入固定资产处置损益。(　　)

6. 固定资产的损耗包括有形损耗和无形损耗,估计固定资产寿命时只需考虑有形损耗而不必考虑无形损耗。(　　)

7. 企业在购入固定资产(机器设备)时,增值税专用发票上列示的增值税可以从企业的销项税额中抵扣。(　　)

8. 企业在计提固定资产折旧时,对于当月增加的固定资产当月不提折旧,当月减少的固定资产当月照提折旧。(　　)

9. 本质上讲,折旧也是一种费用,只不过这种费用未在计提期间引起货币资金的真实流出,而是先期已经发生的支出。(　　)

六、计算题

1. 某企业于2016年3月将自建的仓库交付使用,其价值300万元,该企业对该项固定资产采用年数总和法计提折旧,预计使用年限为5年,预计净残值率为5%。

要求:计算2016年和2017年该项固定资产的折旧额。

2. 甲企业于2013年2月购入设备一台,原值为120万元。设备于当月交付使用,预计使用年限4年,预计净残值为零。

要求:分别按年限平均法、年数总和法和双倍余额递减法计算甲企业各年应当计提的折旧额。

3. 某企业处置一台意外报废的机器设备,该设备原值100万元,已计提累计折旧50万元,已计提减值准备15万元。清理过程中发生各项税费2.4万元,收到保险公司赔款20万元,收到残料变价收入3.3万元。

要求:计算该项固定资产处置净损益。

七、核算题

1. 甲企业自建厂房一幢,发生如下业务:

(1) 购入为工程准备的物资,价款4 095 000元,增值税税额696 150元,以银行存款支付;

(2) 工程领用工程物资4 095 000元;

(3) 确认应付工程人员的工资120 000元,并提取应付福利费16 800元;

(4) 以银行存款支付与工程有关的其他费用94 355元;

(5) 发生应由工程成本负担的长期借款利息 370 411 元；
(6) 工程完工交付使用。
要求：根据上述经济业务，编制有关的会计分录。

2. 甲公司 2017 年 3 月份固定资产计提折旧情况如下：
(1) 生产车间厂房计提折旧 350 000 元，机器设备计提折旧 24 700 元；
(2) 管理部门房屋建筑物计提折旧 50 000 元；
(3) 销售部门运输工具计提折旧 37 000 元；
(4) 经营租出的固定资产计提折旧 44 000 元。
要求：根据上述资料，编制甲公司计提折旧的会计分录。

3. 甲公司于 2017 年 1 月份转让一座办公楼，该办公楼的账面原值为 3 000 万元，已提折旧 1 200 万元。清理时发生清理费用 2 万元，款项已用银行存款支付；出售该办公楼取得 2 220 万元（含税，增值税税率为 11%），款项已收存银行。其他有关税费略。
要求：根据上述资料，编制处置该办公楼的相关会计分录。

4. 甲公司有一台设备，因使用期满经批准报废。该设备原值 560 000 元，已提折旧 402 000 元，已计提减值准备 126 000 元。在清理过程中，以银行存款支付清理费用 12 000 元，拆除的残料变卖后收入 15 000 元。
要求：根据上述资料，编制报废设备的相关会计分录。

5. 甲公司于 2013 年 12 月 3 日购入一项房产，作为管理用固定资产核算，原价为 2 200 000 元，预计使用年限为 10 年，预计净残值为 50 000 元，按年限平均法计提折旧。2015 年 12 月 31 日，固定资产可收回金额为 1 650 000 元，甲公司按规定计提了固定资产减值准备。假定资产减值后，其预计净残值和使用年限均未发生变化，仍按直线法折旧。甲公司于 2017 年 6 月 19 日将该固定资产出售，取得的增值税发票注明价款 2 000 000 元，税款 220 000 元。
要求：根据上述资料，编制固定资产相关业务的会计分录。

07

无形资产及其他非流动资产

ZHONGJI CAIWU KUAIJI

第一节　无形资产

一、无形资产概述

（一）无形资产的概念及特征

无形资产是指企业拥有或控制的没有实物形态的可辨认非货币性资产。与其他资产相比，无形资产具有以下特征：

1. 不具有实物形态

无形资产通常表现为某种权利、某项技术或某种获取超额利润的综合能力。它们不具有实物形态，看不见、摸不着，例如专利权、非专利技术、商标权、土地使用权等。企业的有形资产（如固定资产）虽然也能为企业带来经济利益，但其为企业带来经济利益的方式与无形资产不同，固定资产是通过实物价值的磨损和转移来为企业带来未来经济利益，而无形资产很大程度上是通过自身所具有的技术等优势为企业带来未来经济利益。不具有实物形态是无形资产区别于其他资产的特征之一。

2. 具有可辨认性

要作为无形资产进行核算，该资产必须是能够区别于其他资产可单独辨认的，如企业持有的专利权、非专利技术、商标权、土地使用权、特许权等。具有可辨认性应符合的条件之一是：（1）能够从企业中分离或者划分出来，并能单独用于出售或转让等，而不需要同时处置在同一获利活动中的其他资产；（2）产生于合同性权利或其他法定权利，无论这些权利是否可以从企业或其他权利和义务中转移或者分离。商誉虽然也是没有实物形态的非货币性资产，但由于不具有可辨认性，因而不属于无形资产。

3. 属于非货币性资产

非货币性资产是指企业持有的货币资金和将以固定或可确定的金额收取的资产以外的其他资产。无形资产在持有过程中为企业带来未来经济利益的情况不确定，不属于以固定或可确定的金额收取的资产，属于非货币性资产。货币性资产主要有现金、银行存款、应收账款、应收票据和短期有价证券等，它们的共同特点是直接表现为固定的货币数额，或在将来收到一定货币数额的权利。应收款项等资产也没有实物形态，其与无形资产的区别在于无形资产属于非货币性资产，而应收款项等资产属于货币性资产。另外，无形资产属于非流动资产，因为其能在超过企业的一个经营周期内为企业创造经济利益。

（二）无形资产的内容

无形资产主要包括专利权、非专利技术、商标权、著作权、特许权、土地使用权等。

1. 专利权

专利权是指国家专利主管机关依法授予发明创造专利申请人，对其发明创造在法定期限内所享有的专有权利，包括发明专利权、实用新型专利权和外观设计专利权。发明专利权的期限为 20 年，实用新型专利权和外观设计专利权的期限为 10 年，均自申请日起计算。

2. 非专利技术

非专利技术亦称专有技术，是指不为外界所知、在生产经营活动中已采用了的、不享有法律保护的、可以带来经济效益的各种技术和诀窍。非专利技术一般包括工业专有技术、商业贸易专有技术、管理专有技术等。

3. 商标权

商标是用来辨认特定的商品或劳务的标记。商标权是指专门在某类指定的商品或产品上使用特定的名称或图案的权利。经商标局核准注册的商标为注册商标，包括商品商标、服务商标和集体商标、证明商标；商标注册人享有商标专用权，受法律保护。注册商标的有效期为 10 年，自核准注册之日起计算。

4. 著作权

著作权亦称版权，是指作者对其创作的文学、科学和艺术作品依法享有的某些特殊权利。著作权包括作品署名权、发表权、修改权和保护作品完整权，还包括复制权、发行权、出租权、展览权、表演权、放映权、广播权、信息网络传播权、摄制权、改编权、翻译权、汇编权以及应当由著作权人享有的其他权利。著作权的保护期为作者终生及其死亡后 50 年。

5. 特许权

特许权亦称经营特许权、专营权，是指企业在某一地区经营或销售某种特定商品的权利或一家企业接受另一家企业使用其商标、商号、技术秘密等的权利。特许权通常有两种形式：一种是由政府机构授权，准许企业使用或在一定地区享有经营某种业务的特权，如水、电、邮电通信等专营权，烟草专卖权等；另一种是企业间依照签订的合同，有限期或无限期使用另一家企业的某些权利，如连锁店分店使用总店的名称等。

6. 土地使用权

土地使用权是指国家准许某企业在一定期间内对国有土地享有开发、利用、经营的权利。企业取得土地使用权的方式大致有：行政划拨取得、外购取得（如以缴纳土地出让金方式取得）及投资者投资取得。通常情况下，作为投资性房地产或者作为固定资产核算的土地，按照投资性房地产或者固定资产核算；以缴纳土地出让金等方式外购的土地使用权、投资者投入等方式取得的土地使用权，作为无形资产核算。

（三）无形资产的确认条件

无形资产应当在符合定义的前提下，同时满足以下两个确认条件时，才能予以确认。

1. 与该资产有关的经济利益很可能流入企业

作为无形资产确认的项目，必须具备产生的经济利益很可能流入企业这一条件。通常情况下，无形资产产生的未来经济利益可能包括在销售商品、提供劳务的收入中，在企业使用该项无形资产而减少或节约的成本中，或体现在获得的其他利益中。

2. 该无形资产的成本能够可靠地计量

成本能够可靠地计量是资产确认的一项基本条件。对于无形资产来说，这项条件相对更为重要。例如，企业内部产生的品牌、报刊名等，因其成本无法可靠计量，不作为无形资产确认。又如，一些高新科技企业的科技人才，即便其与企业签订了服务合同，且合同规定其在一定期限内不能为其他企业提供服务，在这种情况下，虽然这些科技人才的知识在规定的期限内预期能够为企业创造经济利益，但由于这些技术人才的知识难以辨认，且形成这些知识所发生的支出难以计量，因而不能作为企业的无形资产加以确认。

二、无形资产的初始计量

无形资产通常按实际成本计量，即以取得无形资产并使之达到预定用途而发生的全部支出作为无形资产的成本。对于不同来源取得的无形资产，其初始成本构成不尽相同。

企业应设置"无形资产"科目，核算企业持有的无形资产成本，包括专利权、非专利技术、商标权、著作权、土地使用权等。本科目可按无形资产项目进行明细核算。本科目期末借方余额，反映企业无形资产的成本。

1. 外购的无形资产

外购的无形资产，其成本包括购买价款、相关税费以及直接归属于使该项资产达到预定用途所发生的其他支出。其中，直接归属于使该项资产达到预定用途所发生的其他支出，包括使无形资产达到预定用途所发生的专业服务费用、测试无形资产是否能够正常发挥作用的费用等，但不包括为引入新产品进行宣传发生的广告费、管理费用及其他间接费用，也不包括在无形资产已经达到预定用途以后发生的费用。

企业外购的无形资产，按应计入无形资产成本的金额，借记"无形资产"科目，贷记"银行存款"等科目。

【例7-1】 因甲公司某项生产活动需要乙公司已获得的专利技术，如果使用了该项专利技术，甲公司预计其生产能力比原先提高18%，销售利润率增长16%。为此，甲公司从乙公司购入一项专利权，按照协议约定以现金支付，实际支付价款 2 600 000 元、税款 156 000 元和有关专业服务费用 45 000 元，款项已通过银行转账支付。

分析：(1) 甲公司购入的专利权符合无形资产的定义，即甲公司能够拥有或者控制该项专利技术，符合可辨认的条件，同时是不具有实物形态的非货币性资产。(2) 甲公司购入的专利权符合无形资产的确认条件。首先，甲公司的某项生产活动需要乙公司已获得的专利技术，甲公司使用了该项专利技术，预计甲公司的生产能力比原先提高 18%，销售利润率增长 16%，即经济利益很可能流入；其次，甲公司购买该项专利权的成本为 2 600 000 元，另外支付相关税款 156 000 元和有关专业服务费用 45 000 元，即成本能够可靠计量。由此，符合无形资产的确认条件。

根据上述资料，甲公司会计处理如下：

借：无形资产——专利权（2 600 000＋45 000）　　　　2 645 000
　　应交税费——应交增值税（进项税额）　　　　　　　 156 000
　　贷：银行存款　　　　　　　　　　　　　　　　　　2 801 000

企业购买无形资产也会发生超过正常信用条件购买资产的情况，如采用分期付款方式且付款期限比较长（如付款期在 3 年以上）。无形资产的这类业务，可比照实质上具有融资性质的固定资产购买业务处理。

2. 投资者投入的无形资产

投资者投入的无形资产的成本，应当按照投资合同或协议约定的价值及应支付的相关税费确定，借记"无形资产"科目，贷记"实收资本"（或"股本"）科目。如果投资合同或协议约定价值不公允的，应按无形资产的公允价值作为无形资产初始成本入账。

【例7-2】 甲公司预计使用乙公司驰名商标后可使其未来利润增长 30%。为此，甲公司与乙公司协议商定，乙公司以其商标权投资于甲公司，双方协议价格（等于公允价值）为 6 000 000 元。

根据上述资料，甲公司会计处理如下：

借：无形资产——商标权　　　　　　　　　　　　　　6 000 000
　　贷：实收资本（或股本）　　　　　　　　　　　　　6 000 000

3. 通过非货币性资产交换取得的无形资产

企业通过非货币性资产交换取得的无形资产，包括以投资、存货、固定资产或无形资产换入的无形资产等。非货币性资产交换具有商业实质且公允价值能够可靠计量的，在发生补价的情况下，支付补价方应当以换出资产的公允价值加上支付的补价（即换入无形资产的公允价值）和应支付的相关税费，作为换入无形资产的成本；收到补价方，应当以换入无形资产的公允价值（或换出资产的公允价值减去补价）和应支付的相关税费，作为换入无形资产的成本。

4. 通过债务重组取得的无形资产

通过债务重组取得的无形资产，是指企业作为债权人取得的债务人用于偿还债务的非现金资产，且企业作为无形资产管理的资产。通过债务重组取得的无形资产成本，应当以其公允价值入账。

5. 通过政府补助取得的无形资产

通过政府补助取得的无形资产成本，应当按照公允价值计量；公允价值不能可靠取得的，按照名义金额计量。

6. 土地使用权的处理

企业取得的土地使用权，通常应确认为无形资产。土地用于自行开发建造厂房等地上建筑物时，土地使用权的账面价值不与地上建筑物合并计算其成本，而仍作为无形资产进行核算，土地使用权与地上建筑物分别进行摊销和提取折旧。但下列情况除外：

（1）房地产开发企业取得的土地使用权用于建造对外出售的房屋建筑物，相关的土地使用权应当计入所建造的房屋建筑物成本。

（2）企业外购的房屋建筑物，实际支付的价款中包括土地以及建筑物的价值，则应当对支付的价款按照合理的方法（如公允价值比例）在土地和地上建筑物之间进行分配；如果确实无法在地上建筑物与土地使用权之间进行合理分配，则应当全部作为固定资产核算。企业改变土地使用权的用途，将其用于出租赚取租金或增值目的时，应将其转为投资性房地产。

【例7-3】2017年1月4日，甲公司购入一块土地的使用权，以银行存款转账支付60 000 000元，并在该土地上自行建造厂房，发生工程材料支出100 000 000元，工资费用80 000 000元，其他相关费用90 000 000元等。该工程已经完工并达到预定可使用状态。假定土地使用权的使用年限为50年，该厂房的使用年限为25年，两者都没有净残值，都采用直线法进行摊销和计提折旧。为简化核算，不考虑其他相关税费。

根据上述资料，甲公司会计处理如下：

甲公司购入土地使用权，使用年限为50年，表明它属于使用寿命有限的无形资产,在该土地上自行建造厂房,应将土地使用权和地上建筑物分别作为无形资产和固定资产进行核算,并分别摊销和计提折旧。

(1) 购入土地使用权时:

借:无形资产——土地使用权　　　　　　　　　　60 000 000
　　贷:银行存款　　　　　　　　　　　　　　　　60 000 000

(2) 在土地上自行建造厂房时:

借:在建工程　　　　　　　　　　　　　　　　　270 000 000
　　贷:工程物资　　　　　　　　　　　　　　　　100 000 000
　　　　应付职工薪酬　　　　　　　　　　　　　　 80 000 000
　　　　银行存款　　　　　　　　　　　　　　　　 90 000 000

(3) 厂房达到预定可使用状态时:

借:固定资产　　　　　　　　　　　　　　　　　270 000 000
　　贷:在建工程　　　　　　　　　　　　　　　　270 000 000

(4) 每年分期摊销土地使用权和对厂房计提折旧时:

借:管理费用　　　　　　　　　　　　　　　　　 1 200 000
　　制造费用　　　　　　　　　　　　　　　　　 10 800 000
　　贷:累计摊销　　　　　　　　　　　　　　　　 1 200 000
　　　　累计折旧　　　　　　　　　　　　　　　　10 800 000

三、内部研究开发支出的确认和计量

通常情况下,企业自创商誉以及内部产生的品牌、报刊名等,不应确认为无形资产。但是,由于确定研究与开发费用是否符合无形资产的定义和相关特征(如可辨认性)、能否或者何时能够为企业产生预期未来经济利益,以及成本能否可靠地计量尚存在不确定因素,因此,研究与开发活动发生的费用,除了要遵循无形资产确认和初始计量的一般要求外,还需要满足其他特定的条件,才能够确定为一项无形资产。在实务中,企业内部研究开发项目的支出,应当区分研究阶段支出与开发阶段支出。

(一) 研究阶段和开发阶段的划分

1. 研究阶段

研究阶段是指为获取新的技术和知识等进行的有计划的调研。有关研究活动的例子包括:意于获取知识而进行的活动;研究成果或其他知识的应用研究、评价和最终选择;材料、设备、产品、工序、系统或服务替代品的研究;新的或经改进的材料、设备、产品、工序、系统或服务的可能替代品的配制、设计、评价和最终选择等。研究阶段的特点表现为计划性、探索性。

研究阶段一般目标不具体、不具有针对性，很难具体化到特定项目上，成功率很低，风险比较大，其研究能否在未来形成成果，即通过开发后是否会形成无形资产均具有很大的不确定性，企业也无法证明其能够带来未来的经济利益。因此，内部研究开发项目研究阶段的有关支出，应当于发生时计入当期损益。

2. 开发阶段

开发阶段是指在进行商业性生产或使用前，将研究成果或其他知识应用于某项计划或设计，以生产出新的或具有实质性改进的材料、装置、产品等。有关开发活动的例子包括：生产前或使用前的原型和模型的设计、建造和测试；含新技术的工具、夹具、模具和冲模的设计；不具有商业性生产经济规模的试生产设施的设计、建造和运营；新的或经改造的材料、设备、产品、工序、系统或服务所选定的替代品的设计、建造和测试等。开发阶段的特点表现为具有针对性、形成成果的可能性较大。

由于开发阶段相对于研究阶段更进一步。相对于研究阶段来讲，进入开发阶段，意味着很大程度上形成一项新产品或新技术的基本条件已经具备，成功率较高、风险相对较小。此时，如果企业能够证明满足无形资产的定义及相关确认条件，则所发生的开发支出可资本化，确认为无形资产的成本。

(二) 开发阶段有关支出资本化的条件

企业内部研究开发项目开发阶段的支出，同时满足 5 个条件，才能确认为无形资产，即：(1) 完成该无形资产以使其能够使用或出售在技术上具有可行性；(2) 具有完成该无形资产并使用或出售的意图；(3) 无形资产产生经济利益的方式，包括能够证明运用该无形资产生产的产品存在市场或无形资产自身存在市场，无形资产将在内部使用的，应当证明其有用性；(4) 有足够的技术、财务资源和其他资源支持，以完成该无形资产的开发，并有能力使用或出售该无形资产；(5) 归属于该无形资产开发阶段的支出能够可靠地计量。

(三) 内部开发的无形资产的计量

内部研发活动形成的无形资产，其成本由可直接归属于该资产的创造、生产并使该资产能够以管理层预定的方式运作的所有必要支出组成。可直接归属于该资产的成本包括：开发该无形资产时耗费的材料、劳务成本、注册费、在开发该无形资产过程中使用的其他专利权和特许权的摊销，以及按照借款费用准则规定的可资本化的利息支出。在开发无形资产过程中发生的除上述可直接归属于无形资产开发活动的其他销售费用、管理费用等间接费用，无形资产达到预定用途前发生的可辨认的无效和初始运作损失，为运行该无形资产发生的培训支出等，不构成无形资产的开发成本。

需要说明的是，内部开发无形资产的成本仅包括在满足资本化条件的时点至无形资产达到预定用途前发生的支出总和。对于同一项无形资产在开发过程中达到资本化条件之前已经费用化计入当期损益的支出，不再进行调整。

（四）内部研究开发费用的会计处理

企业内部研究和开发无形资产，其在研究阶段的支出全部费用化，计入当期损益（管理费用）；开发阶段的支出，符合资本化条件的才能资本化，不符合资本化条件的计入当期损益（管理费用）。如果确实无法区分研究阶段的支出和开发阶段的支出，应将其所发生的研发支出全部费用化，计入当期损益。

企业应设置"研发支出"科目，核算企业进行研究与开发无形资产过程中发生的各项支出。本科目可按研究开发项目，分别"费用化支出"和"资本化支出"进行明细核算。期（月）末，应将归集的费用化支出金额转入"管理费用"科目；资本化支出金额转入"无形资产"科目。本科目期末借方余额，反映企业正在进行无形资产研究开发项目满足资本化条件的支出。

具体账务处理如下：

（1）企业自行开发无形资产发生的研发支出，未满足资本化条件的，借记"研发支出——费用化支出"科目，满足资本化条件的，借记"研发支出——资本化支出"科目，贷记"原材料"、"银行存款"或"应付职工薪酬"等科目。

（2）企业购买正在进行中的研究开发项目，应按确定的金额，借记"研发支出——资本化支出"科目，贷记"银行存款"等科目。以后发生的研发支出，应当比照上述（1）进行处理。

（3）研究开发项目达到预定用途形成无形资产的，应按"研发支出——资本化支出"科目的余额，借记"无形资产"科目，贷记"研发支出——资本化支出"科目。

【例7-4】2017年1月7日，甲公司经董事会批准研发某项新产品专利技术。该公司董事会认为，研发该项目具有可靠的技术和财务等资源的支持，并且一旦研发成功，将降低该公司的生产成本。该公司在研究开发过程中发生相关费用总计10 000 000元，其中，符合资本化条件的支出为6 000 000元。2017年12月31日，该专利技术已经达到预定用途。

根据上述资料，甲公司会计处理如下：

(1) 发生研发支出时：

借：研发支出——费用化支出　　　　　　　　　　　　　4 000 000
　　　　　　——资本化支出　　　　　　　　　　　　　　6 000 000
　　贷：银行存款等　　　　　　　　　　　　　　　　　　10 000 000

(2) 2017年12月31日，该专利技术已经达到预定用途时：

借：管理费用 4 000 000
　　无形资产 6 000 000
　贷：研发支出——费用化支出 4 000 000
　　　　——资本化支出 6 000 000

四、无形资产的后续计量

（一）无形资产后续计量的原则

无形资产初始确认和计量后，在使用期间内，应以成本减去累计摊销额和累计减值损失后的余额计量。要确定无形资产在使用过程中的累计摊销额，基础是估计其使用寿命。使用寿命有限的无形资产才需要在估计使用寿命内采用系统合理的方法进行摊销；使用寿命不确定的无形资产，则不需要摊销。

1. 无形资产使用寿命的确定

源自合同性权利或其他法定权利取得的无形资产，其使用寿命不应超过合同性权利或其他法定权利的期限。但如果企业预期使用资产的期限短于合同性权利或其他法定权利规定期限的，则应当按照企业预期使用的期限确定其使用寿命。

没有明确的合同或法律规定无形资产的使用寿命的，企业应当综合各方面情况，例如企业聘请相关专家进行论证、与同行业的情况进行比较以及参考企业的历史经验等，来确定无形资产为企业带来未来经济利益的期限。如果经过这些努力，仍确实无法合理确定无形资产为企业带来经济利益的期限，才能将该无形资产作为使用寿命不确定的无形资产。

2. 估计无形资产使用寿命举例

（1）企业以支付出让金方式取得一块土地50年的使用权，如果企业准备持续持有，在50年期间内没有计划出售，则该项土地使用权预期为企业带来未来经济利益的期间为50年。

（2）企业取得一项专利技术，法律保护期间为20年，企业预计运用该专利生产的产品在未来16年内会为企业带来经济利益。就该项专利技术，第三方向企业承诺在6年内以其取得之日公允价值的65％购买该专利权。从企业管理层目前的持有计划来看，准备在6年内将其出售给第三方。为此，该项专利权的实际使用寿命为6年。

（3）企业取得了一项在过去几年市场份额领先的畅销产品的商标。该商标按照法律规定还有5年的使用寿命，但是在保护期届满时，企业可每10年以较低的手续费申请延期，同时有证据表明企业有能力申请延期。此外，有关的调查表明，根据产品生命周期、市场竞争等方面情况综合判断，该品牌将在不确定的期间内为企业产生现金流量。综合各方面情况，该商标可视为使用寿命不确定的无形资产。

(4) 企业通过公开拍卖取得一项出租车运营许可，按照所在地规定，以现有出租运营许可为限，不再授予新的运营许可，而且在旧的出租车报废以后，有关的运营许可可用于新的出租车。企业估计在有限的未来，将持续经营出租车行业。对于该运营许可，其为企业带来未来经济利益的期限从目前情况看无法可靠估计，因此，应视其为使用寿命不确定的无形资产。

3. 无形资产使用寿命的复核

企业至少应当于每年年度终了，对无形资产的使用寿命及摊销方法进行复核，如果有证据表明无形资产的使用寿命及摊销方法不同于以前的估计，如由于合同的续约或无形资产应用条件的改善，延长了无形资产的使用寿命，对于使用寿命有限的无形资产，应改变其摊销年限及摊销方法，并按照会计估计变更进行处理。例如，企业使用的某项非专利技术，原预计使用寿命为10年，使用至第3年年末，该企业计划再使用3年即不再使用。为此，企业应当在第3年年末，变更该项无形资产的使用寿命，并作为会计估计变更进行处理。又如，某项无形资产计提了减值准备，这可能表明企业原估计的摊销期限需要变更。

对于使用寿命不确定的无形资产，如果有证据表明其使用寿命是有限的，则应按照会计估计变更处理，并按照使用寿命有限的无形资产的处理原则进行处理。

(二) 使用寿命有限的无形资产

使用寿命有限的无形资产，应在其预计的使用寿命内采用系统合理的方法对应摊销金额进行摊销。

企业应设置"累计摊销"科目，核算企业对使用寿命有限的无形资产计提的累计摊销。本科目可按无形资产项目进行明细核算。本科目期末贷方余额，反映企业无形资产的累计摊销额。

1. 应摊销金额

无形资产的应摊销金额为其成本扣除预计残值后的金额。已计提减值准备的无形资产，还应扣除已计提的无形资产减值准备累计金额。

2. 摊销期

无形资产的摊销期自其可供使用（即其达到预定用途）时起至终止确认时止。即，无形资产摊销的起始和停止日期为：当月增加的无形资产，当月开始摊销；当月减少的无形资产，当月不再摊销。

3. 摊销方法

在无形资产的使用寿命内系统合理地分摊其应摊销金额，有多种方法，包括直线法、生产总量法等。企业选择的无形资产摊销方法，应当能够反映与该项无形资产有关的经济利益的预期实现方式，并一致地运用于不同会计期间。例如，受技术陈旧因素影响较大的专利权和专有技术等无形资产，可采用类似固定资产加速折旧的方法进行摊销；有特定产量限制的特许经营权或专利权，应采用产量法进行摊销。无法可靠确定其预期实现方式的，应当采用直线法进行摊销。

4. 残值的确定

使用寿命有限的无形资产，其残值应当视为零，但下列情况除外：(1) 有第三方承诺在无形资产使用寿命结束时购买该无形资产；(2) 可以根据活跃市场得到无形资产预计残值信息，并且该市场在无形资产使用寿命结束时很可能存在。

无形资产的残值意味着，在其经济寿命结束之前，企业预计将会处置该无形资产，并且从该处置中取得利益。估计无形资产的残值应以资产处置时的可收回金额为基础，此时的可收回金额是指在预计出售日，出售一项使用寿命已满且处于类似使用状况下，同类无形资产预计的处置价格（扣除相关税费）。残值确定以后，在持有无形资产的期间，至少应于每年年末进行复核，预计其残值与原估计金额不同的，应按照会计估计变更进行处理。如果无形资产的残值重新估计以后高于其账面价值的，则无形资产不再摊销，直至残值降至低于账面价值时再恢复摊销。

例如，企业从外单位购入一项实用专利技术的成本为 80 万元，按照目前企业管理层的持有计划，预计 6 年后转让给第三方。根据目前活跃市场上得到的信息，该实用专利技术预计残值为 2 万元。企业采取生产总量法对该项无形资产进行摊销。到第 4 年末，市场发生变化，经复核重新估计，该项实用专利技术预计残值为 29 万元，如果此时企业已摊销 52 万元，该项实用专利技术账面价值为 28 万元，低于重新估计的该项实用专利技术的残值，则不再对该项实用专利技术进行摊销，直至残值降至低于其账面价值时再恢复摊销。

5. 使用寿命有限的无形资产摊销的账务处理

使用寿命有限的无形资产应当在其使用寿命内，采用合理的摊销方法进行摊销。摊销时，应当考虑该项无形资产所服务的对象，并以此为基础，将其摊销价值计入相关资产的成本或者当期损益。

无形资产的摊销一般应计入当期损益，但如果某项无形资产是专门用于生产某种产品或者其他资产，其所包含的经济利益是通过转入到所生产的产品或其他资产中实现的，则无形资产的摊销费用应当计入相关资产的成本。例如，某项专门用于生产过程中的专利技术，其摊销费用应构成所生产产品成本的一部分，计入制造该产品的制造费用。

企业按期（月）计提无形资产的摊销，借记"管理费用"、"其他业务成本"

或"制造费用"等科目,贷记"累计摊销"科目。处置无形资产,还应同时结转累计摊销。期末,如果企业根据资产减值准则进行减值测试发现无形资产发生减值的,应借记"资产减值损失"科目,贷记"无形资产减值准备"科目。减值准备一旦计提,不得转回。

【例 7-5】 2012 年 7 月 1 日,甲公司以 150 000 元购入一项专利技术用于产品生产,估计其使用寿命为 5 年。2014 年 12 月 31 日,由于新技术的出现,导致该项无形资产发生减值,估计其可收回价值为 50 000 元。该项无形资产净残值为零,并按直线法摊销。忽略相关税费。

根据上述资料,甲公司会计处理如下:

(1) 2012 年 7 月 1 日,购入无形资产时:

  借:无形资产   150 000
    贷:银行存款   150 000

(2) 2012 年 12 月 31 日,摊销无形资产时:

  借:制造费用   15 000
    贷:累计摊销   15 000

(3) 2013 年 12 月 31 日,摊销无形资产时:

  借:制造费用   30 000
    贷:累计摊销   30 000

(4) 2014 年 12 月 31 日,摊销无形资产时:

  借:制造费用   30 000
    贷:累计摊销   30 000

(5) 2014 年 12 月 31 日,计提无形资产减值准备时:

  借:资产减值损失   25 000
    贷:无形资产减值准备   25 000

此时,无形资产的账面价值为 50 000 元。

(6) 2015 年 12 月 31 日,摊销无形资产时:

  借:制造费用   20 000
    贷:累计摊销   20 000

(7) 2016 年 12 月 31 日,摊销无形资产时:

  借:制造费用   20 000
    贷:累计摊销   20 000

(8) 2017 年 6 月 30 日,摊销及结转无形资产时:

  借:制造费用   10 000
    贷:累计摊销   10 000

借：累计摊销		125 000
无形资产减值准备		25 000
贷：无形资产		150 000

（三）使用寿命不确定的无形资产

根据可获得的情况判断，如果无法合理估计某项无形资产的使用寿命，应作为使用寿命不确定的无形资产。对于使用寿命不确定的无形资产，在持有期间内不需要摊销，但应当在每个会计期间进行减值测试。其减值测试的方法按照资产减值的原则进行处理，如经减值测试表明已发生减值，则需要计提相应的减值准备，应借记"资产减值损失"科目，贷记"无形资产减值准备"科目。

【例 7-6】 2016 年 1 月 5 日，甲公司购入一项市场畅销产品的商标，成本为 5 000 000 元。按照法律规定，该商标还有 5 年的使用寿命，但是在保护期届满时，甲公司可每 10 年以较低的手续费申请延期，同时，甲公司有充分的证据表明其有能力申请延期。此外，根据产品生命周期、市场竞争等方面情况综合判断，该商标将在不确定的期间内为企业带来现金流量。根据上述情况，该商标可视为使用寿命不确定的无形资产，在持有期间内不需要进行摊销。2017 年 12 月 31 日，甲公司对该商标按照资产减值的原则进行减值测试，经测试表明该商标已发生减值。2017 年 12 月 31 日，该商标的公允价值为 4 000 000 元。

根据上述资料，甲公司会计处理如下：

(1) 2016 年 1 月 5 日，购入商标时：

借：无形资产——商标权	5 000 000
贷：银行存款	5 000 000

(2) 2017 年 12 月 31 日，发生减值时：

借：资产减值损失（5 000 000－4 000 000）	1 000 000
贷：无形资产减值准备	1 000 000

五、无形资产的处置

无形资产的处置，主要是指无形资产出售、对外出租、对外捐赠，或者是无法为企业带来未来经济利益时，应予终止确认并转销。

（一）无形资产的出售

企业出售某项无形资产，表明企业放弃无形资产的所有权。企业出售无形资产时，应当注销无形资产的账面价值，并将所取得的价款与该无形资产账面价值的差额作为资产利得或损失，计入当期损益。

企业出售无形资产确认其利得的时点，应比照收入准则中的有关原则进行判断。

出售无形资产时，应按实际收到的金额，借记"银行存款"等科目；按已计提的累计摊销，借记"累计摊销"科目；按该项无形资产已计提减值准备，借记"无形资产减值准备"科目；按应支付的相关税费，贷记"应交税费"和"银行存款"等科目；按其账面余额，贷记"无形资产"科目；按其差额，贷记"营业外收入——处置非流动资产利得"科目或借记"营业外支出——处置非流动资产损失"科目。

【例7-7】 2017年1月6日，甲公司将拥有的一项专利技术出售，取得款项212 000元（含税，增值税税率为6%）。该专利技术的成本为300 000元，已计提的减值准备为30 000元，已摊销金额为150 000元。

根据上述资料，甲公司会计处理如下：

借：银行存款　　　　　　　　　　　　　　　　212 000
　　累计摊销　　　　　　　　　　　　　　　　150 000
　　无形资产减值准备　　　　　　　　　　　　 30 000
　贷：无形资产　　　　　　　　　　　　　　　300 000
　　　应交税费——应交增值税（销项税额）　　 12 000
　　　营业外收入——处置非流动资产利得　　　 80 000

如果甲公司转让该项专利技术取得的价款为100 000元，增值税等相关税费为6 000元。则甲公司的账务处理为：

借：银行存款　　　　　　　　　　　　　　　　106 000
　　累计摊销　　　　　　　　　　　　　　　　150 000
　　无形资产减值准备　　　　　　　　　　　　 30 000
　　营业外支出——处置非流动资产损失　　　　 20 000
　贷：无形资产　　　　　　　　　　　　　　　300 000
　　　应交税费——应交增值税（销项税额）　　 6 000

（二）无形资产的出租

企业出租无形资产，即将其拥有的无形资产的使用权让渡给他人，并收取租金，在满足收入准则规定的确认条件的情况下，应确认相关的收入及成本，并通过其他业务收支科目进行核算。但出租无形资产，企业仍享有无形资产的所有权，即在出租期间不应该停止对该项无形资产的摊销。

出租无形资产，取得的租金收入，借记"银行存款"等科目，贷记"其他业务收入"等科目；摊销出租无形资产的成本并发生与转让有关的各种费用支出时，借记"其他业务成本"科目，贷记"无形资产"等科目。

【例7-8】 2017年1月6日，甲公司将一项专利技术出租给乙公司使用，该专利技术账面余额为500 000元，摊销期限为10年，出租合同规定，承租方每年付给出租方 100 000 元专利技术使用费（含税，增值税税率为 6%）。

根据上述资料，甲公司会计处理如下：

(1) 取得该项专利技术使用费时：

借：银行存款	100 000
贷：其他业务收入	94 340
应交税费——应交增值税（销项税额）	5 660

(2) 按年对该项专利技术进行摊销时：

借：其他业务成本	50 000
贷：累计摊销	50 000

（三）无形资产的报废

如果无形资产预期不能为企业带来未来经济利益，因而不再符合无形资产的定义，应将其报废并予以转销，其账面价值转作当期损益。转销时，应按已计提的累计摊销，借记"累计摊销"科目；原已计提减值准备的，借记"无形资产减值准备"；按其账面余额，贷记"无形资产"科目；按其差额，借记"营业外支出"科目。

【例 7-9】 甲公司拥有某项专利技术，根据市场调查，用其生产的产品已没有市场，决定应予转销。转销时，该项专利技术的账面余额为 500 000 元，摊销期限为 10 年，采用直线法进行摊销，已摊销了 5 年。假定该项专利权的残值为零，已累计计提的减值准备为 160 000 元，并且不考虑其他相关因素。

根据上述资料，甲公司会计处理如下：

借：累计摊销	250 000
无形资产减值准备	160 000
营业外支出——处置非流动资产损失	90 000
贷：无形资产——专利权	500 000

第二节　其他非流动资产

其他非流动资产是指不能包括在流动资产、长期投资、投资性房地产、固定资产、无形资产等之内的资产，主要包括投资性房地产、长期待摊费用、递延所得税资产和商誉等。

一、投资性房地产

投资性房地产是指为赚取租金或资本增值，或两者兼有而持有的房地产。投资性房地产应当能够单独计量和出售。投资性房地产主要有以下特征：

（1）投资性房地产是一种经营性活动。投资性房地产的主要形式是出租建筑物、出租土地使用权。房地产租金就是让渡资产使用权取得的使用费收入，是企业为完成其经营目标所从事的经营性活动以及与之相关的其他活动形成的经济利益总流入。投资性房地产的另一种形式是持有并准备增值后转让土地使用权，尽管其增值收益通常与市场供求、经济发展等因素相关，但目的是为了增值后转让以赚取增值收益，也是企业为完成其经营目标所从事的经营性活动以及与之相关的其他活动形成的经济利益总流入。按照国家有关规定认定的闲置土地，不属于持有并准备增值后转让的土地使用权。在我国实务中，持有并准备增值后转让的土地使用权这种情况较少。

（2）投资性房地产在用途、状态、目的等方面区别于作为生产经营场所的房地产和用于销售的房地产。企业持有的房地产，除了用作自身管理、生产经营活动场所和对外销售之外，出现了将房地产用于赚取租金或增值收益的活动，这甚至成为个别企业的主营业务。这就需要将投资性房地产单独作为一项资产核算和反映，与自用的厂房、办公楼等房地产和作为存货（已建完工商品房）的房地产加以区别，从而更加清晰地反映企业所持有房地产的构成情况和盈利能力。

（3）投资性房地产有两种后续计量模式。企业通常应当采用成本模式对投资性房地产进行后续计量；在满足特定条件的情况下，即有确凿证据表明其所有投资性房地产的公允价值能够持续可靠取得的，可以采用公允价值模式进行后续计量。同一企业只能采用一种模式对所有投资性房地产进行后续计量，不得同时采用两种计量模式。

二、长期待摊费用

企业应设置"长期待摊费用"科目，核算企业已经发生但应由本期和以后各期负担的、分摊期限在1年以上的各项费用，如以经营租赁方式租入的固定资产发生的改良支出等。本科目可按费用项目进行明细核算。本科目期末借方余额，反映企业尚未摊销完毕的长期待摊费用。

企业发生的长期待摊费用，借记"长期待摊费用"科目，贷记"银行存款"或"原材料"等科目。摊销长期待摊费用，借记"管理费用"或"销售费用"等科目，贷记"长期待摊费用"科目。

三、递延所得税资产

企业应设置"递延所得税资产"科目，核算企业确认的可抵扣暂时性差异产生的递延所得税资产。本科目应按可抵扣暂时性差异等项目进行明细核算。本科目期末借方余额，反映企业确认的递延所得税资产。

根据税法规定可用以后年度税前利润弥补的亏损及税款抵减产生的所得税资产，也在"递延所得税资产"科目核算。

四、商誉

商誉通常指企业由于所处的地理位置优越，或由于信誉好而获得客户的信任，或由于组织得当、生产经营效益高，或由于技术先进、掌握了生产诀窍等原因而形成的价值。这种价值具体表现为该企业的获利能力超过了一般企业的获利水平，即具有超过正常投资报酬率的信誉和能力。

从计量上来讲，商誉是企业合并成本大于合并中取得的各项可辨认资产、负债公允价值份额的差额，代表的是企业未来现金流量大于每一单项资产产生未来现金流量的合计金额，其存在无法与企业自身区分开来，即不具有可辨认性。

企业应设置"商誉"科目，核算企业合并中形成的商誉价值。本科目期末借方余额，反映企业商誉的价值。商誉发生减值的，可以单独设置"商誉减值准备"科目，比照"无形资产减值准备"科目进行处理。非同一控制下企业合并中确定的商誉价值，借记"商誉"科目，贷记有关科目。

对于确认的商誉，规定无论是否存在减值迹象，企业都至少应当在每年年度终了进行减值测试，资产减值损失一经确认，不得在以后会计期间转回。

自测题

一、名词解释

1. 无形资产
2. 投资性房地产
3. 商誉
4. 研究阶段
5. 开发阶段

二、简答题

1. 无形资产的概念及特征是什么？
2. 企业自行开发无形资产过程中发生的支出如何区分和入账？
3. 无形资产如何进行摊销？如何理解引入"累计摊销"科目？
4. 简述转让无形资产使用权和所有权的不同。
5. 简述无形资产在什么情况下计提减值准备？如何计提？减值准备可否转回？
6. 简述投资性房地产的特点。

三、单项选择题

1. 下列各项中，属于企业无形资产的是（　　）。
   A. 企业内部产生的品牌　　　　B. 企业自创的商誉
   C. 经营租入的无形资产　　　　D. 有偿取得的经营特许权

2. 如果无形资产预期不能为企业带来经济利益时，应将其账面价值转入（　　）。
   A. 其他业务成本　　　　　　　B. 管理费用
   C. 营业外支出　　　　　　　　D. 资产减值损失

3. 使用寿命不确定的无形资产计提减值时，影响利润表的项目是（　　）。
   A. 管理费用　　　　　　　　　B. 资产减值损失
   C. 营业外支出　　　　　　　　D. 营业成本

4. 下列关于无形资产会计处理的表述中，不正确的是（　　）。
   A. 当月增加的使用寿命有限的无形资产从当月开始摊销
   B. 无形资产摊销方法应当反映其经济利益的预期实现方式
   C. 使用寿命有限的无形资产的摊销金额全部计入当期损益
   D. 使用寿命不确定的无形资产持有期间不需要摊销

5. 下列关于使用寿命不确定的无形资产的会计处理中，表述正确的是（　　）。
   A. 持有期间按月摊销，计入成本费用科目
   B. 如果后续期间有证据表明其使用寿命是有限的，应当作会计估计变更处理
   C. 发生减值迹象时，无需进行减值测试
   D. 每个会计期间不需要对使用寿命进行复核

6. 甲公司以318万元的价格对外转让一项专利权（含税，增值税税率为6%）。该项专利权系甲公司以480万元的价格购入，购入时该专利权预计使用年限为10年。转让时该专利权已使用5年，且未计提减值准备。假定不考虑其他相关税费，甲公司转让该专利权所获得的净收益为（　　）万元。
   A. 60　　　　B. 78　　　　C. 132　　　　D. 162

7. 接受投资者投入的无形资产，应按（　　）入账。
   A. 同类无形资产的价格
   B. 该无形资产可能带来的未来现金流量之和
   C. 投资各方合同或协议约定的价值
   D. 投资方无形资产账面价值

四、多项选择题

1. 下列有关无形资产会计处理的表述中，正确的有（　　）。

A. 无形资产的残值一般为零
B. 对于使用寿命不确定的无形资产，当有证据表明其使用寿命有限时，不需要对以前期间进行追溯调整
C. 预期不能为企业带来经济利益的无形资产的账面价值应转销转入当期管理费用
D. 房地产开发企业取得土地用于建造对外出售的房屋建筑物，相关的土地使用权应当计入所建造的房屋建筑物成本

2. 下列关于无形资产会计处理的表述中，不正确的有（　　）。
A. 当月增加的使用寿命有限的无形资产从下月开始摊销
B. 计提的无形资产减值准备在该资产价值恢复时应予转回
C. 以支付土地出让金方式取得的自用土地使用权应单独确认为无形资产
D. 无形资产的摊销方法至少应于每年年度终了进行复核

3. 下列关于无形资产的表述中，正确的有（　　）。
A. 无形资产的出租收入应当确认为其他业务收入
B. 无形资产的摊销期自其可供使用时起至终止确认时止
C. 无法区分研究阶段和开发阶段支出，应当在发生时费用化，计入当期损益
D. 无形资产的研究阶段发生的支出应计入当期损益

4. 下列关于自行研究开发无形资产的会计处理的表述中，不正确的有（　　）。
A. 企业内部研究开发项目研究阶段的支出，不应当通过"研发支出"科目核算，应当在发生时直接计入管理费用
B. "研发支出"科目期末借方余额，反映企业正在进行无形资产研究开发项目的全部支出
C. 企业内部研究开发项目开发阶段的支出，均记入"研发支出——资本化支出"明细科目
D. 企业内部研究开发项目研究阶段的支出，均记入"研发支出——费用化支出"明细科目

5. 下列有关无形资产的摊销的表述中，正确的有（　　）。
A. 使用寿命确定的无形资产，其摊销期应当自无形资产可供使用时起，至终止确认时止
B. 无法预见无形资产是否会为企业带来经济利益的，统一按10年进行摊销
C. 使用寿命不确定的无形资产，不应摊销但每个会计期末均应进行减值测试

D. 企业选择的无形资产摊销方法，应当反映与该项无形资产有关的经济利益的预期实现方式

6. 外购无形资产的成本，包括（　　）。
A. 购买价款
B. 进口关税
C. 其他相关税费
D. 可直接归属于使该项无形资产达到预定用途所发生的其他支出

7. 下列关于企业内部研究开发项目的支出的表述中，不正确的有（　　）。
A. 应当区分研究阶段支出与开发阶段支出
B. 企业内部研究开发项目研究阶段的支出，应确认为无形资产
C. 企业内部研究开发项目开发阶段的支出，应当于发生时计入当期损益
D. 企业内部研究开发项目开发阶段的支出，可能确认为无形资产，也可能确认为费用

五、判断题

1. 企业自创商誉以及内部产生的品牌、报刊名等属于企业的一项无形资产。（　　）
2. 企业拥有的土地使用权均可以作为无形资产入账。（　　）
3. 企业无形资产所带来的未来经济效益具有很大不确定性。（　　）
4. 企业应设置"累计摊销"科目，核算企业对使用寿命有限的无形资产计提的累计摊销额。（　　）
5. 企业应当于取得无形资产时，分析判断其使用寿命。无形资产分为使用寿命有限的无形资产和使用寿命不确定的无形资产。对于使用寿命有限的无形资产，应当采用合适的方法，在其寿命期限内进行摊销；使用寿命不确定的无形资产，不应摊销。（　　）
6. 无形资产达到预定使用状态后发生的支出，不构成无形资产的成本。（　　）
7. 转让无形资产所有权和无形资产使用权虽然会计处理不同，但都会影响当期损益。（　　）
8. 企业内部研究开发项目的支出，应当区分研究阶段支出与开发阶段支出。研究阶段的支出，应当于发生时计入无形资产成本；开发阶段的支出，计入当期损益。（　　）

六、核算题

甲公司发生以下无形资产业务：
(1) 2012年7月1日，以10 000 000元银行存款购入一项商标权作为无形资

产，该商标权法定有效期限为10年，甲公司预计该项商标权受益期限为8年，甲公司按照8年平均摊销。

（2）2014年1月3日起，甲公司允许B公司使用该商标，为期一年，并取得租金收入1 590 000元存入银行（含税，增值税税率为6%）。

（3）2015年年末，经过复核，甲公司预计该项无形资产可收回金额为4 000 000元，并且只能在今后4年内为企业带来经济利益流入，甲公司计提了减值准备。B公司承诺两年以后以2 000 000元购买该项商标权，甲公司计划将该项商标权于2017年年末出售给B公司。

（4）2017年12月1日，甲公司将该无形资产出售，取得收入2 120 000元（含税，增值税税率为6%）。

要求：对甲公司上述业务进行相关会计处理。

08

负 债

ZHONGJI CAIWU KUAIJI

第一节 负债概述

一、负债的概念

负债,是企业过去的交易或者事项形成的,预期会导致经济利益流出企业的现时义务。例如,企业因向金融机构借款而形成的未来偿还本息的义务构成企业的一项负债。

二、负债的分类

按照不同的标准,可将负债分为不同的类别。

1. 按照偿还时间分类

按照偿还时间的不同,负债可分为流动负债和非流动负债。

流动负债,是指将在1年(含1年)或超过1年的一个营业周期内偿还的债务。

非流动负债又称长期负债,是指偿还期限在1年以上的债务。

2. 按照形成方式分类

按照形成方式的不同,负债可分为融资活动形成的负债和营业活动形成的负债。

企业在向银行等金融机构借款或发行债券等融资活动中,会形成各项负债,如应付债券、短期借款、应付利息、应付股利等。

企业在日常经营活动中,也会因为资金的应付未付和各项往来结算业务而形成负债,如应付票据、应付账款、预收账款、应交税费、应付职工薪酬等。

3. 按照偿付手段分类

按照偿付手段的不同,负债可分为货币性负债和非货币性负债。

货币性负债是指需要用货币资金来偿还的负债,如短期借款、长期借款、应付票据、应付账款、应交税费等。

非货币性负债是指不需要用货币资金来偿还的负债,如预收账款、确定将转换为所有者权益的应付债券等。

三、负债的计量

负债是企业应在未来偿还的债务,理论上其入账价值均应按未来偿付金额的现值计量。然而由于流动负债偿还时间较短(通常不超过1年),其未来应付金额与现值之间的差额不大,按照重要性原则,流动负债的入账价值一般按照业务发生时的金额计量。而非流动负债由于期限长、金额高,未来偿付金额与其现值的差额较大,一般应按未来偿付金额的现值入账。

第二节 流动负债

流动负债,是指将在1年(含1年)或超过1年的一个营业周期内偿还的债务,主要包括短期借款、应付票据、应付账款、预收账款、应付职工薪酬、应交税费、应付利息、应付股利、其他应付款等。

一、短期借款

(一)短期借款的概念

短期借款,是指企业向银行或其他金融机构等借入的期限在1年以下(含1年)的各种借款。

(二)短期借款的核算

1. 账户设置

企业应设置"短期借款"科目,核算发生的各项短期借款负债。本科目可按借款种类、贷款人和币种进行明细核算。本科目贷方登记各项短期借款的取得,借方登记短期借款的偿还,期末贷方余额反映企业尚未偿还的短期借款。

2. 主要账务处理

企业取得短期借款时,借记"银行存款"科目,贷记"短期借款"科目;企业归还短期借款时,做相反处理。

企业应按期确认因借入短期借款而发生的利息费用,借记"财务费用"科目,贷记"应付利息"科目。发生利息支出时,借记"应付利息"科目,贷记"银行存款"科目。

【例8-1】 甲公司于2017年7月1日从银行取得6个月期限的借款500 000元,年利率为6%,利息按季支付。甲公司的核算精度要求按月确认利息费用。

根据上述资料,甲公司会计处理如下:

(1) 7月1日,取得借款时:

  借:银行存款   500 000
    贷:短期借款   500 000

(2) 7月31日和8月31日,确认当月利息费用时:

  借:财务费用   2 500

　　　　贷：应付利息（500 000×6%÷12）　　　　　　　　　　　　2 500
　两月共确认应付利息5 000元。
　（3）9月30日，确认当月利息费用并支付第一个季度的利息时：
　　　借：财务费用　　　　　　　　　　　　　　　　　　　　　　2 500
　　　　贷：应付利息　　　　　　　　　　　　　　　　　　　　　　2 500
　　　借：应付利息　　　　　　　　　　　　　　　　　　　　　　　7 500
　　　　贷：银行存款　　　　　　　　　　　　　　　　　　　　　　7 500
　（4）10月31日和11月30日，确认当月利息费用时：
　　　借：财务费用　　　　　　　　　　　　　　　　　　　　　　2 500
　　　　贷：应付利息　　　　　　　　　　　　　　　　　　　　　　2 500
　（5）12月31日，确认当月利息费用、支付第二个季度的利息并归还借款本金时：
　　　借：财务费用　　　　　　　　　　　　　　　　　　　　　　2 500
　　　　　应付利息　　　　　　　　　　　　　　　　　　　　　　5 000
　　　　　短期借款　　　　　　　　　　　　　　　　　　　　　500 000
　　　　贷：银行存款　　　　　　　　　　　　　　　　　　　　507 500

二、应付票据

（一）应付票据的概念

应付票据，是指企业在购买商品、接受劳务时因采用商业汇票结算方式延期付款而承担的负债。

商业汇票按承兑人的不同，可分为商业承兑汇票和银行承兑汇票；按是否带息，可分为带息商业汇票和不带息商业汇票。我国商业汇票的付款期限最长不超过6个月，因此应付票据属于流动负债的范畴。

（二）应付票据的核算

1. 账户设置

企业应设置"应付票据"科目，核算各项应付票据负债。本科目可按债权人进行明细核算。本科目贷方登记企业因承兑或委托银行承兑各项商业汇票而发生的负债，以及因带息票据计息而发生的负债的增加；借方登记商业汇票到期清偿或转为其他负债的金额。本科目期末贷方余额，反映企业尚未到期的商业汇票的票面金额。

为了加强对应付票据的管理，企业还应设置"应付票据备查簿"，详细登记商业汇票的种类、号数、出票日期、到期日、票面金额、交易合同号、收款人姓名或单位名称以及付款日期和金额等资料。应付票据到期结清时，在备查簿中应予注销。

2. 主要账务处理

企业以商业汇票抵付货款时，借记"原材料"和"应交税费"等科目，贷记"应付票据"科目。

支付银行承兑汇票的手续费时，借记"财务费用"科目，贷记"银行存款"科目。

带息商业汇票在会计期末或票据到期日确认利息费用时，借记"财务费用"科目，贷记"应付票据"科目。

商业汇票到期清偿时，借记"应付票据"科目，贷记"银行存款"科目。

商业汇票到期无力清偿时，对于商业承兑汇票，因票据已失效，故应将其到期金额转入"应付账款"科目核算；对于银行承兑汇票，由于承兑银行代为支付了票据款，并将其转为对付款人的逾期贷款，因此付款人应将应付票据款转为短期借款，支付的罚息计入财务费用。

【例 8-2】 甲公司于 2017 年 4 月 1 日购入原材料一批，买价为 100 000 元，增值税 17 000 元，共计 117 000 元，原材料已验收入库，采用商业汇票结算方式，付款期限为 4 个月，年利率为 6%。

根据上述资料，甲公司会计处理如下：

(1) 4 月 1 日，购入原材料时：

借：原材料	100 000
应交税费——应交增值税（进项税额）	17 000
贷：应付票据	117 000

(2) 6 月 30 日，计提票据利息时：

借：财务费用（117 000×6%÷12×3）	1 755
贷：应付票据	1 755

(3) 8 月 1 日，票据到期，计提利息时：

借：财务费用（117 000×6%÷12×1）	585
贷：应付票据	585

(4) 8 月 1 日，票据到期时：

①如果企业如约支付票据本息：

借：应付票据（117 000＋1 755＋585）	119 340
贷：银行存款	119 340

②如果票据为商业承兑汇票，到期时企业无力付款：

借：应付票据	119 340
贷：应付账款	119 340

③如果票据为银行承兑汇票，到期时企业无力付款：

借：应付票据　　　　　　　　　　　　　　　　　　　119 340
　　贷：短期借款　　　　　　　　　　　　　　　　　　　119 340

三、应付账款

（一）应付账款的概念

应付账款，是企业在正常生产经营过程中因购买货物或接受劳务而应当在1年内偿付的债务。它是买卖双方在购销活动中，由于取得物资或服务与支付货款在时间上的不一致所导致的一项流动负债。

（二）应付账款的入账时间

理论上说，应付账款的入账时间应当是与所购买物资的所有权相关的风险和报酬发生转移时，或接受劳务时。即企业应当在确认资产的同时，确认负债。

在实际工作中，如果物资和发票账单同时到达，一般待物资验收入库后，再按发票账单登记入账。这主要是为了避免先入账后又因购入物资存在质量、数量或品种上的问题而调账。

如果物资先到而发票账单后到，则暂时不做账务处理，待收到发票账单时再入账；如果月份终了时，发票账单仍未到达，为了客观反映企业所拥有的资产和承担的负债，应按暂估价值确认相关资产和应付账款，待下月月初再用红字予以冲回。

如果发票账单先到，企业办理了结算并承担了相关物资的风险和报酬，应同时确认在途物资和应付账款。

（三）应付账款的入账价值

应付账款一般按照发票账单上列示的未来应付金额入账，不考虑折现的问题。如果应付账款的偿还附带有现金折扣条件，应付账款的入账金额仍按总价确认，不扣除可能获得的现金折扣。因在折扣期内还款而获得的现金折扣，于实际发生时冲减财务费用。

（四）应付账款的核算

1. 账户设置

企业应设置"应付账款"科目，核算因购买物资或接受劳务而应付未付的款项。本科目可按债权人进行明细核算。本科目期末贷方余额，反映企业尚未支付的应付账款余额。

2. 主要账务处理

企业因赊购材料、商品等物资而发生应付未付款项时，借记"材料采购"、"在途物资"和"应交税费——应交增值税（进项税额）"等科目，贷记"应付账款"科目。

企业因接受劳务而发生应付未付款项时，借记"生产成本"或"管理费用"等科目，贷记"应付账款"科目。

企业以资产清偿应付账款时，借记"应付账款"科目，贷记"银行存款"等科目。

企业应付账款确实无法支付时，借记"应付账款"科目，贷记"营业外收入"科目。

【例8-3】 甲公司于2017年12月5日从乙公司赊购了一批原材料，货款200 000元，增值税34 000元。乙公司提供的商业信用条件为"2/20，1/30，n/40"并说明该条件针对全部价款与增值税税款。甲公司于12月20日用银行存款偿还了所欠款项。

根据上述资料，甲公司会计处理如下：
(1) 12月5日，赊购原材料时：
　借：原材料　　　　　　　　　　　　　　　　　　　　　　　　200 000
　　　应交税费——应交增值税（进项税额）　　　　　　　　　　 34 000
　　贷：应付账款　　　　　　　　　　　　　　　　　　　　　　234 000
(2) 12月20日，偿还款项时：
　借：应付账款　　　　　　　　　　　　　　　　　　　　　　　234 000
　　贷：银行存款　　　　　　　　　　　　　　　　　　　　　　229 320
　　　　财务费用（234 000×2%）　　　　　　　　　　　　　　　 4 680

四、预收账款

(一) 预收账款的概念

预收账款，是销货企业根据买卖双方的协议，向购货方预先收取的款项。

由于收到款项时销售尚未成立，销货企业承担了未来供货的义务，因此预收账款应作为销货企业的负债确认。预收账款一般在1年内用商品或劳务偿还。

(二) 预收账款的核算

1. 设置"预收账款"科目的情况

企业可设置"预收账款"科目，核算企业按照合同规定预收的款项。本科目可按购货单位进行明细核算。

企业收到预收账款时，借记"银行存款"科目，贷记"预收账款"科目。

销售货物或提供劳务时，借记"预收账款"科目，贷记"主营业务收入"和"应交税费——应交增值税（销项税额）"科目。

收到购货方补付的货款时，借记"银行存款"科目，贷记"预收账款"

科目。

退回购货方多付的货款时,借记"预收账款"科目,贷记"银行存款"科目。

由上述账务处理过程可知,期末"预收账款"各明细科目的余额可能在借方,也可能在贷方。当销售总价大于预收账款时,"预收账款"所属明细科目表现为借方余额,反映企业应补收的货款,其性质与应收账款一样,属于债权资产。当企业收到预收账款后尚未供货,或供货总价款小于预收账款时,"预收账款"所属明细科目表现为贷方余额,反映企业尚未清偿的负债。

2. 不设置"预收账款"科目的情况

在预收账款业务不多的情况下,企业也可以不设置"预收账款"科目,将预收的款项记入"应收账款"科目的贷方。此时,"应收账款"所属明细科目可能会出现贷方余额,反映企业因预收款项而形成的负债。

【例 8-4】 甲公司于 2017 年 9 月 6 日与 A 公司签订一份销售合同,货款 200 000 元,增值税 34 000 元;由 A 公司预付总价款的 30%,余款待发货后结算。2017 年 9 月 12 日,甲公司收到了 A 公司交来的预付款 70 200 元。2017 年 11 月 9 日,甲公司向 A 公司发货,销售成立。2017 年 12 月 25 日,甲公司收到 A 公司补付的剩余货款 163 800 元。

根据上述资料,甲公司会计处理如下:

(1) 设置"预收账款"科目的情况。

①2017 年 9 月 12 日,收到 A 公司预付款时:

 借:银行存款   70 200
  贷:预收账款——A 公司   70 200

②2017 年 11 月 9 日,销售成立时:

 借:预收账款——A 公司   234 000
  贷:主营业务收入   200 000
    应交税费——应交增值税(销项税额)   34 000

③2017 年 12 月 25 日,收到余款时:

 借:银行存款   163 800
  贷:预收账款——A 公司   163 800

(2) 不设置"预收账款"科目的情况。

①2017 年 9 月 12 日,收到 A 公司预付款时:

 借:银行存款   70 200
  贷:应收账款——A 公司   70 200

②2017 年 11 月 9 日,销售成立时:

借：应收账款——A公司　　　　　　　　　　　　　　　234 000
　　贷：主营业务收入　　　　　　　　　　　　　　　　200 000
　　　　应交税费——应交增值税（销项税额）　　　　　 34 000
③2017年12月25日，收到余款时：
借：银行存款　　　　　　　　　　　　　　　　　　　163 800
　　贷：应收账款——A公司　　　　　　　　　　　　　163 800

五、应付职工薪酬

（一）职工薪酬的内容

职工薪酬，是指企业为获得职工提供的服务或终止劳动合同关系而给予的各种形式的报酬。此处所称"职工"，不仅包括与企业订立了劳动合同的全职、兼职和临时职工，也包括未与企业订立劳动合同但由企业正式任命的人员（如董事会成员、监事会成员等），还包括在企业的计划和控制下，通过与中介机构签订用工合同，由中介机构派遣至企业提供与职工类似服务的人员。

从涵盖时间和支付形式来看，职工薪酬既包括职工在职期间又包括职工离职后，由企业提供给职工的全部货币性薪酬和非货币性薪酬；从支付对象来看，职工薪酬既包括提供给职工本人的薪酬，又包括提供给职工配偶、子女或其他被赡养人的福利。

职工薪酬的具体内容包括：

1. 短期薪酬

（1）职工工资、奖金、津贴和补贴。例如纳入职工工资总额管理的计时工资、计件工资、加班加点工资，因超额劳动或增收节支而给予的奖金，因从事特殊劳动（如矿山井下、高温、野外、有毒有害作业等）而给予的津贴，已实行货币化改革的交通、通讯、误餐补贴等。

（2）职工福利费。例如职工疗养费用、防暑降温费、供暖费、职工生活困难补助等。

（3）医疗保险费、养老保险费、失业保险费、工伤保险费和生育保险费等社会保险费。

（4）住房公积金。

（5）工会经费和职工教育经费。

（6）短期带薪缺勤。例如年休假、病假、短期伤残、婚假、产假、丧假、探亲假等。

（7）短期利润分享计划。例如因职工提供服务而与职工达成的基于利润或其他经营成果提供薪酬的协议。长期利润分享计划属于其他长期职工福利。

(8) 非货币性福利。例如作为福利发放给职工的企业自产产品或外购商品、为职工提供的免费医疗保健服务、无偿提供给企业高级管理人员使用的住房等。

(9) 其他短期薪酬。是指除上述薪酬以外的其他为获得职工提供的服务而给予的短期薪酬。

2. 离职后福利

离职后福利，是指企业为获得职工提供的服务而在职工退休或与企业解除劳动关系后，提供的各种形式的报酬和福利，属于短期薪酬和辞退福利的除外。

3. 辞退福利

辞退福利，是指企业在职工劳动合同到期之前解除与职工的劳动合同关系，或者为鼓励职工自愿接受裁减而给予职工的补偿。

4. 其他长期职工福利

其他长期职工福利，是指除短期薪酬、离职后福利、辞退福利之外所有的职工薪酬，包括长期带薪缺勤、长期残疾福利、长期利润分享计划等。

（二）应付职工薪酬的核算

企业应按照权责发生制原则，在职工为其提供服务的会计期间，将应付的各项职工薪酬确认为负债；当企业实际向职工发放或为职工支付各类薪酬时，应作为负债的清偿核算。

企业应设置"应付职工薪酬"科目，反映职工薪酬的计提和发放情况。本科目应按薪酬类别设置"工资"、"职工福利"、"社会保险费"、"住房公积金"、"工会经费"、"职工教育经费"和"非货币性福利"等明细科目，进行明细核算。

1. 工资总额的核算

根据国家统计局《关于工资总额组成的规定》，工资总额由以下六个部分组成：计时工资、计件工资、奖金、津贴和补贴、加班加点工资、特殊情况下（如病假、产假等）支付的工资。

工资总额的核算包括工资分配和工资结算两个方面。

工资分配，是指根据职工当期提供的服务确认应付工资总额，并将其按受益对象分配计入各项成本或费用。一般而言，生产车间职工工资计入产品成本，其中生产工人工资借记"生产成本"科目，车间管理人员工资借记"制造费用"科目；在建工程人员的工资计入相关资产的成本，借记"在建工程"科目；无形资产开发阶段发生的符合资本化条件的开发人员工资计入无形资产的成本，借记"研发支出——资本化支出"科目；企业管理人员、销售人员的工资计入当期损益，分别借记"管理费用"和"销售费用"科目。企业同时根据上述成本费用的总和，贷记"应付职工薪酬——工资"科目。

工资结算，是指企业根据应付职工工资总额和各类代扣项目，计算、发放职工工资。对于工资结算业务，企业应按应付职工工资总额借记"应付职工薪酬——工资"科目，按实发金额贷记"银行存款"或"库存现金"等科目，按各代扣项目贷记"其他应收款"、"其他应付款"和"应交税费——应交个人所得税"等科目。

需要说明的是，工资分配与工资结算并没有严格的先后顺序。如果企业发放工资的时间在月度上、中旬，此时当月应计工资尚无法统计，企业往往按照上月情况先进行工资发放，待月末再根据本月情况确认应付工资总额。由此引起的当月工资分配金额与工资结算金额的不一致，会导致"应付职工薪酬——工资"科目出现期末借方余额或贷方余额。

2. 职工福利费的核算

职工福利是企业对职工劳动补偿的辅助形式。职工福利费开支范围主要包括：(1) 为职工卫生保健、生活等发放或支付的各项现金补贴和非货币性福利；(2) 企业尚未分离的内设集体福利部门所发生的设备、设施和人员费用；(3) 职工困难补助；(4) 离退休人员统筹外费用；(5) 抚恤费、职工异地安家费、独生子女费等其他职工福利费。

企业的各项货币性福利，通过"应付职工薪酬——职工福利"科目核算；而非货币性职工福利，则通过"应付职工薪酬——非货币性福利"科目核算。

(1) 货币性职工福利。

对于货币性职工福利，相关法律法规没有明确规定计提基础和计提比例，企业应当根据历史经验数据和自身实际情况，合理预计其金额，并于资产负债表日按照实际发生额补提少提的应付福利费，或冲回多提的应付福利费。

企业在计提货币性职工福利时，贷记"应付职工薪酬——职工福利"科目；同时按照与工资分配相同的原则，根据受益对象借记"生产成本"、"制造费用"或"管理费用"等成本、费用类科目。企业实际支付各项福利费时，借记"应付职工薪酬——职工福利"科目，贷记"银行存款"等科目。

(2) 非货币性职工福利。

非货币性职工福利，主要包括企业以自产产品或外购商品发放给职工作为福利、将拥有的或租赁的资产（如住房）无偿提供给职工使用、以低于成本的价格向职工提供商品或服务等情况。

企业以自产产品发放给职工作为福利的，应视同销售处理，借记"应付职工薪酬——非货币性福利"科目，贷记"主营业务收入"和"应交税费——应交增值税（销项税额）"科目。企业以外购商品作为福利提供给职工的，应根据该商品的公允价值和相关税费确定非货币性福利金额。购入时，借记"库存商品"和"应交税费——应交增值税（进项税额）"科目，贷记"银行存款"科目。实际发放时借记"应付职工薪酬——非货币性福利"科目,贷记"库存商品"和"应交税费——应交增值税(进项税额转出)"科目。企业将住房等资产无偿提供给职工使用的,应根据该住房每期应计提的折旧额,借记"应付职工薪酬——非货币性福利"科目,贷记"累计折旧"等科目。企业将租赁资产无偿提供给职工使用的,应根据该资产每期应付的租金,借记"应付职工薪酬——非货币性福利"科目,贷记"其他应付款"和"银行存款"等科目。企业以低于成本的价格向职工提供商品或服务的,应根据企业对职工出售商品或提供劳务的价格与其成本的差额,确定非货币性福利的金额。

会计期末,企业应按照受益对象分配发生的各项非货币性福利,借记"生产成本"、"制造费用"或"管理费用"等成本、费用类科目,贷记"应付职工薪酬——非货币性福利"科目。

【例8-5】 2017年12月,甲公司发生的有关非货币性福利的业务包括:

(1) 作为福利向生产工人发放自产产品一批,产品成本为3 500元,不含税售价为4 000元,增值税为680元。

(2) 外购商品一批,作为福利发放给销售人员,商品的不含税价格为2 000元,增值税为340元,款项已支付。

(3) 为管理人员无偿提供住房3套,本月折旧费共计6 500元。

根据上述资料,甲公司会计处理如下:

(1) 向生产工人发放自产产品时:

  借:应付职工薪酬——非货币性福利   4 680
    贷:主营业务收入   4 000
      应交税费——应交增值税(销项税额)   680
  借:主营业务成本   3 500
    贷:库存商品   3 500

(2) 向销售人员发放外购商品时:

  借:库存商品   2 000
    应交税费——应交增值税(进项税额)   340
    贷:银行存款   2 340
  借:应付职工薪酬——非货币性福利   2 340
    贷:库存商品   2 000
      应交税费——应交增值税(进项税额转出)   340

(3) 计提管理人员住房折旧时:

  借:应付职工薪酬——非货币性福利   6 500
    贷:累计折旧   6 500

(4) 月末按照受益对象分配非货币性福利时：

借：生产成本	4 680
销售费用	2 340
管理费用	6 500
贷：应付职工薪酬——非货币性福利	13 520

3. 社会保险费、住房公积金、工会经费和职工教育经费的核算

企业各期负担的社会保险费（包括医疗保险费、养老保险费、失业保险费、工伤保险费和生育保险费等）、住房公积金、工会经费和职工教育经费，应按照国务院有关部门及各级政府规定的计提基础和计提比例计算确定。

企业计提、分配以上各项职工薪酬时，借记"生产成本"、"制造费用"或"管理费用"等成本、费用类科目，贷记"应付职工薪酬——社会保险费"、"应付职工薪酬——住房公积金"、"应付职工薪酬——工会经费"和"应付职工薪酬——职工教育经费"科目。企业向当地社会保险经办机构和住房公积金管理机构缴款、实际发生各项工会经费和职工教育经费支出时，借记"应付职工薪酬"下属各明细科目，贷记"银行存款"等科目。

【例 8-6】 2017 年 12 月，甲公司核算、发放、缴纳的职工薪酬如下：

(1) 核算并发放职工工资：生产工人工资 400 000 元，车间管理人员工资 100 000 元，行政管理人员工资 300 000 元，销售人员工资 200 000 元。

(2) 按工资总额的 5% 计提职工福利费，2% 计提工会经费，3% 计提职工教育经费。

(3) 按工资总额的 33% 计提并缴纳社会保险费，12% 计提并缴纳住房公积金；按员工个人工资总额的 11% 代扣代缴社会保险费，12% 代扣代缴住房公积金。

(4) 按员工个人工资总额的 10% 代扣代缴个人所得税。

根据上述资料，甲公司会计处理如下：

(1) 核算职工薪酬时：

借：生产成本 [400 000×(1+5%+2%+3%+33%+12%)]	620 000
制造费用 [100 000×(1+5%+2%+3%+33%+12%)]	155 000
管理费用 [300 000×(1+5%+2%+3%+33%+12%)]	465 000
销售费用 [200 000×(1+5%+2%+3%+33%+12%)]	310 000
贷：应付职工薪酬——工资	1 000 000
——职工福利	50 000
——工会经费	20 000
——职工教育经费	30 000

——社会保险费	330 000
——住房公积金	120 000

(2) 缴纳和代缴社会保险费和住房公积金时：

借：应付职工薪酬——社会保险费	330 000
——住房公积金	120 000
其他应付款——社会保险费（1 000 000×11%）	110 000
——住房公积金（1 000 000×12%）	120 000
贷：银行存款	680 000

(3) 发放工资并代扣社会保险费、住房公积金和个人所得税时：

借：应付职工薪酬——工资	1 000 000
贷：其他应付款——社会保险费	110 000
——住房公积金	120 000
应交税费——应交个人所得税（1 000 000×10%）	100 000
银行存款	670 000

(4) 代缴个人所得税时：

借：应交税费——应交个人所得税	100 000
贷：银行存款	100 000

六、应交税费

企业在生产经营过程中要按照税法规定，向国家缴纳各种税费，主要包括：增值税、消费税、城市维护建设税、资源税、教育费附加、房产税、城镇土地使用税、车船税、矿产资源补偿费、土地增值税、企业所得税、耕地占用税、印花税等。企业应设置"应交税费"科目，并按税种进行明细核算，在纳税义务发生时将应交未交的税费确认为企业的一项负债。

（一）增值税

1. 增值税的概念

增值税是以商品（含货物、加工修理修配劳务、服务、无形资产或不动产，以下统称商品）在流转过程中产生的增值额作为计税依据而征收的一种流转税。实际征收时，通常以企业在销售业务中发生的销项税额减去在进货业务中发生的进项税额后的差额，作为增值税应纳税额。即：

$$\begin{aligned}应交增值税 &= 销项税额 － 进项税额 \\ &= 商品销售额 \times 增值税税率 － 商品进价 \times 增值税税率 \\ &= 本环节增值额 \times 增值税税率\end{aligned}$$

2. 增值税核算的账户设置

一般纳税人应设置"应交税费——应交增值税"和"应交税费——未交增值税"等科目，核算各项增值税业务。其中，"应交增值税"二级科目的借方还应设置"进项税额"、"已交税金"和"转出未交增值税"等专栏，其贷方还应设置"销项税额"、"进项税额转出"和"转出多交增值税"等专栏。

本期销项税额如果大于经过扣减后的进项税额，则差额为本期应交增值税额。本期应交增值税额大于借方专栏"已交税金"的差额，为本期未交增值税，应转入"应交税费——未交增值税"科目的贷方；本期应交增值税额小于借方专栏"已交税金"的差额，为本期多交增值税，应转入"应交税费——未交增值税"科目的借方。经过上述结转后，"应交增值税"二级科目无余额。

本期销项税额如果小于经过扣减后的进项税额，则差额为尚未抵扣的进项税额，可保留在"应交增值税"二级科目的借方，在以后期间继续用于抵扣销项税额。因此，如果"应交增值税"二级科目月末有余额，一定在借方，是尚未抵扣的进项税额。

3. 一般购销业务中的增值税账务处理

增值税是价外税，企业在一般购销业务中通常采用价税分离的定价方法，将总价款列示为不含税售价和增值税两个部分。如果企业采用合并定价方法，则应按下列公式对总价款进行分解：

不含税价格＝含税价格÷（1＋增值税税率）

增值税＝不含税价格×增值税税率

企业销售货物或提供劳务时，按总价款借记"应收账款"或"银行存款"等科目，按不含税售价贷记"主营业务收入"等科目，按增值税额贷记"应交税费——应交增值税（销项税额）"科目；企业购进货物或接受劳务时，按不含税进价借记"原材料"或"材料采购"等科目，按增值税额借记"应交税费——应交增值税（进项税额）"科目，按总价款贷记"银行存款"或"应付账款"等科目。

【例 8-7】 甲公司本期购入一批生产用原材料，增值税专用发票上注明不含税价款为 100 000 元，增值税额 17 000 元。材料已验收入库，货款已支付。甲公司当期销售产品一批，定价总额为 234 000 元，适用的增值税税率为 17%，产品已发出，货款尚未收到。

根据上述资料，甲公司会计处理如下：

(1) 购入原材料时：

借：原材料　　　　　　　　　　　　　　　　　　　　　　100 000
　　应交税费——应交增值税（进项税额）　　　　　　　　 17 000
　　贷：银行存款　　　　　　　　　　　　　　　　　　　　　　117 000

(2) 销售产品时：

借：应收账款　　　　　　　　　　　　　　　　　　　　　　234 000

　　贷：主营业务收入［234 000÷(1+17%)］　　　　　　　　　200 000

　　　　应交税费——应交增值税（销项税额）(200 000×17%)　　34 000

4. 税法上视同销售行为的增值税账务处理

《中华人民共和国增值税暂行条例实施细则》规定了以下九种行为应视同销售，计算缴纳增值税：(1) 将货物交付其他单位或者个人代销；(2) 销售代销货物；(3) 设有两个以上机构并实行统一核算的纳税人，将货物从一个机构移送至其他机构用于销售，但相关机构设在同一县（市）的除外；(4) 将自产、委托加工的货物用于集体福利或个人消费；(5) 将自产、委托加工或者购进的货物作为投资，提供给其他单位或个体工商户；(6) 将自产、委托加工或者购进的货物分配给股东或投资者；(7) 将自产、委托加工或者购进的货物无偿赠送其他单位或个人；(8) 单位或者个体工商户向其他单位或者个人无偿销售应税服务、无偿转让无形资产或者不动产，但用于公益事业或者以社会公众为对象的除外；(9) 财政部和国家税务总局规定的其他情形。

需要说明的是，税法上视同销售的行为，在会计上并不一定作为销售处理。对于上述业务，无论会计上如何处理，只要税法规定了应当缴纳增值税的，均应按规定计算应缴纳的增值税销项税额，贷记"应交税费——应交增值税（销项税额）"明细科目。

(1) 增值税视同销售，且会计上作为销售处理的。企业将自产、委托加工或购进的货物分配给股东或投资者，将自产、委托加工的货物用于集体福利或个人消费等行为，视同销售货物，需计算缴纳增值税。这些应税产品的所有权已转移至企业外部，虽然表面上不像销售商品那样，有货币资金流入企业或取得应收款项，但上述视同销售行为抵偿了负债或者取得了投资，收到了用货币资金偿还债务或者进行投资的效果，即实质上取得了有经济利益流入企业的结果，因而符合收入确认的条件，在会计上要作为销售处理，确认主营业务收入、主营业务成本。会计分录为，借记"应付股利"、"长期股权投资"或"应付职工薪酬——非货币性福利"科目，贷记"主营业务收入"和"应交税费——应交增值税（销项税额）"科目；借记"主营业务成本"科目，贷记"库存商品"科目。

【例8-8】甲公司将自产的一批产品作为股利分配给投资者。该批产品的实际成本为80 000元，计税价格为90 000元，适用的增值税税率为17%。

根据上述资料，甲公司会计处理如下：

借：应付股利　　　　　　　　　　　　　　　　　　　　　　105 300

　　贷：主营业务收入　　　　　　　　　　　　　　　　　　　90 000

　　　　应交税费——应交增值税（销项税额）（90 000×17％）　　15 300
　　借：主营业务成本　　　　　　　　　　　　　　　　　　　80 000
　　　　贷：库存商品　　　　　　　　　　　　　　　　　　　　80 000
　（2）增值税视同销售，但会计上不作为销售处理的。企业将自产产品用于捐赠、赞助等用途的，虽然应税产品的所有权已转移至企业外部，发生了所有权变化，但因没有经济利益流入企业，不符合收入确认的条件，因而会计上也不作为销售处理。账务处理如下：借记"营业外支出"或"销售费用"等科目，贷记"库存商品"和"应交税费——应交增值税（销项税额）"科目。

【例8-9】 甲公司领用本企业自产的一批产品用于产品展销会赠送活动。该批产品的成本为300 000元，计税价格为400 000元，适用的增值税税率为17％。

　　根据上述资料，甲公司会计处理如下：
　　借：销售费用　　　　　　　　　　　　　　　　　　　　　368 000
　　　　贷：库存商品　　　　　　　　　　　　　　　　　　　　300 000
　　　　　应交税费——应交增值税（销项税额）（400 000×17％）　68 000

5．增值税进项税额的抵扣规定
（1）准予抵扣的进项税额。

按照《中华人民共和国增值税暂行条例》的规定，准予抵扣的进项税额包括：①从销售方取得的增值税专用发票上注明的增值税额；②从海关取得的海关进口增值税专用缴款书上注明的增值税额；③购进农产品，除取得增值税专用发票或者海关进口增值税专用缴款书外，按照农产品收购发票或者销售发票上注明的农产品买价和11％的扣除率计算的进项税额；④从境外单位或者个人购进服务、无形资产或者不动产，从税务机关或者扣缴义务人取得的解缴税款的完税凭证上注明的增值税额。

企业在购进货物或应税劳务时，应将准予抵扣的进项税额，借记"应交税费——应交增值税（进项税额）"明细科目，从而减少增值税应纳税额。

【例8-10】 甲公司购入农产品一批，作为原材料核算，实际支付的买价为100 000元。收购的农产品已验收入库，款项已用现金支付。

　　根据上述资料，甲公司会计处理如下：
　　借：原材料　　　　　　　　　　　　　　　　　　　　　　　89 000
　　　　应交税费——应交增值税（进项税额）（100 000×11％）　11 000
　　　　贷：库存现金　　　　　　　　　　　　　　　　　　　　100 000

【例8-11】 甲公司购进一批原材料，用银行存款支付价款、装卸费和运费，均取得增值税专用发票，注明的价款是100 000元，增值税额17 000元；装卸费1 000元，增值税额60元；运费2 000元，增值税额220元。材料已验收入库。

根据上述资料，甲公司会计处理如下：

借：原材料（100 000＋1 000＋2 000）　　　　　　　103 000
　　应交税费——应交增值税（进项税额）（17 000＋60＋220）　17 280
　　贷：银行存款　　　　　　　　　　　　　　　　　　　　120 280

(2) 不予抵扣的进项税额。

按照《中华人民共和国增值税暂行条例》及其实施细则的规定，下列项目的进项税额不得抵扣：①用于简易计税方法计税项目、免征增值税项目、集体福利或者个人消费的购进货物、加工修理修配劳务、服务、无形资产和不动产；②非正常损失的购进货物及相关的加工修理修配劳务和交通运输服务；③非正常损失的在产品、产成品所耗用的购进货物（不包括固定资产）、加工修理修配劳务和交通运输服务；④非正常损失的不动产，以及该不动产所耗用的购进货物、设计服务和建筑服务；⑤非正常损失的不动产在建工程所耗用的购进货物、设计服务和建筑服务，纳税人新建、改建、扩建、修缮、装饰不动产，均属于不动产在建工程；⑥购进的旅客运输服务、贷款服务、餐饮服务、居民日常服务和娱乐服务；⑦纳税人接受贷款服务向贷款方支付的与该笔贷款直接相关的投融资顾问费、手续费、咨询费等费用；⑧财政部和国家税务总局规定的其他形式。

别外，适用一般计税方法的纳税人，兼营简易计税方法计税项目、免征增值税项目而无法划分不得抵扣的进项税额，按照下列计算公式计算不得抵扣的进项税额：

$$\text{不得抵扣的进项税额} = \text{当期无法划分的全部进项税额} \times \left(\frac{\text{当期简易计税方法计税项目销售额} + \text{免征增值税项目销售额}}{\text{当期全部销售额}} \right)$$

纳税人购进货物或者应税劳务，未取得增值税扣税凭证或取得的增值税扣税凭证不符合相关法律法规规定的，其进项税额不得从销项税额中抵扣。

企业在购进货物或应税劳务时，如果能够确定相关增值税进项税额不能抵扣，则应将其计入所购货物或劳务的成本。

由于企业购进货物时并不能预知将来可能发生的非正常损失或物资用途的改变，因而将增值税进项税额按可抵扣的情形记入了"应交税费——应交增值税（进项税额）"明细科目。待将来实际发生税法规定的不允许抵扣事项时，企业应通过"应交税费——应交增值税（进项税额转出）"明细科目，将进项税额转入非应税项目成本、集体福利或当期损失中。

【例 8-12】 沿用例 8-10 的资料，甲公司购入的农产品因管理不善全部霉烂变质，报经批准后转入管理费用。

根据上述资料，甲公司会计处理如下：

(1) 发现农产品毁损时：

借：待处理财产损溢——待处理流动资产损溢　　　　100 000
　　贷：原材料　　　　　　　　　　　　　　　　　　89 000
　　　　应交税费——应交增值税（进项税额转出）　　11 000

(2) 批准后：

借：管理费用　　　　　　　　　　　　　　　　　　100 000
　　贷：待处理财产损溢——待处理流动资产损溢　　　100 000

6. 增值税的缴纳与结转

企业根据当月"应交税费——应交增值税"科目的借、贷方发生额及月初留抵的进项税额，可以计算出当月应交增值税额，其计算公式为：

$$应交增值税 = 销项税额 - \left(\begin{array}{c}月初留抵的\\进项税额\end{array} + \begin{array}{c}本月\\进项税额\end{array} - \begin{array}{c}进项税额\\转出\end{array}\right)$$

由于企业可能已在月末计算出应交增值税之前，预缴了税款，因此会出现当月应交增值税额与实际缴纳金额不等的现象。当企业预缴当月增值税款时，应借记"应交税费——应交增值税（已交税金）"科目，贷记"银行存款"科目。月末将多缴的增值税转出时，应借记"应交税费——未交增值税"科目，贷记"应交税费——应交增值税（转出多交增值税）"科目；月末将少缴的增值税转出时，应借记"应交税费——应交增值税（转出未交增值税）"科目，贷记"应交税费——未交增值税"科目。企业补缴上月增值税时，应借记"应交税费——未交增值税"科目，贷记"银行存款"科目。

【例8-13】甲公司2017年11月初"应交税费——应交增值税"科目有借方余额2 000元，11月份发生增值税进项税额68 000元，发生增值税销项税额102 000元，发生进项税额转出24 000元，当月缴纳的增值税税款为32 600元，当月未缴的增值税于次月补缴。

根据上述资料，甲公司会计处理如下：

(1) 11月份缴纳当月增值税款时：

借：应交税费——应交增值税（已交税金）　　　　　32 600
　　贷：银行存款　　　　　　　　　　　　　　　　　32 600

(2) 11月末结转未交增值税额时：

应交增值税 = 102 000 - (2 000 + 68 000 - 24 000) = 56 000(元)
未交增值税 = 56 000 - 32 600 = 23 400(元)

借：应交税费——应交增值税（转出未交增值税）　　23 400
　　贷：应交税费——未交增值税　　　　　　　　　　23 400

(3) 12月补缴上月增值税时：

借：应交税费——未交增值税　　　　　　　　　　　23 400
　　贷：银行存款　　　　　　　　　　　　　　　　　23 400

【例8-14】 甲公司为增值税一般纳税人，适用的增值税税率为17%，材料采用实际成本法计价。该公司2017年12月1日"应交税费——应交增值税"科目借方余额为40 000元。12月份发生如下经济业务：

(1) 购买原材料一批，增值税专用发票上注明价款600 000元，增值税额为102 000元，企业已开出商业承兑汇票，原材料已验收入库。

(2) 将本企业生产的产品作为福利发放给职工，该批产品的计税价格为410 000元（不含税），成本为375 000元。

(3) 销售产品一批，销售价格为200 000元（不含税），实际成本为160 000元，产品已发出，货款尚未收到。

(4) 将本企业前期购进的商品分配给股东，商品购进价格为180 000元（不含税）。

(5) 月末盘亏原材料一批，该批原材料实际成本为100 000元，应由该材料负担的增值税额为17 000元。

(6) 用银行存款缴纳本月增值税58 000元。

根据上述资料，甲公司会计处理如下：

(1) 购买材料时：

借：原材料　　　　　　　　　　　　　　　　　　　600 000
　　应交税费——应交增值税（进项税额）　　　　　102 000
　　贷：应付票据　　　　　　　　　　　　　　　　　702 000

(2) 发放福利时：

借：应付职工薪酬——非货币性福利　　　　　　　　479 700
　　贷：主营业务收入　　　　　　　　　　　　　　　410 000
　　　　应交税费——应交增值税（销项税额）　　　　69 700

借：主营业务成本　　　　　　　　　　　　　　　　375 000
　　贷：库存商品　　　　　　　　　　　　　　　　　375 000

(3) 销售产品时：

借：应收账款　　　　　　　　　　　　　　　　　　234 000
　　贷：主营业务收入　　　　　　　　　　　　　　　200 000
　　　　应交税费——应交增值税（销项税额）　　　　34 000

借：主营业务成本　　　　　　　　　　　　　　　　160 000
　　贷：库存商品　　　　　　　　　　　　　　　　　160 000

(4) 将购进的商品分配给股东时：
  借：应付股利   210 600
    贷：库存商品   180 000
      应交税费——应交增值税（进项税额转出）   30 600
(5) 盘亏原材料时：
  借：待处理财产损溢——待处理流动资产损溢   117 000
    贷：原材料   100 000
      应交税费——应交增值税（进项税额转出）   17 000
(6) 交纳本月增值税时：
  借：应交税费——应交增值税（已交税金）   58 000
    贷：银行存款   58 000
(7) 月末计算并结转增值税时：

  应交增值税＝(69 700＋34 000)－(102 000－30 600－17 000)－40 000
          ＝9 300(元)
  多交增值税＝58 000－9 300＝48 700(元)
  借：应交税费——未交增值税   48 700
    贷：应交税费——应交增值税（转出多交增值税） 48 700

7. 小规模纳税人的增值税核算

按照我国现行税制的规定，增值税纳税义务人分为一般纳税人和小规模纳税人两种。前文所述增值税各项核算规定均针对一般纳税人而言。小规模纳税人是指年销售额在规定数额以下、会计核算不健全的纳税义务人，其增值税核算采用简化的方法，具体表现在：

(1) 销售货物或提供应税劳务时，按不含税售价的3%计算应交增值税额，只能开具普通发票，如果购货方需要，可请税务机关代开增值税专用发票；

(2) 购进货物或接受应税劳务时，无论是否从销货方取得增值税专用发票，支付的增值税款一律不予抵扣，均计入所购货物或应税劳务的成本；

(3) 设置"应交税费——应交增值税"科目，其下不设各明细专栏，而采用借、贷、余三栏式记账，贷方登记应缴纳的增值税，借方登记已缴纳的增值税。

【例8-15】乙公司为增值税小规模纳税人，2017年12月购入原材料一批，取得的增值税专用发票上注明价款100 000元，增值税税额17 000元。材料已验收入库，货款已支付。当月，乙公司销售产品一批，含税总价款20 600元，适用的增值税征收率为3%，产品已发出，货款尚未收到。

根据上述资料，乙公司会计处理如下：

(1) 购进原材料时：

借：原材料　　　　　　　　　　　　　　　　　　　　　　117 000
　　贷：银行存款　　　　　　　　　　　　　　　　　　　　117 000

(2) 销售产品时：

借：应收账款　　　　　　　　　　　　　　　　　　　　　 20 600
　　贷：主营业务收入[20 600÷(1+3%)]　　　　　　　　　 20 000
　　　　应交税费——应交增值税(20 000×3%)　　　　　　　　600

(二) 消费税

1. 消费税的概念及相关规定

消费税是国家为了调整消费结构、引导消费方向，对特定消费品按流转额征收的一种商品税。

我国目前共对15种消费品征收消费税，分别是：烟、酒、高档化妆品、贵重首饰及珠宝玉石、鞭炮焰火、成品油、小汽车、摩托车、高尔夫球及球具、高档手表、游艇、木制一次性筷子、实木地板、电池、涂料。

消费税是价内税，且实行单环节征收，即：无论在哪个环节征收消费税，同一消费品的消费税只征收一次。除金银首饰在零售环节征收以外，其他消费品主要在生产、委托加工或进口环节征收消费税。

按照现行消费税法的规定，消费税应纳税额的计算分为从价定率、从量定额、从价从量复合计征三种方法，计算公式如下：

　　从价定率的消费税＝销售额×税率

　　从量定额的消费税＝销售数量×单位税额

　　从价从量复合计征的消费税＝销售额×税率＋销售数量×单位税额

上述公式中的销售额，不包括向购货方收取的增值税税款。

2. 销售应税消费品的核算

当企业销售应税消费品，发生消费税纳税义务时，应借记"税金及附加"科目，贷记"应交税费——应交消费税"科目；当企业实际缴纳消费税时，应借记"应交税费——应交消费税"科目，贷记"银行存款"科目。

【例8-16】 甲公司为增值税一般纳税人，本期销售自产的高档手表一批，销售收入为100 000元（不含税），产品成本为70 000元。该产品的增值税税率为17%，消费税税率为20%，产品已发出，货款尚未收到。本期实际缴纳消费税20 000元。

根据上述资料，甲公司会计处理如下：

(1) 销售实现时：

借：应收账款　　　　　　　　　　　　　　　　　　　　　117 000

贷：主营业务收入	100 000
应交税费——应交增值税（销项税额）	17 000
借：主营业务成本	70 000
贷：库存商品	70 000
借：税金及附加	20 000
贷：应交税费——应交消费税（100 000×20%）	20 000

（2）实际缴纳消费税时：

借：应交税费——应交消费税	20 000
贷：银行存款	20 000

3. 税法上视同销售应税消费品的核算

  企业将自产的应税消费品作为直接材料，用于连续生产最终消费品时，不纳税；待最终消费品销售时，按其适用税率计算缴纳消费税。

  企业将自产的应税消费品用于本企业生产非应税消费品、在建工程、管理部门、对外投资、股利分配、无偿捐赠等其他方面时，应视同销售，于移送使用时确认应缴纳的消费税，借记"生产成本"、"在建工程"、"管理费用"或"长期股权投资"等科目，贷记"应交税费——应交消费税"科目。

【例8-17】 甲公司为增值税一般纳税人，本期以自产的应税消费品一批对A公司投资。双方协议按产品的售价作价。该批应税消费品的售价为100 000元（不含增值税），成本为70 000元。该产品的增值税税率为17%，消费税税率为10%。假定该项对外投资符合准则规定的公允价值计量条件，甲公司在会计核算上应按视同销售确认收入与成本。

根据上述资料，甲公司会计处理如下：

借：长期股权投资	117 000
贷：主营业务收入	100 000
应交税费——应交增值税（销项税额）(100 000×17%)	17 000
借：主营业务成本	70 000
贷：库存商品	70 000
借：税金及附加	10 000
贷：应交税费——应交消费税（100 000×10%）	10 000

4. 委托加工应税消费品的核算

  按照税法规定，企业委托加工的应税消费品，由受托方在向委托方交货时代收代缴消费税，即：委托方将消费税税款支付给受托方后，由受托方向税务机关申报上缴。

  企业收回委托加工的应税消费品后，如果用于连续生产最终应税消费品，则支付给受托方的消费税可以抵扣，应借记"应交税费——应交消费税"科目，贷记"银行存款"等科目。待企业销售其最终应税消费品时，再按适用税率计算应缴纳的全部消费税，借记"税金及附加"科目，贷记"应交税费——应交消费税"科目。"应交税费——应交消费税"科目贷方记录的全部消费税，减去借方记录的委托加工环节可抵扣的消费税之后的差额，为应补交的消费税，实际缴纳时应借记"应交税费——应交消费税"科目，贷记"银行存款"科目。

企业收回委托加工的应税消费品，如果用于直接销售，则支付给受托方的消费税应计入委托加工应税消费品的成本，借记"委托加工物资"科目，贷记"银行存款"等科目。委托加工的应税消费品实际出售时，不再缴纳消费税。

【例8-18】甲公司委托乙公司加工一批烟丝，加工所需烟叶由甲公司提供，原材料（烟叶）成本为200 000元。烟丝加工完毕后已验收入库，甲公司用银行存款支付不含税的加工费10 000元，增值税1 700元，并取得增值税专用发票。由乙公司代收代缴的消费税共计90 000元，甲公司已用银行存款支付。

根据上述资料，甲公司会计处理如下：

(1) 发出原材料（烟叶）时：

借：委托加工物资——烟丝　　　　　　　　　　　　　　　200 000
　　贷：原材料——烟叶　　　　　　　　　　　　　　　　　　200 000

(2) 收回加工完毕的烟丝，支付加工费及相关税费时：

组成计税价格＝（材料成本＋不含增值税的加工费）÷（1－消费税税率）
　　　　　　＝（200 000＋10 000）÷（1－30％）＝300 000（元）

应交消费税＝组成计税价格×消费税税率＝300 000×30％＝90 000（元）

①如果收回的烟丝用于继续生产卷烟：

借：委托加工物资——烟丝　　　　　　　　　　　　　　　 10 000
　　应交税费——应交增值税（进项税额）　　　　　　　　　 1 700
　　贷：银行存款　　　　　　　　　　　　　　　　　　　　 11 700
借：应交税费——应交消费税　　　　　　　　　　　　　　 90 000
　　贷：银行存款　　　　　　　　　　　　　　　　　　　　 90 000
借：原材料——烟丝　　　　　　　　　　　　　　　　　　210 000
　　贷：委托加工物资——烟丝　　　　　　　　　　　　　　210 000

②如果收回的烟丝直接用于销售：

借：委托加工物资——烟丝　　　　　　　　　　　　　　　 10 000
　　应交税费——应交增值税（进项税额）　　　　　　　　　 1 700
　　贷：银行存款　　　　　　　　　　　　　　　　　　　　 11 700

借：委托加工物资——烟丝　　　　　　　　　　　　90 000
　　　　贷：银行存款　　　　　　　　　　　　　　　　　　90 000
　　借：库存商品——烟丝　　　　　　　　　　　　　300 000
　　　　贷：委托加工物资——烟丝　　　　　　　　　　　300 000

（三）其他应交税费

1. 城市维护建设税、资源税、教育费附加、房产税、城镇土地使用税、车船税

"税金及附加"科目核算内容包括：消费税、城市维护建设税、资源税、教育费附加及房产税、城镇土地使用税、车船税、印花税等相关税费。

城市维护建设税是国家为了加强城市的维护建设，扩大和稳定城市维护建设资金的来源而征收的一种附加税。

资源税是对在我国境内从事应税矿产品开采和生产盐的单位和个人征收的一种税。

教育费附加是国家为了发展教育事业，提高人民的文化素质而征收的一项费用。

房产税是以房屋为征税对象，按照房屋的计税余值或租金收入，向房产所有人征收的一种财产税。房产税的征税范围仅限于城镇的经营性房屋，征收方法为按年计算、分期缴纳。

城镇土地使用税是以城镇土地为征税对象，对拥有土地使用权的单位和个人征收的一种税。城镇土地使用税以纳税人实际占用的土地面积为计税依据，按年计算、分期缴纳。

车船税是以车船为征税对象，向拥有车船的单位和个人征收的一种税。车船税根据车船的类别和数量，按年申报缴纳。

企业按规定确认应交的城市维护建设税、资源税和教育费附加等时，应借记"税金及附加"科目，贷记"应交税费"科目下属的城市维护建设税、资源税、教育费附加、房产税、城镇土地使用税、车船税、印花税等明细科目；缴纳相关税费时，应借记"应交税费"科目下属的城市维护建设税、资源税、教育费附加、房产税、城镇土地使用税、车船税、印花税等明细科目，贷记"银行存款"科目。

2. 土地增值税

土地增值税是对有偿转让国有土地使用权及地上建筑物和其他附着物，取得增值收入的单位和个人征收的一种税。土地增值税在房地产（或土地使用权）转让环节，实行按次征收，每发生一次转让行为，就根据增值额征一次税。

如果企业的土地使用权与地上建筑物一并在"固定资产"科目核算,则转让时发生的土地增值税,应借记"固定资产清理"科目,贷记"应交税费——应交土地增值税"科目;如果企业的土地使用权单独在"无形资产"科目核算,则转让时发生的土地增值税,应贷记"应交税费——应交土地增值税"科目,同时作为无形资产转让利得或损失的影响因素,记入"营业外收入"或"营业外支出"科目。

3. 企业所得税

企业所得税是对企业的生产、经营所得和其他所得征收的一种收益税。当企业按税法规定确认本期应交企业所得税时,应借记"所得税费用"科目,贷记"应交税费——应交所得税"科目。

需要说明的是,企业为职工代扣代缴的个人所得税不属于企业所得税。个人所得税由职工个人负担,不构成企业的一项费用,当企业承担代为缴纳的义务时,应从应付职工薪酬中扣除,即借记"应付职工薪酬——工资"科目,贷记"应交税费——应交个人所得税"科目。

4. 耕地占用税、印花税

耕地占用税是国家为了利用土地资源,加强土地管理,保护农用耕地而征收的一种税。企业缴纳的耕地占用税,不需要通过"应交税费"科目核算,按规定计算缴纳时,借记"在建工程"科目,贷记"银行存款"科目。

印花税是以经济活动中,书立、领受应税凭证的行为为课税对象而征收的一种税。应税凭证主要包括:购销、加工承揽、建设工程承包、财产租赁、货物运输、仓储保管、借款、财产保险、技术合同或者具有合同性质的凭证;产权转移书据;营业账簿;权利、许可证照等。一般情况下,企业需要预先购买印花税票,待发生应税行为时,再根据税率计算应纳税额,将已购买的印花税票粘贴在应税凭证上,并在每枚税票的骑缝处盖戳注销或者划销,从而完成纳税手续。因此,企业缴纳的印花税一般不需要通过"应交税费"科目核算,而是在购买印花税票时,直接借记"税金及附加"科目,贷记"银行存款"科目。

七、应付利息

应付利息,是指企业按照借款合同或企业债券的约定,应向债权人支付的利息。企业应设置"应付利息"科目,核算应在一年内支付的利息,本科目可按债权人进行明细核算,期末贷方余额反映企业应付未付的利息。

企业按期计提利息时,借记"财务费用"、"在建工程"或"研发支出"等科目,贷记"应付利息"科目;企业实际支付利息时,借记"应付利息"科目,贷记"银行存款"科目。

八、应付股利

应付股利,是指企业根据股东大会或类似机构批准的分配方案,应分配给股东的现金股利或利润。企业经股东大会或类似机构批准,宣告分派现金股利或利润时,应借记"利润分配——应付现金股利或利润"科目,贷记"应付股利"科目;实际支付股利时,借记"应付股利"科目,贷记"银行存款"科目。

对于董事会或类似机构制定的利润分配方案,在经过股东大会批准前,不做账务处理,但应在附注中披露。

九、其他应付款

其他应付款,是指企业除应付票据、应付账款、预收账款、应付职工薪酬、应交税费、应付利息、应付股利、长期应付款等以外的其他各项应付、暂收的款项。

企业发生各种应付、暂收款项时,应借记"银行存款"、"管理费用"或"财务费用"等科目,贷记"其他应付款"科目;实际支付时,借记"其他应付款"科目,贷记"银行存款"等科目。

第三节 非流动负债

非流动负债,是指偿还期在1年以上或者超过1年的一个营业周期以上的负债。常见的非流动负债主要有长期借款、应付债券、长期应付款等。

与流动负债相比,非流动负债具有金额大、期限长的特点。因此,偿还非流动负债的未来现金流量(包括支付的利息与本金)与其现值之间差额较大,应按准则要求以其现值入账。

非流动负债的利息可能分期支付,也可能到期还本时一次支付。因此,非流动负债应付未付的利息既可能是流动负债,也可能是非流动负债。

一、长期借款

(一)长期借款的概念

长期借款,是指企业从银行或其他金融机构借入的期限在1年(不含一年)以上的款项。

(二)长期借款的核算

1. 账户设置

企业应设置"长期借款"科目,核算向金融机构借入的各项长期借款。本科目可按贷款单位和贷款种类,分别"本金"、"利息调整"和"应计利息"等进行明细核算。本科目期末贷方余额,反映企业尚未偿还的长期借款。

2. 主要账务处理

企业取得长期借款时,应按实际收到的金额,借记"银行存款"科目,贷记"长期借款——本金"科目。如果由于银行要求企业将借款额的一定比例保留在银行作为补偿性余额等原因,使得企业实际收到的金额小于借款额,则还应按差额,借记"长期借款——利息调整"科目。

资产负债表日,企业应按摊余成本和实际利率计算确定的长期借款的利息费用,借记"在建工程"、"研发支出"、"制造费用"或"财务费用"等科目,按合同条款规定的每期应付未付利息,贷记"应付利息"或"长期借款——应计利息"科目。如有差额,还应贷记"长期借款——利息调整"科目。

企业支付各期利息时,应借记"应付利息"科目,贷记"银行存款"科目;借款到期归还本金时,应借记"长期借款——本金"和"长期借款——应计利息"科目,贷记"银行存款"科目。

【例8-19】 甲公司为开发某专有技术,2016年1月1日借入期限为两年的长期专门借款300 000元,款项已存入银行。借款利率为6%,实际利率与合同约定的名义利率相等。每年付息一次,期满后还本。2017年1月1日,专有技术开发成功,达到预定用途。假定专有技术开发成功前发生的借款利息符合资本化条件。

根据上述资料,甲公司会计处理如下:

(1) 2016年1月1日,取得长期借款时:

借:银行存款 300 000
　　贷:长期借款——本金 300 000

(2) 2016年12月31日,计提并支付借款利息时:

借:研发支出——资本化支出 18 000
　　贷:应付利息 18 000
借:应付利息 18 000
　　贷:银行存款 18 000

(3) 2017年12月31日,计提借款利息,还本付息时:

借:财务费用 18 000
　　贷:应付利息 18 000
借:长期借款——本金 300 000
　　应付利息 18 000
　　贷:银行存款 318 000

二、应付债券

（一）应付债券概述

1. 公司债券的概念

在我国，公司债券是指公司依照法定程序发行的，约定在一年以上期限内还本付息的有价证券。因此，公司债券属于非流动负债的范畴。

我国企业发行的短期债券被称为短期融资券，短期融资券只对银行间债券市场的机构投资人发行，只在银行间债券市场交易，不对社会公众发行。短期融资券的期限最长不超过365天，属于企业流动负债的范畴。

2. 公司债券的发行

发行债券是企业筹集资金的一种方式。《中华人民共和国证券法》《企业债券管理条例》《上市公司证券发行管理办法》等相关法律法规对公司债券的发行条件、发行程序、监督管理、法律责任等进行了详细的规定。

只有在内部控制、信用级别、财务状况、盈利能力、历史违约情况、募集资金数额及用途等各方面均符合规定条件的企业才有资格公开发行债券。企业发行债券时，应由公司董事会制定方案，由股东大会表决通过，由保荐人保荐并报证券管理机构（中国证监会）核准。实际发行时，由证券经营机构承销。为了保护债券持有人的权益，企业还应当聘请债券受托管理人，并订立债券受托管理协议，由债券受托管理人依照协议的约定维护债券持有人的利益。

3. 公司债券的分类

企业发行的债券可以按不同的方式进行分类：按是否登记债券持有人的姓名，分为记名债券和不记名债券；按能否转换为发行公司的股票，分为可转换公司债券和一般公司债券；按有无特定的财产担保，分为抵押债券和信用债券；按偿还本金的方式，分为一次还本债券和分期还本债券；按支付利息的方式，分为到期一次付息债券和分期付息债券。

4. 公司债券的溢价发行、折价发行和按面值发行

当债券的票面利率高于实际利率时，企业收到的债券发行款会超过债券面值，称为债券的溢价发行，溢价是企业因以后多付利息而事先得到的补偿。

当债券的票面利率低于实际利率时，企业收到的债券发行款会小于债券面值，称为债券的折价发行，折价是企业为以后少付利息而预先给予债券投资者的补偿。

当债券的票面利率等于实际利率时，企业收到的债券发行款会等于债券面值，称为债券按面值发行。

(二) 应付债券的核算

1. 账户设置

企业应设置"应付债券"科目,核算企业为筹集长期资金而发行债券所承担的非流动负债。本科目可按"面值"、"利息调整"和"应计利息"等进行明细核算。

2. 主要账务处理

企业发行债券时,应按实际收到的款项,借记"银行存款"科目;按债券的面值,贷记"应付债券——面值"科目;按两者之间的差额,借记或贷记"应付债券——利息调整"科目。

资产负债表日,企业应按摊余成本和实际利率计算确定的债券利息费用,借记"在建工程"、"研发支出"、"制造费用"和"财务费用"等科目;按票面利率计算确定的应付未付利息,贷记"应付利息"或"应付债券——应计利息"科目;按两者之间的差额,借记或贷记"应付债券——利息调整"科目。

需要说明的是,摊余成本是指应付债券的账面价值,是对"面值"、"利息调整"和"应计利息"三个明细科目金额的合并。对于"应付利息"或"应付债券——应计利息"科目的选择,则依据对负债性质的判断:如果债券采用分期付息方式,则应付未付的利息属于流动负债,应记入"应付利息"科目;如果债券采用到期一次还本付息方式,则应付未付的利息与本金一样,属于非流动负债,应记入"应付债券——应计利息"科目。

债券到期,原记入"应付债券——利息调整"科目的溢折价已摊销完毕。企业清偿债券时,如果是分期付息到期还本债券,只需借记"应付债券——面值"科目,贷记"银行存款"科目;如果是到期一次还本付息债券,则应借记"应付债券——面值"和"应付债券——应计利息"科目,贷记"银行存款"科目。

【例 8-20】 乙公司为建造仓库筹措资金,于 2014 年 1 月 1 日以 1 036 299 元的价格发行面值 1 000 000 元、期限 4 年、票面利率为 5%、按年付息到期一次还本的债券。假设乙公司于 2014 年 1 月 1 日将债券成功发行并将所筹款项投入不动产建造,于 2015 年 12 月 31 日该仓库达到预定可使用状态。债券溢价按实际利率法摊销,实际利率为 4%。

根据上述资料,乙公司会计处理如下:

(1) 2014 年 1 月 1 日,发行债券时:

借:银行存款　　　　　　　　　　　　　　　　　1 036 299
　　贷:应付债券——面值　　　　　　　　　　　 1 000 000
　　　　　　　——利息调整　　　　　　　　　　　　36 299

(2) 2014年12月31日，确认实际利息、支付票面利息时：

借：在建工程 [实际利息＝期初摊余成本×实际利率
　　　　　　＝(1 000 000＋36 299)×4％]　　　　　　41 452
　　应付债券——利息调整（差额＝票面利息－实际利息）　8 548
　　贷：应付利息（票面利息＝面值×票面利率＝1 000 000×5％）50 000
借：应付利息　　　　　　　　　　　　　　　　　　　50 000
　　贷：银行存款　　　　　　　　　　　　　　　　　50 000

(3) 2015年12月31日，确认实际利息、支付票面利息时：

借：在建工程 {[1 000 000＋(36 299－8 548)]×4％}　　41 110
　　应付债券——利息调整　　　　　　　　　　　　　8 890
　　贷：应付利息　　　　　　　　　　　　　　　　　50 000
借：应付利息　　　　　　　　　　　　　　　　　　　50 000
　　贷：银行存款　　　　　　　　　　　　　　　　　50 000

(4) 2016年12月31日，确认实际利息、支付票面利息时：

借：财务费用 {[1 000 000＋(36 299－8 548－8 890)]×4％}　40 754
　　应付债券——利息调整　　　　　　　　　　　　　9 246
　　贷：应付利息　　　　　　　　　　　　　　　　　50 000
借：应付利息　　　　　　　　　　　　　　　　　　　50 000
　　贷：银行存款　　　　　　　　　　　　　　　　　50 000

(5) 2017年12月31日，确认实际利息、还本付息时：

借：财务费用　　　　　　　　　　　　　　　　　　　40 385
　　应付债券——利息调整 [36 299－(8 548＋8 890＋9 246)]　9 615
　　贷：应付利息　　　　　　　　　　　　　　　　　50 000
借：应付债券——面值　　　　　　　　　　　　　　1 000 000
　　应付利息　　　　　　　　　　　　　　　　　　　50 000
　　贷：银行存款　　　　　　　　　　　　　　　　1 050 000

【例 8-21】 乙公司为研发无形资产筹措资金，于2014年1月1日以950 500元的价格发行面值1 000 000元、4年期、票面利率5％的债券。该债券按年计息，到期一次还本付息，利息以单利计算。假设乙公司于2014年1月1日将债券成功发行并将所筹款项投入无形资产研发，于2015年12月31日该无形资产达到预定用途。债券折价按实际利率法摊销，实际利率6％。

根据上述资料，乙公司会计处理如下：

(1) 2014年1月1日，发行债券时：

借：银行存款　　　　　　　　　　　　　　　　　　　950 500

         应付债券——利息调整   49 500
      贷：应付债券——面值   1 000 000

(2) 2014 年 12 月 31 日，确认实际利息时：
    借：研发支出 [实际利息＝期初摊余成本×实际利率
                 ＝(1 000 000－49 500)×6%]   57 030
        贷：应付债券——应计利息（票面利息＝面值×票面利率
                              ＝1 000 000×5%）   50 000
                    ——利息调整（差额＝票面利息－实际利息）   7 030

(3) 2015 年 12 月 31 日，确认实际利息时：
    借：研发支出 {[1 000 000－(49 500－7 030)+50 000]×6%}   60 452
        贷：应付债券——应计利息   50 000
                    ——利息调整   10 452

(4) 2016 年 12 月 31 日，确认实际利息时：
    借：财务费用 {[1 000 000－(49 500－7 030－10 452)+50 000×2]×
6%}   64 079
        贷：应付债券——应计利息   50 000
                    ——利息调整   14 079

(5) 2017 年 12 月 31 日，确认实际利息、还本付息时：
    借：财务费用   67 939
        贷：应付债券——应计利息   50 000
                    ——利息调整 [49 500－(7 030+10 452+14 079)]
                                                         17 939
    借：应付债券——面值   1 000 000
                ——应计利息   200 000
        贷：银行存款   1 200 000

三、长期应付款

1. 长期应付款概述

长期应付款，是指企业除长期借款和应付债券以外的其他各种长期应付款项。常见的长期应付款主要有应付融资租入固定资产的租赁费和以分期付款方式购入固定资产发生的应付款项等。

长期应付款反映企业承担的未来付款义务，通常应在企业签订相关付款合同时予以确认并按未来付款额的现值计量。

2. 长期应付款的核算

企业应设置"长期应付款"科目，反映企业未来应偿付的负债金额；同时企业还应设置"未确认融资费用"科目,反映企业未来偿还金额与其现值之间的差额。"未确认融资费用"是"长期应付款"的备抵科目,二者共同反映长期应付款的摊余成本,即:长期应付款的现值="长期应付款"贷方余额-"未确认融资费用"借方余额。企业应在长期应付款的存续期间内,按实际利率法分期摊销未确认融资费用,将其确认为企业各期的实际利息,借记"在建工程"或"财务费用"等科目,贷记"未确认融资费用"科目。

【例8-22】 2015年1月8日,甲公司与乙公司签订一项购货合同,甲公司从乙公司购入一台不需要安装的大型机器设备。由于甲公司资金周转比较紧张,经与乙公司协议,采用分期付款方式支付款项。在现销方式下,该设备的销售价格为5 160 000元(不含税),分期付款方式支付设备价款共计6 000 000元(不含税)。设备款6 000 000元,在2015年至2017年的3年中平均支付,每年的付款日期为当年12月31日。甲公司按照合同约定用银行存款如期支付了款项。假定折现率为8%。假定增值税在购入设备时一次用银行存款支付。

根据上述资料,甲公司会计处理如下:
(1) 2015年1月8日,购买固定资产时:

借:固定资产　　　　　　　　　　　　　　　　　　　　5 160 000
　　应交税费——应交增值税(进项税额)　　　　　　　　877 200
　　未确认融资费用(6 000 000-5 160 000)　　　　　　840 000
　　贷:长期应付款　　　　　　　　　　　　　　　　　　6 000 000
　　　　银行存款　　　　　　　　　　　　　　　　　　　877 200

(2) 2015年12月31日,付款时:

借:长期应付款　　　　　　　　　　　　　　　　　　　2 000 000
　　贷:银行存款　　　　　　　　　　　　　　　　　　　2 000 000
借:财务费用　　　　　　　　　　　　　　　　　　　　　412 800
　　贷:未确认融资费用[期初摊余成本×实际利率
　　　　　=(6 000 000-840 000)×8%]　　　　　　　　412 800

(3) 2016年12月31日,付款时:

借:长期应付款　　　　　　　　　　　　　　　　　　　2 000 000
　　贷:银行存款　　　　　　　　　　　　　　　　　　　2 000 000
借:财务费用　　　　　　　　　　　　　　　　　　　　　285 824
　　贷:未确认融资费用
　　　　[(6 000 000-840 000-2 000 000+412 800)×8%]　285 824

(4) 2017年12月31日,付款时:

```
借：长期应付款                                    2 000 000
    贷：银行存款                                      2 000 000
借：财务费用                                        141 376
    贷：未确认融资费用（840 000－412 800－285 824）    141 376
```

自测题

一、名词解释

1. 负债
2. 流动负债
3. 非流动负债
4. 短期借款
5. 应付票据
6. 应付账款
7. 预收账款
8. 应付职工薪酬
9. 增值税
10. 长期借款
11. 应付债券
12. 实际利率法

二、简答题

1. 负债有哪些分类方式？
2. 试说明预收账款的两种核算方式。
3. 职工薪酬包括哪些内容？
4. 增值税一般纳税人支付的哪些增值税不得抵扣进项税额？
5. 增值税法规定了哪些视同销售的行为？
6. 税法上视同销售与会计上视同销售有何区别？
7. 委托加工应税消费品的消费税应如何核算？
8. 试说明哪些税费应记入"税金及附加"科目。
9. 非流动负债在核算上相对于流动负债有何特点？

三、单项选择题

1. 短期借款利息应记入（　　）科目。
   A. "管理费用"　　　　　　　B. "在建工程"
   C. "销售费用"　　　　　　　D. "财务费用"
2. 企业到期无法支付银行承兑汇票时，应付票据到期金额应转入（　　）科目。
   A. "应付账款"　　　　　　　B. "短期借款"
   C. "其他应付款"　　　　　　D. "长期应付款"
3. 预收账款明细科目中出现借方余额，其含义为（　　）。

A. 应收账款债权 B. 预收账款负债
C. 应付账款负债 D. 预付账款债权

4. 下列各项中，不属于应付票据核算的内容有（ ）。
A. 票据入账价值的确定 B. 期末计提利息
C. 票据的贴现 D. 到期还本付息

5. 下列各项中，属于"应交税费——应交增值税"明细科目借方专栏的是（ ）。
A. 销项税额 B. 进项税额
C. 进项税额转出 D. 转出多交增值税

6. 企业销售一批产品，含增值税在内的总价款为 304 200 元，增值税税率为 17%，则总价款中含有的增值税为（ ）元。
A. 42 400   B. 44 200   C. 51 714   D. 62 306

7. 某企业收购免税农产品，实际支付的价款为 100 000 元，按规定准予抵扣的进项税额为（ ）元。
A. 11 000   B. 13 000   C. 0   D. 8 000

8. 月份终了，企业当月应交未交的增值税额，应转入（ ）科目的贷方反映。
A. "应交税费——应交增值税（已交税金）"
B. "应交税费——应交增值税（转出多交增值税）"
C. "应交税费——应交增值税（转出未交增值税）"
D. "应交税费——未交增值税"

9. 委托加工的应税消费品收回后，用于连续生产应税消费品的，由受托方代收代缴的消费税，委托方应记入（ ）科目的借方。
A. "应交税费——应交消费税" B. "委托加工物资"
C. "主营业务成本" D. "税金及附加"

10. 企业缴纳的下列税款中，一般不需要通过"应交税费"科目核算的是（ ）。
A. 车船税 B. 印花税
C. 资源税 D. 土地增值税

11. 就发行债券的企业而言，所获债券溢价收入实质是（ ）。
A. 为以后少付利息而事先付出的代价
B. 为以后多付利息而事先得到的补偿
C. 本期利息收入
D. 以后期间的利息收入

12. 当债券的票面利率高于实际利率时,企业发行债券的方式为( )。
    A. 溢价发行　　　　　　　　B. 折价发行
    C. 面值发行　　　　　　　　D. 私募发行
13. 企业发行债券时,收到的发行价款超过债券面值的溢价部分,应记入( )。
    A. "应付债券——利息调整"的借方
    B. "应付债券——利息调整"的贷方
    C. "应付债券——应计利息"的借方
    D. "应付债券——应计利息"的贷方

四、多项选择题

1. 下列项目中,属于流动负债项目的有( )。
    A. 应付票据　　　　　　　　B. 应付职工薪酬
    C. 应付债券　　　　　　　　D. 应付利息
2. 下列项目中,构成工资总额的有( )。
    A. 住房公积金　　　　　　　B. 奖金
    C. 津贴　　　　　　　　　　D. 计件工资
3. 下列项目中,属于应付职工薪酬的有( )。
    A. 职工福利费　　　　　　　B. 养老保险费
    C. 工会经费　　　　　　　　D. 住房公积金
4. 下列各项支出,应计入企业职工福利费支出的有( )。
    A. 为职工卫生保健支付的现金补贴
    B. 职工的困难补助
    C. 离退休人员统筹外费用
    D. 职工异地安家费
5. 企业确认非货币性福利时,应借记( )科目,贷记"应付职工薪酬——非货币性福利"科目。
    A. "生产成本"　　　　　　　B. "制造费用"
    C. "销售费用"　　　　　　　D. "管理费用"
6. "应交税费"科目核算的税费有( )。
    A. 应交增值税　　　　　　　B. 应交消费税
    C. 应交城市维护建设税　　　D. 应交教育费附加
7. 根据《中华人民共和国增值税暂行条例实施细则》的规定,下列项目中应视同销售,计算缴纳增值税销项税额的有( )。
    A. 购买的货物发生非正常损失

B. 将自产或委托加工的货物用于集体福利
C. 将自产、委托加工的货物无偿赠送他人
D. 将自产、委托加工或购买的货物对外投资

8. 下列项目中，进项税额不得从销项税额中抵扣的有（   ）。
A. 未取得增值税扣税凭证的购进货物
B. 用于工程建造的购进货物或者应税劳务
C. 非正常损失的购进货物
D. 购进农产品时，按农产品买价的11%计算的进项税额

9. 小规模纳税人的增值税核算特点包括（   ）。
A. 销售货物或提供应税劳务时，按不含税售价的3%计算应交增值税额
B. 不得开具增值税专用发票，只能开具普通发票
C. 支付的增值税款一律不予抵扣
D. "应交税费——应交增值税"科目采用借、贷、余三栏式记账

10. 下列各项税金中，应计入相关资产成本的有（   ）。
A. 用于直接销售的委托加工应税消费品由受托方代收代缴的消费税额
B. 用于连续生产应税消费品的委托加工应税消费品由受托方代收代缴的消费税额
C. 购进货物已支付的增值税进项税额
D. 自行建造厂房时支付的耕地占用税额

11. 下列税金中，应记入"税金及附加"科目的有（   ）。
A. 增值税   B. 房产税
C. 城镇土地使用税   D. 印花税

12. 其他应付款的核算内容包括（   ）。
A. 应付经营租入固定资产租金
B. 收到的包装物押金
C. 应付供应商的货款
D. 应支付给股东的股利

13. "应付债券"科目应设置的明细科目包括（   ）。
A. 利息费用   B. 面值   C. 应计利息   D. 利息调整

14. "应付债券"科目贷方核算的内容有（   ）。
A. 因溢价发行债券而产生的利息调整
B. 债券溢价的摊销
C. 期末计提应付债券利息
D. 偿还债券本金

15. 下列账务处理或表述中，正确的有（　　）。
   A. 资产负债表日企业应按期初摊余成本和实际利率计算应付债券的实际利息费用
   B. 应付债券的折价摊销应记入"应付债券——利息调整"科目的贷方
   C. 计提的应付债券利息应记入"应付债券——应计利息"科目的贷方
   D. 企业应将长期应付款折现后的价值记入"长期应付款"科目的贷方

五、判断题

1. 负债是企业应在未来偿还的债务，理论上其入账价值均应按未来偿付金额的现值计量。（　　）
2. 带息应付票据计算的利息，应当增加应付票据的账面价值。（　　）
3. 如果应付账款的偿还附带有现金折扣条件，应付账款的入账金额应扣除可能获得的现金折扣。（　　）
4. 职工薪酬分配，是指将应付职工薪酬发放给企业职工。（　　）
5. 没有设置"预收账款"科目的企业，如果收到了预收货款，应该在"应付账款"科目核算。（　　）
6. 增值税一般纳税企业"应交税费——应交增值税"科目月末如有余额，必定在借方。（　　）
7. 企业自产或委托加工的货物用于集体福利或个人消费，由于不是销售，所以不必计算缴纳增值税。（　　）
8. 增值税小规模纳税企业购进货物时，如果取得了增值税专用发票，其支付的增值税可以计入进项税额用以抵扣销项税额。（　　）
9. 企业转让无形资产使用权应缴纳的增值税，通过"税金及附加"科目核算。（　　）
10. "未确认融资费用"是"长期应付款"的备抵科目，二者共同反映长期应付款的摊余成本。（　　）

六、核算题

1. 甲公司 2017 年发生以下应付票据结算业务：
   （1）开出承兑商业汇票一张，面额 6 000 元，用以抵付前欠某单位的货款。
   （2）购买 A 材料，货款为 100 000 元，增值税额为 17 000 元，申请签发面值为 117 000 元，期限 2 个月，利率为 6% 的银行承兑汇票，支付相应手续费 100 元。银行承兑汇票到期，因银行存款余额不足无力支付，做逾期贷款处理。
   （3）购买 B 材料，货款为 20 000 元，增值税额为 3 400 元，企业签发带息商业承兑汇票一张，金额为 23 400 元，期限一个月，票面利率 6%。签发一个月期限的商业承兑汇票到期，银行通知企业付款，企业同意付款。

(4) 购买 C 材料，货款为 10 000 元，增值税额为 1 700 元，企业签发商业承兑汇票一张，金额为 11 700 元，期限 3 个月。商业承兑汇票到期，银行通知企业付款，企业无力付款。

要求：根据上述经济业务，编制相关会计分录。

2. 甲公司 2017 年 8 月 1 日收到 A 公司预付的货款 40 000 元，购买本公司产品 100 件。2017 年 8 月 10 日，甲公司向 A 公司发货并开具增值税专用发票，发票注明不含税货款共计 60 000 元，增值税 10 200 元。2017 年 8 月 23 日，甲公司收到 A 公司补付的剩余价款。

要求：根据上述业务，按设置与不设置"预收账款"科目两种情况，分别编制甲公司相关会计分录。

3. 2017 年 12 月，甲公司核算、发放、缴纳的职工薪酬如下：

(1) 核算并发放职工工资：生产工人工资 450 000 元，车间管理人员工资 150 000 元，行政管理人员工资 300 000 元，销售人员工资 150 000 元。

(2) 按工资总额的 5% 计提职工福利，2% 计提工会经费，3% 计提职工教育经费。

(3) 按工资总额的 33% 计提并缴纳社会保险费，12% 计提并缴纳住房公积金；按员工个人工资总额的 11% 代扣代缴社会保险费，12% 代扣代缴住房公积金。

(4) 按员工个人工资总额的 10% 代扣代缴个人所得税。

要求：编制甲公司职工薪酬相关会计分录。

4. 甲公司为增值税一般纳税人，适用的增值税税率为 17%，材料采用实际成本法计价。该公司 2017 年 12 月 1 日 "应交税费——应交增值税" 科目借方余额为 70 000 元。12 月份发生如下经济业务：

(1) 购买原材料一批，增值税专用发票上注明价款 500 000 元，增值税额为 85 000 元，企业已开出商业承兑汇票，原材料已验收入库。

(2) 将本企业生产的产品作为福利发放给职工，该批产品的计税价格为 400 000 元，成本为 370 000 元。

(3) 销售产品一批，销售价格为 300 000 元（不含增值税），实际成本为 210 000 元，产品已发出，货款尚未收到。

(4) 在建工程领用原材料一批，该批原材料实际成本为 200 000 元。

(5) 月末盘亏原材料一批，该批原材料实际成本为 200 000 元，应由该材料负担的增值税额为 34 000 元。

(6) 用银行存款缴纳本月增值税 30 000 元。

要求：(1) 根据上述经济业务，编制相关会计分录（"应交税费"科目要求写出明细科目及专栏名称）。

（2）12月末，核算应交增值税额，并编制相应的结转分录。

5. 甲公司委托A公司加工一批应税消费品，加工所需原材料由甲公司提供，原材料成本为100 000元，双方约定的含增值税在内的加工费为46 800元。该产品适用的增值税税率为17%，消费税税率为30%。产品加工完毕，甲公司支付了加工费及相关税费，取得A公司开具的增值税专用发票，收回的委托加工物资继续用于生产其他应税消费品。

要求：根据上述经济业务，编制相关会计分录。

6. 乙公司为建造仓库筹措资金，于2014年1月1日以965 350元的价格发行面值1 000 000元、期限4年、票面利率为5%、按年付息到期一次还本的债券。假设乙公司于2014年1月1日将债券成功发行并将所筹款项投入不动产建造，于2015年12月31日该仓库达到预定可使用状态。债券溢价按实际利率法摊销，实际利率为6%。

要求：根据上述资料，编制乙公司相关会计分录。

7. 乙公司为研发无形资产筹措资金，于2014年1月1日以1 025 750元的价格发行面值1 000 000元、4年期、票面利率5%的债券。该债券按年计息，到期一次还本付息，利息以单利计算。假设乙公司于2014年1月1日将债券成功发行并将所筹款项投入无形资产研发，于2015年12月31日该无形资产达到预定用途。债券折价按实际利率法摊销，实际利率4%。

要求：根据上述资料，编制乙公司相关会计分录。

09

所有者权益

ZHONGJI CAIWU KUAIJI

第一节 所有者权益概述

一、所有者权益的概念

所有者权益，是指企业资产减去负债后由企业所有者享有的剩余权益，又称股东权益。

把握所有者权益的概念，尤其要注意区分所有者权益和负债的差别。从会计恒等式"资产＝负债＋所有者权益"来看，企业的所有者和债权人均是企业资金的提供者，所有者权益和债权均是对企业资产的要求权，但二者存在明显的差别，主要表现在：

(1) 性质不同。负债是企业对债权人承担的经济责任，负债的偿还是企业的法定义务，具有较强的刚性；所有者权益则是股东对企业偿还债务后的剩余资产的要求权。

(2) 权利不同。债权人只能要求还本付息，不能参与企业的经营决策和利润分配；所有者权益则包含了决策权和收益分享权。

(3) 偿还期限不同。企业的负债通常有明确的偿还日期；所有者权益则可以长期使用，直至企业结束经营才全部返还给股东。

(4) 风险不同。无论企业经营状况如何，债权人都可以按确定的金额优先向企业求偿，风险较小；股东获得收益的大小，则取决于企业的盈利水平和经营政策，风险较大。

(5) 计量方法不同。负债应于发生时按规定的方法单独计量；所有者权益则不单独计量，而是由资产和负债的计量结果计算得到。

二、所有者权益的构成和来源

所有者权益的构成和来源，如图 9-1 所示。

所有者投入的资本中属于注册资本的部分构成了企业的实收资本或股本，超过注册资本的溢价部分，构成了企业资本公积中的资本溢价或股本溢价。这里所称实收资本是针对一般性企业（如有限责任公司）而言的，股本则专指股份有限公司的实收资本，二者只是称谓不同，并无本质差别。

直接计入所有者权益的利得和损失，是指不应计入当期损益、会导致所有者权益发生增减变动的、与所有者投入资本或者向所有者分配利润无关的利得或者损失，如可供出售金融资产公允价值变动额、企业自用房地产转换为以公允价值

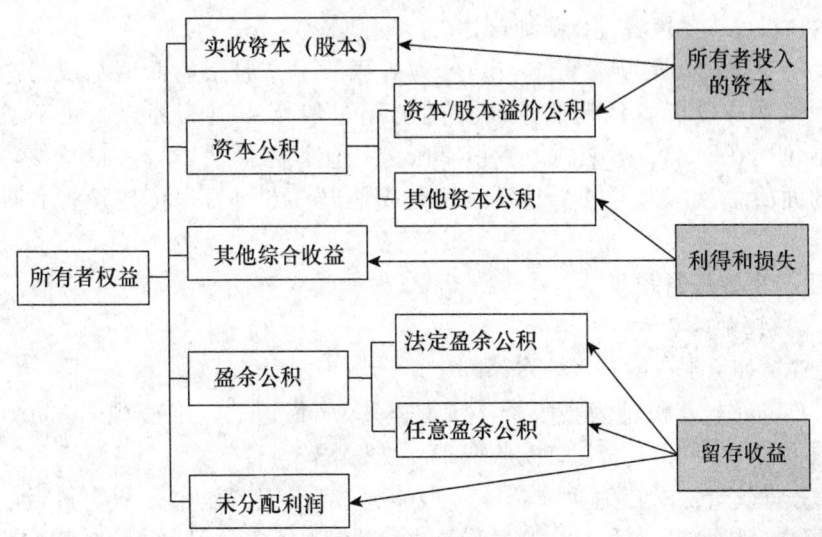

图 9-1　所有者权益的构成和来源

模式计量的投资性房地产时公允价值大于原账面价值的差额。企业非日常经营活动形成的利得和损失，按照准则要求，有的计入了当期损益，通过本年利润间接影响所有者权益；有的则直接计入所有者权益如其他资本公积或其他综合收益。

留存收益是企业历年实现的净利润留存于企业的部分，包括盈余公积和未分配利润。

第二节　实收资本

一、实收资本概述

实收资本，是投资者按照企业章程及投资协议的约定，实际投入企业的资本。所有者向企业投入的资本，一般情况下无须偿还，可以长期周转使用。实收资本的构成比例，即投资者的出资比例，决定了所有者在企业所有者权益中所享有的份额，是投资者对企业经营决策行使表决权的依据，也是获得企业利润分配或股利分配的依据，同时还是企业清算时分割净资产的依据。

二、实收资本的核算

（一）账户设置

一般企业应设置"实收资本"科目，核算投资者投入的属于注册资本的部分，本科目可按投资者进行明细核算。

股份有限公司的实收资本被划分为等额股份，股票的面值与股份总数的乘积为股本。投资者认购股票时交纳的超过股票面值的部分，属于股本溢价，不包括在股本的范围内。股份有限公司应设置"股本"科目，核算全部股份的面值总额。为提供企业股份的构成情况，本科目也可按投资者进行明细核算。

（二）主要账务处理

1. 实收资本增加

企业增加资本一般有三种途径：

（1）将资本公积转为实收资本（股本）。应借记"资本公积——资本溢价（或股本溢价）"科目，贷记"实收资本（或股本）科目"。

（2）将盈余公积转为实收资本（股本）。应借记"盈余公积"科目，贷记"实收资本（或股本）"科目。这里需要注意的是，资本公积和盈余公积均属所有者权益，转为实收资本（或股本）时，企业如为独资企业，核算比较简单，直接结转即可；如为股份有限公司或有限责任公司，则应按原投资者所持有股份同比例增加各股东的股权。

（3）所有者（包括原股东和新投资者）投入。企业接受投资者以货币、实物、无形资产等形式投入的资本时，应借记"银行存款"、"固定资产"、"无形资产"或"长期股权投资"等科目，按其在注册资本或股本中享有的份额，贷记"实收资本"或"股本"科目，如有差额，贷记"资本公积——资本溢价（或股本溢价）"科目。

此外，当股份有限公司发放股票股利、可转换公司债券持有人行使转换权利、企业将重组债务转为资本、以权益结算的股份支付行权时，也会导致企业资本的增加。

【例9-1】 A、B、C三位投资者共同出资设立甲有限责任公司。公司注册资本为1 000 000元。A、B、C持股比例分别为50%、30%、20%。2017年1月9日，甲公司如期收到各投资者一次性缴足的款项。

根据上述资料，甲公司会计处理如下：

借：银行存款   1 000 000
　　贷：实收资本——A   500 000
　　　　　　　　——B   300 000
　　　　　　　　——C   200 000

【例9-2】 乙公司为股份有限公司，根据公司章程，公司注册资本为10 000 000元（每股1元，共10 000 000股）。投资者的出资总额中包括货币资金 8 000 000 元，固定资产 1 500 000 元，无形资产 500 000 元。2017 年 1 月 10 日，乙公司收到全部出资款，并办妥实物产权转移手续。

根据上述资料，乙公司会计处理如下：

借：银行存款	8 000 000
固定资产	1 500 000
无形资产	500 000
贷：股本	10 000 000

2. 实收资本减少

企业减少资本的原因大致有两种：

（1）资本过剩。企业因资本过剩而减资，一般要发还股款。有限责任公司和一般企业发还投资的会计处理比较简单，按法定程序报经批准减少注册资本的，应借记"实收资本"科目，贷记"银行存款"等科目。股份有限公司一般采用回购本公司股票方式减资，发还股款的会计处理相对比较复杂。回购股票时，应借记"库存股"科目，贷记"银行存款"等科目；注销库存股时，按注销的股票面值总额，借记"股本"科目，按库存股的账面余额，贷记"库存股"科目，按其差额，借记"资本公积——股本溢价"科目，股本溢价不足冲减的，应借记"盈余公积"和"利润分配——未分配利润"科目。如果回购库存股时，支付的价款低于其面值总额，则注销库存股时，应将差额作为增加股本溢价处理。

（2）企业发生重大亏损而需要减少资本。

【例 9-3】 甲有限责任公司因缩减经营规模而减少注册资本 200 000 元，按法定程序报经批准后，已将 200 000 元返还给投资者。

根据上述资料，甲公司会计处理如下：

借：实收资本	200 000
贷：银行存款	200 000

【例 9-4】 乙股份有限公司截至 2017 年 12 月 31 日共发行股票 30 000 000 股，股票面值为 1 元，资本公积（股本溢价）为 6 000 000 元，盈余公积为 4 000 000 元。经股东大会批准，乙公司以现金回购本公司股票 3 000 000 股并注销。假定乙公司按每股 4 元的价格回购本公司股票，不考虑其他因素。

根据上述资料，乙公司会计处理如下：

（1）回购股票：

借：库存股	12 000 000
贷：银行存款	12 000 000

（2）注销库存股：

```
    借：股本                                  3 000 000
        资本公积——股本溢价                    6 000 000
        盈余公积                              3 000 000
      贷：库存股                                        12 000 000
```

【例9-5】 承例9-4，假定乙公司以每股0.9元的价格回购股票并注销。

根据上述资料，乙公司会计处理如下：

(1) 回购股票：

```
    借：库存股                                2 700 000
      贷：银行存款                                       2 700 000
```

(2) 注销库存股：

```
    借：股本                                  3 000 000
      贷：库存股                                         2 700 000
          资本公积——股本溢价                              300 000
```

第三节　资本公积和其他综合收益

一、资本公积

(一) 资本公积概述

资本公积，是指由资本溢价（或股本溢价）和直接计入所有者权益的利得和损失形成的，由全体所有者分享的权益。资本公积包括资本溢价（或股本溢价）和其他资本公积。资本公积可用于转增资本。

1. 资本溢价（或股本溢价）

资本溢价（或股本溢价）是指企业收到投资者投入的超出其在企业注册资本（或股本）中所占份额的投资。一般来说，当企业吸收新增投资者投入资本时，新投资者往往需要投入更多的资本才能享有与原投资者相同的份额。这是因为企业初创时期，要经过筹建、试生产经营、市场开拓等过程，初始股东承担了较高的投资风险和较低的回报，为企业在后续正常生产经营中获得较高的投资报酬率付出了代价。因此，新增投资者需要超份额出资，对原有股东在企业初创时期付出的代价作出补偿，才能公平地享有企业当前较高的投资报酬率。另外，企业生产经营过程中可能还会有一部分利润留在企业，形成了留存收益，新加入的投资者将与原股东共同分享这部分留存收益，也要求其超份额投资。新投资者投入的超过其在注册资本（或股本）中所占份额的部分，形成企业的资本溢价（或股本溢价)。

在我国,股份有限公司公开发行股票募集资本时,可以按股票面值发行,也可按超过面值的价格溢价发行,但不得折价发行。股票发行价格超过面值的部分,形成股本溢价。

2. 其他资本公积

其他资本公积是指除资本溢价(或股本溢价)项目以外所形成的资本公积。主要包括:以权益结算的股份支付;长期股权投资采用权益法核算的,被投资单位除净损益、其他综合收益和利润分配以外的所有者权益的其他变动。

(二)资本公积的核算

1. 账户设置

企业应设置"资本公积——资本溢价(或股本溢价)"科目,核算企业收到投资者出资额超出其在注册资本或股本中所占份额的部分。

企业还应设置"资本公积——其他资本公积"科目,核算直接计入所有者权益的利得和损失。

2. 主要账务处理

(1) 资本溢价(或股本溢价)。

企业吸收新增投资者投资时,按收到的资产,借记"银行存款"、"固定资产"或"无形资产"等科目;按投资者在注册资本中所占的份额,贷记"实收资本"或"股本"科目;按差额,贷记"资本公积——资本溢价"或"资本公积——股本溢价"科目。

股份有限公司公开发行股票筹集资本时,按实际收到的发行价款,借记"银行存款"科目,按发行的股票面值总额,贷记"股本"科目,如有超出股票面值的溢价收入,贷记"资本公积——股本溢价"科目。委托券商代理发行股票而支付的手续费、佣金等,应从溢价收入中扣除;无溢价或溢价不足扣除的部分,应计入发行当期的财务费用。

(2) 资本公积转增资本。

经股东大会或类似机构决议,用资本公积转增资本时,应借记"资本公积——资本溢价"或"资本公积——股本溢价"科目,贷记"实收资本"或"股本"科目。

【例9-6】甲有限责任公司由A、B、C三位股东各自出资1 000 000元设立,设立时实收资本共计3 000 000元。经过三年的经营,该企业已步入稳定发展时期,这时投资者D希望加入该企业。经协商,由投资者D出资1 800 000元,而仅占该企业股份的25%。相关手续已办妥,新增资本已存入甲公司开户银行。

根据上述资料,甲公司会计处理如下:

投资者 D 加入后，企业注册资本＝3 000 000÷(1－25%)
＝4 000 000(元)

投资者 D 投入资金中，属于注册资本的部分＝4 000 000－3 000 000
＝1 000 000(元)

资本溢价＝1 800 000－1 000 000＝800 000(元)

借：银行存款　　　　　　　　　　　　　　　　　　　1 800 000
　　贷：实收资本　　　　　　　　　　　　　　　　　　1 000 000
　　　　资本公积——资本溢价　　　　　　　　　　　　　800 000

【例 9-7】 乙股份有限公司委托证券公司代理发行普通股 10 000 000 股，每股面值 1 元，每股发行价格为 5 元。双方约定按发行收入的 3‰收取手续费，从发行收入中扣除。乙公司已收到扣除手续费后的股款。

根据上述资料，乙公司会计处理如下：

手续费＝10 000 000×5×3‰＝1 500 000(元)

收到款项＝10 000 000×5－1 500 000＝48 500 000(元)

应计入资本公积的金额＝(5－1)×10 000 000－1 500 000＝38 500 000(元)

借：银行存款　　　　　　　　　　　　　　　　　　　48 500 000
　　贷：股本　　　　　　　　　　　　　　　　　　　10 000 000
　　　　资本公积——股本溢价　　　　　　　　　　　 38 500 000

【例 9-8】 经股东大会决议，乙股份有限公司于 2017 年年初，用资本公积(股本溢价)转增股本 1 000 000 元，相关增资手续已办妥。

根据上述资料，乙公司会计处理如下：

借：资本公积——股本溢价　　　　　　　　　　　　　1 000 000
　　贷：股本　　　　　　　　　　　　　　　　　　　1 000 000

二、其他综合收益

其他综合收益，是指企业根据会计准则规定未在当期损益中确认的各项利得和损失，包括以后会计期间不能重分类进损益的其他综合收益和以后会计期间满足规定条件时将重分类进损益的其他综合收益两类。

1. 以后会计期间不能重分类进损益的其他综合收益项目

以后会计期间不能重分类进损益的其他综合收益项目，主要包括重新计量设定受益计划净负债或净资产导致的变动，以及按照权益法核算因被投资单位重新计量设定受益计划净负债或净资产变动导致的权益变动，投资企业按持股比例计算确认的该部分其他综合收益项目。

2. 以后会计期间满足规定条件时将重分类进损益的其他综合收益项目

以后会计期间满足规定条件时将重分类进损益的其他综合收益项目，主要包括可供出售金融资产公允价值的变动，金融资产的重分类，采用权益法核算的长期股权投资、被投资单位其他综合收益发生变动，存货或自用房地产转换为投资性房地产，现金流量套期工具产生的利得或损失中属于有效套期的部分，外币财务报表折算差额等。

相关账务处理见有关章节，此处不再赘述。

第四节 留存收益

留存收益，是指企业历年来创造的净利润中，没有分配给投资者而留存于企业的部分。为了规范留存收益的使用，留存收益分为盈余公积和未分配利润两部分。

一、盈余公积

（一）盈余公积概述

1. 盈余公积的用途

为了满足企业维持或扩大再生产的资金需要，防范未来可能出现的亏损对资本金的侵蚀，相关法律法规要求企业从净利润中提取一部分资金作为盈余公积。盈余公积的提取实质上是对企业向投资者分配利润的一种限制。因此，盈余公积的用途主要是：弥补亏损、转增资本、扩大企业生产经营。

2. 盈余公积的有关规定

公司制企业应按当年税后净利润的10%提取法定盈余公积。当法定盈余公积累计额达到公司注册资本的50%以上时，可以不再提取。公司从税后利润中提取法定盈余公积后，还可以根据股东大会决议，从税后利润中提取任意盈余公积。

按照《公司法》的规定，法定公积金转增资本时，所留存的该项公积金不得少于转增前公司注册资本的25%。例如，甲公司注册资本原为100万元，法定盈余公积35万元，则可用法定盈余公积转增资本的最大金额为10万元。

（二）盈余公积的核算

1. 账户设置

企业应设置"盈余公积——法定盈余公积"和"盈余公积——任意盈余公积"科目，核算企业从净利润中提取的盈余公积。

2. 主要账务处理

(1) 提取盈余公积。

企业按规定提取盈余公积时,借记"利润分配——提取法定盈余公积"和"利润分配——提取任意盈余公积"科目,贷记"盈余公积——法定盈余公积"和"盈余公积——任意盈余公积"科目。

(2) 弥补亏损。

经股东大会或类似机构决议,企业用盈余公积弥补亏损时,应借记"盈余公积"各明细科目,贷记"利润分配——盈余公积补亏"科目。

(3) 转增资本。

经股东大会或类似机构决议,企业用盈余公积转增资本时,应借记"盈余公积"各明细科目,贷记"实收资本"或"股本"科目。股份有限公司用盈余公积派送新股,相当于用盈余公积转增资本,应借记"盈余公积"各明细科目,贷记"股本"科目。

【例9-9】 2017年12月31日,甲公司按规定从税后利润中提取法定盈余公积1 000 000元,提取任意盈余公积500 000元。

根据上述资料,甲公司会计处理如下:

借:利润分配——提取法定盈余公积　　　　　　　　　　1 000 000
　　　　　　——提取任意盈余公积　　　　　　　　　　　　500 000
　　贷:盈余公积——法定盈余公积　　　　　　　　　　　1 000 000
　　　　　　——任意盈余公积　　　　　　　　　　　　　　500 000

【例9-10】 甲股份有限公司经股东大会批准,以法定盈余公积弥补当年亏损300 000元。

根据上述资料,甲公司会计处理如下:

借:盈余公积——法定盈余公积　　　　　　　　　　　　　300 000
　　贷:利润分配——盈余公积补亏　　　　　　　　　　　　300 000

【例9-11】 甲股份有限公司经股东大会批准,以任意盈余公积2 000 000元向股东派送新股2 000 000股,每股面值1元。

根据上述资料,甲公司会计处理如下:

借:盈余公积——任意盈余公积　　　　　　　　　　　　2 000 000
　　贷:股本　　　　　　　　　　　　　　　　　　　　　2 000 000

二、未分配利润

(一) 未分配利润概述

未分配利润,是企业留待以后年度进行分配的结存利润。相对于所有者权益的其他部分而言，企业对未分配利润的使用拥有比较大的自主权。未分配利润可以用于弥补亏损、转增资本、向股东分配利润或股利。

按照《公司法》等有关法律法规的规定，企业当年实现的净利润，应按如下顺序进行分配：(1) 弥补以前年度的亏损；(2) 提取法定盈余公积；(3) 提取任意盈余公积；(4) 向投资者分配利润或股利。从数量上来说，未分配利润是期初未分配利润，加上本期实现的净利润，减去提取的盈余公积和分出利润后的余额。

（二）未分配利润的核算

1. 账户设置

企业应设置"利润分配——未分配利润"科目，核算企业累积形成的未分配利润或未弥补亏损。为了反映利润分配的过程，企业还应在"利润分配"科目下，设置"提取法定盈余公积"、"提取任意盈余公积"、"应付现金股利或利润"、"转作股本的股利"和"盈余公积补亏"明细科目。以上明细科目在期末均应结转至"利润分配——未分配利润"科目，结转后除"未分配利润"明细科目外，其他明细科目均无余额。

2. 主要账务处理

(1) 结转本年利润。

企业将本期实现的净利润转入未分配利润时，应借记"本年利润"科目，贷记"利润分配——未分配利润"科目。如果本年发生净亏损，则应借记"利润分配——未分配利润"科目，贷记"本年利润"科目。

(2) 分配利润。

①提取盈余公积。

相关账务处理见"盈余公积"。

②向投资者分配利润或股利。

经股东大会或类似机构决议，企业应向投资者分配的现金股利或利润，借记"利润分配——应付现金股利或利润"科目，贷记"应付股利"科目。

经股东大会或类似机构决议，企业应分配给股东的股票股利，在办妥增资手续后，借记"利润分配——转作股本的股利"，贷记"股本"科目。

(3) 形成期末未分配利润。

利润分配完毕，企业应将"利润分配"科目下除"未分配利润"外的所属其他明细科目余额，转入"利润分配——未分配利润"科目。期末"利润分配"科目下，只有"未分配利润"明细科目有余额，贷方表示累积未分配利润，借方表示累积未弥补亏损。

企业在生产经营过程中如果出现亏损，用当年实现的利润弥补以前年度的亏损时，不需要进行专门的账务处理。企业将当年实现的利润自"本年利润"科目转入"利润分配——未分配利润"科目的贷方，就可以与以前年度反映在"利润分配——未分配利润"借方的累计亏损额自然抵补。另外，按照企业所得税法的规定，企业当年发生的亏损，可以在今后5年内用税前利润弥补，超过5年，则只能用税后利润弥补。该项规定只影响亏损以后各年的应纳所得税额，不影响净利润在结转与分配时的账务处理过程。

【例9-12】 甲股份有限公司2017年年初未分配利润为800 000元，当年实现净利润共计5 000 000元。公司按10%提取法定盈余公积，按5%提取任意盈余公积，并向投资者分配现金股利200 000元，股票股利1 000 000元，已办妥相关增资手续。

根据上述资料，甲公司会计处理如下：

(1) 结转本年净利润：

借：本年利润　　　　　　　　　　　　　　　　　　5 000 000
　　贷：利润分配——未分配利润　　　　　　　　　　5 000 000

(2) 分配利润：

借：利润分配——提取法定盈余公积　　　　　　　　500 000
　　　　　　　——提取任意盈余公积　　　　　　　　250 000
　　贷：盈余公积——法定盈余公积　　　　　　　　　500 000
　　　　　　　　——任意盈余公积　　　　　　　　　250 000
借：利润分配——应付现金股利　　　　　　　　　　200 000
　　贷：应付股利　　　　　　　　　　　　　　　　　200 000
借：利润分配——转作股本的股利　　　　　　　　1 000 000
　　贷：股本　　　　　　　　　　　　　　　　　　1 000 000

(3) 结转"利润分配"下的明细科目：

借：利润分配——未分配利润　　　　　　　　　　1 950 000
　　贷：利润分配——提取法定盈余公积　　　　　　　500 000
　　　　　　　　——提取任意盈余公积　　　　　　　250 000
　　　　　　　　——应付现金股利　　　　　　　　　200 000
　　　　　　　　——转作股本的股利　　　　　　　1 000 000

以上账务处理完成后，甲公司2017年年末的未分配利润为：

800 000＋5 000 000－500 000－250 000－200 000－1 000 000
＝3 850 000(元)

【例9-13】 乙股份有限公司2017年以前5年内累计亏损3 000 000元，反映在"利润分配——未分配利润"科目的借方。2017年公司实现净利润2 800 000元。经股东大会决议，除2017已实现的净利润以外，尚未弥补的亏损用公司的法定盈余公积来弥补。

根据上述资料，乙公司会计处理如下：

(1) 结转本年净利润：

借：本年利润　　　　　　　　　　　　　　　　　　2 800 000
　　贷：利润分配——未分配利润　　　　　　　　　　　　2 800 000

(2) 用盈余公积补亏：

截至2017年年末，尚未弥补的亏损＝3 000 000－2 800 000＝200 000（元）

借：盈余公积——法定盈余公积　　　　　　　　　　　200 000
　　贷：利润分配——盈余公积补亏　　　　　　　　　　　200 000

(3) 结转"利润分配"下的明细科目：

借：利润分配——盈余公积补亏　　　　　　　　　　　200 000
　　贷：利润分配——未分配利润　　　　　　　　　　　　200 000

以上账务处理完成后，乙公司2017年年末的未分配利润为：

－3 000 000＋2 800 000＋200 000＝0(元)

自测题

一、名词解释

1. 所有者权益
2. 实收资本
3. 资本公积
4. 其他综合收益
5. 盈余公积
6. 留存收益
7. 未分配利润

二、简答题

1. 所有者权益与负债的主要区别是什么？
2. 简述所有者权益的构成和来源。
3. 资本溢价（或股本溢价）的形成原因是什么？
4. 其他综合收益核算包括哪些内容？
5. 盈余公积的用途有哪些？
6. 企业净利润的分配顺序是怎样的？

三、单项选择题

1. 当新投资者加入有限责任公司时，其出资额大于按约定比例计算的在注册资本中所占份额的部分，应计入（　　）。

A. 实收资本　　　　　　　　　　B. 营业外收入

C. 资本公积 　　　　　　　　D. 盈余公积

2. 股份有限公司溢价发行股票时支付给证券代理商的发行手续费应当（　　）科目。

A. 计入管理费用 　　　　　　B. 计入财务费用
C. 作为长期待摊费用分期摊销　D. 从溢价收入中扣除

3. 会计期末，"利润分配"各明细科目中可能会有余额的是（　　）科目。

A. "提取法定盈余公积" 　　　 B. "转作股本的股利"
C. "盈余公积补亏" 　　　　　 D. "未分配利润"

4. 甲股份有限公司委托某证券公司代理发行普通股100 000股，每股面值1元，发行价格为每股3元，双方约定，证券公司按发行收入的3%收取手续费，从发行收入中扣除。则甲公司应计入资本公积的金额是（　　）元。

A. 191 000　　B. 200 000　　C. 3 000　　D. 9 000

5. 甲公司原有注册资本600万元，为扩大生产经营，吸收新投资者加入，新投资者需要出资420万元，占公司所有者权益的25%。则新投资者的出资中应计入资本溢价的金额为（　　）万元。

A. 170　　B. 220　　C. 295　　D. 120

6. 下列各项中，会引起所有者权益总额发生变化的是（　　）。

A. 提取盈余公积 　　　　　　B. 盈余公积补亏
C. 向投资者分配现金股利　　　D. 向投资者分配股票股利

四、多项选择题

1. 下列项目中，应记入"资本公积"科目的有（　　）。

A. 本年实现的利润 　　　　　B. 以权益结算的股份支付
C. 股本溢价 　　　　　　　　D. 应计入当期损益的损失

2. 留存收益是企业没有分配给投资者的累积净利润，它包括（　　）。

A. 实收资本 　　　　　　　　B. 资本公积
C. 盈余公积 　　　　　　　　D. 未分配利润

3. 盈余公积可用于（　　）。

A. 扩大企业生产经营　　　　　B. 转增资本
C. 弥补亏损 　　　　　　　　D. 发放工资

4. 下列事项中，会导致实收资本（或股本）发生增减变动的有（　　）。

A. 资本公积转增资本　　　　　B. 盈余公积转增资本
C. 派送新股 　　　　　　　　D. 注销库存股

5. 以下关于所有者权益的表述中，正确的有（　　）。

A. 股本是股票面值和股份总数的乘积

B. 分配股票股利不影响所有者权益总额，但影响其结构
C. 分配现金股利将引起所有者权益减少
D. 法定盈余公积累计额达到公司注册资本的50%以上时，可以不再提取

6. 应计入其他综合收益的有（　　）。
A. 可供出售金融资产产生的利得（损失）金额
B. 按权益法核算在被投资单位其他综合收益中所享有的份额
C. 交易性金融资产公允价值变动
D. 投资性房地产公允价值模式下价值变动

7. "利润分配"科目下设的明细科目有（　　）。
A. "未分配利润"　　　　　　　B. "提取法定盈余公积"
C. "转作股本的股利"　　　　　D. "应付现金股利或利润"

五、判断题

1. 企业用当期净利润补亏，不必专门编制会计分录。（　　）
2. 盈余公积只能用于转增资本，不能用于弥补亏损。（　　）
3. 在我国，股份有限公司公开发行股票募集资本时，可以按股票面值发行，也可以溢价发行或折价发行。（　　）
4. 企业当期发生的利得和损失均应记入"资本公积——其他资本公积"。（　　）
5. 资产公允价值形成的利得和损失记入"其他综合收益"科目。（　　）
6. 实收资本的构成比例，即投资者的出资比例，是投资者对企业经营决策行使表决权的依据，也是获得企业利润分配的依据。（　　）
7. 未分配利润可以用于弥补亏损、转增资本、向股东分配利润或股利。（　　）
8. 企业将本年实现的净利润转入未分配利润时，应借记"利润分配——未分配利润"科目，贷记"本年利润"科目。（　　）

六、计算题

1. 甲公司2017年年初未分配利润贷方余额为200万元，本年利润总额为800万元，所得税费用为200万元。按净利润的10%提取法定盈余公积，按净利润的5%提取任意盈余公积，向投资者分配现金股利25万元。

要求：计算甲公司2017年年末的未分配利润金额。

2. 乙公司2017年年初未分配利润借方余额为18万元，本年实现净利润900万元，本年提取法定盈余公积90万元，提取任意盈余公积40万元，向投资者分配股票股利27万元。

要求：计算乙公司2017年年末的未分配利润金额。

七、核算题

1. 甲公司于2016年以发行股票的方式募集资本，共发行普通股10 000 000股，每股面值1元，每股的发行价格8元。证券代理商按其发行收入的2%收取承销费用，并从发行收入中扣除。收到的股款已存入银行。2017年，经股东大会决议，甲公司用资本公积（股本溢价）转增股本1 000 000元，相关增资手续已办妥。

要求：根据上述资料，编制甲公司发行股票、转增资本的会计分录。

2. 乙股份有限公司截至2017年12月31日共发行股票10 000 000股，股票面值为1元，资本公积（股本溢价）为600 000元，盈余公积为300 000元。经股东大会批准，乙公司以现金回购本公司股票200 000股并注销。假定乙公司按每股4.8元的价格回购本公司股票，不考虑其他因素。

要求：根据上述资料，编制乙公司回购并注销库存股的会计分录。

3. 丙公司2016年年初未分配利润为500 000元，当年实现净利润共计3 000 000元。公司按10%提取法定盈余公积，按7%提取任意盈余公积，并向投资者分配现金股利900 000元、股票股利1 000 000元，已办妥相关增资手续。2017年甲公司发生净亏损1 800 000元，经股东大会决议，以法定盈余公积来弥补尚未弥补的亏损。

要求：根据上述资料，编制丙公司相关会计分录。

10

收入、费用和利润

ZHONGJI CAIWU KUAIJI

第一节 收　入

一、收入的概念与分类

(一) 收入的概念

收入,是指企业在日常活动中形成的、会导致所有者权益增加的、与所有者投入资本无关的经济利益的总流入。

日常活动是指企业为完成其经营目标所从事的经常性活动以及与之相关的其他活动。例如,工业企业制造并销售产品、商业企业销售商品、保险公司签发保单、咨询公司提供咨询服务、软件企业为客户开发软件、安装公司提供安装服务等,均属于企业的日常活动。企业处置固定资产、进行债务重组、参与非货币性资产交换等偶发交易或事项,不属于企业的日常活动。明确界定日常活动是为了将收入与利得相区分,企业非日常活动中获得的经济利益流入属于利得。

(二) 收入的分类

按照企业从事日常活动的性质,可将收入分为销售商品收入、提供劳务收入、让渡资产使用权收入、建造合同收入等。其中,销售商品收入主要是指工业企业制造并销售产品、商业企业销售购进的商品等实现的收入;提供劳务收入是指企业通过对外提供劳务而实现的收入,如咨询公司提供咨询服务、运输公司提供运输服务、软件开发公司提供软件开发及维护服务等实现的收入;让渡资产使用权收入主要有商业银行对外贷款、租赁公司出租资产等实现的收入;建造合同收入是指建造承包商因承揽建造合同而实现的收入,如飞机制造公司因签订并履行飞机建造合同而实现的收入。

按照企业各项日常活动的重要性,可将收入分为主营业务收入和其他业务收入。主营业务收入是指企业围绕经营目标从事的经常性活动实现的收入,而与之相关的其他日常活动实现的收入则属于其他业务收入。如工业企业对外出售不需用的原材料、出租固定资产、出租无形资产、对外出租包装物等实现的收入,均属于其他业务收入。值得注意的是,一般企业在出售固定资产、处置无形资产、债务重组、接受捐赠等非日常活动中获得的经济利益流入,不属于任何一种收入,而属于企业的利得。另外,企业代第三方收取的款项或暂收的款项,不会给企业带来经济利益流入,而只能计入负债,如企业随同货款一起收到的增值税税款、因出租包装物而收到的押金等。

二、销售商品收入

(一) 销售商品收入的确认条件

企业销售商品的收入,必须同时满足以下五个条件时,才能予以确认。

1. 企业已将商品所有权上的主要风险和报酬转移给了购货方

与商品所有权有关的风险是指商品可能发生减值或毁损等形成的损失;与商品所有权有关的报酬是指商品价值增值或通过使用商品等形成的经济利益。如果与商品所有权有关的任何损失均不需要销货方承担,与商品所有权有关的任何经济利益也不归销货方所有,则意味着商品所有权上的风险和报酬已转移给了购货方。

判断企业是否已将商品所有权上的主要风险和报酬转移给购货方,应当关注交易的实质,并结合所有权凭证的转移进行判断。通常情况下,转移商品所有权凭证并交付实物后,商品所有权上的主要风险和报酬随之转移,如大多数零售商品。某些情况下,转移商品所有权凭证或交付实物后,商品所有权上的主要风险和报酬随之转移,企业只保留了次要风险和报酬,如交款提货方式销售商品。另一些情况下,转移商品所有权凭证或交付实物后,商品所有权上的主要风险和报酬并未随之转移,如:因商品在质量、品种、规格等方面不符合合同或协议要求,企业仍负有弥补的责任;采用支付手续费方式委托代销的商品;企业尚未完成售出商品的安装或检验工作,且安装或检验工作是销售合同的重要组成部分;销售合同中规定了买方有权退货的条款,且企业不能确定退货的可能性。

只要商品所有权上的主要风险和报酬没有转移,销货方就不能确认销售收入。

2. 企业既没有保留通常与所有权相联系的继续管理权,也没有对已售出的商品实施有效控制

如果企业保留了与所有权相联系的继续管理权,或仍然对售出的商品实施控制,则说明此项销售商品的交易并没有完成,销售不能成立,不能确认销售收入。如果企业对售出的商品只保留了与所有权无关的管理权,则不受本条件的限制。例如房地产企业将开发的房产售出后,保留的物业管理权与房产所有权无关,不影响销售的成立。

3. 收入的金额能够可靠地计量

通常情况下,企业在销售商品时,售价已经确定,收入的金额能够可靠计量。但销售过程中由于某些不确定因素,也有可能出现售价变动的情况,如企业开发的新产品按合同约定,需要在客户试用后一段时间后再商定售价。当收入的金额不能可靠计量时,不应确认收入。

4. 相关的经济利益很可能流入企业

相关的经济利益很可能流入企业，是指销售商品价款收回的可能性超过50％。企业在判断收回销售商品价款的可能性时，应综合考虑买方信誉与财务状况、当前经济环境、政府相关政策等多方面因素。如果估计价款收回的可能性不大，则不应确认收入。

在实务中，企业售出的商品符合合同或协议规定的要求，并已将发票账单交付买方，买方也承诺付款，通常表明销售商品的价款能够收回。

5. 相关的已发生或将发生的成本能够可靠地计量

通常情况下，企业能够可靠计量与销售商品相关的已发生或将发生的成本。但有时商品成本包含可变因素时，会影响企业对成本的可靠计量。例如，企业将产品的某组成部件外包给其他方生产时，生产费用如果按照对方成本加成定价，则在审定对方成本前，企业无法可靠计量本产品的成本。根据收入和费用配比原则，与同一项销售有关的收入和成本应在同一会计期间予以确认。因此，如果成本不能可靠计量，则不能确认收入，已收到的价款应确认为负债。

（二）销售商品收入确认条件的具体应用

下列商品销售，通常按规定的时点确认为收入，有证据表明不满足收入确认条件的除外：

（1）销售商品采用托收承付方式结算的，在发出商品且办妥托收手续时确认收入。

（2）销售商品采用预收货款方式的，在发出商品时确认收入，预收的货款应确认为负债。

（3）销售商品附带安装或检验服务的，如果该安装或检验工作是销售合同的重要组成部分，则应在安装或检验工作完成时确认销售收入；如果安装和检验工作比较简单，则可在发出商品时确认收入。

（4）销售合同中附带了退货条款的，如果销售方可以合理预计退货比例，则可以在销售时确认收入；如果无法估计退货的可能性，则只能在退货期满时确认收入。

（5）代销商品视同买断方式下，如果实质上相当于委托方将商品直接销售给受托方，则委托方按一般原则确认销售商品收入；如果协议约定受托方可以将未售出商品退还委托方，则委托方应在受托方售出商品并开具代销清单时，确认销售收入。

（6）代销商品收取手续费方式下，委托方应在受托方售出商品并开具代销清单时确认销售收入。

（7）分期收款销售商品具有融资性质的，在发出商品时按未来应收款的现值确认收入，未来各期实际收到货款时不再确认收入，而作为债权的收回处理。

(8) 采用售后回购方式销售商品实质上属于融资交易的，商品的风险与报酬并未转移，收到的款项应确认为负债，不确认收入。有确凿证据表明售后回购交易满足销售商品收入确认条件的，按销售商品与购进商品两项交易处理，在销售商品时按售价确认收入。

(9) 销售商品采用以旧换新方式的，按销售新商品和购进旧商品两笔交易处理，在商品销售时确认销售收入。

(三) 销售商品收入的计量

企业应根据销售合同或协议的约定，按照应向购货方收取的价款计量销售商品收入，但合同或协议价款不公允的除外。如果销售商品涉及商业折扣、销售折让等因素，在计量销售收入时应予以考虑。

企业在确定销售商品收入时，不考虑预计可能发生的现金折扣，待现金折扣实际发生时，作为财务费用计入发生当期的损益。

如果企业延期收取销售商品价款具有融资性质，则销售商品的收入应按延期收取的商品价款折现后的公允价值计量。

(四) 一般情况下销售商品的核算

1. 满足收入确认条件时

企业销售商品满足收入确认条件时，应确认收入，同时结转成本，并将相关税费记入有关科目。

【例 10-1】甲公司于 2017 年 1 月份销售一批高档化妆品给乙公司，开出一张增值税专用发票，注明价款为 1 000 000 元，增值税税额为 170 000 元。产品品种和质量按照合同约定的标准提供，产品已经发出，该批产品的实际成本为 200 000 元。甲公司收到了乙公司开具并承兑的 6 个月到期的商业承兑汇票。已知消费税税率为 15%。

甲公司该项商品销售满足收入确认的条件，会计处理如下：

(1) 确认销售商品收入：

借：应收票据　　　　　　　　　　　　　　　　　　1 170 000
　　贷：主营业务收入　　　　　　　　　　　　　　　　1 000 000
　　　　应交税费——应交增值税（销项税额）　　　　　　170 000

(2) 结转销售成本：

借：主营业务成本　　　　　　　　　　　　　　　　200 000
　　贷：库存商品　　　　　　　　　　　　　　　　　　200 000

(3) 确认应交消费税：

消费税 = 1 000 000 × 15% = 150 000(元)

借：税金及附加　　　　　　　　　　　　　　　　　　　　　　　150 000
　　贷：应交税费——应交消费税　　　　　　　　　　　　　　　　150 000

2. 不满足收入确认条件时

如果企业售出商品不符合收入确认条件，则不应确认收入。已经发出的商品，应当通过"发出商品"科目核算。已经发生的纳税义务，应记入"应交税费"相应明细科目。

【例10-2】甲公司于2017年3月1日向乙公司销售一批商品，开出的增值税专用发票上注明的销售价格为50 000元，增值税税额为8 500元，款项尚未收到；该批商品成本为42 000元。甲公司在销售时已知乙公司资金周转发生困难，但为了减少存货积压，也为了维持与乙公司的商业关系，甲公司仍将商品发往乙公司。假定甲公司销售该批商品的增值税纳税义务已发生。

根据本例资料，甲公司销售商品的货款不一定能收到，相关经济利益不是很可能流入企业，因此不符合收入确认的条件。甲公司的会计处理如下：

借：发出商品　　　　　　　　　　　　　　　　　　　　　　　42 000
　　贷：库存商品　　　　　　　　　　　　　　　　　　　　　　42 000
借：应收账款　　　　　　　　　　　　　　　　　　　　　　　　8 500
　　贷：应交税费——应交增值税（销项税额）　　　　　　　　　　8 500

（五）特殊销售方式的账务处理

1. 涉及商业折扣、现金折扣的商品销售

商业折扣，是指企业为促进商品销售而在商品价格上给予的优惠。企业销售商品涉及商业折扣的，应当按照扣除商业折扣后的金额确定销售收入。

现金折扣，是指债权人为鼓励债务人在规定的期限内付款，而向债务人提供的债务扣除。企业赊销商品后，为鼓励购货方早日还款而提供现金折扣的，在确认销售收入时，不考虑可能发生的现金折扣。现金折扣在实际发生时计入当期财务费用。

【例10-3】甲公司的产品销售价格为500元/件，若客户购买100件（含100件）以上，每件可得到10%的商业折扣。甲公司提供的现金折扣条件为"2/10，1/20，n/30"（计算现金折扣时包括相应的增值税税额）。乙公司于2017年8月10日购买了甲公司100件产品，适用的增值税税率为17%。假定乙公司于2017年8月15日支付了全部款项。

根据上述资料，甲公司会计处理如下：

产品的实际销售价格=500-500×10%=450(元/件)

产品销售总额=450×100=45 000(元)

增值税税额=45 000×17%=7 650(元)

现金折扣=(45 000+7 650)×2%=1 053(元)

实际收款额=(45 000+7 650)-1 053=51 597(元)

(1) 2017年8月10日，销售商品：
借：应收账款　　　　　　　　　　　　　　　　　52 650
　　贷：主营业务收入　　　　　　　　　　　　　　45 000
　　　　应交税费——应交增值税（销项税额）　　　7 650
(2) 2017年8月15日，收到款项：
借：银行存款　　　　　　　　　　　　　　　　　51 597
　　财务费用　　　　　　　　　　　　　　　　　 1 053
　　贷：应收账款　　　　　　　　　　　　　　　　52 650

2. 销售折让

销售折让，是指企业因售出商品的质量不合格等原因而在售价上给予的减让。通常情况下，发生销售折让时，应冲减当期的销售收入，同时用红字冲减相应的增值税销项税额，并减记应收账款金额或向客户退款。由于发生销售折让时，商品并未被退回，因此不必调整已确认的主营业务成本。

销售折让属于资产负债表日后事项的，应当按照资产负债表日后事项的相关规定进行处理。

【例10-4】 甲公司销售一批商品给乙公司，增值税专用发票上注明的价款为20 000元，增值税税额为3 400元，产品成本为16 000元。货到后，乙公司发现商品质量不合格，要求甲公司在价格上给予10%的折让。假定乙公司已获得税务部门开具的索取折让证明单，甲公司已开具红字增值税专用发票。

根据上述资料，甲公司会计处理如下：
(1) 销售实现：
借：应收账款　　　　　　　　　　　　　　　　　23 400
　　贷：主营业务收入　　　　　　　　　　　　　　20 000
　　　　应交税费——应交增值税（销项税额）　　　3 400
借：主营业务成本　　　　　　　　　　　　　　　16 000
　　贷：库存商品　　　　　　　　　　　　　　　　16 000
(2) 发生销售折让：
借：主营业务收入　　　　　　　　　　　　　　　 2 000
　　应交税费——应交增值税（销项税额）　　　　　 340
　　贷：应收账款　　　　　　　　　　　　　　　　 2 340
(3) 收到货款：
借：银行存款　　　　　　　　　　　　　　　　　21 060
　　贷：应收账款　　　　　　　　　　　　　　　　21 060

3. 销售退回

销售退回，是指企业售出的商品由于质量、品种不符合要求等原因而发生的退货。销售退回可分别以下情况进行账务处理：

（1）如果商品退回时，尚未确认收入，则只需要将"发出商品"科目的金额转回到"库存商品"科目中，已确认的增值税销项税额开具红字发票，全部冲销。

（2）如果销售收入已确认，则退回商品时，应冲减销售收入和成本，冲减增值税销项税额。涉及已享受现金折扣的，还应调整财务费用。

（3）已确认收入的售出商品在资产负债表日后期间退回的，应按照资产负债表日后事项的相关规定进行处理。

【例10-5】甲公司于2017年2月20日销售产品一批，售价为30 000元，增值税税额为5 100元，产品成本24 000元。合同规定现金折扣条件为"2/10，1/20，n/30"（假定现金折扣只针对货款）。买方于2017年2月26日付款，享受现金折扣600元。2017年3月15日，该批产品因质量严重不合格被全部退回，甲公司于当日用银行存款支付了应退还的款项。假定销售退回按规定准予扣除增值税销项税额。

根据上述资料，甲公司会计处理如下：

(1) 2017年2月20日，销售商品：

借：应收账款	35 100
贷：主营业务收入	30 000
应交税费——应交增值税（销项税额）	5 100
借：主营业务成本	24 000
贷：库存商品	24 000

(2) 2017年2月26日，收到货款：

借：银行存款	34 500
财务费用	600
贷：应收账款	35 100

(3) 2017年3月15日，销售退回：

借：主营业务收入	30 000
应交税费——应交增值税（销项税额）	5 100
贷：银行存款	34 500
财务费用	600
借：库存商品	24 000
贷：主营业务成本	24 000

4. 代销

代销分为视同买断和收取手续费两种方式。

(1) 视同买断方式

在视同买断方式下，对外实际售价由受托方自定，委托方按代销合同约定的价款向受托方收取货款，差额归受托方享有。受托方在取得代销商品后，无论是否能够卖出、是否获利，均与委托方无关。这种代销方式实质上等同于委托方将商品销售给了受托方，委托方应在向受托方交付商品时确认销售收入，受托方则作为购进商品处理。

如果代销合同约定，将来受托方未能售出的商品可以退还给委托方，或受托方因代销商品出现亏损时可以要求委托方补偿，则委托方在交付商品时不能确认收入，应待受托方售出商品并开具代销清单后，再确认本企业的销售收入。

(2) 收取手续费方式

在收取手续费方式下，对外销售价格由委托方确定，售价与成本的差额归委托方享有；受托方根据代销商品数量向委托方收取手续费。委托方应在受托方将商品售出后并开具代销清单时确认商品销售收入；受托方在商品售出后，按手续费确认劳务收入。

委托方的账务处理为：向受托方交付商品时，按商品成本，借记"委托代销商品"科目，贷记"库存商品"科目。收到受托方开具的代销清单时，借记"应收账款"等科目，贷记"主营业务收入"和"应交税费——应交增值税（销项税额）"科目；同时结转成本，借记"主营业务成本"科目，贷记"委托代销商品"科目；并按应支付的手续费，借记"销售费用"科目，贷记"应收账款"等科目。实际收到受托方交回的款项时，借记"银行存款"科目，贷记"应收账款"等科目。

受托方的账务处理为：收到受托代销的商品时，按约定的价格，借记"受托代销商品"科目，贷记"受托代销商品款"科目。售出受托代销商品后，按实际收到或应收的金额，借记"银行存款"或"应收账款"等科目，按应付给委托方的货款，贷记"应付账款"科目，按应交的增值税销项税额，贷记"应交税费——应交增值税（销项税额）"科目；同时按售出商品的约定价格，借记"受托代销商品款"科目，贷记"受托代销商品"科目。收到委托方开来的增值税专用发票时，按可抵扣的增值税进项税额，借记"应交税费——应交增值税（进项税额）"科目，贷记"应付账款"科目。计算代销手续费收入时，借记"应付账款"科目，贷记"主营业务收入"或"其他业务收入"科目。结清代销商品款时，按应付委托方的款项，借记"应付账款"科目，贷记"银行存款"科目。

【例10-6】 甲公司委托丙公司销售商品200件，商品已经发出，每件成本为

60元。合同约定丙公司应按每件100元对外销售,甲公司按售价的10%向丙公司支付手续费。丙公司对外实际销售100件,开出的增值税专用发票上注明的销售价款为10 000元,增值税税额为1 700元,款项已经收到。甲公司收到丙公司开具的代销清单时,向丙公司开具一张相同金额的增值税专用发票。假定甲公司发出商品时纳税义务尚未发生,不考虑其他因素。

根据上述资料,甲公司会计处理如下:

(1) 发出委托代销商品:

借:委托代销商品　　　　　　　　　　　　　　　　　　　12 000
　　贷:库存商品　　　　　　　　　　　　　　　　　　　　12 000

(2) 收到代销清单:

借:应收账款　　　　　　　　　　　　　　　　　　　　　11 700
　　贷:主营业务收入　　　　　　　　　　　　　　　　　　10 000
　　　　应交税费——应交增值税(销项税额)　　　　　　　 1700
借:主营业务成本　　　　　　　　　　　　　　　　　　　 6 000
　　贷:委托代销商品　　　　　　　　　　　　　　　　　　 6 000
借:销售费用　　　　　　　　　　　　　　　　　　　　　 1 000
　　贷:应收账款　　　　　　　　　　　　　　　　　　　　 1 000

(3) 收到丙公司支付的货款:

借:银行存款　　　　　　　　　　　　　　　　　　　　　10 700
　　贷:应收账款　　　　　　　　　　　　　　　　　　　　10 700

丙公司的会计处理如下:

(1) 收到受托代销商品:

借:受托代销商品　　　　　　　　　　　　　　　　　　　20 000
　　贷:受托代销商品款　　　　　　　　　　　　　　　　　20 000

(2) 对外销售:

借:银行存款　　　　　　　　　　　　　　　　　　　　　11 700
　　贷:应付账款　　　　　　　　　　　　　　　　　　　　10 000
　　　　应交税费——应交增值税(销项税额)　　　　　　　 1 700
借:受托代销商品款　　　　　　　　　　　　　　　　　　10 000
　　贷:受托代销商品　　　　　　　　　　　　　　　　　　10 000

(3) 收到甲公司开来的增值税专用发票:

借:应交税费——应交增值税(进项税额)　　　　　　　　 1 700
　　贷:应付账款　　　　　　　　　　　　　　　　　　　　 1 700

(4) 计算并确认代销手续费收入:

借：应付账款	1 000
贷：主营业务收入	1 000

(5) 支付代销商品款：

借：应付账款	10 700
贷：银行存款	10 700

5. 具有融资性质的分期收款销售商品

企业分期收款销售商品，实质上是在发出商品的同时向购货方提供信用贷款，要求对方分期偿还。企业应按未来收款金额的现值确认销售收入，未来收款额与其现值的差额作为未实现融资收益，在各期按实际利率法摊销，逐步确认为提供信贷的利息收入，记入各期"财务费用"科目的贷方。

【例 10-7】 2015 年 1 月 6 日，甲公司从乙公司购买一项商标权，由于甲公司资金周转比较紧张，经与乙公司协议，采用分期付款方式支付款项。合同规定，该项商标权总计 6 000 000 元，每年年末付款 2 000 000 元，3 年付清。假定银行同期贷款利率为 8%。为了简化核算，假定不考虑相关税费。

根据上述资料，甲公司会计处理如下：

(1) 有关的计算：

销售收入 $= 2\,000\,000/(1+8\%) + 2\,000\,000/(1+8\%)^2 + 2\,000\,000/(1+8\%)^3$
$= 5\,154\,194(元)$

未实现的融资收益 $= 6\,000\,000 - 5\,154\,194 = 845\,806(元)$

第一年应确认的融资收益 $= 5\,154\,194 \times 8\% = 412\,336(元)$

第二年应确认的融资收益 $= (5\,154\,194 - 2\,000\,000 + 412\,336) \times 8\%$
$= 285\,322(元)$

第三年应确认的融资收益 $= 845\,806 - 412\,336 - 285\,322 = 148\,148(元)$

(2) 会计分录：

① 2015 年 1 月 6 日，购入无形资产时：

借：长期应收款	6 000 000
贷：主营业务收入	5 154 194
未实现融资收益	845 806

② 2015 年末确认融资收益、收款时：

借：未实现融资收益	412 336
贷：财务费用	412 336
借：银行存款	2 000 000
贷：长期应收款	2 000 000

③2016年末确认融资收益、收款时：

借：未实现融资收益　　　　　　　　　　　　285 322
　　贷：财务费用　　　　　　　　　　　　　　　　285 322
借：银行存款　　　　　　　　　　　　　　　2 000 000
　　贷：长期应收款　　　　　　　　　　　　　　2 000 000

④2017年末确认融资收益、收款时：

借：未实现融资收益　　　　　　　　　　　　148 148
　　贷：财务费用　　　　　　　　　　　　　　　　148 148
借：银行存款　　　　　　　　　　　　　　　2 000 000
　　贷：长期应收款　　　　　　　　　　　　　　2 000 000

截至2017年12月31日，长期应收款已全部收到，未实现融资收益已全部实现，相关账户余额为零。

三、提供劳务收入

企业提供劳务时有可能会跨越若干会计期间，为了正确核算各期的经营成果，在资产负债表日应合理确认当期的收入和费用。提供劳务的收入在确认时分两种情况。

（一）提供劳务交易结果能够可靠估计

企业在资产负债表日提供劳务交易的结果能够可靠估计的，应当采用完工百分比法确认收入。

1. 劳务交易结果能够可靠估计的条件

劳务交易结果能够可靠估计，是指同时满足下列条件：

（1）收入的金额能够可靠地计量；

（2）相关的经济利益很可能流入企业；

（3）交易的完工进度能够可靠地确定；

（4）交易中已发生和将发生的成本能够可靠地计量。

2. 完工百分比法

完工百分比法，是指按照提供劳务的完工进度确认收入和费用的方法。即：

当期收入＝劳务总收入×劳务的完工进度－以前期间已确认的收入
当期费用＝劳务总成本×劳务的完工进度－以前期间已确认的费用

其中，劳务的完工进度可以按以下方法确定：

（1）由专业测量师对已完成工作进行测量，从而确定完工进度；

（2）计算已经提供的劳务占应提供劳务总量的比例；

（3）计算已经发生的成本占估计总成本的比例。

在采用完工百分比法确认提供劳务收入的情况下,企业应按计算确定的提供劳务收入金额,借记"应收账款"或"银行存款"等科目,贷记"主营业务收入"科目。结转提供劳务成本时,借记"主营业务成本"科目,贷记"劳务成本"科目。

【例10-8】甲公司于2017年11月1日与丙公司签订合同,为丙公司开发一款软件,合同总收入为200 000元,已预收40 000元。至2017年12月31日,甲公司已发生成本150 000元(假定均为开发人员薪酬),预计还将发生成本30 000元。2017年12月31日,经专业人士测量,该软件的完工进度为80%。

根据上述资料,甲公司会计处理如下:

根据完工进度,2017年应确认的收入=200 000×80%=160 000(元)

根据完工进度,2017年应确认的费用=(150 000+30 000)×80%=144 000(元)

(1) 预收款项:

借:银行存款　　　　　　　　　　　　　　　　　　　　　40 000
　　贷:预收账款　　　　　　　　　　　　　　　　　　　　40 000

(2) 实际发生劳务成本:

借:劳务成本　　　　　　　　　　　　　　　　　　　　　150 000
　　贷:应付职工薪酬　　　　　　　　　　　　　　　　　　150 000

(3) 2017年12月31日,确认收入、结转劳务成本:

借:预收账款　　　　　　　　　　　　　　　　　　　　　160 000
　　贷:主营业务收入　　　　　　　　　　　　　　　　　　160 000
借:主营业务成本　　　　　　　　　　　　　　　　　　　144 000
　　贷:劳务成本　　　　　　　　　　　　　　　　　　　　144 000

需要说明的是,"主营业务成本"属于损益类科目,核算企业当期发生的经营费用,会计期末将结转至"本年利润"科目,影响企业当期的经营成果。"劳务成本"则属于成本类科目,与"生产成本"类似,期末如有借方余额,反映企业尚未完成或尚未结转的劳务成本,是资产负债表存货项目的组成部分。

【例10-9】2016年12月1日,甲公司接受一项设备安装任务,安装期大约10个月。合同总收入为1 800 000元。2016年12月31日累计发生成本450 000元,预计完成安装任务还需发生成本1 050 000元。2017年6月30日,累计发生成本1 200 000元,预计完成安装任务还需发生成本400 000元。假定甲公司采用累计发生成本占预计总成本的比例确定完工进度,采用完工百分比法确认提供劳务收入。试计算甲公司2017年6月30日应确认的提供劳务收入。

2016年12月31日:

甲公司确定的完工进度＝450 000÷(450 000＋1 050 000)×100％＝30％
应确认的提供劳务收入＝1 800 000×30％＝540 000(元)

2017年6月30日：

甲公司确定的完工进度＝1 200 000÷(1 200 000＋400 000)×100％＝75％
应确认的提供劳务收入＝1 800 000×75％－540 000＝810 000(元)

(二) 提供劳务交易结果不能可靠估计

企业在资产负债表日提供劳务交易的结果不能可靠估计的，即不能同时满足四个条件时，企业不能采用完工百分比法确认收入。此时，企业应正确预计已经发生的劳务成本能够得到补偿或不能得到补偿，分别进行会计处理：

(1) 已发生的劳务成本预计能够得到补偿，应按已经发生的劳务成本金额确认提供劳务收入，并按相同的金额结转劳务成本，不确认损益。

(2) 已发生的劳务成本预计只能得到部分补偿，则按预计可获得补偿的金额确认提供劳务收入，并按已发生成本结转劳务成本，确认部分损失。

(3) 已发生的劳务成本预计不能得到补偿，则不确认提供劳务收入，但应按已发生的成本结转劳务成本，确认全部损失。

【例10-10】 2017年9月1日，甲公司对外提供一项为期12个月的劳务，合同总收入为700 000元。2017年末，无法可靠估计提供劳务交易的结果。2017年已经发生的劳务成本为280 000元，预计能够得到补偿的金额为200 000元。

根据上述资料，甲公司2017年12月31日应确认的提供劳务收入为200 000元，应结转的劳务成本为280 000元。

【例10-11】 甲公司于2016年12月20日接受乙公司委托，为某项目提供咨询服务，服务期为6个月，自2017年1月1日开始。协议约定，乙公司应向甲公司支付的咨询费总额为80 000元，分两次等额支付，第一次在项目开始时，第二次在项目结束时。2017年1月1日，乙公司如约支付了第一笔咨询费。至2017年3月31日，甲公司已发生咨询成本30 000元(假定均为咨询师的薪酬)，并得知乙公司发生资金周转困难，第二笔咨询费能否收到难以确定。

根据上述资料，甲公司会计处理如下：

(1) 2017年1月1日，收到乙公司支付的咨询费：

借：银行存款　　　　　　　　　　　　　　　　　　　　40 000
　　贷：预收账款　　　　　　　　　　　　　　　　　　　40 000

(2) 实际发生咨询成本：

借：劳务成本　　　　　　　　　　　　　　　　　　　　30 000
　　贷：应付职工薪酬　　　　　　　　　　　　　　　　　30 000

(3) 2017 年 3 月 31 日,确认提供劳务收入并结转劳务成本:
　　借:预收账款　　　　　　　　　　　　　　　　　　　30 000
　　　　贷:主营业务收入　　　　　　　　　　　　　　　　　30 000
　　借:主营业务成本　　　　　　　　　　　　　　　　　　30 000
　　　　贷:劳务成本　　　　　　　　　　　　　　　　　　　30 000

需要说明的是,企业与其他企业签订的合同或协议包括销售商品和提供劳务时,销售商品部分和提供劳务部分能够区分且能够单独计量的,应当将销售商品的部分作为销售商品处理,将提供劳务的部分作为提供劳务处理。销售商品部分和提供劳务部分不能区分,或虽能区分但不能够单独计量的,应当将销售商品部分和提供劳务部分全部作为销售商品处理。

四、让渡资产使用权收入

1. 让渡资产使用权收入的确认

让渡资产使用权收入主要包括:金融企业对外贷款形成的利息收入;转让无形资产使用权形成的使用费收入;对外出租固定资产取得的租金收入等。

让渡资产使用权收入同时满足下列条件的,才能予以确认:
(1) 相关的经济利益很可能流入企业;
(2) 收入的金额能够可靠地计量。

2. 让渡资产使用权收入的计量

金融企业的利息收入,应当按他人使用本企业货币资金的时间和实际利率计算确定。使用费收入应当按照有关合同或协议约定的收费时间和方法计算确定。

【例 10-12】 甲公司向乙公司转让其商品的商标使用权,约定乙公司每年年末按年销售收入的 1% 支付使用费,使用期 5 年。第一年乙公司实现销售收入 5 000 000 元;第二年乙公司实现销售收入 8 000 000 元。忽略相关税费。

根据上述资料,甲公司会计处理如下:
(1) 第一年确认使用费收入:
　　借:银行存款　　　　　　　　　　　　　　　　　　　50 000
　　　　贷:其他业务收入　　　　　　　　　　　　　　　　　50 000
(2) 第二年确认使用费收入:
　　借:银行存款　　　　　　　　　　　　　　　　　　　80 000
　　　　贷:其他业务收入　　　　　　　　　　　　　　　　　80 000

第二节 费用

一、费用的概念

费用是指企业在日常活动中发生的、会导致所有者权益减少的、与向所有者分配利润无关的经济利益的总流出。费用有广义和狭义之分。广义的费用泛指企业各种日常活动发生的所有损耗，狭义的费用仅指与本期营业收入相配比的那部分损耗。企业会计准则中定义的费用应属于狭义的范畴，狭义的费用应注意以下两个方面：

一是应按权责发生制，即凡在本期内属于本期发生的费用，不论款项是否支付，均确认为本期费用处理；反之，不属于本期发生的费用，即使款项已在本期支付，也不确认为本期费用。

二是应按配比原则确认，费用应与本期营业收入相配比，即与企业日常经营活动中获得收入相配比。这就意味着非日常活动或偶发事件中发生的损失，不属于费用的范畴。类似地，利得也不属于收入的范畴。这是因为利得和损失是企业管理当局不能控制的边缘性、偶发性损益，这类指标并不能说明管理者日常经营中的履责情况，也不适合作为对管理人员绩效考评的依据。

二、费用的核算

（一）主营业务成本

主营业务成本，是指企业为了获得销售商品、提供劳务等主营业务收入而发生的成本。

企业应设置"主营业务成本"科目，按主营业务的种类进行明细核算。以销售商品为例，结转成本时，应借记"主营业务成本"科目，贷记"库存商品"科目。期末，应将本科目余额转入"本年利润"科目，结转后无余额。

（二）其他业务成本

其他业务成本，是指企业为了获得除主营业务收入以外的其他收入而发生的成本。包括销售材料的成本、出租固定资产的折旧额、出租无形资产的摊销额、出租包装物的成本或摊销额等。

企业应设置"其他业务成本"科目，按其他业务的种类进行明细核算。发生其他业务成本时，借记"其他业务成本"科目，贷记"原材料"、"周转材料"、"累计折旧"、"累计摊销"或"银行存款"等科目。期末，应将本科目余额转入

"本年利润"科目，结转后无余额。

（三）税金及附加

税金及附加，是指企业经营活动发生的消费税、城市维护建设税、资源税、教育费附加及房产税、土地使用税、车船使用税、印花税等相关税费。

企业应设置"税金及附加"科目，核算本期发生的以上各项税费。纳税义务发生时，企业应借记"税金及附加"科目，贷记"应交税费"各明细科目。期末，应将本科目余额转入"本年利润"科目，结转后无余额。

（四）销售费用

销售费用，是指企业在销售过程中发生的各项费用以及专设销售机构的各项经费。主要包括为销售活动而发生的保险费、包装费、展览费、广告费、商品维修费、预计产品质量保证损失、运输费、装卸费等，以及为销售本企业商品而专设的销售机构（含销售网点、售后服务网点等）的职工薪酬、业务费、折旧费等经营费用。

企业应设置"销售费用"科目，按费用项目进行明细核算。发生销售费用时，借记"销售费用"科目，贷记"应付职工薪酬"、"银行存款"、"库存现金"或"累计折旧"等科目。期末，应将本科目余额转入"本年利润"科目，结转后无余额。

（五）管理费用

管理费用，是指企业为组织和管理生产经营活动而发生的各项费用。主要包括：企业在筹建期间发生的开办费、董事会和行政管理部门在企业的经营管理中发生的或者应由企业统一负担的公司经费（包括行政管理部门职工工资及福利费、物料消耗、低值易耗品摊销、办公费和差旅费等）、工会经费、董事会费（包括董事会成员津贴、会议费和差旅费等）、聘请中介机构费、咨询费（含顾问费）、诉讼费、业务招待费、技术转让费、矿产资源补偿费、研究费用、排污费等。此外，企业生产车间（部门）和行政管理部门等发生的固定资产修理费用等后续支出，也作为管理费用处理。

企业应设置"管理费用"科目，按费用项目进行明细核算。发生各项管理费用时，借记"管理费用"科目，贷记"银行存款"、"应付职工薪酬"、"研发支出——费用化支出"或"累计折旧"等科目。期末，应将本科目余额转入"本年利润"科目，结转后无余额。

商品流通企业管理费用不多的，可不设置"管理费用"科目，而将各项费用并入"销售费用"科目核算。

（六）财务费用

财务费用，是指企业为筹集生产经营所需资金而发生的费用，包括利息支出

(减利息收入)、汇兑损益、金融机构手续费、企业发生的现金折扣（减收到的现金折扣）等。

企业应设置"财务费用"科目，核算企业为筹集生产经营所需资金而发生的应计入当期损益的筹资费用。发生财务费用时，借记"财务费用"科目，贷记"银行存款"、"未确认融资费用"或"应付利息"等科目；发生应冲减财务费用的利息收入、汇兑收益、现金折扣等，应借记"银行存款"或"应付账款"等科目，贷记"财务费用"科目。期末，应将本科目余额转入"本年利润"科目，结转后无余额。

（七）所得税费用

所得税费用，是指根据企业本期经营成果确认的应由本期负担的对利润总额的扣除。利润总额扣除所得税费用后，即为净利润。

企业应设置"所得税费用"科目，该科目可按"当期所得税费用"和"递延所得税费用"进行明细核算。资产负债表日，企业按照税法规定计算确定的当期应交所得税，借记"所得税费用——当期所得税费用"科目，贷记"应交税费——应交所得税"科目。按应确认的递延所得税费用，借记或贷记"所得税费用——递延所得税费用"科目，贷记或借记"递延所得税资产"或"递延所得税负债"科目。期末，应将本科目余额转入"本年利润"科目，结转后无余额。

第三节 利润

一、利润的概念

利润是企业在一定会计期间的经营成果。利润包括收入减去费用后的净额、直接计入当期利润的利得和损失等。即：

利润＝（收入－费用）＋直接计入当期利润的利得和损失

利润是企业净资产增加的最主要源泉。利润是一个期间概念，反映企业一段时间内生产经营的经济效益。利润的正确核算，以会计分期为前提，以收入、费用、利得和损失的正确确认和计量为保证。

二、利润的构成

1. 营业利润

营业利润的计算公式为：

$$营业利润 = 营业收入 - 营业成本 - 税金及附加 - 销售费用 - 管理费用 - 财务费用 - 资产减值损失$$
$$+ 公允价值变动收益(-公允价值变动损失) + 投资收益(-投资损失)$$

其中，营业收入包括主营业务收入和其他业务收入；营业成本包括主营业务成本和其他业务成本。营业收入、营业成本、税金及附加、销售费用、管理费用、财务费用详见本章第一节、第二节。

资产减值损失，是企业计提各项资产减值准备所形成的损失。企业应设置"资产减值损失"科目。发生减值损失时，应借记"资产减值损失"科目，贷记"坏账准备"、"存货跌价准备"、"长期股权投资减值准备"、"持有至到期投资减值准备"、"固定资产减值准备"或"无形资产减值准备"等科目。企业的存货、持有至到期投资等资产价值后得以恢复的，应在原已计提的减值金额内，按恢复的金额，借记"存货跌价准备"或"持有至到期投资减值准备"等科目，贷记"资产减值损失"科目。但长期股权投资、固定资产、无形资产等非流动资产的减值损失，一经确认，不得转回。期末，应将本科目余额转入"本年利润"科目，结转后无余额。

公允价值变动收益（损失），即公允价值变动损益，是指企业交易性金融资产、交易性金融负债以及采用公允价值模式计量的投资性房地产等，因公允价值变动而形成的应计入当期损益的利得或损失。企业应设置"公允价值变动损益"科目。资产负债表日，如果资产的公允价值高于其账面余额或负债的公允价值低于其账面余额，则应按差额，借记相关资产或负债科目，贷记"公允价值变动损益"科目；公允价值发生反方向变化时，则借记"公允价值变动损益"科目，贷记相关资产或负债科目。期末，应将本科目余额转入"本年利润"科目，结转后无余额。

投资收益（损失），是指企业以各种方式对外投资所取得的收益（或发生的损失）。企业应设置"投资收益"科目。因对外长期投资或处置金融资产而获得投资收益时，应借记"应收股利"或"长期股权投资——损益调整"等科目，贷记"投资收益"科目。投资活动中发生的损失应借记"投资收益"科目。期末，应将本科目余额转入"本年利润"科目，结转后无余额。

2. 利润总额（又称税前利润）

$$利润总额 = 营业利润 + 营业外收入 - 营业外支出$$

其中，营业外收入，是指企业发生的与日常活动无直接关系的各项利得。主要包括非流动资产处置利得、非货币性资产交换利得、债务重组利得、政府补助、盘盈利得、捐赠利得等。企业应设置"营业外收入"科目，按不同项目对上述利得进行明细核算。发生利得时，贷记"营业外收入"科目。期末，应将本科目余额转入"本年利润"科目，结转后无余额。

营业外支出，是指企业发生的与日常活动无直接关系的各项损失。主要包括非流动资产处置损失、非货币性资产交换损失、债务重组损失、非常损失、公益性捐赠支出、盘亏损失等。企业应设置"营业外支出"科目，按不同项目对上述损失进行明细核算。发生损失时，借记"营业外支出"科目。期末，应将本科目余额转入"本年利润"科目，结转后无余额。

3. 净利润（又称税后利润）

净利润＝利润总额－所得税费用

4. 综合收益总额

综合收益总额＝净利润＋其他综合收益扣除所得税影响后的净额

三、利润的核算

1. 结转损益类科目

资产负债表日，应将所有损益类科目的余额结转至"本年利润"科目。结转时应借记"主营业务收入"、"其他业务收入"和"营业外收入"等科目，贷记"本年利润"科目；同时借记"本年利润"科目，贷记"主营业务成本"、"其他业务成本"、"税金及附加"、"销售费用"、"管理费用"、"财务费用"、"资产减值损失"、"营业外支出"和"所得税费用"等科目。"公允价值变动损益"和"投资收益"科目如为贷方余额，则通过借方，将余额转入"本年利润"科目的贷方；如为借方余额，则通过贷方，将余额转入"本年利润"科目的借方。

结转后，所有损益类科目无余额。

2. 结转"本年利润"科目

将"本年利润"科目的余额结转至"利润分配——未分配利润"科目。如果"本年利润"科目出现贷方余额，则表示当期实现的净利润，应借记"本年利润"科目，贷记"利润分配——未分配利润"科目；如果"本年利润"科目出现借方余额，则表示当期发生的净亏损，应借记"利润分配——未分配利润"科目，贷记"本年利润"科目。结转后，"本年利润"科目无余额。

3. 分配利润

4. 形成未分配利润

分配利润和形成未分配利润的核算过程，详见第九章第四节。

【例10-14】2017年12月31日，甲公司结账前各损益类账户的余额为：主营业务收入1 000 000元，主营业务成本700 000元，税金及附加5 000元，其他业务收入22 000元，其他业务成本12 000元，销售费用50 000元，管理费用60 000元，财务费用10 000元，资产减值损失8 000元，投资收益（贷方）20 000元，公允价值变动损益（借方）10 000元，营业外收入6 000元，营业外支出4 000元，所得税费用51 750元。已知该企业按当年净利润的10%提取法定盈余公积，按当年净利润的20%分配现金股利给投资者。年初未分配利润余额为贷方35 000元。

根据上述资料，甲公司会计处理如下：

(1) 将损益类科目余额转入"本年利润"科目：

借：主营业务收入　　　　　　　　　　　　　　1 000 000
　　其他业务收入　　　　　　　　　　　　　　　 22 000
　　投资收益　　　　　　　　　　　　　　　　　 20 000
　　营业外收入　　　　　　　　　　　　　　　　　6 000
　贷：本年利润　　　　　　　　　　　　　　　1 048 000
借：本年利润　　　　　　　　　　　　　　　　　910 750
　贷：主营业务成本　　　　　　　　　　　　　 700 000
　　　税金及附加　　　　　　　　　　　　　　　 5 000
　　　其他业务成本　　　　　　　　　　　　　　 12 000
　　　销售费用　　　　　　　　　　　　　　　　 50 000
　　　管理费用　　　　　　　　　　　　　　　　 60 000
　　　财务费用　　　　　　　　　　　　　　　　 10 000
　　　资产减值损失　　　　　　　　　　　　　　　8 000
　　　公允价值变动损益　　　　　　　　　　　　 10 000
　　　营业外支出　　　　　　　　　　　　　　　　4 000
　　　所得税费用　　　　　　　　　　　　　　　 51 750

(2) 将"本年利润"科目的余额转入"利润分配——未分配利润"科目：

借：本年利润　　　　　　　　　　　　　　　　　137 250
　贷：利润分配——未分配利润　　　　　　　　　 137 250

(3) 提取法定盈余公积：

借：利润分配——提取法定盈余公积　　　　　　　 13 725
　贷：盈余公积——法定盈余公积　　　　　　　　 13 725

(4) 分配现金股利：

借：利润分配——应付现金股利或利润　　　　　　 27 450
　贷：应付股利　　　　　　　　　　　　　　　　 27 450

(5) 将"利润分配"其他各明细科目转入"利润分配——未分配利润"明细科目：

借：利润分配——未分配利润　　　　　　　　　　　　41 175
　　贷：利润分配——提取法定盈余公积　　　　　　　　13 725
　　　　　　　　——应付现金股利或利润　　　　　　　27 450

(6) 形成年末未分配利润：

年末未分配利润＝年初未分配利润＋本期净利润－利润分配
　　　　　　　＝35 000＋137 250－41 175＝131 075(元)

自测题

一、名词解释

1. 收入　　　　　　　　　2. 费用
3. 利得　　　　　　　　　4. 损失
5. 利润　　　　　　　　　6. 商业折扣
7. 现金折扣　　　　　　　8. 销售折让
9. 销售退回　　　　　　　10. 完工百分比法

二、简答题

1. 举例说明收入的分类。
2. 确认销售商品收入的条件是什么？
3. 简述销售折让、现金折扣、商业折扣的区别。
4. 管理费用、财务费用、销售费用包括哪些内容？
5. 简述营业外收入和营业外支出的核算内容。
6. 简述利润的构成。

三、单项选择题

1. 在采用收取手续费方式委托其他单位代销商品的情况下，企业应在（　　）时确认销售收入的实现。
   A. 签订代销合同　　　　　　B. 代销商品发出
   C. 代销商品售出并收到代销清单　　D. 收到代销商品销售货款
2. 企业在确认商品销售收入时，对现金折扣的处理是（　　）。
   A. 在确认商品收入时加以预计，作为商品销售收入的减项
   B. 在实际发生时作为当期商品销售收入的减项
   C. 在实际发生时作为当期发生的财务费用

D. 在实际发生时作为当期发生的管理费用

3. 企业出售固定资产获得的价款超过固定资产账面价值与清理费用的部分，应计入（　　）。

A. 主营业务收入　　　　　　　B. 其他业务收入
C. 营业外收入　　　　　　　　D. 投资收益

4. 销售合同中附带了退货条款的，如果销售方可以合理预计退货比例，则应在（　　）时确认收入。

A. 销售成立　　　　　　　　　B. 退货期满
C. 收到预收款项　　　　　　　D. 收到全部货款

5. 在出借包装物采用一次摊销的情况下，出借包装物报废时收回的残料价值应冲减的是（　　）。

A. 管理费用　　　　　　　　　B. 其他业务成本
C. 营业外支出　　　　　　　　D. 销售费用

6. 出租管理用固定资产计提的折旧额应通过（　　）科目核算。

A. "销售费用"　　　　　　　　B. "制造费用"
C. "管理费用"　　　　　　　　D. "其他业务成本"

7. 下列各项中，应直接计入所有者权益的利得和损失是（　　）。

A. 存货盘盈利得　　　　　　　B. 处置非流动资产损失
C. 可供出售金融资产公允价值变动　D. 资产减值损失

8. 下列各项中，不影响营业利润的项目是（　　）。

A. 其他业务收入　　　　　　　B. 资产减值损失
C. 管理费用　　　　　　　　　D. 所得税费用

9. 12月31日，某企业将各项损益类账户的余额全部转入"本年利润"账户后，"本年利润"账户借方余额表示（　　）。

A. 企业各年累积发生的净亏损　B. 本年度全年发生的净亏损
C. 企业各年累积实现的净利润　D. 本年度全年实现的净利润

10. 某企业年初未分配利润贷方余额900万元，本年实现利润总额800万元，所得税费用200万元，若按净利润的10%提取法定盈余公积，则本年应提取的法定盈余公积为（　　）万元。

A. 60　　　　B. 70　　　　C. 100　　　　D. 150

11. 甲公司采用累计发生成本占预计总成本的比例确定完工进度。提供劳务累计已发生成本65万元，预计完成劳务还需发生成本135万元，则甲公司当前完工进度为（　　）。

A. 32.5%　　　B. 48.1%　　　C. 55.2%　　　D. 65.3%

四、多项选择题

1. 收入的特征表现为（　　）。
   A. 收入从日常活动中产生，而不是从偶发的交易或事项中产生
   B. 收入可能表现为资产的增加
   C. 收入可能表现为负债的减少
   D. 收入不包括为第三方代收的款项

2. 下列各项收入中，属于工业企业其他业务收入的有（　　）。
   A. 提供运输劳务所取得的收入
   B. 销售材料所取得的收入
   C. 转让无形资产使用权所取得的收入
   D. 出租固定资产的租金收入

3. 同时满足（　　）条件时，提供劳务收入应按完工百分比法确认。
   A. 收入的金额能够可靠地计量
   B. 相关的经济利益很可能流入企业
   C. 交易的完工进度能够可靠地确定
   D. 交易中已发生和将发生的成本能够可靠地计量

4. 以下各项中属于成本范畴而不应计入当期费用的是（　　）。
   A. 主营业务成本   B. 生产成本
   C. 制造费用   D. 劳务成本

5. 下列项目中，应作为销售费用处理的有（　　）。
   A. 随同产品出售不单独计价包装物的成本
   B. 广告费
   C. 销售机构计提的折旧费
   D. 预计产品质量保证损失

6. 下列费用中，属于管理费用开支的有（　　）。
   A. 资产减值损失   B. 业务招待费
   C. 董事会成员津贴   D. 住房公积金

7. 下列各项中，应计入财务费用的是（　　）。
   A. 应收票据贴现所得金额低于票据账面余额的金额
   B. 购建固定资产期间发生的符合资本化条件的专门借款利息
   C. 支付给金融机构的手续费
   D. 企业实际发生的现金折扣

8. 按照现行会计准则，已确认的资产减值损失在资产价值得以恢复时可以转回的有（　　）。

A. 存货跌价损失 B. 持有至到期投资减值损失
C. 长期股权投资减值损失 D. 无形资产减值损失

9. 下列各项属于营业外收入的有（   ）。
A. 罚款收入 B. 经批准转销的存货盘盈
C. 没收押金收入 D. 政府补助

10. 下列支出中，属于营业外支出的有（   ）。
A. 捐赠支出 B. 业务招待费支出
C. 债务重组损失 D. 处置固定资产损失

11. 下列科目中，期末结转后应无余额的有（   ）。
A. "主营业务成本" B. "本年利润"
C. "利润分配" D. "资产减值损失"

五、判断题

1. 销售商品附带安装或检验服务的，如果该安装或检验工作是销售合同的重要组成部分，则应在安装或检验工作完成时确认销售收入。（   ）

2. 企业在确认商品销售收入金额时，还应考虑各种预计可能发生的现金折扣。（   ）

3. 销售折让与销售退回发生时，企业都应当相应冲减主营业务收入和主营业务成本。（   ）

4. 如果企业只保留了与所有权无关的管理权，则说明此项销售商品的交易并没有完成，销售不能成立，不能确认销售收入。（   ）

5. 与销售商品相关的经济利益很可能流入企业，是指销售商品价款收回的可能性超过75%。（   ）

6. 提供劳务交易结果能够可靠估计的，劳务收入按完工百分比法确认。（   ）

7. 制造费用与管理费用一样，本期发生的费用均直接影响本期损益。（   ）

8. 费用是一种权责发生制概念，企业的支出并不必然导致当期费用的增加。（   ）

9. 企业应对营业外收入和营业外支出分别核算，不得以营业外收入直接冲减营业外支出，也不得以营业外支出冲减营业外收入。（   ）

10. 年终结账后，"利润分配——未分配利润"账户的余额等于"利润分配"总分类账户的余额。（   ）

六、计算题

1. 2016年12月1日，甲公司与乙公司签订一项劳务合同，合同总收入为

3 300 000元。2016年12月31日，甲公司提供劳务累计已发生成本150 000元，预计完成劳务还需发生成本1 850 000元。2017年12月31日，累计发生成本1 200 000元，预计完成劳务还需发生成本800 000元。假定甲公司采用累计发生成本占预计总成本的比例确定完工进度，采用完工百分比法确认提供劳务收入。

要求：计算甲公司2016年、2017年应确认的提供劳务收入。

2. 2017年年末，甲公司结账前各损益类账户的余额为：主营业务收入3 270 000元，主营业务成本2 800 000元，税金及附加50 000元，其他业务收入29 000元，其他业务成本17 000元，销售费用90 000元，管理费用77 000元，财务费用15 000元，资产减值损失14 000元，投资收益（贷方）35 000元，公允价值变动损益（借方）10 000元，营业外收入56 000元，营业外支出74 000元，所得税费用61 370元。

要求：计算甲公司2017年的营业利润、利润总额、净利润。

七、核算题

1. 甲公司为增值税一般纳税人，适用的增值税率为17%，销售价款中均不含向购货方收取的增值税税额。2017年1月发生如下销售业务：

（1）1月10日以预收款销售方式销售一台设备，销售价款200万元，按合同规定，购货方先支付价款（不含增值税）的20%，其余款项待发货后支付。1月15日甲公司收到对方预付款；1月20日设备已发出，购货方已验收合格；1月30日收到对方补付的余款。该设备实际成本为160万元。

（2）与丙公司签订了一项购销合同，合同规定，甲公司为丙公司建造安装一台电梯，合同价款1 000万元。甲公司已于1月20日将电梯运抵丙公司并收妥30%的合同价款。该电梯实际成本为800万元，支付安装费12万元，2月20日全部安装完毕。

（3）1月23日销售一台设备，销售价款80万元，增值税专用发票已开出，并将提货单交与对方。当日对方企业开出商业承兑汇票，期限为3个月，票面利率6%。由于对方尚未确定该新设备的场地，经甲公司同意，设备待2月20日再予提货。该设备的实际成本为60万元。

（4）1月25日以托收承付方式销售一批商品，成本8万元，增值税专用发票上注明价款11万元。该批商品已经发出，并已向银行办妥托收手续。此时得知对方企业突然发生火灾，损失严重，虽经交涉，但该批销售货款1月31日前收回的可能性不大。

要求：根据上述经济业务，计算甲公司2017年1月实现的商品销售收入并编制相关会计分录。

2. 甲公司为增值税一般纳税人,适用的增值税税率为17%。2017年4月10日,甲公司向乙公司销售产品一批,不含税售价为50 000元,产品成本为42 000元。乙公司于4月15日支付了货款,享受现金折扣1 000元。事后,乙公司发现该批产品质量存在严重问题,于2017年5月10日将其全部退回,甲公司于当日用银行存款支付了应退回的款项。假定销售退回按规定准予扣除增值税的销项税额。

要求:编制甲公司销售商品、收到货款、销售退回时的相关会计分录。

3. 甲公司赊销一批商品给乙公司,增值税专用发票上注明的价款为20 000元,增值税税额为3 400元,货到后乙公司发现商品质量不合格,双方协商在价格上给予15%的折让。假定乙公司已获得税务部门开具的索取折让证明单,甲公司已开具了红字增值税专用发票。甲公司已收到扣除折让后的款项。

要求:编制甲公司销售商品、发生销售折让、收到货款时的会计分录。

4. 甲公司采用支付手续费方式委托乙公司代销一批商品,代销价款500 000元,该批商品的实际成本为360 000元。本年度收到乙公司交来的代销清单,列明已销售商品的70%,乙公司按代销价款的10%收取手续费,作为主营业务收入核算。假定不考虑增值税等相关税费。

要求:根据上述资料,编制甲、乙公司双方的会计分录。

5. 甲公司为增值税一般纳税人,适用的增值税税率为17%。2015年1月1日,甲公司以分期收款方式向乙公司销售一台大型设备,合同约定的价款总额为3 000 000元,分3次于每年年末等额收取,该设备成本为2 560 000元。假定折现率为5%,该项销售满足收入确认条件。甲公司在发出商品时开出增值税专用发票,并于当天收到乙公司交来的增值税税款510 000元。

要求:根据上述资料,编制甲公司销售商品、摊销融资收益、分期收款的相关会计分录。

6. 甲公司于2017年1月16日与丙公司签订合同,为丙公司研发一款软件,合同总收入为650 000元。至2017年12月31日,甲公司已发生成本375 000元(假定均为开发人员薪酬),预计还将发生成本125 000元。2017年12月31日,经专业人士测量,该软件的完工进度为70%,甲公司按完工百分比法确认提供劳务的收入。甲公司尚未收到对方支付的劳务合同款项。

要求:根据上述资料,编制甲公司相关会计分录。

7. 2017年12月31日,甲公司结账前各损益类账户的余额为:主营业务收入200 000元,主营业务成本150 000元,税金及附加8 345元,其他业务收入4 000元,其他业务成本2 200元,投资收益(贷方)5 000元,营业外收入

1 600元,营业外支出1 400元,所得税费用12 160元。已知该企业按当年净利润的10%、5%提取法定盈余公积、任意盈余公积,按当年净利润的20%分配现金股利,按当年净利润的40%分配股票股利(假定已办妥增资手续)。

要求:根据上述资料进行相关会计处理。

11

财务报告

ZHONGJI CAIWU KUAIJI

第一节 财务报告概述

财务报告亦称财务会计报告，是指企业对外提供的反映企业某一特定日期的财务状况和某一会计期间的经营成果、现金流量等会计信息的文件。财务报告包括财务报表和其他应当在财务报告中披露的相关信息和资料。

一、财务报表的定义、构成和分类

（一）财务报表的定义和构成

财务报表是对企业财务状况、经营成果和现金流量的结构性表述。

财务报表至少应当包括"四表一注"，即资产负债表、利润表、现金流量表、所有者权益（或股东权益，下同）变动表以及附注。年度财务报表涵盖的期间短于1年的，应当披露年度财务报表的涵盖期间，以及短于1年的原因。

（二）财务报表的分类

财务报表可以按照不同的标准进行分类。

1. 按财务报表编报期间的不同分类

按财务报表编报期间的不同，可以分为中期财务报表和年度财务报表。中期财务报表是以短于一个完整会计年度的报告期间为基础编制的财务报表，包括月报、季报和半年报等。中期财务报表至少应当包括资产负债表、利润表、现金流量表和附注，其中，中期资产负债表、利润表和现金流量表应当是完整报表，其格式和内容应当与年度财务报表相一致。与年度财务报表相比，中期财务报表中的附注披露可适当简略。

2. 按财务报表编报主体的不同分类

按财务报表编报主体的不同，可以分为个别财务报表和合并财务报表。个别财务报表是由企业在自身会计核算基础上对账簿记录进行加工而编制的财务报表，它主要用以反映企业自身的财务状况、经营成果和现金流量情况。合并财务报表是以母公司和子公司组成的企业集团为会计主体，根据母公司和所属子公司的财务报表，由母公司编制的综合反映企业集团财务状况、经营成果及现金流量的财务报表。

（三）其他相关信息

企业在披露其他相关信息时，应根据法律法规的规定和外部信息使用者的需求而定。例如，社会责任、对社会的贡献和可持续发展能力等。

二、财务报表列报的基本要求

（一）遵循各项会计准则进行确认和计量

企业应当根据实际发生的交易和事项，遵循各项具体会计准则的规定进行确认和计量，并在此基础上编制财务报表。企业应当在附注中对遵循企业会计准则编制的财务报表做出声明，只有遵循了企业会计准则的所有规定时，财务报表才能被称为"遵循了企业会计准则"。

企业不应以在附注中的披露代替对交易和事项的确认和计量。也就是说，企业采用的不恰当的会计政策，不得通过在附注中披露等其他形式予以更正。企业应当对交易和事项进行正确的确认和计量。

（二）列报基础

持续经营是会计的基本前提，是会计确认、计量及编制财务报表的基础。在编制财务报表的过程中，企业管理层应当利用其所有可获信息来评价企业自报告期末起至少12个月的持续经营能力。评价时需要考虑的因素包括宏观政策风险、市场经营风险、企业目前或长期的盈利能力、偿债能力、财务弹性以及企业管理层改变经营政策的意向等。评价结果表明对持续经营能力产生重大怀疑的，企业应当在附注中披露导致对持续经营能力产生重大怀疑的因素以及企业拟采取的改善措施。

企业在评估持续经营能力时应当结合考虑企业的具体情况。通常情况下，企业过去每年都有可观的净利润，并且易于获取所需的财务资源，则往往表明以持续经营为基础编制财务报表是合理的，而无须进行详细的分析即可得出企业持续经营的结论。反之，如果企业过去多年有亏损的记录等情况，则需要通过考虑更加广泛的相关因素来做出评价，比如目前和预期未来的获利能力、债务清偿计划、替代融资的潜在来源等。

非持续经营是企业在极端情况下出现的一种状态，是否属于这种情况，往往取决于企业管理部门的判断。一般而言，企业如果存在以下情况之一，则通常表明其处于非持续经营状态：（1）企业已在当期进行清算或停止营业；（2）企业已经正式决定在下一个会计期间进行清算或停止营业；（3）企业已确定在当期或下一个会计期间没有其他可供选择的方案而将被迫进行清算或停止营业。

企业处于非持续经营状态时，应当采用其他基础编制财务报表，比如破产企业的资产采用可变现净值计量、负债按照其预计的结算金额计量等。由于企业在持续经营和非持续经营环境下采用的会计计量基础不同，产生的经营成果和财务状况不同，因此在附注中披露非持续经营信息对报表使用者而言非常重要。在非持续经营情况下，企业应当在附注中声明财务报表未以持续经营为基础列报，披露原因以及财务报表的编制基础。

(三) 权责发生制

除现金流量表按照收付实现制编制外,企业应当按照权责发生制编制其他财务报表。

(四) 依据重要性原则单独或汇总列报项目

财务报表是通过对大量的交易或其他事项进行处理而生成的,这些交易或其他事项按其性质或功能汇总归类而形成财务报表中的项目。关于项目在财务报表中是单独列报还是合并列报,应当依据重要性原则来判断。

1. 重要性

重要性是判断项目是否单独列报的重要标准。企业会计准则对重要性的定义是,如果财务报表某项目的省略或错报会影响使用者据此做出经济决策,该项目就具有重要性。企业在进行重要性判断时,应当根据所处环境,从项目的性质和金额大小两方面予以判断:一方面,应当考虑该项目的性质是否属于企业日常活动、是否对企业的财务状况和经营成果具有较大影响等因素;另一方面,判断项目金额大小的重要性,应当通过单项金额占资产总额、负债总额、所有者权益总额、营业收入总额、净利润等直接相关项目金额的比重加以确定。

2. 项目列报

如果某项目单独看不具有重要性,则可将其与其他项目合并列报;如具有重要性,则应当单独列报。具体而言,应当遵循以下几点:

(1) 性质或功能不同的项目,一般应当在财务报表中单独列报,但是不具有重要性的项目可以合并列报。比如存货和固定资产在性质上和功能上都有本质差别,必须分别在资产负债表中单独列报。

(2) 性质或功能类似的项目,一般可以合并列报,但是对其具有重要性的类别应该单独列报。比如原材料、周转材料等项目在性质上类似,均通过生产过程形成企业的产品存货,因此可以合并列报,合并之后的类别统称为存货,在资产负债表中单独列报。

(3) 项目单独列报的原则不仅适用于报表,还适用于附注。某些项目的重要性程度不足以在资产负债表、利润表、现金流量表或所有者权益变动表中单独列示,但是可能对附注而言却具有重要性,在这种情况下应当在附注中单独披露。仍以上述存货为例,对某制造业企业而言,原材料、周转材料、在产品、库存商品等项目的重要性程度不足以在资产负债表中单独列示,因此在资产负债表中合并列示,但是鉴于其对该制造业企业的重要性,应当在附注中单独披露。

(4) 无论是财务报表列报准则规定的单独列报项目,还是其他具体会计准则规定单独列报的项目,企业都应当予以单独列报。

（五）列报的一致性

可比性是会计信息质量的一项重要质量要求，目的是使同一企业不同期间和同一期间不同企业的财务报表相互可比。为此，财务报表项目的列报应当在各个会计期间保持一致，不得随意变更。这一要求不仅针对财务报表中的项目名称，还包括财务报表项目的分类、排列顺序等方面。当会计准则要求改变，或企业经营业务的性质发生重大变化后，变更财务报表项目的列报能够提供更可靠、更相关的会计信息时，财务报表项目的列报是可以改变的。

财务报表项目的列报应当在各个会计期间保持一致，不得随意变更，但下列情况除外：

（1）会计准则要求改变财务报表项目的列报；

（2）企业经营业务的性质发生重大变化后，变更财务报表项目的列报能够提供更可靠、更相关的会计信息。

（六）财务报表项目金额间的相互抵销

财务报表项目应当以总额列报，资产和负债、收入和费用不能相互抵销，即不得以净额列报，但企业会计准则另有规定的除外。这是因为，如果相互抵销，所提供的信息就不完整，信息的可比性大为降低，难以在同一企业不同期间以及同一期间不同企业的财务报表之间实现相互可比，报表使用者难以据此做出判断。例如，企业欠客户的应付款不得与其他客户欠本企业的应收款相抵销，如果相互抵销就掩盖了交易的实质。又如，收入和费用反映了企业投入和产出之间的关系，是企业经营成果的两个方面，为了更好地反映经济交易的实质，考核企业经营管理水平以及预测企业未来现金流量，收入和费用不得相互抵销。

以下三种情况不属于抵销，可以以净额列示：

（1）一组类似交易形成的利得和损失以净额列示的，不属于抵销。比如，汇兑损益应当以净额列报，为交易目的而持有的金融工具形成的利得和损失应当以净额列报等。但是，如果相关利得和损失具有重要性，则应当单独列报。

（2）资产或负债项目按扣除备抵项目后的净额列示，不属于抵销。资产计提的减值准备，实质上意味着资产的价值确实发生了减损，资产项目应当按扣除减值准备后的净额列示，这样才反映资产当时的真实价值，并不属于上面所述的抵销。

（3）非日常活动并非企业主要的业务，且具有偶然性，从重要性来讲，非日常活动产生的损益以收入和费用抵销后的净额列示，对公允反映企业财务状况和经营成果的影响不大，抵销后反而更有利于报表使用者的理解。因此，非日常活动产生的损益应当以同一交易形成的收入扣减费用后的净额列示，并不属于抵销。例如，非流动资产处置形成的利得和损失，应按处置收入扣除该资产的账面金额和相关销售费用后的净额列报。

（七）比较信息的列报

企业在列报当期财务报表时，至少应当提供所有列报项目上一个可比会计期间的比较数据，以及与理解当期财务报表相关的说明，目的是向报表使用者提供对比数据，提高信息在会计期间的可比性，以反映企业财务状况、经营成果和现金流量的发展趋势，提高报表使用者的判断与决策能力。列报比较信息的这一要求适用于财务报表的所有组成部分，即既适用于四张报表，也适用于附注。

在财务报表项目的列报确需发生变更的情况下，企业应当对上期比较数据按照当期的列报要求进行调整，并在附注中披露调整的原因和性质，以及调整的各项目金额。但是，如果在某些情况下，对上期比较数据进行调整是不切实可行的，则应当在附注中披露不能调整的原因。

（八）财务报表表首的列报要求

财务报表一般分为表首、正表两部分。其中，在表首部分企业应当概括地说明下列基本信息：

（1）编报企业的名称，如企业名称在所属当期发生了变更的，还应明确标明；

（2）对资产负债表而言，须披露资产负债表日，而对利润表、现金流量表、所有者权益变动表而言，须披露报表涵盖的会计期间；

（3）货币名称和单位，按照我国企业会计准则的规定，企业应当以人民币作为记账本位币列报，并标明金额单位，如人民币元、人民币万元等；

（4）财务报表是合并财务报表的，应当予以标明。

（九）报告期间

企业至少应当编制年度财务报表。根据《中华人民共和国会计法》的规定，会计年度自公历1月1日起至12月31日止。在编制年度财务报表时，可能存在年度财务报表涵盖的期间短于1年的情况。比如，企业在年度中间（如3月1日）设立，应当披露年度财务报表的实际涵盖期间及其短于1年的原因，并说明由此引起财务报表项目与比较数据不具可比性这一事实。

需要说明的是，财务报表格式和附注分别按一般企业、商业银行、保险公司、证券公司等企业类型予以规定。企业应当根据其经营活动的性质，确定本企业适用的财务报表格式和附注。除不存在的项目外，企业应当按照具体准则及应用指南规定的报表格式进行列报。本章以一般企业资产负债表、利润表、现金流量表和所有者权益变动表格式为例进行讲解说明。

第二节 资产负债表

一、资产负债表的内容及结构

（一）资产负债表的内容

资产负债表是反映企业在某一特定日期的财务状况的会计报表。它反映企业在某一特定日期所拥有或控制的经济资源、所承担的现实义务和所有者对净资产的要求权。

资产负债表的内容包括：

（1）提供某一日期资产的总额及其结构，表明企业拥有或控制的资源及其分布情况，使用者可以一目了然地从资产负债表上了解企业在某一特定日期所拥有的资产总量及其结构；

（2）提供某一日期的负债总额及其结构，表明企业未来需要用多少资产或劳务清偿债务以及清偿时间；

（3）反映所有者所拥有的权益，据以判断资本保值、增值的情况以及对负债的保障程度。

此外，资产负债表还可以提供进行财务分析的基本资料。例如，将流动资产与流动负债进行比较计算出流动比率，将速动资产与流动负债进行比较计算出速动比率等，可以表明企业的变现能力、偿债能力和资金周转能力，从而有助于报表使用者做出经济决策。

（二）资产负债表的结构

在我国，资产负债表采用账户式结构，报表分为左右两方，左方列示资产各项目，反映全部资产的分布及存在状态；右方列示负债和所有者权益各项目，反映全部负债和所有者权益的内容及构成情况。资产负债表左右双方平衡，资产总计等于负债和所有者权益总计，即"资产＝负债＋所有者权益"。此外，为了使使用者通过比较不同时点资产负债表的数据，掌握企业财务状况的变动情况及发展趋势，企业需要提供比较资产负债表，资产负债表还就各项目再分为"年初余额"和"期末余额"两栏分别填列。

此外，如有下列情况，应当在资产负债表中调整或增设相关项目：

（1）高危行业企业如有按国家规定提取的安全生产费的，应当在资产负债表所有者权益项下"其他综合收益"项目和"盈余公积"项目之间增设"专项储备"项目，反映企业提取的安全生产费期末余额。

(2) 企业衍生金融工具业务具有重要性的，应当在资产负债表资产项下"以公允价值计量且其变动计入当期损益的金融资产"项目和"应收票据"项目之间增设"衍生金融资产"项目，在资产负债表负债项下"以公允价值计量且其变动计入当期损益的金融负债"项目和"应付票据"项目之间增设"衍生金融负债"项目，分别反映企业衍生工具形成资产和负债的期末余额。

(3) 发行优先股等其他权益工具的企业，如果发行的其他权益工具分类为权益工具的，应当在资产负债表"实收资本"项目和"资本公积"项目之间增设"其他权益工具"项目，反映企业发行的除普通股以外分类为权益工具的金融工具的账面价值，并在"其他权益工具"项目下增设"其中：优先股"和"永续债"两个项目，分别反映企业发行的分类为权益工具的优先股和永续债的账面价值。如果发行的优先股等其他权益工具分类为债务工具的，应当在"应付债券"项目下增设"其中：优先股"和"永续债"两个项目，分别反映企业发行的分类为金融负债的优先股和永续债的账面价值。如属流动负债的，应当比照上述原则在流动负债类相关项目列报。

二、资产负债表的列报方法

（一）资产负债表"期末余额"栏的填列方法

资产负债表"期末余额"栏内各项数字，一般应根据资产、负债和所有者权益类科目的期末余额填列。资产负债表各项目的填列方法，大体上可以归纳为以下几种情况。

1. 根据总账科目的余额填列

资产负债表中的有些项目，应根据有关总账科目的余额填列，如"工程物资"、"固定资产清理"、"递延所得税资产"、"长期待摊费用"、"短期借款"、"应付票据"、"应付利息"、"应付股利"、"其他应付款"、"专项应付款"、"预计负债"、"递延收益"、"递延所得税负债"、"实收资本"、"库存股"、"资本公积"、"其他综合收益"和"盈余公积"等。

有些项目则应根据几个总账科目的余额计算填列，如"货币资金"项目，需要根据"库存现金"、"银行存款"和"其他货币资金"三个总账科目余额的合计数填列；"其他流动资产"和"其他流动负债"项目，应根据有关科目的期末余额分析填列。

2. 根据有关明细账科目的余额计算填列

"开发支出"项目，应根据"研发支出"科目中所属的"资本化支出"明细科目期末余额填列；"应付账款"项目，应根据"应付账款"和"预付账款"科目所属的相关明细科目的期末贷方余额合计数填列；"应交税费"项目，应根据

"应交税费"科目的明细科目期末余额分析填列,其中的借方余额,应当根据其流动性在"其他流动资产"或"其他非流动资产"项目中填列;"一年内到期的非流动资产"或"一年内到期的非流动负债"项目,应根据有关非流动资产或负债项目的明细科目余额分析填列;"应付职工薪酬"项目,应根据"应付职工薪酬"科目的明细科目期末余额分析填列;"长期借款"和"应付债券"项目,应根据"长期借款"和"应付债券"科目的明细科目余额分析填列;"未分配利润"项目,应根据"利润分配"科目中所属的"未分配利润"明细科目期末余额填列。

3. 根据总账科目和明细账科目的余额分析计算填列

"长期借款"项目,应根据"长期借款"总账科目余额扣除"长期借款"科目所属的明细科目中将在资产负债表日起一年内到期、且企业不能自主地将清偿义务展期的长期借款后的金额计算填列;"其他非流动资产"项目,应根据有关科目的期末余额减去将于一年内(含一年)收回数后的金额填列;"其他非流动负债"项目,应根据有关科目的期末余额减去将于一年内(含一年)到期偿还数后的金额填列。

4. 根据有关科目余额减去其备抵科目余额后的净额填列

"可供出售金融资产"、"持有至到期投资"、"长期股权投资"、"在建工程"和"商誉"项目,应根据相关科目的期末余额填列,已计提减值准备的,还应扣减相应的减值准备;"固定资产"、"无形资产"、"投资性房地产"、"生产性生物资产"和"油气资产"项目,应根据相关科目的期末余额扣减相应的累计折旧(或摊销、折耗)填列,已计提减值准备的,还应扣减相应的减值准备,折旧(或摊销、折耗)年限(或期限)只剩一年或不足一年的,仍在上述项目中列示,不转入"一年内到期的非流动资产"项目,采用公允价值计量的上述资产,应根据相关科目的期末余额填列;"长期应收款"项目,应根据"长期应收款"科目的期末余额,减去相应的"未实现融资收益"科目和"坏账准备"科目所属相关明细科目期末余额后的金额填列;"长期应付款"项目,应根据"长期应付款"科目的期末余额,减去相应的"未确认融资费用"科目期末余额后的金额填列。

5. 综合运用上述填列方法分析填列

主要包括"应收票据"、"应收利息"、"应收股利"和"其他应收款"项目,应根据相关科目的期末余额,减去"坏账准备"科目中有关坏账准备期末余额后的金额填列;"应收账款"项目,应根据"应收账款"和"预收账款"科目所属各明细科目的期末借方余额合计数,减去"坏账准备"科目中有关应收账款计提的坏账准备期末余额后的金额填列;"预付款项"项目,应根据"预付账款"和"应付账款"科目所属各明细科目的期末借方余额合计数,减去"坏账准备"科目中有关预付款项计提的坏账准备期末余额后的金额填列;"存货"项目,应根据"材料采购"、"原材料"、"发出商品"、"库存商品"、"周转材料"、"委托加工物资"、"生产成本"、"委托代销商品"和"受托代销商品"等科目的期末余额合计,减去"受托代销商品款"和"存货跌价准备"科目期末余额后的金额填列,材料采用计划成本核算,以及库存商品采用计划成本核算或售价核算的企业,还应按加或减材料成本差异、商品进销差价后的金额填列;"划分为持有待售的资产"和"划分为持有待售的负债"项目,应根据相关科目的期末余额分析填列等。

(二)资产负债表"年初余额"栏的填列方法

资产负债表"年初余额"栏通常根据上年末有关项目的期末余额填列,且与上年末资产负债表"期末余额"栏相一致。如果企业发生了会计政策变更、前期差错更正,应当对"年初余额"栏中的有关项目进行调整。如果企业上年度资产负债表规定的项目名称和内容与本年度不一致,应当对上年末资产负债表相关项目的名称和数字按照本年度的规定进行调整,填入"年初余额"栏。

【例 11-1】某市甲公司为增值税一般纳税人,增值税税率为 17%,城市维护建设税税率为 7%,教育费附加征收比率为 3%,所得税税率为 25%,原材料采用实际成本法核算。2017 年 1 月 1 日的会计科目余额,如表 11-1 所示。

表 11-1　　　　　　　　　会计科目余额表
编制单位:甲公司　　　　　　2017 年 1 月 1 日　　　　　　金额单位:元

科目名称	借方余额	科目名称	贷方余额
库存现金	31 511	短期借款	300 000
银行存款	1 400 799	应付票据	117 000
其他货币资金	117 000	应付账款	878 150
交易性金融资产	150 000	应付职工薪酬	110 000
应收票据	234 000	应交税费	188 650
应收账款	351 000	未交增值税	160 500
其他应收款	75 000	应交城市维护建设税	11 235
坏账准备	-3 510	应交教育费附加	4 815
原材料	838 000	应交所得税	12 100
生产成本	0	应付利息	1 000
制造费用	0	应付股利	0
库存商品	1 652 900	其他应付款	156 600
周转材料	57 000	长期借款	1 600 000
存货跌价准备	0	其中 1 年内到期的长期借款	1 000 000

续表

科目名称	借方余额	科目名称	贷方余额
固定资产	2 000 000		
累计折旧	−900 000	实收资本（或股本）	5 000 000
在建工程	1 500 000	盈余公积	63 200
工程物资	602 100	利润分配	191 200
固定资产清理	0	未分配利润	191 200
无形资产	500 000		
累计摊销	0		
合　计	8 605 800	合　计	8 605 800

甲公司2017年度发生的经济业务如下：

(1) 收到银行通知，用银行存款支付到期的商业承兑汇票票款117 000元。

(2) 购入原材料一批，货款300 000元、增值税税额51 000元，款项尚未支付，材料已验收入库。

(3) 用银行汇票支付采购材料价款，公司收到开户银行转来的银行汇票多余款收款通知，通知上填写多余款234元，购入材料款99 800元，支付的增值税额16 966元，原材料已验收入库。

(4) 用银行存款缴纳增值税160 500元、城市维护建设税11 235元和教育费附加4 815元。

(5) 销售一批产品，不含税的销售额为500 000元，该批产品实际成本300 160元，产品已发出，货款尚未收到。

(6) 将交易性金融资产150 000元兑现，收到本金150 000元，投资收益25 000元，均存入银行。

(7) 用银行存款缴纳企业所得税12 100元。

(8) 购入一辆汽车，用银行存款支付价款101 000元、增值税税额17 170元。

(9) 购入工程物资一批，用银行存款支付价款150 000元、增值税税额25 500元。

(10) 缴纳职工社会保险费330 000元、住房公积金120 000元，代缴职工社会保险费110 000元、住房公积金120 000元。

(11) 期末计算在建工程应负担的长期借款利息150 000元，该项借款本金及利息均未支付。

(12) 一项工程完工，交付使用，已办理竣工手续，固定资产价值1 400 000元。

(13) 年末从银行借入3年期借款1 000 000元，借款已存入银行存款账户，该项存款用于建造固定资产。

（14）销售产品一批，不含税的销售额 900 000 元，增值税税额 153 000 元，销售产品的实际成本 547 000 元，款项已存入银行。

（15）将要到期的一张面值为 234 000 元的无息银行承兑汇票，连同解讫通知和进账单交银行办理转账，收到银行盖章退回的进账单一联。款项银行已收妥。

（16）出售不需要的设备一台，收到价款 351 000 元（含税），该设备原价 400 000 元，已提折旧 140 000 元，该设备已由购入单位运走。

（17）计提短期借款利息 11 500 元，归还短期借款本金 250 000 元、利息 12 500 元。

（18）基本生产车间领用原材料 700 000 元；领用低值易耗品 50 000 元，采用一次摊销法核算。

（19）用银行存款支付广告费 60 000 元，用现金支付产品展览费 10 000 元。

（20）采用银行承兑汇票结算方式销售商品一批，价款 250 000 元，增值税税额 42 500 元，收到 292 500 元的无息银行承兑汇票一张，产品实际成本 150 800 元。

（21）收到应收账款 351 000 元，存入银行。

（22）将上述 292 500 元无息银行承兑汇票到银行办理贴现，贴现息为 20 000 元。

（23）计提固定资产折旧 190 000 元，其中计入制造费用 170 000 元，计入管理费用 20 000 元。

（24）摊销管理用无形资产 50 000 元。

（25）核算职工薪酬，其中：生产工人工资 400 000 元、车间管理人员工资 100 000 元、销售人员工资 120 000 元、行政管理人员工资 180 000 元、工程人员 200 000 元，小计工资总额 1 000 000 元；按工资总额的 5.5% 计提职工福利费、2% 计提工会经费、2.5% 计提职工教育经费；按工资总额的 33% 计提社会保险费、12% 计提住房公积金。

（26）发放工资，按员工个人工资总额的 11% 代扣社会保险费、12% 代扣住房公积金、10% 代扣个人所得税。

（27）代缴个人所得税 100 000 元。

（28）计算并结转本年完工产品成本 1 695 000 元，没有期初在产品，本年生产的产品全部完工入库。

（29）结转本年产品销售成本 997 960 元。

（30）期末，按应收账款余额的 1‰ 计提坏账准备。

（31）计提应计入本年损益的长期借款（到期一次还本付息）利息 10 000 元。

(32) 核算本年应交增值税、应交城市维护建设税和教育费附加。
(33) 偿还长期借款 1 000 000 元。
(34) 核算本年应交所得税。
(35) 期末结转各损益类科目。
(36) 结转本年利润。
(37) 按本年净利润的 10% 提取法定盈余公积、20% 分配现金股利。
(38) 将"利润分配"其他各明细科目的余额转入"未分配利润"明细科目。

根据上述资料，甲公司的会计处理如下：

1. 编制会计分录

(1) 支付商业承兑汇票票款时：

　　借：应付票据　　　　　　　　　　　　　　　　117 000
　　　　贷：银行存款　　　　　　　　　　　　　　　117 000

(2) 购入原材料时：

　　借：原材料　　　　　　　　　　　　　　　　　300 000
　　　　应交税费——应交增值税（进项税额）　　　 51 000
　　　　贷：应付账款　　　　　　　　　　　　　　　351 000

(3) 支付采购材料价款时：

　　借：原材料　　　　　　　　　　　　　　　　　 99 800
　　　　银行存款　　　　　　　　　　　　　　　　　　 234
　　　　应交税费——应交增值税（进项税额）　　　 16 966
　　　　贷：其他货币资金——银行汇票　　　　　　　117 000

(4) 缴纳增值税、城市维护建设税和教育费附加时：

　　借：应交税费——未交增值税　　　　　　　　　160 500
　　　　　　　　——应交城市维护建设税　　　　　 11 235
　　　　　　　　——应交教育费附加　　　　　　　　4 815
　　　　贷：银行存款　　　　　　　　　　　　　　　176 550

(5) 确认销售产品收入时：

　　借：应收账款　　　　　　　　　　　　　　　　585 000
　　　　贷：主营业务收入　　　　　　　　　　　　　500 000
　　　　　　应交税费——应交增值税（销项税额）　　85 000

(6) 将交易性金融资产变现时：

　　借：银行存款　　　　　　　　　　　　　　　　175 000
　　　　贷：交易性金融资产　　　　　　　　　　　　150 000
　　　　　　投资收益　　　　　　　　　　　　　　　 25 000

(7) 缴纳企业所得税时：
借：应交税费——应交所得税　　　　　　　　　　　12 100
　　贷：银行存款　　　　　　　　　　　　　　　　　　12 100
(8) 购入汽车时：
借：固定资产　　　　　　　　　　　　　　　　　　101 000
　　应交税费——应交增值税（进项税额）　　　　　　17 170
　　贷：银行存款　　　　　　　　　　　　　　　　　118 170
(9) 购入工程物资时：
借：工程物资　　　　　　　　　　　　　　　　　　150 000
　　应交税费——应交增值税（进项税额）　　　　　　25 500
　　贷：银行存款　　　　　　　　　　　　　　　　　175 500
(10) 缴纳和代缴职工社会保险费和住房公积金时：
借：应付职工薪酬——社会保险费　　　　　　　　　330 000
　　　　　　　　——住房公积金　　　　　　　　　　120 000
　　其他应付款——社会保险费　　　　　　　　　　　110 000
　　　　　　——住房公积金　　　　　　　　　　　　120 000
　　贷：银行存款　　　　　　　　　　　　　　　　　680 000
(11) 计算在建工程负担的长期借款利息时：
借：在建工程　　　　　　　　　　　　　　　　　　150 000
　　贷：长期借款——应计利息　　　　　　　　　　　150 000
(12) 工程完工交付使用时：
借：固定资产　　　　　　　　　　　　　　　　　1 400 000
　　贷：在建工程　　　　　　　　　　　　　　　　1 400 000
(13) 向银行借款时：
借：银行存款　　　　　　　　　　　　　　　　　1 000 000
　　贷：长期借款　　　　　　　　　　　　　　　　1 000 000
(14) 确认销售产品收入时：
借：银行存款　　　　　　　　　　　　　　　　　1 053 000
　　贷：主营业务收入　　　　　　　　　　　　　　　900 000
　　　　应交税费——应交增值税（销项税额）　　　　153 000
(15) 收回票款时：
借：银行存款　　　　　　　　　　　　　　　　　　234 000
　　贷：应收票据　　　　　　　　　　　　　　　　　234 000
(16) 出售设备时：

借：固定资产清理	260 000
累计折旧	140 000
贷：固定资产	400 000
借：银行存款	351 000
贷：固定资产清理	300 000
应交税费——应交增值税（销项税额）	51 000
借：固定资产清理	40 000
贷：营业外收入——非流动资产处置利得	40 000

(17) 计提短期借款利息、归还短期借款本息时：

借：财务费用	11 500
贷：应付利息	11 500
借：短期借款	250 000
应付利息	12 500
贷：银行存款	262 500

(18) 领用材料时：

借：生产成本	700 000
贷：原材料	700 000
借：制造费用	50 000
贷：周转材料	50 000

(19) 支付广告费和产品展览费时：

借：销售费用	70 000
贷：银行存款	60 000
库存现金	10 000

(20) 用商业汇票结算方式销售商品时：

借：应收票据	292 500
贷：主营业务收入	250 000
应交税费——应交增值税（销项税额）	42 500

(21) 收到应收款项时：

借：银行存款	351 000
贷：应收账款	351 000

(22) 将商业汇票贴现时：

借：银行存款	272 500
财务费用	20 000
贷：应收票据	292 500

(23) 计提固定资产折旧时：
借：制造费用　　　　　　　　　　　　　　　　　170 000
　　　管理费用　　　　　　　　　　　　　　　　　20 000
　　贷：累计折旧　　　　　　　　　　　　　　　　　190 000
(24) 摊销无形资产时：
借：管理费用　　　　　　　　　　　　　　　　　50 000
　　贷：累计摊销　　　　　　　　　　　　　　　　　50 000
(25) 核算职工薪酬时：
借：生产成本〔400 000×(1+5.5%+2%+2.5%+33%+12%)〕
　　　　　　　　　　　　　　　　　　　　　　　620 000
　　　制造费用〔100 000×(1+5.5%+2%+2.5%+33%+12%)〕
　　　　　　　　　　　　　　　　　　　　　　　155 000
　　　销售费用〔120 000×(1+5.5%+2%+2.5%+33%+12%)〕
　　　　　　　　　　　　　　　　　　　　　　　186 000
　　　管理费用〔180 000×(1+5.5%+2%+2.5%+33%+12%)〕
　　　　　　　　　　　　　　　　　　　　　　　279 000
　　　在建工程〔200 000×(1+5.5%+2%+2.5%+33%+12%)〕
　　　　　　　　　　　　　　　　　　　　　　　310 000
　　贷：应付职工薪酬——工资　　　　　　　　　　1 000 000
　　　　　　　　　　——职工福利(1 000 000×5.5%)　55 000
　　　　　　　　　　——工会经费(1 000 000×2%)　　20 000
　　　　　　　　　　——职工教育经费(1 000 000×2.5%)　25 000
　　　　　　　　　　——社会保险费(1 000 000×33%)　330 000
　　　　　　　　　　——住房公积金(1 000 000×12%)　120 000
(26) 发放工资并代扣社会保险费、住房公积金和个人所得税时：
借：应付职工薪酬——工资　　　　　　　　　　　1 000 000
　　贷：其他应付款——社会保险费(1 000 000×11%)　110 000
　　　　　　　　　——住房公积金(1 000 000×12%)　120 000
　　　　应交税费——应交个人所得税(1 000 000×10%)　100 000
　　　　银行存款　　　　　　　　　　　　　　　　670 000
(27) 代缴个人所得税时：
借：应交税费——应交个人所得税　　　　　　　　100 000
　　贷：银行存款　　　　　　　　　　　　　　　　100 000
(28) 结转本年完工产品成本时：

借：生产成本 375 000
　　贷：制造费用 375 000
借：库存商品 1 695 000
　　贷：生产成本 1 695 000

(29) 结转本年销售成本时：
借：主营业务成本 997 960
　　贷：库存商品 997 960

(30) 计提坏账时：
借：资产减值损失 2 340
　　贷：坏账准备 2 340

(31) 计提长期借款利息时：
借：财务费用 10 000
　　贷：长期借款——应计利息 10 000

(32) 核算应交增值税、城市维护建设税和教育费附加时：

应交增值税＝销项税额－进项税额－期初留抵的进项税额
　　　　　＝(85 000＋153 000＋51 000＋42 500)－
　　　　　　(51 000＋16 966＋17 170＋25 500)－0
　　　　　＝331 500－110 636－0＝220 864(元)

未交增值税＝应交增值税－已交税金＝220 864－0＝220 864(元)

借：应交税费——应交增值税(转出未交增值税) 220 864
　　贷：应交税费——未交增值税 220 864

应交城市维护建设税＝应交增值税×城市维护建设税税率
　　　　　　　　＝220 864×7％＝15 460(元)

应交教育费附加＝应交增值税×教育费附加征收率
　　　　　　＝220 864×3％＝6 626(元)

借：税金及附加 22 086
　　贷：应交税费——应交城市维护建设税 15 460
　　　　　　　　——应交教育费附加 6 626

(33) 偿还长期借款时：
借：长期借款 1 000 000
　　贷：银行存款 1 000 000

(34) 核算应交所得税时：

应交所得税＝应纳税所得额×所得税税率

$$= (利润总额 \pm 纳税调整项目金额) \times 所得税税率$$
$$= \{[(1\,650\,000+25\,000+40\,000)-(997\,960+22\,086+256\,000+349\,000+41\,500+2\,340)]+2\,340\} \times 25\%$$
$$= \{[1\,715\,000-1\,668\,886]+2\,340\} \times 25\%$$
$$= \{46\,114+2\,340\} \times 25\% = 48\,454 \times 25\% = 12\,114(元)$$

借：所得税费用　　　　　　　　　　　　　　　　　　　　　12 114
　　贷：应交税费——应交所得税　　　　　　　　　　　　　12 114

(35) 结转各损益类科目时：

借：主营业务收入　　　　　　　　　　　　　　　　　　　1 650 000
　　投资收益　　　　　　　　　　　　　　　　　　　　　　　25 000
　　营业外收入　　　　　　　　　　　　　　　　　　　　　　40 000
　　贷：本年利润　　　　　　　　　　　　　　　　　　　1 715 000
借：本年利润　　　　　　　　　　　　　　　　　　　　　1 681 000
　　贷：主营业务成本　　　　　　　　　　　　　　　　　　997 960
　　　　税金及附加　　　　　　　　　　　　　　　　　　　 22 086
　　　　销售费用　　　　　　　　　　　　　　　　　　　　256 000
　　　　管理费用　　　　　　　　　　　　　　　　　　　　349 000
　　　　财务费用　　　　　　　　　　　　　　　　　　　　 41 500
　　　　资产减值损失　　　　　　　　　　　　　　　　　　　2 340
　　　　所得税费用　　　　　　　　　　　　　　　　　　　 12 114

(36) 结转本年利润时：

借：本年利润（1 715 000－1 681 000）　　　　　　　　　　34 000
　　贷：利润分配——未分配利润　　　　　　　　　　　　　34 000

(37) 提取盈余公积和分配股利时：

借：利润分配——提取法定盈余公积（34 000×10%）　　　　　3 400
　　　　　　——应付现金股利或利润（34 000×20%）　　　　 6 800
　　贷：盈余公积　　　　　　　　　　　　　　　　　　　　 3 400
　　　　应付股利　　　　　　　　　　　　　　　　　　　　 6 800

(38) 将"利润分配"其他各明细科目转入"未分配利润"明细科目时：

借：利润分配——未分配利润　　　　　　　　　　　　　　10 200
　　贷：利润分配——提取法定盈余公积　　　　　　　　　　3 400
　　　　　　　　——应付现金股利或利润　　　　　　　　　6 800

年末未分配利润＝年初未分配利润＋净利润－利润分配
　　　　　　　＝191 200＋34 000－10 200＝215 000(元)

2. 编制会计科目汇总表并试算平衡

根据上述会计分录通过丁字账（略）编制 2017 年 1 月 1 日至 12 月 31 日的会计科目汇总表并试算平衡，如 11-2 所示。

表 11-2　　　　　　　　　　　会计科目汇总表

编制单位：甲公司　　　　　　2017 年 1 月 1 日至 12 月 31 日　　　　　　金额单位：元

科目	借方发生额	贷方发生额	科目	借方发生额	贷方发生额
库存现金		10 000	短期借款	250 000	
银行存款	3 436 734	3 371 820	应付票据	117 000	
其他货币资金		117 000	应付账款		351 000
交易性金融资产		150 000	应付职工薪酬	1 450 000	1 550 000
应收票据	292 500	526 500	应交税费	620 150	686 564
应收账款	585 000	351 000	应付利息	12 500	11 500
坏账准备		2 340	应付股利		6 800
原材料	399 800	700 000	其他应付款	230 000	230 000
生产成本	1 695 000	1 695 000	长期借款	1 000 000	1 160 000
制造费用	375 000	375 000	盈余公积		3 400
库存商品	1 695 000	997 960	本年利润	1 715 000	1 715 000
周转材料		50 000	利润分配	20 400	44 200
固定资产	1 501 000	400 000	主营业务收入	1 650 000	1 650 000
累计折旧	140 000	190 000	投资收益	25 000	25 000
固定资产清理	300 000	300 000	营业外收入	40 000	40 000
在建工程	460 000	1 400 000	主营业务成本	997 960	997 960
工程物资	150 000		税金及附加	22 086	22 086
累计摊销		50 000	销售费用	256 000	256 000
			管理费用	349 000	349 000
			财务费用	41 500	41 500
			资产减值损失	2 340	2 340
			所得税费用	12 114	12 114
试算平衡借方合计	19 841 084		试算平衡贷方合计	19 841 084	

3. 编制会计科目余额表

根据上述资料，编制 2017 年 12 月 31 日的会计科目余额表，如表 11-3 所示。

表 11-3　　　　　　　　　会计科目余额表
编制单位：甲公司　　　　　　2017 年 12 月 31 日　　　　　　　　金额单位：元

科目名称	借方余额	科目名称	贷方余额
库存现金	21 511	短期借款	50 000
银行存款	1 465 713	应付票据	0
其他货币资金	0	应付账款	1 229 150
交易性金融资产	0	应付职工薪酬	210 000
应收票据	0	应交税费	255 064
应收账款	585 000	应付利息	0
其他应收款	75 000	应付股利	6 800
坏账准备	−5 850	其他应付款	156 600
材料采购	0	长期借款	1 760 000
原材料	537 800	其中 1 年内到期的长期负债	0
生产成本	0	实收资本	5 000 000
制造费用	0	盈余公积	66 600
库存商品	2 349 940	本年利润	0
周转材料	7 000	利润分配	215 000
存货跌价准备	0		
固定资产	3 101 000		
累计折旧	−950 000		
固定资产清理	0		
在建工程	560 000		
工程物资	752 100		
无形资产	500 000		
累计摊销	−50 000		
合计	8 949 214	合计	8 949 214

4. 编制资产负债表

根据上述资料，编制 2017 年 12 月 31 日的资产负债表，如表 11-4 所示。其中：

(1) "货币资金"项目年末余额＝"库存现金"科目余额＋"银行存款"科目余额＋"其他货币资金"科目余额＝21 511＋1 465 713＋0＝1 487 224（元）。

(2) "应收账款"项目年末余额＝"应收账款"明细科目借方余额＋"预收账款"明细科目借方余额－"坏账准备"明细科目贷方余额＝585 000＋0－5 850＝579 150（元）。

(3) "存货"项目年末余额＝"材料采购"科目余额＋"原材料"科目余额＋"生产成本"科目余额＋"制造费用"科目余额＋"库存商品"科目余额＋"周转材料"科目余额－"存货跌价准备"科目余额＝0＋537 800＋0＋0＋

2 349 940＋7 000－0＝2 894 740（元）。

(4)"固定资产"项目年末余额＝"固定资产"科目余额－"累计折旧"科目余额－"固定资产减值准备"科目余额＝3 101 000－950 000－0＝2 151 000（元）。

(5)"无形资产"项目年末余额＝"无形资产"科目余额－"累计摊销"科目余额－"无形资产减值准备"科目余额＝500 000－50 000－0＝450 000（元）。

(6)"未分配利润"项目年初余额 191 200 元，应当与表 11-9 中本年金额栏"未分配利润"项目本年年初余额 191 200 元，核对一致。

(7)"未分配利润"项目年末余额 215 000 元，应当与表 11-9 中本年金额栏"未分配利润"项目本年年末余额 215 000 元，核对一致。

表 11-4　　　　　　　　　　　　资产负债表

会企 01 表

编制单位：甲公司　　　　　2017 年 12 月 31 日　　　　　　　　金额单位：元

资产	年末余额	年初余额	负债和所有者权益（或股东权益）	年末余额	年初余额
流动资产：			流动负债：		
货币资金	1 487 224	1 549 310	短期借款	50 000	300 000
以公允价值计量且其变动计入当期损益的金融资产	0	150 000	以公允价值计量且其变动计入当期损益的金融负债		
应收票据	0	234 000	应付票据	0	117 000
应收账款	579 150	347 490	应付账款	1 229 150	878 150
预付款项			预收款项		
应收利息			应付职工薪酬	210 000	110 000
应收股利			应交税费	255 064	188 650
其他应收款	75 000	75 000	应付利息		1 000
存货	2 894 740	2 547 900	应付股利	6 800	0
被划分为持有待售的非流动资产及被划分为持有待售的处置中的资产			划分为持有待售的处置中的负债		
一年内到期的非流动资产			其他应付款	156 600	156 600
其他流动资产			一年内到期的非流动负债	0	1 000 000
流动资产合计	5 036 114	4 903 700	其他流动负债		
非流动资产：			流动负债合计	1 907 614	2 751 400

续表

资产	年末余额	年初余额	负债和所有者权益（或股东权益）	年末余额	年初余额
可供出售金融资产			非流动负债：		
持有至到期投资			长期借款	1 760 000	600 000
长期应收款			应付债券		
长期股权投资			长期应付款		
投资性房地产			专项应付款		
固定资产	2 151 000	1 100 000	预计负债		
在建工程	560 000	1 500 000	递延收益		
工程物资	752 100	602 100	递延所得税负债		
固定资产清理	0	0	其他非流动负债		
生物资产			非流动负债合计	1 760 000	600 000
无形资产	450 000	500 000	负债合计	3 667 614	3 351 400
开发支出			所有者权益（或股东权益）：		
商誉			实收资本（或股本）	5 000 000	5 000 000
长期待摊费用			资本公积		
递延所得税资产			减：库存股		
其他非流动资产			其他综合收益		
非流动资产合计	3 913 100	3 702 100	盈余公积	66 600	63 200
			未分配利润	215 000	191 200
			所有者权益（或股东权益）合计	5 281 600	5 254 400
资产总计	8 949 214	8 605 800	负债和所有者权益（或股东权益）总计	8 949 214	8 605 800

第三节 利润表

一、利润表的内容、结构及编制程序

1. 利润表的内容

利润表是反映企业在一定会计期间的经营成果的会计报表。

利润表的列报必须充分反映企业经营业绩的主要来源和构成，这有助于使用者判断净利润的质量及其风险，有助于使用者预测净利润的持续性，从而做出正确的决策。通过利润表，可以反映企业一定会计期间收入的实现情况，如实现的营业收入、投资收益和营业外收入，等等；可以反映一定会计期间的费用耗费情况，如耗费的营业成本有多少，税金及附加有多少，销售费用、管理费用、财务费用各有多少，营业外支出有多少，等等；可以反映企业生产经营活动的成果，即净利润的实现情况，据以判断资本保值、增值等情况。将利润表中的信息与资产负债表中的信息相结合，还可以提供进行财务分析的基本资料。如将赊销收入净额与应收账款平均余额进行比较，计算出应收账款周转率；将销货成本与存货平均余额进行比较，计算出存货周转率；将净利润与资产总额进行比较，计算出资产收益率等。可以反映企业资金周转情况及企业的盈利能力和水平，便于报表使用者判断企业未来的发展趋势，做出经济决策。

2. 利润表的结构

常见的利润表结构主要有单步式和多步式两种。在我国，企业利润表采用的基本上是多步式结构，即通过对当期的收入、费用、支出项目按性质加以分类，按利润形成的主要环节列示一些中间性利润指标，分步计算当期净损益，便于使用者理解企业经营成果的不同来源。一般企业利润表的具体格式如表11-5所示。

3. 利润表的编制程序

企业可以分如下五个步骤编制利润表：

第一步，以营业收入为基础，减去营业成本、税金及附加、销售费用、管理费用、财务费用、资产减值损失，加上公允价值变动收益（减：公允价值变动损失）和投资收益（减：投资损失），计算出营业利润。

第二步，以营业利润为基础，加上营业外收入，减去营业外支出，计算出利润总额。

第三步，以利润总额为基础，减去所得税费用，计算出净利润（或净亏损）。

第四步，以净利润和其他综合收益为基础，计算综合收益总额。

第五步，以综合收益总额为基础，计算每股收益。

二、利润表的填列方法

1. 利润表"本期金额"栏的填列方法

本表"本期金额"栏一般应根据损益类科目和所有者权益类有关科目的发生额填列。

（1）"营业收入"、"营业成本"、"税金及附加"、"销售费用"、"管理费用"、"财务费用"、"资产减值损失"、"公允价值变动收益"、"投资收益"、"其他收益"、"营业外收入"、"营业外支出"和"所得税费用"等项目，应根据有关损益类科目的发生额分析填列。

(2)"其中:对联营企业和合营企业的投资收益"、"其中:非流动资产处置利得"和"其中:非流动资产处置损失"等项目,应根据"投资收益"、"营业外收入"和"营业外支出"等科目所属的相关明细科目的发生额分析填列。

(3)"其他综合收益各项目扣除所得税影响后的净额"项目及其各组成部分,应根据"其他综合收益"科目及其所属明细科目的本期发生额分析填列。

(4)"营业利润"、"利润总额"、"净利润"和"综合收益总额"项目,应根据本表中相关项目计算填列。

2. 利润表"上期金额"栏的填列方法

本表"上期金额"栏内各项数字,应根据上年该期利润表"本期金额"栏内所列数字填列。如果上年该期利润表规定的各个项目的名称和内容与本期不相一致,应对上年该期利润表各项目的名称和数字按本期的规定进行调整,填入利润表"上期金额"栏内。

【例11-2】 沿用例11-1的资料。

根据上述资料,编制2017年度的利润表,如表11-5所示。

表11-5　　　　　　　　　　　利润表

会企02表

编制单位:甲公司　　　　　　　2017年度　　　　　　　金额单位:元

项目	本年金额	上年金额(略)
一、营业收入	1 650 000	
减:营业成本	997 960	
税金及附加	22 086	
销售费用	256 000	
管理费用	349 000	
财务费用	41 500	
资产减值损失	2 340	
加:公允价值变动收益(损失以"—"号填列)		
投资收益(损失以"—"号填列)	25 000	
其中:对联营企业和合营企业的投资收益		
其他收益		
二、营业利润(亏损以"—"号填列)	6 114	
加:营业外收入	40 000	
其中:非流动资产处置利得	40 000	
减:营业外支出		
其中:非流动资产处置损失		
三、利润总额(亏损总额以"—"号填列)	46 114	
减:所得税费用	12 114	

续表

项目	本年金额	上年金额（略）
四、净利润（净亏损以"—"号填列）	34 000	
五、其他综合收益各项目扣除所得税影响后的净额	0	
（一）以后不能重分类进损益的其他综合收益		
1. 重新计量设定受益计划净负债或净资产的变动		
2. 权益法下在被投资单位不能重分类进损益的其他综合收益中享有的份额		
（二）以后将重分类进损益的其他综合收益		
1. 权益法下在被投资单位以后将重分类进损益的其他综合收益中享有的份额		
2. 可供出售金融资产公允价值变动损益		
3. 持有至到期投资重分类为可供出售金融资产损益		
4. 现金流量套期损益的有效部分		
5. 外币财务报表折算差额		
……		
六、综合收益总额	34 000	
七、每股收益：	0.006 8	
（一）基本每股收益	0.006 8	
（二）稀释每股收益		

第四节　现金流量表

一、现金流量表及其作用

现金流量表是反映企业在一定会计期间现金和现金等价物流入和流出的报表。现金流量表可以为报表使用者提供企业在一定会计期间内现金和现金等价物流入和流出的信息，以便于财务报表使用者了解和评价企业获取现金和现金等价物的能力，并据以预测企业未来现金流量。

现金流量表的作用主要体现在以下方面：一是有助于评价企业支付能力、偿债能力和资金周转能力；二是有助于预测企业未来现金流量；三是有助于分析企业收益质量及影响现金净流量的因素，掌握企业经营活动、投资活动和筹资活动的现金流量，可以从现金流量的角度了解净利润的质量，为分析和判断企业的财务前景提供信息。

二、现金流量表的编制基础

现金流量表以现金和现金等价物为基础,划分为经营活动、投资活动和筹资活动,按照收付实现制原则进行编制,将权责发生制下的盈利信息调整为收付实现制下的现金流量信息。本章提及现金时,除非同时提及现金等价物,否则均包括现金和现金等价物。

(一)现金

现金是指企业库存现金以及可以随时用于支付的存款。

1. 库存现金

库存现金是指企业持有的可随时用于支付的现金。它与"库存现金"账户所核算的内容相同。

2. 可随时用于支付的存款

可随时用于支付的存款包括银行存款中可随时用于支付的部分和其他货币资金。

(1) 可随时用于支付的银行存款主要是指"银行存款"账户核算的结算户存款和通知存款。不能随时用于支付的存款不属于现金。定期存款虽然提前通知银行也可以取出,但管理部门的意图是将这笔资金存在银行一段时间,而不是随时用于支付,因此不能算现金,不属于现金流量表的现金范围。

(2) 其他货币资金是指"其他货币资金"账户核算的外埠存款、银行汇票存款、银行本票存款、信用证保证金存款、信用卡存款等。

(二)现金等价物

现金等价物是指企业持有的期限短、流动性强、易于转换为已知金额现金、价值变动风险很小的投资。其中,期限短一般是指从购买日起3个月内到期,如可在证券市场上流通的3个月内到期的短期债券。

一项投资要确认为现金等价物,必须具备四个条件:(1) 期限短;(2) 流动性强;(3) 易于转换为已知金额现金;(4) 价值变动风险很小。其中,期限短、流动性强,强调了变现能力;而易于转换为已知金额现金、价值变动风险很小,则强调了支付能力的大小。现金等价物通常包括3个月内到期的债券投资等。权益性投资变现的金额通常不确定,因而不属于现金等价物。

(三)现金及现金等价物范围的确定和变更

企业应当根据具体情况,确定现金及现金等价物的范围,一经确定,不得随意变更。如果发生变更,应当按照会计政策变更处理。

三、现金流量的分类

现金流量是指现金和现金等价物的流入和流出。企业现金有不同的收入来源和支出用途。对现金流量进行合理分类,有助于深入地分析企业财务状况的变动,预测企业现金流量未来前景。企业的业务活动按其发生的性质可分为经营活动、投资活动、筹资活动,与此相对应,企业现金流量表应当分别经营活动、投资活动和筹资活动列报现金流量。

1. 经营活动产生的现金流量

经营活动是指企业投资活动和筹资活动以外的所有交易和事项。企业的经营活动主要包括销售商品、提供劳务、购买商品、接受劳务、制造产品、缴纳税款等。

经营活动产生的现金流入主要包括销售商品、提供劳务收到的现金,收到的税费返还等。经营活动产生的现金流出主要包括购买商品、接受劳务支付的现金,支付给职工以及为职工支付的现金,支付的各项税费等。

2. 投资活动产生的现金流量

投资活动是指企业长期资产的购建和不包括在现金等价物范围内的投资及其处置活动。这里的长期资产是指固定资产、在建工程、无形资产、其他长期资产等资产。投资活动主要包括取得或收回投资、购建或处置固定资产或无形资产和其他长期资产等。

投资活动产生的现金流入主要包括收回投资收到现金,取得投资收益收到现金,处置固定资产、无形资产和其他长期资产收回的现金净额等。投资活动产生的现金流出主要包括购建固定资产、无形资产和其他长期资产支付的现金,投资所支付的现金等。

3. 筹资活动产生的现金流量

筹资活动是指导致企业资本及债务规模和构成发生变化的活动。这里所说的资本,包括实收资本(或股本)和资本溢价(或股本溢价)两个方面;这里所说的债务仅指对外举债,包括向银行借款、发行债券以及偿还债务等。应付账款和应付票据等商业应付款等属于经营活动,不属于筹资活动。筹资活动主要包括吸收投资、借入资金、偿还债务、分配股利或利润、偿付利息等。

筹资活动产生的现金流入主要包括吸收投资收到现金、取得借款收到现金等。筹资活动产生的现金流出主要包括偿还债务支付现金,分配股利、利润或偿付利息支付的现金等。

对于企业日常活动之外的、不经常发生的特殊项目,如自然灾害损失、保险赔款、捐赠等,应根据其性质,分别归并到经营活动、投资活动或筹资活动类别中单独反映。

四、现金流量表的结构、各项目的内容及其填列

(一)现金流量表概述

现金流量表由主表和补充资料两部分组成。其中主表按照现金流量的分类,

分为经营活动、投资活动和筹资活动三部分,从现金流入和流出两个方面列报有关现金收支项目和现金流量净额,这种列表方法称之为直接法;补充资料则是从另一个角度,即以净利润为起点,通过调整不涉及现金的收入、费用、营业外收支等有关项目的增减变动,据以计算出经营活动产生的现金流量,是经营活动现金流量的又一种列报方法,与直接法相区别,称为间接法。

(二) 一般企业现金流量表各项目的内容及其填列

1. 经营活动产生的现金流量

企业应当采用直接法列示经营活动产生的现金流量。经营活动产生的现金流量至少应当单独列示反映下列信息的项目:

(1)"销售商品、提供劳务收到的现金"项目,反映企业销售商品、提供劳务实际收到的现金,包括销售收入和应向购买者收取的增值税额,具体包括:本期销售商品、提供劳务收到的现金,以及前期销售商品、提供劳务本期收到的现金和本期预收的款项,减去本期销售本期退回的商品和前期销售本期退回的商品支付的现金。企业销售材料和代购代销业务收到的现金,也在本项目反映。本项目可以根据"库存现金"、"银行存款"、"应收票据"、"应收账款"、"预收账款"、"主营业务收入"、"其他业务收入"和"应交税费——应交增值税(销项税额)"等科目的记录分析填列。

(2)"收到的税费返还"项目,反映企业收到返还的各种税费,如收到的增值税、消费税、所得税、关税、教育费附加返还款等。本项目可以根据"库存现金"、"银行存款"、"税金及附加"和"营业外收入"等科目的记录分析填列。

(3)"收到其他与经营活动有关的现金"项目,反映企业除上述各项目外,收到的其他与经营活动有关的现金,如罚款收入、经营租赁固定资产收到的现金、流动资产损失中由个人赔偿的现金收入、除税费返还外的其他政府补助收入等。其他与经营活动有关的现金,价值较大的,应单列项目反映。本项目可以根据"库存现金"、"银行存款"、"管理费用"和"销售费用"等科目的记录分析填列。

(4)"购买商品、接受劳务支付的现金"项目,反映企业购买材料、商品、接受劳务实际支付的现金,包括支付的货款以及与货款一并支付的增值税进项税额,具体包括:本期购买商品、接受劳务支付的现金,以及本期支付前期购买商品、接受劳务的未付款项和本期预付款项,减去本期发生的购货退回收到的现金。为购置存货而发生的借款利息资本化部分,应在"分配股利、利润或偿付利息支付的现金"项目中反映。本项目可以根据"库存现金"、"银行存款"、"应付票据"、"应付账款"、"预付账款"、"主营业务成本"、"其他业务成本"和"应交税费——应交增值税（进项税额）"等科目的记录分析填列。

（5）"支付给职工以及为职工支付的现金"项目，反映企业实际支付给职工以及为职工支付的现金，包括企业为获得职工提供的服务，本期实际给予各种形式的报酬以及其他相关支出，如支付给职工的工资、奖金、各种津贴和补贴等，以及为职工支付的其他费用，不包括支付给在建工程人员的工资。支付的在建工程人员的工资，在"购建固定资产、无形资产和其他长期资产所支付的现金"项目中反映。企业为职工支付的医疗、养老、失业、工伤、生育等社会保险基金、补充养老保险、住房公积金，企业为职工缴纳的商业保险金，因解除与职工劳动关系给予的补偿，现金结算的股利支付，以及企业支付给职工或为职工支付的其他福利费用等，应按职工的工作性质和服务对象，分别在"购建固定资产、无形资产和其他长期资产所支付的现金"和"支付给职工以及为职工支付的现金"项目中反映。本项目可以根据"库存现金"、"银行存款"和"应付职工薪酬"等科目的记录分析填列。

（6）"支付的各项税费"项目，反映企业按规定支付的各种税费，包括本期发生并支付的税费，以及本期支付以前各期发生的税费和预缴的税金，如支付的增值税、企业所得税、教育费附加、印花税、房产税、土地增值税、车船税等，不包括本期退回的增值税、企业所得税等。本期退回的增值税、企业所得税等在"收到的税费返还"项目中反映。本项目可以根据"应交税费"、"库存现金"和"银行存款"等科目的记录分析填列。

（7）"支付其他与经营活动有关的现金"项目，反映企业除上述各项目外，支付的其他与经营活动有关的现金。如罚款支出，支付的差旅费、业务招待费、保险费，经营租赁支付的现金等。其他与经营活动有关的现金，金额较大的，应单列项目反映。本项目可以根据有关科目的记录分析填列。

2. 投资活动产生的现金流量

投资活动产生的现金流量至少应当单独列示反映下列信息的项目：

（1）"收回投资收到的现金"项目，反映企业出售、转让或到期收回除现金等价物以外的交易性金融资产、持有至到期投资、可供出售金融资产、长期股权投资、投资性房地产而收到的现金。不包括债权性投资收回的利息、收回的非现金资产，以及处置子公司及其他营业单位收到的现金净额。债权性投资收回的本金，在本项目反映；债权性投资收回的利息，不在本项目中反映，而在"取得投资收益收到的现金"项目中反映。处置子公司及其他营业单位收到的现金净额，单设项目反映。本项目可以根据"交易性金融资产"、"持有至到期投资"、"可供出售金融资产"、"长期股权投资"、"投资性房地产"、"库存现金"和"银行存款"等科目的记录分析填列。

（2）"取得投资收益收到的现金"项目，反映企业因股权性质投资而分得的现金股利，从子公司、联营企业或合营企业分回利润而收到的现金；因债权性质投资而取得的现金利息收入；包括在现金等价物范围内的债券性投资的利息收入。股票股利不在本项目中反映。本项目可以根据"库存现金"、"银行存款"、"应收利息"、"应收股利"和"投资收益"等科目的记录分析填列。

（3）"处置固定资产、无形资产和其他长期资产收回的现金净额"项目，反映企业出售固定资产、无形资产和其他长期资产所取得的现金，减去为处置这些资产而支付的有关费用后的净额。由于自然灾害等原因造成的固定资产等长期资产报废、毁损而收到的保险赔偿收入，在本项目中反映。如果处置固定资产、无形资产和其他长期资产所收回的现金净额为负数，则应作为投资活动产生的现金流量，在"支付的其他与投资有关的现金"项目中反映。本项目可以根据"固定资产清理"、"库存现金"和"银行存款"等科目的记录分析填列。

（4）"处置子公司及其他营业单位收到的现金净额"项目，反映企业处置子公司及其他营业单位所取得的现金，减去子公司或其他营业单位持有的现金和现金等价物以及相关处置费用后的净额。本项目可以根据有关科目的记录分析填列。

（5）"收到其他与投资活动有关的现金"项目，反映除上述各项目外，企业收到的其他与投资活动有关的现金。其他与投资活动有关的现金，价值较大的，应单列项目反映。本项目可以根据有关科目的记录分析填列。

（6）"购建固定资产、无形资产和其他长期资产支付的现金"项目，反映企业购买、建造固定资产，取得无形资产和其他长期资产所支付的现金，包括购买机器设备所支付的现金及增值税款、建造工程支付的现金、支付在建工程人员的工资等现金支出，不包括为购建固定资产、无形资产和其他长期资产而发生的借款利息资本化部分，以及融资租入固定资产支付的租赁费。为购建固定资产、无形资产和其他长期资产而发生的借款利息资本化部分，在"分配股利、利润或偿付利息支付的现金"项目中反映；融资租入固定资产所支付的租赁费，在"支付的其他与筹资活动有关的现金"项目中反映，不在本项目中反映。本项目可以根据"固定资产"、"在建工程"、"工程物资"、"无形资产"、"库存现金"和"银行存款"等科目的记录分析填列。

（7）"投资支付的现金"项目，反映企业进行权益性投资和债权性投资所支付的现金，包括企业取得的除现金等价物以外的交易性金融资产、持有至到期投资、可供出售金融资产、长期股权投资而支付的现金，以及支付的佣金、手续费等交易费用。企业购买债券的价款中含有债券利息的，以及溢价或折价购入的，均按实际支付的金额反映。企业购买股票和债券时，实际支付的价款中包含的已宣告但尚未领取的现金股利或已到付息期但尚未领取的债券利息，应在"支付的其他与投资活动有关的现金"项目中反映；收回购买股票和债券时支付的已宣告但尚未领取的现金股利或已到付息期但尚未领取的债券的利息，应在"收到的其他与投资活动有关的现金"项目中反映。本项目可以根据"交易性金融资产"、"持有至到期投资"、"可供出售金融资产"、"长期股权投资"、"投资性房地产"、"库存现金"和"银行存款"等科目的记录分析填列。

（8）"取得子公司及其他营业单位支付的现金净额"项目，反映企业取得子公司及其他营业单位购买出价中以现金支付的部分，减去子公司或其他营业单位持有的现金和现金等价物后的净额。本项目可以根据有关科目的记录分析填列。

（9）"支付其他与投资活动有关的现金"项目，反映除上述各项外，企业支付的其他与投资活动有关的现金。其他与投资活动有关的现金，金额较大的，应单列项目反映。本项目可以根据有关科目的记录分析填列。

3. 筹资活动产生的现金流量

筹资活动产生的现金流量至少应当单独列示反映下列信息的项目：

（1）"吸收投资收到的现金"项目，反映企业以发行股票、债券等方式筹集资金实际收到的款项净额（发行收入减去支付的佣金等发行费用后的净额）。以发行股票、债券等方式筹集资金而由企业直接支付的审计、咨询等费用，不在本项目中反映，而在"支付的其他与筹资活动有关的现金"项目中反映；由金融企业直接支付的手续费、宣传费、咨询费、印刷费等费用，从发行股票、债券取得的现金收入中扣除，以净额列示。本项目可以根据"实收资本（或股本）"、"资本公积"、"库存现金"和"银行存款"等科目的记录分析填列。

（2）"取得借款收到的现金"项目，反映企业举借各种短期、长期借款而收到的现金。本项目可以根据"短期借款"、"长期借款"、"交易性金融负债"、"应付债券"、"库存现金"和"银行存款"等科目的记录分析填列。

（3）"收到其他与筹资活动有关的现金"项目，反映除上述各项目外，企业收到的其他与筹资活动有关的现金。其他与筹资活动有关的现金，如果价值较大的，应单列项目反映。本项目可以根据有关科目的记录分析填列。

（4）"偿还债务支付的现金"项目，反映企业以现金偿还债务的本金，包括归还金融企业的借款本金、偿付企业到期的债券本金等。企业偿还的借款利息、债券利息，在"分配股利、利润或偿付利息所支付的现金"项目中反映，不包括在本项目内。本项目可以根据"短期借款"、"长期借款"、"交易性金融负债"、"应付债券"、"库存现金"和"银行存款"等科目的记录分析填列。

（5）"分配股利、利润或偿付利息支付的现金"项目，反映实际支付的现金股利，企业支付给其他投资单位的利润或用现金支付的借款利息、债券利息。不同用途的借款，其利息的开支渠道不一样，如在建工程、财务费用等，均在本项目中反映。本项目可以根据"应付利息"、"应付股利"、"利润分配"、"财务费用"、"在建工程"、"制造费用"、"研发支出"、"库存现金"和"银行存款"等科目的记录分析填列。

（6）"支付其他与筹资活动有关的现金"项目，反映除上述各项外，企业支付的其他与筹资活动有关的现金，如以发行股票、债券等方式筹集资金而由企业直接支付的审计、咨询等费用，融资租赁所支付的现金、以分期付款方式购建固定资产以后各期支付的现金等。其他与筹资活动有关的现金，金额较大的，应单列项目反映。本项目可以根据有关科目的记录分析填列。

4. 汇率变动对现金及现金等价物的影响

编制现金流量表时，应当将企业外币现金流量以及境外子公司的现金流量折算成记账本位币。《企业会计准则第31号——现金流量表》（以下简称现金流量表准则）规定，外币现金流量以及境外子公司的现金流量，应当采用现金流量发生日的汇率或按照系统合理的方法确定的、与现金流量发生日即期汇率近似的汇率折算。汇率变动对现金及现金等价物的影响额应当作为调节项目，在现金流量表中单独列报。

"汇率变动对现金及现金等价物的影响"项目，反映企业外币现金流量及境外子公司的现金流量折算为记账本位币时，所采用的是现金流量发生日的汇率或按照系统合理的方法确定的、与现金流量发生日即期汇率近似的汇率，而现金流量表"现金及现金等价物净增加额"项目中外币现金净增加额是按资产负债表日的即期汇率折算的。这两者的差额即为汇率变动对现金及现金等价物的影响。

五、现金流量表的编制方法及程序

（一）现金流量表的编制方法

编制现金流量表的方法有直接法和间接法两种。在直接法下，一般是以利润表中的营业收入为起算点，调解与经营活动有关的项目的增减变动，然后计算出经营活动产生的现金流量。在间接法下，将净利润调节为经营活动现金流量，实际上就是权责发生制原则确定净利润为现金净流入，并剔除投资活动和筹资活动对现金流量的影响。

采用直接法编报的现金流量表，便于分析企业经营活动产生的现金流量的来源和用途，预测企业现金流量的未来前景；采用间接法编报现金流量表，便于将净利润与经营活动产生的现金流量净额进行比较，了解净利润与经营活动产生的现金流量差异的原因，从现金流量的角度分析净利润的质量。所以，现金流量表准则规定企业应当采用直接法编报现金流量表，同时要求在附注中提供以净利润为基础调节到经营活动现金流量的信息。

（二）采用直接法编制现金流量表

直接法编制现金流量表时，可以采用工作底稿法或T型账户法，也可以根据有关科目记录分析填列。

1. 工作底稿法

采用工作底稿法编制现金流量表，是以工作底稿为手段，以资产负债表和利润表数据为基础，对每一项目进行分析并编制调整分录，从而编制现金流量表。工作底稿法的步骤是：

第一步，将资产负债表的期初数和期末数过入工作底稿的期初数栏和期末数栏，将利润表的本期金额过入工作底稿的本期数栏。

第二步，对当期业务进行分析并编制调整分录。编制调整分录时，要以利润表项目为基础，从"营业收入"开始，结合资产负债表项目逐一进行分析。在调整分录中，有关现金和现金等价物的事项，并不直接借记或贷记现金，而是分别计入"经营活动产生的现金流量"、"投资活动产生的现金流量"和"筹资活动产生的现金流量"有关项目。借记表示现金流入，贷记表示现金流出。

第三步，将调整分录过入工作底稿中的相应部分。

第四步，核对调整分录，借方、贷方合计数均已经相等，资产负债表项目期初数加减调整分录中的借贷金额以后，也等于期末数。

第五步，根据工作底稿中的现金流量表项目部分编制正式的现金流量表。

2. T型账户法

采用T型账户法编制现金流量表，是以T型账户为手段，以资产负债表和利润表数据为基础，对每一项目进行分析并编制调整分录，从而编制现金流量表。T型账户法的步骤是：

第一步，为所有的非现金项目（包括资产负债表项目和利润表项目）分别开设T型账户，并将各自的期末期初变动数过入各相关账户。如果项目的期末数大于期初数，则将差额过入和项目余额相同的方向；反之，过入相反的方向。

第二步，开设一个大的"现金及现金等价物"T型账户，每边分为经营活动、投资活动和筹资活动三个部分，左边记现金流入，右边记现金流出。与其他账户一样，过入期末期初变动数。

第三步，以利润表项目为基础，结合资产负债表分析每一个非现金项目的增减变动，并据此编制调整分录。

第四步，将调整分录过入各T型账户，并进行核对，该账户借贷相抵后的余额与原先过入的期末期初变动数应当一致。

第五步，根据大的"现金及现金等价物"T型账户编制正式的现金流量表。

3. 分析填列法

分析填列法是直接根据资产负债表、利润表和有关会计科目明细账的记录，分析计算出现金流量表各项目的金额，并据以编制现金流量表的一种方法。

(三) 采用间接法编制现金流量表补充资料

企业应当采用间接法在现金流量附注中披露将净利润调节为经营活动现金流量的信息。现金流量表补充资料包括将净利润调节为经营活动现金流量、不涉及现金收支的重大投资和筹资活动、现金及现金等价物净变动情况等项目。补充资料的格式、结构和内容如表 11-8 所示。

1. 将净利润调节为经营活动现金流量

(1) 资产减值准备。资产减值准备包括：坏账准备、存货跌价准备、投资性房地产减值准备、长期股权投资减值准备、持有至到期投资减值准备、固定资产减值准备、在建工程减值准备、工程物资减值准备、无形资产减值准备、商誉减值准备等。企业计提的各项资产减值准备包括在利润表中，属于利润的减除项目，但没有发生现金流出。所以，在将净利润调节为经营活动现金流量时，需要加回。本项目可根据"资产减值损失"科目的记录分析填列。

(2) 固定资产折旧。企业计提的固定资产折旧，有的包括在管理费用中，有的包括在制造费用中。计入管理费用中的部分，作为期间费用在计算净利润时从中扣除，但没有发生现金流出，在将净利润调节为经营活动现金流量时，需要加回。计入制造费用中的已经变现的部分，在计算净利润时通过销售成本扣除，但没有发生现金流出；计入制造费用中的没有变现的部分，既不涉及现金收支，也不影响企业当期净利润，由于在调节存货时，已经从中扣除，在此处将净利润调节为经营活动现金流量时，需要加回。本项目可根据"累计折旧"等科目的贷方发生额分析填列。

(3) 无形资产摊销和长期待摊费用摊销。企业对使用寿命有限的无形资产进行摊销时，计入管理费用或制造费用。长期待摊费用摊销时，有的计入管理费用，有的计入销售费用，有的计入制造费用。计入管理费用等期间费用和计入制造费用中的已变现的部分，在计算净利润时已从中扣除，但没有发生现金流出；计入制造费用中的没有变现的部分，在调节存货时已经从中扣除，但不涉及现金收支，所以，在此处将净利润调节为经营活动现金流量时，需要加回。这个项目可根据"累计摊销"和"长期待摊费用"科目的贷方发生额分析填列。

(4) 处置固定资产、无形资产和其他长期资产的损失（减：收益）。企业处置固定资产、无形资产和其他长期资产发生的损益，属于投资活动产生的损益，不属于经营活动产生的损益，所以，在将净利润调节为经营活动现金流量时，需要剔除。如为损失，在将净利润调节为经营活动现金流量时，应当加回；如为收益，在将净利润调节为经营活动现金流量时，应当扣除。本项目可根据"营业外收入"和"营业外支出"等科目所属有关明细科目的记录分析填列；如为净收益，以"—"号填列。

(5) 固定资产报废损失（减：收益）。企业发生的固定资产报废损益，属于投资活动产生的损益，不属于经营活动产生的损益，所以，在将净利润调节为经营活动现金流量时，需要剔除。同样，投资性房地产发生报废、毁损而产生的损失，也需要剔除。如为净损失，在将净利润调节为经营活动现金流量时，应当加回；如为净收益，在将净利润调节为经营活动现金流量时，应当扣除。本项目可根据"营业外支出"和"营业外收入"等科目所属有关明细科目的记录分析填列。

(6) 公允价值变动损失（减：收益）。公允价值变动损失反映企业在初始确认时划分为以公允价值计量且其变动计入当期损益的金融资产或金融负债等业务中，公允价值变动形成的应计入当期损益的利得或损失。企业发生的公允价值变动损益，通常与企业的投资活动或筹资活动有关，而且并不影响企业当期的现金流量。为此，应当将其从净利润中剔除。本项目可以根据"公允价值变动损益"科目的发生额分析填列。如为持有损失，在将净利润调节为经营活动现金流量时，应当加回；如为持有利得，在将净利润调节为经营活动现金流量时，应当扣除。

(7) 财务费用（减：收益）。企业发生的财务费用中不属于经营活动的部分，应当将其从净利润中剔除。本项目可根据"财务费用"科目的本期借方发生额分析填列；如为收益，以"—"号填列。在实务中，企业的"财务费用"明细账一般是按费用项目设置的，为了编制现金流量表，企业可在此基础上，再按"经营活动"、"投资活动"和"筹资活动"分设明细分类账。每一笔财务费用发生时，即将其归入"经营活动"、"投资活动"或"筹资活动"中。

(8) 投资损失（减：收益）。企业发生的投资损益，属于投资活动产生的损益，不属于经营活动产生的损益，所以，在将净利润调节为经营活动现金流量时，需要剔除。如为净损失，在将净利润调节为经营活动现金流量时，应当加回；如为净收益，在将净利润调节为经营活动现金流量时，应当扣除。本项目可根据利润表中"投资收益"项目的数字填列；如为投资收益，以"—"号填列。

(9) 递延所得税资产减少（减：增加）。如果递延所得税资产减少使计入所得税费用的金额大于当期应交的企业所得税金额，其差额没有发生现金流出，但在计算净利润时已经扣除，在将净利润调节为经营活动现金流量时，应当加回。如果递延所得税资产增加使计入所得税费用的金额小于当期应交的企业所得税金额，二者之间的差额并没有发生现金流入，但在计算净利润时已经包括在内，在将净利润调节为经营活动现金流量时，应当扣除。本项目可以根据资产负债表

"递延所得税资产"项目期初、期末余额分析填列。

（10）递延所得税负债增加（减：减少）。如果递延所得税负债增加使计入所得税费用的金额大于当期应交的企业所得税金额，其差额没有发生现金流出，但在计算净利润时已经扣除，在将净利润调节为经营活动现金流量时，应当加回。如果递延所得税负债减少使计入当期所得税费用的金额小于当期应交的企业所得税金额，其差额并没有发生现金流入，但在计算净利润时已经包括在内，在将净利润调节为经营活动现金流量时，应当扣除。本项目可以根据资产负债表"递延所得税负债"项目期初、期末余额分析填列。

（11）存货的减少（减：增加）。期末存货比期初存货减少，说明本期生产经营过程耗用的存货有一部分是期初的存货，耗用这部分存货并没有发生现金流出，但在计算净利润时已经扣除，所以，在将净利润调节为经营活动现金流量时，应当加回。期末存货比期初存货增加，说明当期购入的存货除耗用外，还剩余了一部分，这部分存货也发生了现金流出，但在计算净利润时没有包括在内，所以，在将净利润调节为经营活动现金流量时，需要扣除。当然，存货的增减变化过程还涉及应付项目，这一因素在"经营性应付项目的增加（减：减少）"中考虑。本项目可根据资产负债表中"存货"项目的期初数、期末数之间的差额填列；期末数大于期初数的差额，以"—"号填列。如果存货的增减变化过程属于投资活动，如在建工程领用存货，则应当将这一因素剔除。

（12）经营性应收项目的减少（减：增加）。经营性应收项目包括应收票据、应收账款、预付账款、长期应收款和其他应收款中与经营活动有关的部分，以及应收的增值税销项税额等。经营性应收项目期末余额小于经营性应收项目期初余额，说明本期收回的现金大于利润表中所确认的销售收入，所以，在将净利润调节为经营活动现金流量时，需要加回。经营性应收项目期末余额大于经营性应收项目期初余额，说明本期销售收入中有一部分没有收回现金，但是，在计算净利润时这部分销售收入已包括在内，所以，在将净利润调节为经营活动现金流量时，需要扣除。本项目应当根据有关科目的期初、期末余额分析填列；如为增加，以"—"号填列。

（13）经营性应付项目的增加（减：减少）。经营性应付项目包括应付票据、应付账款、预收账款、应付职工薪酬、应交税费、应付利息、长期应付款、其他应付款中与经营活动有关的部分，以及应付的增值税进项税额等。经营性应付项目期末余额大于经营性应付项目期初余额，说明本期购入的存货中有一部分没有支付现金，但是，在计算净利润时却通过销售成本包括在内，在将净利润调节为经营活动现金流量时，需要加回；经营性应付项目期末余额小于经营性应付项目期初余额，说明本期支付的现金大于利润表中所确认的销售成本，在将净利润调节为经营活动产生的现金流量时,需要扣除。本项目应当根据有关科目的期初、期末余额分析填列;如为减少,以"一"号填列。

2. 不涉及现金收支的重大投资和筹资活动

不涉及现金收支的重大投资和筹资活动,反映企业一定期间内影响资产或负债但不形成该期现金收支的所有投资和筹资活动的信息。这些投资和筹资活动虽然不涉及当期现金收支,但对以后各期的现金流量有重大影响。例如,企业融资租入设备,将形成的负债计入"长期应付款"账户,当期并不支付设备款及租金,但以后各期必须为此支付现金,从而在一定期间内形成了一项固定的现金支出。

因此,现金流量表准则规定,企业应当在附注中披露不涉及当期现金收支、但影响企业财务状况或在未来可能影响企业现金流量的重大投资和筹资活动,主要包括:(1)债务转为资本,反映企业本期转为资本的债务金额;(2)1年内到期的可转换公司债券,反映企业1年内到期的可转换公司债券的本息;(3)融资租入固定资产,反映企业本期融资租入的固定资产。

3. 现金及现金等价物的构成

企业应当在附注中披露与现金及现金等价物有关的下列信息:(1)现金及现金等价物的构成及其在资产负债表中的相应金额;(2)企业持有但不能由母公司或集团内其他子公司使用的大额现金及现金等价物金额,如国外经营的子公司,由于受当地外汇管制或其他立法的限制,其持有的现金及现金等价物不能由母公司或其他子公司正常使用。

【例 11-3】 沿用例 11-1、例 11-2 的资料,采用工作底稿法和分析填列法编制现金流量表主表,采用间接法编制现金流量表补充资料。

(一)采用工作底稿法编制现金流量表主表

根据上述资料,运用工作底稿法编制 2017 年度现金流量表主表,具体步骤如下:

第一步,编制现金流量表工作底稿,如表 11-6 所示。将资产负债表的年初余额和年末余额过入工作底稿的年初数栏和年末数栏,将利润表的本年金额过入工作底稿的本年数栏。

第二步,根据资产负债表、利润表及相关业务编制调整分录。编制调整分录时,要以利润表项目为基础,从"营业收入"项目开始,结合资产负债表项目对当年业务逐一进行分析,编制调整分录。

(1)分析调整营业收入:

借:经营活动产生的现金流量——销售商品收到的现金　　1 932 840
　　应收账款(579 150－347 490)　　　　　　　　　　　　 231 660

  贷：营业收入   1 650 000
    应收票据（0—234 000）   234 000
    应交税费——应交增值税（销项税额）(85 000+153 000+42 500)
      280 500

  说明：利润表中的"营业收入"是按权责发生制反映的，应转换为现金收付实现制。为此，应调整应收账款和应收票据的增减变动。本例应收账款增加231 660元，应减少经营活动产生的现金流量；而应收票据减少234 000元，应增加经营活动产生的现金流量。应交增值税销项税额应当和营业收入匹配，所收到现金应在"经营活动产生的现金流量——销售商品收到的现金"项目中反映。

 （2）分析调整营业成本：
  借：营业成本   997 960
    应付票据（0—117 000）   117 000
    应交税费——应交增值税（进项税额）(51 000+16 966)   67 966
    存货（2 894 740—2 547 900）   346 840
   贷：经营活动产生的现金流量——购买商品支付的现金   1 178 766
    应付账款（1 229 150—878 150）   351 000

  说明：应付票据减少117 000元，表明本年用于购买存货的现金支出增加117 000元；存货增加346 840元，表明本年购买的存货有346 840元没有消耗，应与购买商品支付现金对应。应负担的增值税进项税额67 966元应当包含在"经营活动产生的现金流量——购买商品支付的现金"项目中。

 （3）分析调整税金及附加：
  借：税金及附加   22 086
   贷：应交税费——应交城市维护建设税   15 460
      ——应交教育费附加   6 626

 （4）分析调整销售费用：
  借：销售费用   256 000
   贷：经营活动产生的现金流量——支付其他与经营活动有关的现金
      256 000

 （5）分析调整管理费用：
  借：管理费用   349 000
   贷：经营活动产生的现金流量——支付其他与经营活动有关的现金
      349 000

  说明：管理费用中可能包含不涉及现金支出的项目，此笔调整分录先将管理费用全部转入"经营活动产生的现金流量——支付其他与经营活动有关的现金"项目，如有不涉及现金支出的项目，再进行调整。

(6) 分析调整财务费用：

借：财务费用　　　　　　　　　　　　　　　　　　　　　　41 500
　　应付利息（0—1 000）　　　　　　　　　　　　　　　　 1 000
　　贷：经营活动产生的现金流量——销售商品收到的现金　　20 000
　　　　筹资活动产生的现金流量——偿付利息支付的现金　　12 500
　　　　长期借款　　　　　　　　　　　　　　　　　　　　10 000

说明：本年增加的财务费用中，有20 000元是票据贴现息，由于在调整应收票据时已全额记入"经营活动产生的现金流量——销售商品收到的现金"项目，所以应当从"经营活动产生的现金流量——销售商品收到的现金"项目内剔除，不能作为现金流出。

(7) 分析调整资产减值损失：

借：资产减值损失　　　　　　　　　　　　　　　　　　　 2 340
　　贷：经营活动产生的现金流量——销售商品收到的现金　　 2 340

说明：本年增加的资产减值损失2 340元为计提的坏账准备，由于在调整应收账款时已全额记入"经营活动产生的现金流量——销售商品收到的现金"项目，所以应当从"经营活动产生的现金流量——销售商品收到的现金"项目内剔除。

(8) 分析调整投资收益：

借：投资活动产生的现金流量——收回投资收到的现金　　150 000
　　　　　　　　　　　　　　——取得投资收益收到的现金　25 000
　　贷：以公允价值计量且其变动计入当期损益的金融资产　150 000
　　　　投资收益　　　　　　　　　　　　　　　　　　　25 000

(9) 分析调整营业外收入：

借：投资活动产生的现金流量——处置固定资产收回的现金净额

　　　　　　　　　　　　　　　　　　　　　　　　　　351 000
　　固定资产——累计折旧　　　　　　　　　　　　　　140 000
　　贷：固定资产　　　　　　　　　　　　　　　　　　400 000
　　　　营业外收入　　　　　　　　　　　　　　　　　 40 000
　　　　应交税费——应交增值税（销项税额）　　　　　 51 000

(10) 分析调整所得税费用：

借：所得税费用　　　　　　　　　　　　　　　　　　　12 114
　　贷：应交税费——应交所得税　　　　　　　　　　　12 114

(11) 分析调整固定资产：

①分析调整固定资产原价：

借：固定资产——原价	1 501 000
应交税费——应交增值税（进项税额）	17 170
贷：投资活动产生的现金流量——购建固定资产支付的现金	118 170
在建工程	1 400 000

说明：本年固定资产的增加包括两部分：一是购入设备 101 000 元，二是在建工程完工转入 1 400 000 元。

②分析调整累计折旧：

借：经营活动产生的现金流量——购买商品支付的现金	170 000
——支付其他与经营活动有关的现金	20 000
贷：固定资产——累计折旧	190 000

说明：本年计提的固定资产折旧费 190 000 元中，计入制造费用 170 000 元，计入管理费用 20 000 元。计入制造费用的折旧费，已经结转到存货成本中，在调整存货时已全额记入"经营活动产生的现金流量——购买商品支付的现金"项目，因折旧费为非付现费用，应做补充调整；计入管理费用的折旧费，由于已全额记入"经营活动产生的现金流量——支付其他与经营活动有关的现金"项目，因折旧费为非付现费用，应做补充调整。

(12) 分析调整在建工程：

借：在建工程 [200 000×(1+5.5%+2%+2.5%+33%+12%)+150 000]	
	460 000
贷：应付职工薪酬——工资	200 000
——职工福利（200 000×5.5%）	11 000
——工会经费（200 000×2%）	4 000
——职工教育经费（200 000×2.5%）	5 000
——社会保险费（200 000×33%）	66 000
——住房公积金（200 000×12%）	24 000
长期借款	150 000

说明：本年在建工程增加的原因有二：一是应付工程人员的职工薪酬 310 000 元；二是长期借款利息资本化 150 000 元。

(13) 分析调整工程物资：

借：工程物资	150 000
应交税费——应交增值税（进项税额）	25 500

贷：投资活动产生的现金流量——购建其他长期资产支付的现金　175 500
(14) 分析调整无形资产：
　　借：经营活动产生的现金流量——支付其他与经营活动有关的现金
　　　　　　　　　　　　　　　　　　　　　　　　　　　　　50 000
　　　贷：无形资产——累计摊销　　　　　　　　　　　　　　50 000
　　说明：无形资产摊销时计入管理费用，所以应做补充调整，理由同第(11—②)笔调整分录。
(15) 分析调整短期借款：
　　借：短期借款　　　　　　　　　　　　　　　　　　　　250 000
　　　贷：筹资活动产生的现金流量——偿还债务支付的现金　　250 000
(16) 分析调整应付职工薪酬：
①缴纳和代缴职工社会保险费和住房公积金：
　　借：应付职工薪酬——社会保险费（1 000 000×33%）　　　330 000
　　　　　　　　　　　——住房公积金（1 000 000×12%）　　120 000
　　　　其他应付款——社会保险费（1 000 000×11%）　　　　110 000
　　　　　　　　　——住房公积金（1 000 000×12%）　　　　120 000
　　　贷：经营活动产生的现金流量——支付给职工以及为职工支付的现金
　　　　　[800 000×(33%+12%+11%+12%)]　　　　　　　　544 000
　　　　　投资活动产生的现金流量——购建其他长期资产支付的现金
　　　　　[200 000×(33%+12%+11%+12%)]　　　　　　　　136 000
②核算职工薪酬：
　　借：经营活动产生的现金流量——购买商品支付的现金
　　　　　[(400 000+100 000)×(1+5.5%+2%+2.5%+33%+12%)]
　　　　　　　　　　　　　　　　　　　　　　　　　　　　775 000
　　　　　　　　　　　　　　——支付其他与经营活动有关的现金
　　　　　[(120 000+180 000)×(1+5.5%+2%+2.5%+33%+12%)]
　　　　　　　　　　　　　　　　　　　　　　　　　　　　465 000
　　　贷：应付职工薪酬——工资　　　　　　　　　　　　　800 000
　　　　　　　　　　　——职工福利（800 000×5.5%）　　　44 000
　　　　　　　　　　　——工会经费（800 000×2%）　　　　16 000
　　　　　　　　　　　——职工教育经费（800 000×2.5%）　20 000
　　　　　　　　　　　——社会保险费（800 000×33%）　　264 000
　　　　　　　　　　　——住房公积金（800 000×12%）　　　96 000
③发放工资并代扣社会保险费、住房公积金和个人所得税：

　　　　借：应付职工薪酬——工资　　　　　　　　　　　　　　1 000 000
　　　　　　贷：经营活动产生的现金流量——支付给职工以及为职工支付的现金
　　　　　　　　[800 000×（1－11％－12％－10％）]　　　　　536 000
　　　　　　　　投资活动产生的现金流量——购建其他长期资产支付的现金
　　　　　　　　[200 000×（1－11％－12％－10％）]　　　　　134 000
　　　　　　　　其他应付款——社会保险费（1 000 000×11％）　110 000
　　　　　　　　　　　　　——住房公积金（1 000 000×12％）　120 000
　　　　　　　　应交税费——应交个人所得税（1 000 000×10％）　100 000
　　④代缴个人所得税：
　　　　借：应交税费——应交个人所得税　　　　　　　　　　　　100 000
　　　　　　贷：经营活动产生的现金流量——支付给职工以及为职工支付的现金
　　　　　　　　（800 000×10％）　　　　　　　　　　　　　　　80 000
　　　　　　　　投资活动产生的现金流量——购建其他长期资产支付的现金
　　　　　　　　（200 000×10％）　　　　　　　　　　　　　　　20 000
　　说明：应付职工薪酬分应付生产经营人员的职工薪酬和工程人员的职工薪酬，前者记入"生产成本"、"制造费用"、"销售费用"或"管理费用"等账户，支付现金的，应记入"经营活动产生的流量——支付给职工以及为职工支付的现金"项目；后者记入"在建工程"账户，如支付现金的，应记入"投资活动产生的现金流量——购建其他长期资产支付的现金"项目。上述调整分录中，由于非工程人员的职工工资、社会保险费、住房公积金、职工福利等费用分配时已分别计入制造费用和管理费用，因此要做补充调整，理由同上。

　　（17）分析调整应交税费：
　　　　借：应交税费——未交增值税　　　　　　　　　　　　　　160 500
　　　　　　　　　　　——应交城市维护建设税　　　　　　　　　11 235
　　　　　　　　　　　——应交教育费附加　　　　　　　　　　　4 815
　　　　　　　　　　　——应交所得税　　　　　　　　　　　　　12 100
　　　　　　贷：经营活动产生的现金流量——支付的各项税费　　　188 650

　　（18）分析调整应付股利：
　　　　借：未分配利润　　　　　　　　　　　　　　　　　　　　6 800
　　　　　　贷：应付股利　　　　　　　　　　　　　　　　　　　6 800

　　（19）分析调整长期借款：
　　①取得长期借款时：
　　　　借：筹资活动产生的现金流量——取得借款收到的现金　　　1 000 000
　　　　　　贷：长期借款　　　　　　　　　　　　　　　　　　　1 000 000

②偿还长期借款时：

借：长期借款 1 000 000
　　贷：筹资活动产生的现金流量——偿还债务支付的现金 1 000 000

（20）结转净利润：

借：净利润 34 000
　　贷：未分配利润 34 000

（21）提取盈余公积：

借：未分配利润 3 400
　　贷：盈余公积 3 400

（22）调整现金及现金等价物净增加额：

借：现金及现金等价物净增加额 62 086
　　贷：货币资金（1 487 224－1 549 310） 62 086

第三步，将调整分录过入工作底稿的相应部分，如表11-6所示。

表11-6　　　　　　　　　　现金流量表工作底稿　　　　　　　　　金额单位：元

项目	年初数	调整分录		年末数或本年数
		借方	贷方	
一、资产负债表项目	年初数			年末数
借方项目：				
货币资金	1 549 310		(22) 62 086	1 487 224
以公允价值计量且其变动计入当期损益的金融资产	150 000		(8) 150 000	0
应收票据	234 000		(1) 234 000	0
应收账款	347 490	(1) 231 660		579 150
其他应收款	75 000			75 000
存货	2 547 900	(2) 346 840		2 894 740
固定资产	1 100 000	(9) 140 000 (11-①) 1 501 000	(9) 400 000 (11-②) 190 000	2 151 000
在建工程	1 500 000	(12) 460 000	(11-①) 1 400 000	560 000
工程物资	602 100	(13) 150 000		752 100
固定资产清理	0			0
无形资产	500 000		(14) 50 000	450 000
借方项目合计	8 605 800	2 829 500	2 486 086	8 949 214
贷方项目：				
短期借款	300 000	(15) 250 000		50 000
应付票据	117 000	(2) 117 000		0

续表

项目	年初数	调整分录 借方	调整分录 贷方	年末数或本年数
应付账款	878 150		(2) 351 000	1 229 150
应付职工薪酬	110 000	(16—①) 450 000 (16—③) 1 000 000	(12) 310 000 (16—②) 1 240 000	210 000
应交税费	188 650	(2) 67 966（进） (11—①) 17 170（进） (13) 25 500（进） (16—④) 100 000（个） (17) 188 650（增、城、教、所）	(1) 280 500（销） (3) 22 086（城、教） (9) 51 000（销） (10) 12 114（所） (16—③) 100 000（个）	255 064
应付利息	1 000	(6) 1 000		0
应付股利	0		(18) 6 800	6 800
其他应付款	156 600	(16—①) 230 000	(16—③) 230 000	156 600
长期借款	1 600 000	(19—②) 1 000 000	(6) 10 000 (12) 150 000 (19—①) 1 000 000	1 760 000
实收资本（或股本）	5 000 000			5 000 000
盈余公积	63 200		(21) 3 400	66 600
未分配利润	191 200	(18) 6 800 (21) 3 400	(20) 34 000	215 000
贷方项目合计	8 605 800	3 457 486	3 800 900	8 949 214
调整分录借、贷合计	—	6 286 986	6 286 986	—
二、利润表项目	—			
营业收入			(1) 1 650 000	1 650 000
营业成本		(2) 997 960		997 960
税金及附加		(3) 22 086		22 086
销售费用		(4) 256 000		256 000
管理费用		(5) 349 000		349 000
财务费用		(6) 41 500		41 500
资产减值损失		(7) 2 340		2 340
投资收益			(8) 25 000	25 000
营业外收入			(9) 40 000	40 000
所得税费用		(10) 12 114		12 114
净利润		(20) 34 000		34 000
调整分录借、贷合计		1 715 000	1 715 000	
三、现金流量表项目	—			

续表

项目	年初数	调整分录 借方	调整分录 贷方	年末数或本年数
(一) 经营活动产生的现金流量：				
销售商品、提供劳务收到的现金		(1) 1 932 840	(6) 20 000 (7) 2 340	1 910 500
收到的税费返还				
收到其他与经营活动有关的现金				
经营活动现金流入小计				1 910 500
购买商品、接受劳务支付的现金		(11−②) 170 000 (16−②) 775 000	(2) 1 178 766	233 766
支付给职工以及为职工支付的现金			(16−①) 544 000 (16−③) 536 000 (16−④) 80 000	1 160 000
支付的各项税费			(17) 188 650	188 650
支付其他与经营活动有关的现金		(11−②) 20 000 (14) 50 000 (16−②) 465 000	(4) 256 000 (5) 349 000	70 000
经营活动现金流出小计				1 652 416
经营活动产生的现金流量净额				258 084
(二) 投资活动产生的现金流量：				
收回投资收到的现金		(8) 150 000		150 000
取得投资收益收到的现金		(8) 25 000		25 000
处置固定资产、无形资产和其他长期资产收回的现金净额		(9) 351 000		351 000
处置子公司及其他营业单位收到的现金净额				
收到其他与投资活动有关的现金				

续表

项目	年初数	调整分录 借方	调整分录 贷方	年末数或本年数
投资活动现金流入小计				526 000
购建固定资产、无形资产和其他长期资产支付的现金			(11—①) 118 170 (13) 175 500 (16—①) 136 000 (16—③) 134 000 (16—④) 20 000	583 670
投资支付的现金				
取得子公司及其他营业单位支付的现金净额				
支付其他与投资活动有关的现金				
投资活动现金流出小计				583 670
投资活动产生的现金流量净额				−57 670
(三) 筹资活动产生的现金流量:				
吸收投资收到的现金				
取得借款收到的现金		(19—①) 1 000 000		1 000 000
收到其他与筹资活动有关的现金				
筹资活动现金流入小计				1 000 000
偿还债务支付的现金			(15) 250 000 (19—②) 1 000 000	1 250 000
分配股利、利润或偿付利息支付的现金			(6) 12 500	12 500
支付其他与筹资活动有关的现金				
筹资活动现金流出小计				1 262 500
筹资活动产生的现金流量净额				−262 500

续表

项目	年初数	调整分录 借方	调整分录 贷方	年末数或本年数
（四）现金及现金等价物净增加额		（22）62 086		-62 086
调整分录借、贷合计	—	5 000 926	5 000 926	—
调整分录借、贷总计	—	13 002 912	13 002 912	—

第四步，核对调整分录，借方、贷方合计数、总计数均已相等；资产负债表项目年初数加减调整分录的借贷金额以后，也已等于年末数。现金流量表中"现金及现金等价物净增加额"项目，应当与资产负债表中"货币资金"项目加"以公允价值计量且其变动计入当期损益的金融资产"项目中现金等价物之和净增加额，核对一致。

第五步，根据工作底稿中现金流量表项目部分编制正式的现金流量表主表，如表 11-7 所示。

表 11-7　　　　　　　　　　现金流量表

会企03表

编制单位：甲公司　　　　2017年度　　　　金额单位：元

项目	本年金额	上年金额（略）
一、经营活动产生的现金流量：		
销售商品、提供劳务收到的现金	1 910 500	
收到的税费返还		
收到其他与经营活动有关的现金		
经营活动现金流入小计	1 910 500	
购买商品、接受劳务支付的现金	233 766	
支付给职工以及为职工支付的现金	1 160 000	
支付的各项税费	188 650	
支付其他与经营活动有关的现金	70 000	
经营活动现金流出小计	1 652 416	
经营活动产生的现金流量净额	258 084	
二、投资活动产生的现金流量：		
收回投资收到的现金	150 000	
取得投资收益收到的现金	25 000	
处置固定资产、无形资产和其他长期资产收回的现金净额	351 000	
处置子公司及其他营业单位收到的现金净额		
收到其他与投资活动有关的现金		

续表

项目	本年金额	上年金额（略）
投资活动现金流入小计	526 000	
购建固定资产、无形资产和其他长期资产支付的现金	583 670	
投资支付的现金		
取得子公司及其他营业单位支付的现金净额		
支付其他与投资活动有关的现金		
投资活动现金流出小计	583 670	
投资活动产生的现金流量净额	—57 670	
三、筹资活动产生的现金流量：		
吸收投资收到的现金		
取得借款收到的现金	1 000 000	
收到其他与筹资活动有关的现金		
筹资活动现金流入小计	1 000 000	
偿还债务支付的现金	1 250 000	
分配股利、利润或偿付利息支付的现金	12 500	
支付其他与筹资活动有关的现金		
筹资活动现金流出小计	1 262 500	
筹资活动产生的现金流量净额	—262 500	
四、汇率变动对现金及现金等价物的影响		
五、现金及现金等价物净增加额	—62 086	
加：期初现金及现金等价物余额	1 549 310	
六、期末现金及现金等价物余额	1 487 224	

（二）采用分析填列法编制现金流量表主表

（1）分析销售商品收到的现金：

销售商品收到的现金＝营业收入＋生产经营对应的应交税费——应交增值税（销项税额）＋（应收票据年初余额—应收票据年末余额）＋（应收账款年初余额—应收账款年末余额）—当年计提的坏账准备—应收票据贴现息＝1 650 000＋(85 000＋153 000＋42 500)＋(234 000—0)＋(347 490—579 150)—2 340—20 000＝1 650 000＋280 500＋234 000—231 660—2 340—20 000＝1 910 500（元）。

（2）分析购买商品支付的现金：

购买商品支付的现金＝营业成本＋生产经营对应的应交税费——应交增值税（进项税额）＋（存货年末余额—存货年初余额）＋（应付票据年初余额—应付票据年末余额）＋（应付账款年初余额—应付账款年末余额）—当年列入制造费用的固定资产折旧费—当年列入生产成本、制造费用的职工薪酬＝997 960＋(51 000＋

16 966)＋(2 894 740－2 547 900)＋(117 000－0)＋(878 150－1 229 150)－170 000－(400 000＋100 000)×(1＋5.5%＋2%＋2.5%＋33%＋12%)＝997 960＋67 966＋346 840＋117 000－351 000－170 000－775 000＝233 766（元）。

(3) 分析支付给职工以及为职工支付的现金：

支付给职工以及为职工支付的现金＝生产成本、制造费用、销售费用、管理费用中工资、社会保险费和住房公积金＝800 000＋800 000×(33%＋12%)＝800 000＋360 000＝1 160 000（元）。

(4) 分析支付的各项税费：

支付的各项税费＝汇算清缴以前期间的应纳税款＋预缴本年的应纳税款＝(160 500＋11 235＋4 815＋12 100)＋0＝188 650＋0＝188 650（元）。

(5) 分析支付其他与经营活动有关的现金：

支付其他与经营活动有关的现金＝(销售费用＋管理费用)－当年列入管理费用的固定资产折旧和无形资产摊销－当年列入销售费用、管理费用的职工薪酬＝(256 000＋349 000)－(20 000＋50 000)－(120 000＋180 000)×(1＋5.5%＋2%＋2.5%＋33%＋12%)＝605 000－70 000－465 000＝70 000（元）。

(6) 分析收回投资收到的现金：

收回投资收到的现金＝处置交易性金融资产的成本部分＝150 000元。

(7) 分析取得投资收益收到的现金：

取得投资收益收到的现金＝处置交易性金融资产的投资收益＝25 000元。

(8) 分析处置固定资产收回的现金净额：

处置固定资产收回的现金净额＝处置固定资产的现金收入＝351 000元。

(9) 分析购建固定资产、无形资产和其他长期资产支付的现金：

购建固定资产、无形资产和其他长期资产支付的现金＝购买固定资产支付的现金＋购买工程物资支付的现金＋在建工程中工资、社会保险费和住房公积金＝118 170＋175 500＋200 000×(1＋33%＋12%)＝118 170＋175 500＋290 000＝583 670（元）。

(10) 分析取得借款收到的现金：

取得借款收到的现金＝取得长期借款收到的现金＝1 000 000元。

(11) 分析偿还债务支付的现金：

偿还债务支付的现金＝偿还短期借款本金＋偿还长期借款本金＝250 000＋1 000 000＝1 250 000（元）。

(12) 分析偿付利息支付的现金：

偿付利息支付的现金＝偿付短期借款利息＝12 500元。

根据上述数据，编制现金流量表主表，如表11-7所示。

(三) 采用间接法编制现金流量表补充资料

(1) 资产减值准备＝当年计提的坏账准备＝2 340 元。

(2) 固定资产折旧＝当年计提的固定资产折旧费＝170 000＋20 000＝190 000（元）。

(3) 无形资产摊销＝当年摊销的无形资产＝50 000 元。

(4) 处置固定资产的损失（减：收益）＝－处置固定资产利得＝－40 000 元。

(5) 财务费用＝财务费用－生产经营产生的财务费用＝41 500－20 000＝21 500（元），或者＝当年计提的短期借款利息＋当年计提的长期借款利息＝11 500＋10 000＝21 500（元）。

(6) 投资损失（减：收益）＝－处置交易性金融资产的投资收益＝－25 000（元）。

(7) 存货的减少＝存货年初余额－存货年末余额＝2 547 900－2 894 740＝－346 840（元）。

(8) 经营性应收项目的减少＝（应收票据年初余额－应收票据年末余额）＋（应收账款年初余额－应收账款年末余额）＋（其他应收账款年初余额－其他应收账款年末余额）＝（234 000－0）＋[（347 490＋3 510）－（579 150＋5 850）]＋（75 000－75 000）＝234 000－234 000＋0＝0（元）。

(9) 经营性应付项目的增加＝（应付票据年末余额－应付票据年初余额）＋（应付账款年末余额－应付账款年初余额）＋（应付职工薪酬年末余额－应付职工薪酬年初余额）×非工程人员工资÷工资总额＋（应交税费年末余额－应交税费年初余额－非经营活动应交税费）＋（其他应付款年末余额－其他应付款年初余额）＝（0－117 000）＋（1 229 150－878 150）＋（210 000－110 000）×800 000÷1 000 000＋[255 064－188 650－（51 000－17 170－25 500）]＋（156 600－156 600）＝－117 000＋351 000＋80 000＋58 084＋0＝372 084（元）。

根据上述数据，编制现金流量表补充资料，如表 11-8 所示。

表 11-8　　　　　　　现金流量表补充资料　　　　　　　金额单位：元

补充资料	本年金额	上年金额（略）
1. 将净利润调节为经营活动现金流量：		
净利润	34 000	
加：资产减值准备	2 340	
固定资产折旧	190 000	
无形资产摊销	50 000	
长期待摊费用摊销		
处置固定资产、无形资产和其他长期资产的损失（收益以"－"号填列）	－40 000	

续表

补充资料	本年金额	上年金额（略）
固定资产报废损失（收益以"—"号填列）		
公允价值变动损失（收益以"—"号填列）		
财务费用（收益以"—"号填列）	21 500	
投资损失（收益以"—"号填列）	−25 000	
递延所得税资产减少（增加以"—"号填列）		
递延所得税负债增加（减少以"—"号填列）		
存货的减少（增加以"—"号填列）	−346 840	
经营性应收项目的减少（增加以"—"号填列）	0	
经营性应付项目的增加（减少以"—"号填列）	372 084	
其他		
经营活动产生的现金流量净额	258 084	
2. 不涉及现金收支的重大投资和筹资活动：		
债务转为资本		
一年内到期的可转换公司债券		
融资租入固定资产		
3. 现金及现金等价物净变动情况：		
现金的期末余额	1 487 224	
减：现金的期初余额	1 549 310	
加：现金等价物的期末余额	0	
减：现金等价物的期初余额	0	
现金及现金等价物净增加额	−62 086	

第五节　所有者权益变动表

一、所有者权益变动表的内容及结构

1. 所有者权益变动表的内容

所有者权益变动表是反映构成所有者权益的各组成部分当期增减变动情况的报表。所有者权益变动表应当全面反映一定时期所有者权益变动的情况，不仅包括所有者权益总量的增减变动，还包括所有者权益增减变动的重要结构性信息，让报表使用者准确理解所有者权益增减变动的根源。

在所有者权益变动表中，综合收益和与所有者（或股东）的资本交易导致的所有者权益的变动，应当分别列示。企业至少应当单独列示反映下列信息的项

目：(1) 综合收益总额；(2) 会计政策变更和差错更正的累积影响金额；(3) 所有者投入资本和向所有者分配利润等；(4) 提取的盈余公积；(5) 所有者权益各组成部分的期初和期末余额及其调节情况。

2. 所有者权益变动表的结构

为了清楚地表明构成所有者权益的各组成部分当期的增减变动情况，所有者权益变动表应当以矩阵的形式列示：一方面，列示导致所有者权益变动的交易或事项，改变了以往仅仅按照所有者权益的各组成部分反映所有者权益变动情况，而是从所有者权益变动的来源对一定时期所有者权益变动情况进行全面反映；另一方面，按照所有者权益各组成部分（包括实收资本、资本公积、其他综合收益、盈余公积、未分配利润和库存股等）及其总额列示交易或事项对所有者权益的影响。

此外，企业还需要提供比较所有者权益变动表，所有者权益变动表还就各项目再分为"本年金额"和"上年金额"两栏分别填列。所有者权益变动表的具体格式如表 11-9 所示。

二、所有者权益变动表的列报方法

1. "上年金额"栏的填列方法

所有者权益变动表"上年金额"栏内各项数字，应根据上年度所有者权益变动表"本年金额"栏内所列数字填列。如果上年度所有者权益变动表规定的各个项目的名称和内容与本年度不相一致，应对上年度所有者权益变动表中各项目的名称和数字按本年度的规定进行调整，填入所有者权益变动表"上年金额"栏内。

2. "本年金额"栏的填列方法

所有者权益变动表"本年金额"栏内各项数字一般应根据"实收资本（或股本）"、"资本公积"、"盈余公积"、"其他综合收益"、"利润分配"、"库存股"和"以前年度损益调整"等科目及其明细科目的发生额分析填列。

【例 11-4】 沿用例 11-1、例 11-2 的资料。

根据上述资料，编制 2017 年度的所有者权益变动表，如表 11-9 所示。其中：

(1) 本年金额栏中"上年年末余额"项目对应专栏，按上年年末资产负债表年末余额填列，本例按本年年末资产负债表年初余额填列。

(2) 本年金额栏中"未分配利润"专栏对应的"综合收益总额"项目本年增减变动金额 34 000 元，根据表 11-5 中本年金额栏"综合收益总额"项目金额 34 000 元填列。

(3) 本年金额栏中"本年年末余额"项目对应专栏金额，应当与资产负债表年末余额核对一致。

表 11-9

所有者权益变动表

编制单位：甲公司　　　　　　　　　　　　2017 年度　　　　　　　　　　　　　　　　　　　合企 04 表

金额单位：元

项目	本年金额						上年金额（略）					
	实收资本（或股本）	资本公积	减：库存股	其他综合收益	盈余公积	未分配利润	所有者权益合计	实收资本（或股本）	资本公积	减：库存股	其他综合收益	盈余公积	未分配利润	所有者权益合计
一、上年年末余额	5 000 000				63 200	191 200	5 254 400						
加：会计政策变更													
前期差错更正													
二、本年年初余额	5 000 000				63 200	191 200	5 254 400						
三、本年增减变动金额（减少以"-"号填列）					3 400	23 800	27 200						
（一）综合收益总额						34 000	34 000						
（二）所有者投入和减少资本													
1. 所有者投入计入所有者权益的金额													
2. 股份支付计入所有者权益的金额													
3. 其他													
（三）利润分配					3 400	−10 200	−6 800						
1. 提取盈余公积					3 400	−3 400	0						
2. 对所有者（或股东）的分配						−6 800	−6 800						
3. 其他													
（四）所有者权益内部结转													
1. 资本公积转增资本（或股本）													
2. 盈余公积转增资本（或股本）													
3. 盈余公积弥补亏损													
4. 其他													
四、本年年末余额	5 000 000				66 600	215 000	5 281 600						

第六节 附注的主要内容

附注是对在资产负债表、利润表、现金流量表和所有者权益变动表等报表中列示项目的文字描述或明细资料，以及对未能在这些报表中列示项目的说明等。附注是财务报表的重要组成部分。企业应当按照规定披露附注信息，按照如下顺序披露有关内容。

1. 企业的基本情况

企业的基本情况包括：(1) 企业注册地、组织形式和总部地址；(2) 企业的业务性质和主要经营活动；(3) 母公司以及集团最终母公司的名称；(4) 财务报告的批准报出者和财务报告的批准报出日，或以签字人及其签字日期为准；(5) 营业期限有限的企业，还应当披露有关其营业期限的信息。

2. 财务报表的编制基础
3. 遵循企业会计准则的声明

企业应当声明编制的财务报表符合企业会计准则的要求，真实、完整地反映了企业的财务状况、经营成果和现金流量等有关信息。依此明确企业编制财务报表所依据的制定基础。

如果企业编制的财务报表只是部分地遵守了企业会计准则，附注中不得做出这种表述。

4. 重要会计政策和会计估计

企业应当披露采用的重要会计政策和会计估计，不重要的会计政策和会计估计可以不披露。在披露重要会计政策和会计估计时，应当披露重要会计政策的确定依据和财务报表项目的计量基础，以及会计估计中所采用的关键假设和不确定因素的确定依据。

5. 会计政策和会计估计变更以及差错更正的说明

企业应当按照《企业会计准则第 28 号——会计政策、会计估计变更和差错更正》及其应用指南的规定，披露会计政策和会计估计变更以及差错更正的有关情况。

6. 报表重要项目的说明

企业应当以文字和数字描述相结合，尽可能以列表形式披露重要报表项目的构成或当期增减变动情况，并且报表重要项目的明细金额合计，应当与报表项目金额相衔接。在披露顺序上，一般应当按照资产负债表、利润表、现金流量表、所有者权益变动表的顺序及其报表项目列示的顺序。

7. 其他需要说明的重要事项

这主要包括或有和承诺事项、资产负债表日后事项、关联方关系及其交易等。

8. 有助于财务报表使用者评价企业管理资本的目标、政策及程序的信息

需要注意的是，企业如有终止经营，还应当在附注中披露有关终止经营的信息，主要包括：(1) 终止经营的收入、费用、利润总额、所得税费用（收益）和净利润；(2) 终止经营的资产或处置组确认的减值损失及其转回金额；(3) 终止经营的处置损益总额、所得税费用（收益）和处置净损益；(4) 终止经营的经营活动、投资活动、筹资活动现金流量净额；(6) 归属于母公司所有者的持续经营损益和终止经营损益。

自测题

一、名词解释

1. 资产负债表
2. 利润表
3. 现金流量表
4. 所有者权益变动表
5. 附注
6. 现金
7. 现金等价物
8. 直接法
9. 间接法

二、简答题

1. 财务报表由哪几部分组成？各组成部分之间联系的纽带是什么？
2. 简述财务报表列报的基本要求。
3. 简述资产负债表列报的具体项目。
4. 简述利润表列报的具体项目。
5. 简述现金流量的分类。
6. 简述现金流量表列报的具体项目。
7. 简述所有者权益变动表列报的具体项目。
8. 简述直接法和间接法编制现金流量表的区别。
9. 简述工作底稿法编制现金流量表的步骤。

三、单项选择题

1. 下列关于资产负债表的填列方法中，不正确的是（   ）。

A. 货币资金应当根据"库存现金"、"银行存款"和"其他货币资金"总账科目的期末余额合计数填列

B. 固定资产填列金额为固定资产的账面价值
C. 资本公积应当根据"资本公积"科目期末余额填列
D. "应付债券"应当根据"应付债券"科目总账余额填列

2. 下列各项中，根据总账科目的余额直接在资产负债表中填列的是（　　）。

A. 短期借款　　B. 长期借款　　C. 固定资产　　D. 应收账款

3. 如"应收账款"科目所属明细科目期末出现贷方余额，应在（　　）项目中列示。

A. "预收款项"　　　　　　B. "应付账款"
C. "其他应收款"　　　　　D. "预付账款"

4. 某企业年末应收账款总账科目借方余额100 000元，其明细账户中有一贷方余额10 000元。年末调整坏账准备前，坏账准备账户借方余额为500元，坏账准备按应收账款余额的3‰计提，则资产负债表中"应收账款"项目的金额为（　　）元。

A. 106 700　　B. 96 200　　C. 96 700　　D. 97 000

5. 2017年12月1日，某企业"应收账款"科目借方余额为300万元，相应的"坏账准备"科目贷方余额为20万元，本月实际发生坏账损失6万元。2017年12月31日，经减值测试，该企业应补提坏账准备11万元。假定不考虑其他因素，2017年12月31日，该企业资产负债表"应收账款"项目的金额为（　　）万元。

A. 269　　B. 274　　C. 275　　D. 280

6. 下列各项中，不应当在资产负债表"存货"项目反映的是（　　）。

A. 委托代销商品　　　　　B. 发出商品
C. 生产成本　　　　　　　D. 工程物资

7. 2017年12月31日，某企业"材料采购"总账科目借方余额为20万元，"原材料"总账科目借方余额为25万元，"材料成本差异"总账科目贷方余额为3万元。不考虑其他因素，该企业资产负债表中"存货"项目期末余额为（　　）万元。

A. 48　　B. 45　　C. 42　　D. 22

8. 以下各科目的期末余额，在资产负债表中应单列项目反映的是（　　）。

A. 坏账准备　　　　　　　B. 固定资产清理
C. 累计折旧　　　　　　　D. 存货跌价准备

9. 某企业2014年7月1日，从银行借入期限为4年的长期借款1 000万元，2017年12月31日，编制资产负债表时，此项借款应填入的报表项目是（　　）。

A. 短期借款 B. 长期借款
C. 其他长期负债 D. 一年内到期的非流动负债

10. 下列各项中，影响利润表中"营业利润"项目的是（ ）。
A. 处置固定资产净损失 B. 计提固定资产减值准备
C. 发生的所得税费用 D. 转让无形资产的净收益

11. 下列各项目中，不属于营业利润组成部分的是（ ）。
A. 资产减值损失 B. 公允价值变动损益
C. 投资收益 D. 营业外收入

12. 利润表各项目的数据应按企业本期总分类账户的（ ）直接填列或计算后填列。
A. 期末余额 B. 期初余额和期末余额
C. 发生额和期末余额 D. 发生额

13. 下列各项中，应列入利润表"营业收入"项目的是（ ）。
A. 销售材料取得的收入 B. 接受捐赠收到的现金
C. 出售专利取得的净收益 D. 出售自用房产取得的净收益

14. 下列各项中，不符合现金流量表中现金概念的是（ ）。
A. 企业的银行本票存款 B. 2个月内到期的国库券
C. 企业的库存现金 D. 企业定期1年的存款

15. 下列各项中，不影响经营活动产生的现金流量的是（ ）。
A. 缴纳增值税 B. 提取职工福利费
C. 将商业汇票贴现 D. 收回以前年度核销的坏账

16. 下列经济业务所产生的现金流量中，属于"经营活动产生的现金流量"的是（ ）。
A. 变卖固定资产所产生的现金流量
B. 取得债券利息收入所产生的现金流量
C. 支付经营租赁费用所产生现金流量
D. 支付融资租赁费用所产生的现金流量

17. 下列各项中，会引起现金流量表"经营活动产生的现金流量净额"项目发生增减变动的是（ ）。
A. 收到的现金股利 B. 支付银行借款利息
C. 收到设备处置价款 D. 支付经营租赁租金

18. 下列各项中，不影响工业企业现金流量表"投资活动产生的现金流量净额"项目金额的有（ ）。
A. 购买专利支付现金 B. 购买股票支付现金

C. 购置办公楼支付现金　　　　D. 购买原材料支付现金

19. 下列各项中，不属于工业企业现金流量表"筹资活动产生的现金流量净额"的是（　　）。

　　A. 吸收投资收到的现金　　　　B. 分配利润支付的现金
　　C. 取得借款收到的现金　　　　D. 支付行政人员差旅费

20. 下列各项中，企业可以按现金流入流出的净额填列现金流量表的是（　　）。

　　A. 同增值税的收取与支付有关的现金流量
　　B. 同借款的借入与偿还有关的现金流量
　　C. 同债权投资的发生与收回有关的现金流量
　　D. 同固定资产的清理收入与清理费用有关的现金流量

21. 编制现金流量表的方法之一的间接法是将净利润调节为（　　）的方法。

　　A. 投资活动产生的现金流量　　B. 筹资活动产生的现金流量
　　C. 经营活动产生的现金流量　　D. 以上三种活动的现金流量

22. 在采用间接法将净利润调节为经营活动现金流量时，下列各调整项目中，属于调减项目的是（　　）。

　　A. 坏账准备的增加　　　　　　B. 固定资产折旧的增加
　　C. 存货的减少　　　　　　　　D. 经营性应付项目的减少

23. 下列各项中，不属于所有者权益变动表中应单独列示的项目是（　　）。

　　A. 提取盈余公积　　　　　　　B. 净利润
　　C. 综合收益总额　　　　　　　D. 盈余公积补补亏损

24. 下列关于财务报表附注的表述中，不正确的是（　　）。

　　A. 附注中包括财务报表中重要项目的说明
　　B. 重要会计政策和会计估计
　　C. 如果没有披露的重大事项，企业不必编制附注
　　D. 附注中包括会计政策和会计估计变更以及差错更正的说明

四、多项选择题

1. 下列各项中，应列入资产负债表"应收账款"项目的有（　　）。

　　A. 预付职工差旅费　　　　　　B. 代购货单位垫付的运杂费
　　C. 销售产品应收取的款项　　　D. 对外提供劳务应收取的款项

2. 下列各项中，应根据有关科目余额减去其备抵科目余额后的净额填列的有（　　）。

　　A. 应收账款　　　　　　　　　B. 固定资产

C. 无形资产　　　　　　　　D. 长期股权投资

3. 资产减值损失对应的减值准备科目有（　　）。
A. 坏账准备　　　　　　　　B. 交易性金融资产减值准备
C. 持有至到期投资减值准备　　D. 预收账款减值准备

4. 下列各项中，应根据有关明细账科目的余额分析计算填列的有（　　）。
A. 应收账款　　B. 预收款项　　C. 预付款项　　D. 应付账款

5. 资产负债表中"存货"项目金额，应包括下列（　　）账户的余额。
A. 材料采购　　B. 工程物资　　C. 发出商品　　D. 委托代销商品

6. 下列各项中，属于资产负债表中"流动负债"项目的有（　　）。
A. 应付职工薪酬　　　　　　B. 应付债券
C. 应交税费　　　　　　　　D. 一年内到期的长期借款

7. 利润表中营业利润包括（　　）项目。
A. 营业收入　　　　　　　　B. 营业外收入
C. 公允价值变动损益　　　　D. 投资收益

8. 下列各项中，应列入利润表"资产减值损失"项目的有（　　）。
A. 原材料盘亏损失　　　　　B. 固定资产减值损失
C. 应收账款减值损失　　　　D. 无形资产处置净损益

9. 下列各项中，会影响利润表"营业利润"项目的有（　　）。
A. 计提存货跌价准备
B. 核算所得税费用
C. 可供出售金融资产公允价值上升
D. 成本法核算长期股权投资时被投资单位宣告分配现金股利

10. 下列交易或事项中，会影响企业综合收益总额的有（　　）。
A. 销售商品收入
B. 处置固定资产净收益
C. 可供出售金融资产期末公允价值上升
D. 税收罚款

11. 下列各项中，属于现金流量表"现金及现金等价物"的有（　　）。
A. 库存现金　　　　　　　　B. 银行本票
C. 银行承兑汇票　　　　　　D. 2个月内到期的国债

12. 下列各项中，影响企业现金流量表中"现金及现金等价物净增加额"项目金额变化的有（　　）。
A. 以货币资金购买3个月内到期的国库券
B. 以银行存款支付应付职工薪酬

C. 将库存现金存入银行
D. 收到出租资产的租金

13. 直接法计算"销售商品收到的现金"时，下列项目中应作为加项的有（　　）。
   A. 预收账款增加数　　　　B. 应收账款增加数
   C. 应收账款减少数　　　　D. 应付账款增加数

14. 下列各项中，属于筹资活动产生的现金流量的有（　　）。
   A. 分配股利支付的现金　　B. 清偿应付账款支付的现金
   C. 偿还债券利息支付的现金　　D. 清偿长期借款支付的现金

15. 现金流量表中"偿付利息所支付的现金"项目包括（　　）。
   A. 支付发行债券的利息　　B. 支付外币借款的利息
   C. 支付短期借款的利息　　D. 支付已交付使用的工程借款利息

16. 不涉及现金收支的投资活动和筹资活动的项目主要有（　　）。
   A. 以设备偿还债务　　　　B. 以现金偿还债务
   C. 以设备对外投资　　　　D. 以存货对外投资

17. 用间接法列报经营活动现金流量时，可作为净利润基础上加项的有（　　）。
   A. 应付账款增加数　　　　B. 计提的坏账准备数
   C. 预收账款增加数　　　　D. 处置固定资产净收益

18. 所有者权益变动表中本年增减变动金额包括的项目有（　　）。
   A. 综合收益总额　　　　　B. 所有者投入和减少资本
   C. 利润分配　　　　　　　D. 所有者权益内部结转

19. 下列各项中，属于所有者权益变动表单独列示的项目的有（　　）。
   A. 提取盈余公积　　　　　B. 综合收益总额
   C. 当年实现的净利润　　　D. 资本公积转增资本

20. 所有者权益变动表中本年年末余额包括的项目有（　　）。
   A. 实收资本　　B. 资本公积　　C. 盈余公积　　D. 未分配利润

21. 企业应当按照规定披露附注信息，主要包括的项目有（　　）。
   A. 企业的基本情况　　　　B. 财务报表的编制基础
   C. 重要会计政策和会计估计　　D. 关联方关系及其交易

五、判断题

1. 财务报表列报要求前后各期的一致性，因而会计政策一旦选定，不得随意变更。（　　）

2. "长期借款"项目，根据"长期借款"科目总账余额直接填列。（　　）

3. 应收票据不必计提坏账准备。（　　）

4. 应交税费项目包括应交增值税、消费税、企业所得税、城市维护建设税、教育费附加等各项税费。（　　）

5. 投资收益不是日常经营所得收益，不属于营业利润的一部分。（　　）

6. 企业的不能随时用于支取的定期存款，不能作为现金流量表中的现金。（　　）

7. 在现金流量表中，如果本期有购货退回的，其实际收到的现金应当在销售商品收到的现金中反映。（　　）

8. 企业购买将于3个月内到期的国债，将导致企业经营活动现金流出。（　　）

9. 对于现金等价物范围内的债券投资，其现金利息收入也应在现金流量表"取得投资收益收到的现金"项目中反映。（　　）

10. 因为财务费用是企业筹集生产经营所需资金而发生的费用，所以其产生的现金流量在现金流量表中均应作为筹资活动产生的现金流量。（　　）

11. 计提坏账准备、累计折旧等非付现费用，不会引起企业现金流量的变化。（　　）

12. 所有者权益变动表中，本年年初余额应当与上年年末余额相等。（　　）

六、核算题

1. 某公司2017年度部分资料如下：

"应收账款——A公司"科目借方余额258万元，"应收账款——B公司"科目借方余额41万元，"应收账款——C公司"科目贷方余额3万元，"预付账款——E公司"科目借方余额156万元，"预付账款——F公司"科目贷方余额6万元，"应付账款——G公司"科目贷方余额210万元，"应付账款——H公司"科目借方余额10万元，"预收账款——I公司"科目借方余额1万元，"预收账款——J公司"科目贷方余额20万元，应收账款计提的"坏账准备"贷方余额15万元。

要求：根据上述资料，计算资产负债表相关报表项目。

2. 甲公司2017年部分资料如下：

（1）本年营业收入100万元；应收账款本年增加38万元；应收票据本年减少12万元；应交增值税销项税额17万元。

（2）本年营业成本80万元；应付票据本年增加15万元；存货本年增加12万元；购货负担的增值税进项税额10万元。

（3）本年销售费用发生4万元，全部以现金支付。

（4）本年管理费用发生10万元，其中当年计提固定资产折旧2万，计提无形资产摊销1万元，其余以现金支付。

(5) 本年财务费用发生4.3万元，其中包括现金折扣-0.5万元，票据贴现息0.8万元，应付短期借款利息1万元，实际用现金支付利息1万元，计提的长期借款（到期一次还本付息）利息2万元。

(6) 从银行取得长期借款500万元存入银行，偿还短期借款100万元。

要求：根据上述资料，编制甲公司现金流量表相关调整分录。

七、综合题

甲公司2017年部分资料如下：

(1) 资产负债表和利润表资料详见表1现金流量表工作底稿。

(2) 应交增值税销项税额170 000元，准予抵扣的增值税进项税额34 000元，应交所得税额47 500元。

(3) 本年管理费用中有当年计提的固定资产折旧20 000元，摊销的无形资产10 000元。

(4) 本年发生财务费用60 000元，为分期付息方式长期借款的利息。

(5) 假设没有特殊说明的费用均为付现费用。

要求：根据表1现金流量表工作底稿和上述资料，编制现金流量表相关调整分录，并过入工作底稿，计算填列表2现金流量表有关项目。

表1　　　　　　　现金流量表工作底稿（简表）　　　　　金额单位：元

项目	年初数	调整分录		年末数或本年数
		借方	贷方	
一、资产负债表项目	年初数			年末数
借方项目：				
货币资金	1 560 010			2 811 910
应收票据	351 000			234 000
应收账款	1 170 000			1 521 000
存货	1 516 000			1 808 000
固定资产	180 000			160 000
无形资产	90 000			80 000
借方项目合计	4 867 010			6 614 910
贷方项目：				
应付票据	1 287 000			1 404 000
应付账款	1 170 000			1 755 000
应交税费	200 100			103 500
应付利息	0			0
长期借款	0			1 000 000

续表

项目	年初数	调整分录		年末数或本年数
		借方	贷方	
实收资本（或股本）	2 000 000			2 000 000
盈余公积	40 990			55 240
未分配利润	168 920			297 170
贷方项目合计	4 867 010			6 614 910
调整分录借、贷合计	—			—
二、利润表项目		—		本年数
营业收入				1 000 000
营业成本				600 000
销售费用				60 000
管理费用				90 000
财务费用				60 000
所得税费用				47 500
净利润				142 500
调整分录借、贷合计		—		—
三、现金流量表项目		—		本年数
（一）经营活动产生的现金流量				
销售商品、提供劳务收到的现金				
收到其他与经营活动有关的现金				
经营活动现金流入小计				
购买商品、接受劳务支付的现金				
支付给职工以及为职工支付的现金				
支付的各项税费				
支付其他与经营活动有关的现金				
经营活动现金流出小计				
经营活动产生的现金流量净额				
（二）投资活动产生的现金流量				
收回投资收到的现金				
取得投资收益收到的现金				
处置固定资产收回的现金净额				
投资活动现金流入小计				
投资支付的现金				
投资活动现金流出小计				
投资活动产生的现金流量净额				
（三）筹资活动产生的现金流量				

续表

项目	年初数	调整分录		年末数或本年数
		借方	贷方	
吸收投资收到的现金				
取得借款收到的现金				
收到其他与筹资活动有关的现金				
筹资活动现金流入小计				
偿还债务支付的现金				
偿付利息支付的现金				
筹资活动现金流出小计				
筹资活动产生的现金流量净额				
（四）现金及现金等价物净增加额				
调整分录借、贷合计		—		—
调整分录借、贷总计		—		—

表2　　　　　　　　　　　　　现金流量表
编制单位：甲公司　　　　　　　2017年度　　　　　　　　金额单位：元

项目	本年金额	上年金额（略）
一、经营活动产生的现金流量：		
销售商品、提供劳务收到的现金		
收到的税费返还		
收到其他与经营活动有关的现金		
经营活动现金流入小计		
购买商品、接受劳务支付的现金		
支付给职工以及为职工支付的现金		
支付的各项税费		
支付其他与经营活动有关的现金		
经营活动现金流出小计		
经营活动产生的现金流量净额		
二、投资活动产生的现金流量：		
收回投资收到的现金		
取得投资收益收到的现金		
处置固定资产、无形资产和其他长期资产收回的现金净额		
处置子公司及其他营业单位收到的现金净额		
收到其他与投资活动有关的现金		
投资活动现金流入小计		

续表

项目	本年金额	上年金额（略）
购建固定资产、无形资产和其他长期资产支付的现金		
投资支付的现金		
取得子公司及其他营业单位支付的现金净额		
支付其他与投资活动有关的现金		
投资活动现金流出小计		
投资活动产生的现金流量净额		
三、筹资活动产生的现金流量：		
吸收投资收到的现金		
取得借款收到的现金		
收到其他与筹资活动有关的现金		
筹资活动现金流入小计		
偿还债务支付的现金		
分配股利、利润或偿付利息支付的现金		
支付其他与筹资活动有关的现金		
筹资活动现金流出小计		
筹资活动产生的现金流量净额		
四、汇率变动对现金及现金等价物的影响	—	
五、现金及现金等价物净增加额		
加：年初现金及现金等价物余额		
六、年末现金及现金等价物余额		

附：自测题参考答案

第一章 总 论

三、单项选择题
1. B 2. A 3. D 4. A 5. B 6. B 7. A 8. B 9. C 10. A

四、多项选择题
1. ABCD 2. ABC 3. ACD 4. ABD 5. ABC 6. ABC 7. ABC 8. ACD 9. AC 10. ACD

五、判断题
1. × 2. × 3. × 4. × 5. × 6. √ 7. √ 8. √ 9. √ 10. ×

第二章 货币资金

三、单项选择题
1. C 2. A 3. B 4. B 5. D 6. A 7. C 8. D

四、多项选择题
1. BCD 2. ABCD 3. ABC 4. ABD 5. BCD 6. ABCD 7. ABCD

五、判断题
1. × 2. × 3. × 4. × 5. √ 6. √

六、核算题
1. 根据上述资料，甲公司会计处理如下：

(1) 1月2日，查明原因处理现金溢余时：

借：待处理财产损溢——待处理流动资产损溢	100
贷：其他应付款——应付现金溢余（光辉公司）	100
借：其他应付款——应付现金溢余（光辉公司）	100
贷：库存现金	100

(2) 1月8日，开立采购专户，预借差旅费时：

借：其他货币资金——外埠存款	100 000
贷：银行存款	100 000
借：其他应收款——王芳	800
贷：库存现金	800

(3) 1月19日，取得银行汇票时：

借：其他货币资金——银行汇票	26 000
贷：银行存款	26 000

(4) 1月20日，预付货款时：
  借：预付账款　　　　　　　　　　　　　　　　　　　　　25 500
    贷：其他货币资金——银行汇票　　　　　　　　　　　　　　25 500
(5) 1月23日，销售商品时：
  借：银行存款　　　　　　　　　　　　　　　　　　　　　105 300
    贷：主营业务收入　　　　　　　　　　　　　　　　　　　90 000
      应交税费——应交增值税（销项税额）　　　　　　　　　15 300
(6) 1月26日，银行汇票收到多余款项时：
  借：银行存款　　　　　　　　　　　　　　　　　　　　　　　500
    贷：其他货币资金——银行汇票　　　　　　　　　　　　　　　500
(7) 1月27日，采购材料取得票证时：
  借：在途物资　　　　　　　　　　　　　　　　　　　　　80 000
    应交税费——应交增值税（进项税额）　　　　　　　　　　13 600
    贷：其他货币资金——外埠存款　　　　　　　　　　　　　93 600
(8) 1月30日，收到多余款项，报销差旅费时：
  借：银行存款　　　　　　　　　　　　　　　　　　　　　　6 400
    贷：其他货币资金——外埠存款　　　　　　　　　　　　　　6 400
  借：库存现金　　　　　　　　　　　　　　　　　　　　　　　50
    管理费用　　　　　　　　　　　　　　　　　　　　　　　750
    贷：其他应收款——王芳　　　　　　　　　　　　　　　　　800
(9) 1月30日，存现时：
  借：银行存款　　　　　　　　　　　　　　　　　　　　　18 000
    贷：库存现金　　　　　　　　　　　　　　　　　　　　　18 000
2. 根据上述资料，乙公司会计处理如下：
(1) 提现时：
  借：库存现金　　　　　　　　　　　　　　　　　　　　　15 000
    贷：银行存款　　　　　　　　　　　　　　　　　　　　　15 000
(2) 预借差旅费时：
  借：其他应收款——刘芳　　　　　　　　　　　　　　　　　1 500
    贷：库存现金　　　　　　　　　　　　　　　　　　　　　1 500
(3) 收到货款时：
  借：银行存款　　　　　　　　　　　　　　　　　　　　　50 000
    贷：应收账款　　　　　　　　　　　　　　　　　　　　　50 000
(4) 归还货款时：

```
借：应付账款                                          20 000
    贷：银行存款                                      20 000
```
(5) 报销差旅费时：
```
借：管理费用                                           1 650
    贷：其他应收款——刘芳                              1 500
        库存现金                                         150
```
(6) 现金短缺时：
```
借：待处理财产损溢——待处理流动资产损溢                  200
    贷：库存现金                                         200
借：库存现金                                             200
    贷：待处理财产损溢——待处理流动资产损溢              200
```
(7) 取得银行本票时：
```
借：其他货币资金——银行本票                          50 000
    贷：银行存款                                      50 000
```
(8) 采购材料取得票证时：
```
借：原材料                                          40 000
    应交税费——应交增值税（进项税额）                  6 800
    其他应收款                                        3 200
    贷：其他货币资金——银行本票                      50 000
```
(9) 用信用卡购买办公用品时：
```
借：管理费用                                           2 300
    贷：其他货币资金——信用卡                          2 300
```

3. (1) 根据上述资料，甲公司应编制银行存款余额调节表如下：

银行存款余额调节表
2017 年 12 月 31 日   单位：元

项目	金额	项目	金额
企业银行存款日记账余额	866 000	银行对账单余额	889 000
加：银行已收、企业未收款	117 000	加：企业已收、银行未收款	100 000
减：银行已付、企业未付款	6 000	减：企业已付、银行未付款	12 000
调节后的存款余额	977 000	调节后的存款余额	977 000

(2) 如果调节后双方的银行存款余额仍不相等，应及时核查原始凭证、记账凭证、银行存款明细账与总分类账，以及未达账项，更正错账并重新编制银行存款余额调节表调节相符。

第三章 金融资产

三、单项选择题
1. A 2. C 3. B 4. B 5. B 6. C 7. A 8. C 9. A 10. A
11. B 12. B 13. C 14. C 15. A 16. C 17. B 18. B 19. A
20. C 21. D 22. C 23. A

四、多项选择题
1. ABC 2. AB 3. ABC 4. BCD 5. BC 6. ABD 7. AC 8. AB
9. ABC 10. AC 11. ABC 12. ABD 13. ABC 14. ABC

五、判断题
1. × 2. × 3. √ 4. × 5. √ 6. √ 7. √ 8. × 9. ×
10. √ 11. × 12. × 13. ×

六、核算题

1. 根据上述资料，甲公司会计处理如下：

(1) 2017 年 5 月 10 日，购入交易性金融资产时：

借：交易性金融资产——成本	600 000
应收股利	20 000
投资收益	1 000
贷：银行存款	621 000

(2) 2017 年 5 月 18 日，收到现金股利时：

借：银行存款	20 000
贷：应收股利	20 000

(3) 2017 年 6 月 30 日，公允价值变动时：

借：交易性金融资产——公允价值变动（200 000×3.2－600 000）

	40 000
贷：公允价值变动损益	40 000

(4) 2017 年 8 月 10 日，处置交易性金融资产时：

借：银行存款	630 000
公允价值变动损益	40 000
贷：交易性金融资产——成本	600 000
——公允价值变动	40 000
投资收益	30 000

2. 根据上述资料，甲公司会计处理如下：

(1) 2014 年 1 月 1 日，购入债券时：

借：持有至到期投资——成本　　　　　　　　　　　　　　　　　1 000 000
　　贷：银行存款　　　　　　　　　　　　　　　　　　　　　　　965 350
　　　　持有至到期投资——利息调整　　　　　　　　　　　　　　　34 650
(2) 2014 年 12 月 31 日，确认实际利息收入、收到票面利息时：
借：应收利息（票面利息＝面值×票面利率＝1 000 000×5％）　　 50 000
　　持有至到期投资——利息调整（差额＝实际利息－票面利息）
　　　　　　　　　　　　　　　　　　　　　　　　　　　　　　　　7 921
　　贷：投资收益［实际利息＝期初摊余成本×实际利率
　　　　　　　　＝(1 000 000－34 650)×6％］　　　　　　　　　57 921
借：银行存款　　　　　　　　　　　　　　　　　　　　　　　　　50 000
　　贷：应收利息　　　　　　　　　　　　　　　　　　　　　　　50 000
(3) 2015 年 12 月 31 日，确认实际利息收入、收到票面利息时：
借：应收利息　　　　　　　　　　　　　　　　　　　　　　　　　50 000
　　持有至到期投资——利息调整　　　　　　　　　　　　　　　　 8 396
　　贷：投资收益｛［1 000 000－(34 650－7 921)］×6％｝　　　 58 396
借：银行存款　　　　　　　　　　　　　　　　　　　　　　　　　50 000
　　贷：应收利息　　　　　　　　　　　　　　　　　　　　　　　50 000
(4) 2016 年 12 月 31 日，确认实际利息收入、收到票面利息时：
借：应收利息　　　　　　　　　　　　　　　　　　　　　　　　　50 000
　　持有至到期投资——利息调整　　　　　　　　　　　　　　　　 8 900
　　贷：投资收益｛［1 000 000－(34 650－7 921－8 396)］×6％｝ 58 900
借：银行存款　　　　　　　　　　　　　　　　　　　　　　　　　50 000
　　贷：应收利息　　　　　　　　　　　　　　　　　　　　　　　50 000
(5) 2017 年 12 月 31 日，确认实际利息收入、收到债券本息时：
借：应收利息　　　　　　　　　　　　　　　　　　　　　　　　　50 000
　　持有至到期投资——利息调整［34 650－(7 921＋8 396＋8 900)］
　　　　　　　　　　　　　　　　　　　　　　　　　　　　　　　9 433
　　贷：投资收益　　　　　　　　　　　　　　　　　　　　　　　59 433
借：银行存款　　　　　　　　　　　　　　　　　　　　　　　 1 050 000
　　贷：应收利息　　　　　　　　　　　　　　　　　　　　　　　50 000
　　　　持有至到期投资——成本　　　　　　　　　　　　　　　1 000 000
3. 根据上述资料，甲公司会计处理如下。
(1) 2014 年 1 月 1 日，购入债券时：
借：持有至到期投资——成本　　　　　　　　　　　　　　　　　1 000 000

　　　　　　——利息调整　　　　　　　　　　　　　　　　25 750
　　　贷：银行存款　　　　　　　　　　　　　　　　　　1 025 750
(2) 2014 年 12 月 31 日，确认实际利息收入时：
　　借：持有至到期投资——应计利息（票面利息＝面值×票面利率
　　　　　　　　　　　　　　　　　＝1 000 000×5％）
　　　　　　　　　　　　　　　　　　　　　　　　　　　50 000
　　　贷：持有至到期投资——利息调整（差额＝票面利息－实际利息）
　　　　　　　　　　　　　　　　　　　　　　　　　　　 8 970
　　　　　投资收益［实际利息＝期初摊余成本×实际利率
　　　　　　　　　　　　　＝(1 000 000＋25 750)×4％］　41 030
(3) 2015 年 12 月 31 日，确认实际利息收入时：
　　借：持有至到期投资——应计利息　　　　　　　　　　50 000
　　　贷：持有至到期投资——利息调整　　　　　　　　　 7 329
　　　　　投资收益｛［1 000 000＋(25 750－8 970)＋50 000］×4％｝ 42 671
(4) 2016 年 12 月 31 日，确认实际利息收入时：
　　借：持有至到期投资——应计利息　　　　　　　　　　50 000
　　　贷：持有至到期投资——利息调整　　　　　　　　　 5 622
　　　　　投资收益｛［1 000 000＋(25 750－8 970－7 329)＋50 000×2］×4％｝
　　　　　　　　　　　　　　　　　　　　　　　　　　　44 378
(5) 2017 年 12 月 31 日，确认实际利息收入、收到债券本息时：
　　借：持有至到期投资——应计利息　　　　　　　　　　50 000
　　　贷：持有至到期投资——利息调整［25 750－(8 970＋7 329＋5 622)］
　　　　　　　　　　　　　　　　　　　　　　　　　　　 3 829
　　　　　投资收益　　　　　　　　　　　　　　　　　　46 171
　　借：银行存款　　　　　　　　　　　　　　　　　　1 200 000
　　　贷：持有至到期投资——成本　　　　　　　　　　1 000 000
　　　　　　　　　　　　——应计利息　　　　　　　　　200 000
4. 根据上述资料，甲公司会计处理如下：
(1) 确认商业承兑汇票时：
　　借：应收票据　　　　　　　　　　　　　　　　　　　100 000
　　　贷：应收账款　　　　　　　　　　　　　　　　　　100 000
(2) 确认票据贴现时：
票据贴现的有关计算如下：
票据到期日为 2017 年 12 月 5 日。

票据到期价值＝票据面值×(1＋年利率÷360×票据到期天数)
　　　　　＝100 000×(1＋6％÷360×90)＝101 500(元)

贴现天数＝贴现日至票据到期日实际经历天数－1
　　　　＝(31－16＋30＋5)－1＝49(天)

贴现息＝票据到期价值×贴现率÷360×贴现天数
　　　＝101 500×9％÷360×49＝1 243(元)

贴现所得金额＝票据到期价值－贴现息＝101 500－1 243＝100 257(元)

　借：银行存款　　　　　　　　　　　　　　　　　100 257
　　　财务费用　　　　　　　　　　　　　　　　　　1 243
　　贷：短期借款　　　　　　　　　　　　　　　　101 500

5. 根据上述资料，甲公司会计处理如下：
(1) 核销坏账时：
　借：坏账准备　　　　　　　　　　　　　　　　　 10 000
　　贷：应收账款　　　　　　　　　　　　　　　　 10 000
(2) ①确认商业承兑汇票时：
　借：应收票据　　　　　　　　　　　　　　　　　468 000
　　贷：应收账款　　　　　　　　　　　　　　　　468 000
②计提票据利息时：
　借：应收票据　　　　　　　　　　　　　　　　　　4 680
　　贷：财务费用　　　　　　　　　　　　　　　　　4 680
③应收票据转入应收账款时：
　借：应收账款　　　　　　　　　　　　　　　　　472 680
　　贷：应收票据　　　　　　　　　　　　　　　　472 680
(3) 确认销售时：
　借：应收账款　　　　　　　　　　　　　　　　2 457 000
　　贷：主营业务收入　　　　　　　　　　　　　2 100 000
　　　　应交税费——应交增值税（销项税额）　　　357 000
　借：主营业务成本　　　　　　　　　　　　　　1 260 000
　　贷：库存商品　　　　　　　　　　　　　　　1 260 000
(4) 收回已核销的坏账时：
　借：应收账款　　　　　　　　　　　　　　　　　 20 000
　　贷：坏账准备　　　　　　　　　　　　　　　　 20 000
　借：银行存款　　　　　　　　　　　　　　　　　 20 000
　　贷：应收账款　　　　　　　　　　　　　　　　 20 000

(5) 年末补提坏账准备时：

2017 年年末应收账款的余额＝320 000－10 000－468 000＋472 680＋
　　　　　　　　　　　　　 2 457 000＋20 000－20 000
　　　　　　　　　　　　＝2 771 680(元)
2017 年年末坏账准备的余额＝2 771 680×5‰＝138 584(元)
2017 年年末应补提坏账准备＝138 584＋10 000－16 000－20 000
　　　　　　　　　　　　＝112 584(元)

借：资产减值损失　　　　　　　　　　　　　　　　112 584
　　贷：坏账准备　　　　　　　　　　　　　　　　　　 112 584

第四章　存　货

三、单项选择题

1. A　2. A　3. C　4. A　5. C　6. D　7. A　8. B　9. A　10. D
11. A　12. A　13. B　14. C　15. D

四、多项选择题

1. BC　2. CD　3. ACD　4. CD　5. BCD　6. ACD　7. ABCD　8. BC
9. ABC　10. ABCD　11. AD　12. ABD　13. ABD　14. BD

五、判断题

1. √　2. √　3. ×　4. √　5. ×　6. ×　7. √　8. √　9. ×

六、核算题

1. 采用先进先出法、月末一次加权平均法、移动加权平均法登记 A 材料明细账。
(1) 先进先出法，详见表 1。

表1　　　　　　　　　　　　　存货明细账（一）

日期		摘要	收入			发出			结存		
月	日		数量（千克）	单价（元/千克）	金额（元）	数量（千克）	单价（元/千克）	金额（元）	数量（千克）	单价（元/千克）	金额（元）
12	1	期初							3 000	1.50	4 500
	4	收入	1 800	1.55	2 790				3 000 1 800	1.50 1.55	4 500 2 790
	5	发出				3 000	1.50	4 500	1 800	1.55	2 790
	12	收入	2 500	1.45	3 625				1 800 2 500	1.55 1.45	2 790 3 625
	15	发出				1 800 1 700	1.55 1.45	2 790 2 465	800	1.45	1 160

续表

日期		摘要	收入			发出			结存		
月	日		数量（千克）	单价（元/千克）	金额（元）	数量（千克）	单价（元/千克）	金额（元）	数量（千克）	单价（元/千克）	金额（元）
	20	收入	3 000	1.50	4 500				800 3 000	1.45 1.50	1 160 4 500
	25	发出				800 1 200	1.45 1.50	1 160 1 800	1 800	1.50	2 700
	31	合计	7 300		10 915	8 500		12 715	1 800	1.50	2 700

(2) 月末一次加权平均法，详见表2。

平均单价＝(4 500＋2 790＋3 625＋4 500)÷(3 000＋1 800＋2 500＋3 000)
　　　　＝1.50(元/千克)

表2　　　　　　　　　　　　　存货明细账（二）

日期		摘要	收入			发出			结存		
月	日		数量（千克）	单价（元/千克）	金额（元）	数量（千克）	单价（元/千克）	金额（元）	数量（千克）	单价（元/千克）	金额（元）
12	1	期初							3 000	1.50	4 500
	4	收入	1 800	1.55	2 790				4 800		
	5	发出				3 000			1 800		
	12	收入	2 500	1.45	3 625				4 300		
	15	发出				3 500			800		
	20	收入	3 000	1.50	4 500				3 800		
	25	发出				2 000			1 800		
	31	合计	7 300		10 915	8 500	1.70	12 750	1 800		2 665

(3) 移动加权平均法，详见表3。

表3　　　　　　　　　　　　　存货明细账（三）

日期		摘要	收入			发出			结存		
月	日		数量（千克）	单价（元/千克）	金额（元）	数量（千克）	单价（元/千克）	金额（元）	数量（千克）	单价（元/千克）	金额（元）
12	1	期初							3 000	1.50	4 500
	4	收入	1 800	1.55	2 790				4 800	1.52	7 290
	5	发出				3 000	1.52	4 560	1 800		2 730
	12	收入	2 500	1.45	3 625				4 300	1.48	6 355

续表

日期		摘要	收入			发出			结存		
月	日		数量（千克）	单价（元/千克）	金额（元）	数量（千克）	单价（元/千克）	金额（元）	数量（千克）	单价（元/千克）	金额（元）
	15	发出				3 500	1.48	5 180	800		1 175
	20	收入	3 000	1.50	4 500				3 800	1.49	5 675
	25	发出				2 000	1.49	2 980	1 800		2 695
	31	合计	7 300		10 915	8 500		12 720	1 800		2 695

2. 根据所给资料编制甲公司有关会计分录，计算本月材料成本差异率及发出和结存材料分担的材料成本差异。

(1) 5 日，材料入库时：

 借：原材料 [1 000×(1−5%)×5]   4 750

   材料成本差异   450

  贷：材料采购   5 200

(2) 18 日，采购材料时：

 借：材料采购   8 500

   应交税费——应交增值税（进项税额）   1 360

  贷：预付账款   6 000

    银行存款   3 860

材料入库时：

 借：原材料   8 600

  贷：材料采购   8 500

    材料成本差异   100

(3) 25 日，采购材料时：

 借：材料采购   5 000

  贷：应付票据   5 000

说明：取得普通发票，不能抵扣增值税进项税额。

(4) 28 日，盘盈材料时：

 借：原材料   500

  贷：待处理财产损溢——待处理流动资产损溢 500

(5) 29 日等待发票账单，31 日仍未到达，则暂估入账时：

 借：原材料   1 000

  贷：应付账款——暂估应付账款   1 000

(6) 31 日，发料汇总时：

借：生产成本	6 000
制造费用	800
管理费用	1 000
贷：原材料	7 800

(7) 31 日，分配材料成本差异时：

$$本月总差异 = 400 + 450 - 100 = 750(元)$$
$$本月总可用原材料的计划成本 = 14\,000 + 4\,750 + 8\,600 + 500$$
$$= 27\,850(元)$$

说明：月底暂估入账的材料不算，因下月初要红字冲回。

$$本月材料成本差异率 = 750 \div 27\,850 \times 100\% = 2.69\%$$
$$发出材料分担的材料成本差异 = 6\,000 \times 2.69\% + 800 \times 2.69\% +$$
$$1\,000 \times 2.69\%$$
$$= 161 + 22 + 27 = 210(元)$$
$$结存材料应分担的材料成本差异 = 750 - 210 = 540(元)$$

相关材料成本差异的结转分录为：

借：生产成本	161
制造费用	22
管理费用	27
贷：材料成本差异	210

3. 根据所给资料编制甲公司委托加工的相关会计分录。

(1) 发出原材料时：

| 借：委托加工物资 | 200 000 |
| 贷：原材料 | 200 000 |

(2) 支付加工费用及辅助材料费时：

借：委托加工物资 [(23 400＋11 700)÷(1＋17%)]	30 000
应交税费——应交增值税（进项税额）	5 100
贷：银行存款	35 100

(3) 收回加工完毕的半成品时：

| 借：原材料 | 230 000 |
| 贷：委托加工物资 | 230 000 |

4. 根据所给资料分别按单项比较法和总额比较法编制甲公司 2017 年年末计提存货跌价准备的有关会计分录。

(1) 单项比较法。

由已知资料可知,"存货跌价准备——A"科目的期初余额为贷方 100 元,"存货跌价准备——C"科目的期初余额为贷方 200 元。

2017 年年末,A 存货应提跌价准备＝6 500－6 100－100＝300（元）

C 存货应提跌价准备＝(7 000－6 950)－200＝－150（元）（即：转回）

所以,会计分录为：

  借：资产减值损失   150
    存货跌价准备——C   150
   贷：存货跌价准备——A   300

(2) 总额比较法。

期初"存货跌价准备"科目的余额为贷方 200 元（15 000－14 800）。

2017 年年末,应计提的跌价准备＝(13 500－13 050)－200＝250（元）。

  借：资产减值损失   250
   贷：存货跌价准备   250

第五章　长期股权投资

三、单项选择题

1. B　2. A　3. C　4. B　5. C　6. A　7. C　8. C　9. A　10. D　11. B

四、多项选择题

1. ABCD　2. AC　3. CD　4. ABD　5. ABCD　6. ABCD　7. ACD　8. ABC　9. ABC　10. CD

五、判断题

1. √　2. ×　3. ×　4. ×　5. ×　6. ×　7. √　8. ×　9. ×　10. √

六、核算题

1. 根据上述资料,A 公司会计处理如下：

(1) 2016 年 1 月 1 日,投资时：

  借：长期股权投资——C 公司   3 000 000
   贷：银行存款   3 000 000

(2) 2016 年 5 月 12 日,C 公司宣告分派 2015 年度现金股利时：

  借：应收股利   60 000
   贷：投资收益   60 000

(3) 2017 年 5 月 12 日,C 公司宣告分派 2016 年度现金股利时：

借：应收股利　　　　　　　　　　　　　　　　　　　　　180 000
　　　　　贷：投资收益　　　　　　　　　　　　　　　　　　　180 000
　2. 根据上述资料，甲公司会计处理如下：
　（1）2016年1月5日，取得投资时：
　　　借：长期股权投资——H公司（投资成本）　　　　　　　950 000
　　　　　贷：银行存款　　　　　　　　　　　　　　　　　　950 000
　（2）2016年5月12日，H公司宣告分派现金股利时：
　　　借：应收股利——H公司（300 000×45%）　　　　　　135 000
　　　　　贷：长期股权投资——H公司（投资成本）　　　　　135 000
　（3）2016年12月31日，确认投资收益时：
　　　借：长期股权投资——H公司（损益调整）　　　　　　　225 000
　　　　　贷：投资收益（500 000×45%）　　　　　　　　　　225 000
　（4）2017年5月12日，H公司宣告分派现金股利时：
　　　借：应收股利——H公司（250 000×45%）　　　　　　112 500
　　　　　贷：长期股权投资——H公司（损益调整）　　　　　112 500
　（5）2017年12月31日，计算确认亏损时：
　　　借：投资收益（300 000×45%）　　　　　　　　　　　135 000
　　　　　贷：长期股权投资——H公司（损益调整）　　　　　135 000

第六章　固定资产

三、单项选择题
1. B　2. B　3. A　4. C　5. D　6. A　7. B　8. C　9. C　10. D　11. B　12. D　13. A　14. A

四、多项选择题
1. ABC　2. ABCD　3. ABC　4. ACD　5. ABD　6. ABCD　7. CD　8. BD　9. AC　10. ABD　11. ABC

五、判断题
1. √　2. ×　3. √　4. ×　5. √　6. ×　7. √　8. √　9. √

六、计算题
1. 2016年折旧额=300×(1-5%)×5/15×9/12=71.25(万元)
　2017年折旧额=300×(1-5%)×5/15×3/12+300×(1-5%)×4/15×9/12=80.75(万元)

2. 分别按年限平均法、年数总和法和双倍余额递减法计提折旧。

单位：万元

年份	年限平均法	年数总和法	双倍余额递减法
2013年（3—12月）	120/4×10/12=25	120×4/10×10/12=40	120×50%×10/12=50
2014年（1—12月）	120/4=30	120×4/10×2/12+ 120×3/10×10/12=38	120×50%×2/12+ (120−60)×50%×10/12=35
2015年（1—12月）	120/4=30	120×3/10×2/12+ 120×2/10×10/12=26	(120−60)×50%×2/12+ (60−30)×1/2×10/12=17.5
2016年（1—12月）	120/4=30	120×2/10×2/12+ 120×1/10×10/12=14	(60−30)×1/2=15
2017年（1—2月）	120/4×2/12=5	120×1/10×2/12=2	(60−30)×1/2×2/12=2.5

注：双倍余额递减法下，年折旧率=2÷4×100%=50%。

3. 处置净损失=（100−50−15）+2.4−20−3.3=14.1（万元）

七、核算题

1. （1）购入工程物资时：

　　借：工程物资　　　　　　　　　　　　　　　　　　　4 095 000
　　　　应交税费——应交增值税（进项税额）　　　　　　696 150
　　　　贷：银行存款　　　　　　　　　　　　　　　　　4 791 150

（2）领用工程物资时：

　　借：在建工程——厂房　　　　　　　　　　　　　　　4 095 000
　　　　贷：工程物资　　　　　　　　　　　　　　　　　4 095 000

（3）计提工程人员职工薪酬时：

　　借：在建工程——厂房　　　　　　　　　　　　　　　136 800
　　　　贷：应付职工薪酬——工资　　　　　　　　　　　120 000
　　　　　　　　　　　　——职工福利　　　　　　　　　16 800

（4）支付其他费用时：

　　借：在建工程——厂房　　　　　　　　　　　　　　　94 355
　　　　贷：银行存款　　　　　　　　　　　　　　　　　94 355

（5）计提长期借款利息时：

　　借：在建工程——厂房　　　　　　　　　　　　　　　370 411
　　　　贷：应付利息　　　　　　　　　　　　　　　　　370 411

（6）工程完工交付使用时：

　　借：固定资产——厂房　　　　　　　　　　　　　　　4 696 566
　　　　贷：在建工程——厂房　　　　　　　　　　　　　4 696 566

2. 借：制造费用　　　　　　　　　　　　　　　　　　374 700
　　　管理费用　　　　　　　　　　　　　　　　　　 50 000
　　　销售费用　　　　　　　　　　　　　　　　　　 37 000
　　　其他业务成本　　　　　　　　　　　　　　　　 44 000
　　　贷：累计折旧　　　　　　　　　　　　　　　　505 700
3. (1) 结转固定资产账面价值：
　　借：固定资产清理　　　　　　　　　　　　　　18 000 000
　　　　累计折旧　　　　　　　　　　　　　　　　12 000 000
　　　　贷：固定资产　　　　　　　　　　　　　　30 000 000
(2) 支付清理费用：
　　借：固定资产清理　　　　　　　　　　　　　　　 20 000
　　　　贷：银行存款　　　　　　　　　　　　　　　 20 000
(3) 收到处置收入：
　　借：银行存款　　　　　　　　　　　　　　　　22 200 000
　　　　贷：固定资产清理　　　　　　　　　　　　20 000 000
　　　　　　应交税费——应交增值税（销项税额）　 2 200 000
(4) 结转固定资产处置净损益：
　　借：固定资产清理　　　　　　　　　　　　　　 1 980 000
　　　　贷：营业外收入——处置非流动资产利得　　 1 980 000
4. (1) 结转固定资产账面价值：
　　借：固定资产清理　　　　　　　　　　　　　　　 32 000
　　　　累计折旧　　　　　　　　　　　　　　　　　402 000
　　　　固定资产减值准备　　　　　　　　　　　　　126 000
　　　　贷：固定资产　　　　　　　　　　　　　　　560 000
(2) 支付清理费用：
　　借：固定资产清理　　　　　　　　　　　　　　　 12 000
　　　　贷：银行存款　　　　　　　　　　　　　　　 12 000
(3) 收到残料变价收入：
　　借：银行存款　　　　　　　　　　　　　　　　　 15 000
　　　　贷：固定资产清理　　　　　　　　　　　　　 15 000
(4) 结转固定资产清理净损益：
　　借：营业外支出——处置非流动资产损失　　　　　 29 000
　　　　贷：固定资产清理　　　　　　　　　　　　　 29 000
5. (1) 2013 年购入固定资产时：

借：固定资产　　　　　　　　　　　　　　　　　　　2 200 000
　　　　贷：银行存款　　　　　　　　　　　　　　　　　　　　2 200 000
(2) 2014年、2015年计提折旧时：

　　年折旧额＝(2 200 000－50 000)÷10＝215 000(元)

　　借：管理费用　　　　　　　　　　　　　　　　　　　215 000
　　　　贷：累计折旧　　　　　　　　　　　　　　　　　　　　215 000
共计提折旧430 000元。
(3) 2015年12月31日，计提固定资产减值准备时：

　　固定资产账面价值＝2 200 000－430 000＝1 770 000(元)
　　固定资产可收回金额＝1 650 000(元)
　　应计提减值准备＝1 770 000－1 650 000＝120 000(元)

　　借：资产减值损失　　　　　　　　　　　　　　　　　120 000
　　　　贷：固定资产减值准备　　　　　　　　　　　　　　　　120 000
减值后，固定资产账面价值＝1 650 000（元）
(4) 2016年计提折旧时：

　　折旧额＝(1 650 000－50 000)÷8＝200 000(元)

　　借：管理费用　　　　　　　　　　　　　　　　　　　200 000
　　　　贷：累计折旧　　　　　　　　　　　　　　　　　　　　200 000
(5) 2017年1—6月，计提折旧时：

　　借：管理费用　　　　　　　　　　　　　　　　　　　100 000
　　　　贷：累计折旧　　　　　　　　　　　　　　　　　　　　100 000
(6) 2017年6月19日，出售固定资产时：

　　固定资产原值＝2 200 000(元)
　　累计折旧＝215 000＋215 000＋200 000＋100 000＝730 000(元)
　　固定资产减值准备＝120 000(元)
　　固定资产账面价值＝2 200 000－730 000－120 000＝1 350 000(元)
　　固定资产处置收益＝2 000 000－1 350 000＝650 000(元)

　　借：固定资产清理　　　　　　　　　　　　　　　　　1 350 000
　　　　累计折旧　　　　　　　　　　　　　　　　　　　　730 000
　　　　固定资产减值准备　　　　　　　　　　　　　　　　120 000
　　　　贷：固定资产　　　　　　　　　　　　　　　　　　　　2 200 000

借：银行存款	2 220 000
贷：固定资产清理	1 350 000
应交税费——应交增值税（销项税额）	220 000
营业外收入	650 000

第七章　无形资产及其他非流动资产

三、单项选择题
1. D　2. C　3. B　4. C　5. B　6. A　7. C

四、多项选择题
1. ABD　2. AB　3. ABCD　4. ABC　5. ACD　6. ABCD　7. BC

五、判断题
1. ×　2. ×　3. ×　4. √　5. √　6. √　7. √　8. ×

六、核算题
1. 根据上述资料，甲公司会计处理如下：

(1) ①2012年7月取得无形资产：

借：无形资产	10 000 000
贷：银行存款	10 000 000

②2012年末摊销无形资产：

借：管理费用	625 000
贷：累计摊销	625 000

③2013年末摊销无形资产：

借：管理费用	1 250 000
贷：累计摊销	1 250 000

(2) ①2014年1月3日出租无形资产：

借：银行存款	1 590 000
贷：其他业务收入	1 500 000
应交税费——应交增值税（销项税额）	90 000

②2014年末摊销无形资产：

借：其他业务成本	1 250 000
贷：累计摊销	1 250 000

(3) ①2015年末摊销无形资产和计提减值准备：

借：管理费用	1 250 000
贷：累计摊销	1 250 000
借：资产减值损失	1 625 000

  贷：无形资产减值准备   1 625 000
②2016 年末摊销无形资产：
  借：管理费用   1 000 000
    贷：累计摊销   1 000 000
③2017 年末摊销无形资产：

    4 000 000÷4×11/12≈916 700(元)

  借：管理费用   916 700
    贷：累计摊销   916 700
（4）2017 年 12 月 1 日出售无形资产：
  借：银行存款   2 120 000
    累计摊销   6 291 700
    无形资产减值准备   1 625 000
    营业外支出   83 300
    贷：无形资产   10 000 000
      应交税费——应交增值税（销项税额）   120 000

第八章 负 债

三、单项选择题
1．D 2．B 3．A 4．C 5．B 6．B 7．A 8．D 9．A 10．B 11．B 12．A 13．B

四、多项选择题
1．ABD 2．BCD 3．ABCD 4．ABCD 5．ABCD 6．ABCD 7．BCD 8．AC 9．ACD 10．AD 11．BCD 12．AB 13．BCD 14．AC 15．AB

五、判断题
1．√ 2．√ 3．× 4．× 5．× 6．√ 7．× 8．× 9．× 10．√

六、核算题
1．根据上述资料，甲公司会计处理如下：
（1）用商业汇票抵付前欠货款时：
  借：应付账款   6 000
    贷：应付票据   6 000
（2）①购买材料时：
  借：原材料   100 000

　　　　应交税费——应交增值税（进项税额）　　　　　　　　17 000
　　　贷：应付票据　　　　　　　　　　　　　　　　　　　　117 000
②支付手续费时：
　　借：财务费用　　　　　　　　　　　　　　　　　　　　　100
　　　贷：银行存款　　　　　　　　　　　　　　　　　　　　100
③商业汇票到期时：

　　到期值=117 000×(1+6‰÷12×2)=118 170(元)

　　借：财务费用　　　　　　　　　　　　　　　　　　　　　1 170
　　　　应付票据　　　　　　　　　　　　　　　　　　　　　117 000
　　　贷：短期借款　　　　　　　　　　　　　　　　　　　　118 170
(3)①购买材料时：
　　借：原材料　　　　　　　　　　　　　　　　　　　　　　20 000
　　　　应交税费——应交增值税（进项税额）　　　　　　　　3 400
　　　贷：应付票据　　　　　　　　　　　　　　　　　　　　23 400
②商业汇票到期时：

　　到期值=23 400×(1+6‰÷12×1)=23 517(元)

　　借：财务费用　　　　　　　　　　　　　　　　　　　　　117
　　　　应付票据　　　　　　　　　　　　　　　　　　　　　23 400
　　　贷：银行存款　　　　　　　　　　　　　　　　　　　　23 517
(4)①购买材料时：
　　借：原材料　　　　　　　　　　　　　　　　　　　　　　10 000
　　　　应交税费——应交增值税（进项税额）　　　　　　　　1 700
　　　贷：应付票据　　　　　　　　　　　　　　　　　　　　11 700
②商业汇票到期时：
　　借：应付票据　　　　　　　　　　　　　　　　　　　　　11 700
　　　贷：应付账款　　　　　　　　　　　　　　　　　　　　11 700
2. 根据上述资料，甲公司会计处理如下：
(1) 设置"预收账款"科目的情况。
①2017年8月1日，收到A公司预付款时：
　　借：银行存款　　　　　　　　　　　　　　　　　　　　　40 000
　　　贷：预收账款——A公司　　　　　　　　　　　　　　　40 000
②2017年8月10日，销售成立时：
　　借：预收账款——A公司　　　　　　　　　　　　　　　　70 200

    贷：主营业务收入 60 000
        应交税费——应交增值税（销项税额） 10 200
③2017年8月23日，收到余款时：
    借：银行存款 30 200
        贷：预收账款——A公司 30 200
(2) 不设置"预收账款"科目的情况。
①2017年8月1日，收到A公司预付款时：
    借：银行存款 40 000
        贷：应收账款——A公司 40 000
②2017年8月10日，销售成立时：
    借：应收账款——A公司 70 200
        贷：主营业务收入 60 000
            应交税费——应交增值税（销项税额） 10 200
③2017年8月23日，收到余款时：
    借：银行存款 30 200
        贷：应收账款——A公司 30 200
3. 根据上述资料，甲公司会计处理如下：
(1) 核算职工薪酬时：
    借：生产成本 [450 000×(1+5％+2％+3％+33％+12％)] 697 500
        制造费用 [150 000×(1+5％+2％+3％+33％+12％)] 232 500
        管理费用 [300 000×(1+5％+2％+3％+33％+12％)] 465 000
        销售费用 [150 000×(1+5％+2％+3％+33％+12％)] 232 500
        贷：应付职工薪酬——工资 1 050 000
                    ——职工福利 52 500
                    ——工会经费 21 000
                    ——职工教育经费 31 500
                    ——社会保险费 346 500
                    ——住房公积金 126 000
(2) 缴纳和代缴社会保险费和住房公积金时：
    借：应付职工薪酬——社会保险费 346 500
                    ——住房公积金 126 000
        其他应付款——社会保险费（1 050 000×11％） 115 500
                    ——住房公积金（1 050 000×12％） 126 000
        贷：银行存款 714 000

(3) 发放工资并代扣社会保险费、住房公积金和个人所得税时：
借：应付职工薪酬——工资　　　　　　　　　　　　　　1 050 000
　　贷：其他应付款——社会保险费　　　　　　　　　　　115 500
　　　　　　　　　——住房公积金　　　　　　　　　　　126 000
　　　　应交税费——应交个人所得税（1 050 000×10%）　105 000
　　　　银行存款　　　　　　　　　　　　　　　　　　　703 500
(4) 代缴个人所得税时：
借：应交税费——应交个人所得税　　　　　　　　　　　　105 000
　　贷：银行存款　　　　　　　　　　　　　　　　　　　105 000

4. 根据上述资料，甲公司会计处理如下：
(1) ①购买材料时：
借：原材料　　　　　　　　　　　　　　　　　　　　　　500 000
　　应交税费——应交增值税（进项税额）　　　　　　　　85 000
　　贷：应付票据　　　　　　　　　　　　　　　　　　　585 000

②发放福利时：
借：应付职工薪酬——非货币性福利　　　　　　　　　　　468 000
　　贷：主营业务收入　　　　　　　　　　　　　　　　　400 000
　　　　应交税费——应交增值税（销项税额）　　　　　　68 000
借：主营业务成本　　　　　　　　　　　　　　　　　　　370 000
　　贷：库存商品　　　　　　　　　　　　　　　　　　　370 000

③销售产品时：
借：应收账款　　　　　　　　　　　　　　　　　　　　　351 000
　　贷：主营业务收入　　　　　　　　　　　　　　　　　300 000
　　　　应交税费——应交增值税（销项税额）　　　　　　51 000
借：主营业务成本　　　　　　　　　　　　　　　　　　　210 000
　　贷：库存商品　　　　　　　　　　　　　　　　　　　210 000

④在建工程领用原材料时：
借：在建工程　　　　　　　　　　　　　　　　　　　　　200 000
　　贷：原材料　　　　　　　　　　　　　　　　　　　　200 000

⑤盘亏原材料时：
借：待处理财产损溢——待处理流动资产损溢　　　　　　　234 000
　　贷：原材料　　　　　　　　　　　　　　　　　　　　200 000
　　　　应交税费——应交增值税（进项税额转出）　　　　34 000

⑥缴纳本月增值税时：

借：应交税费——应交增值税（已交税金）　　　　　　　　　30 000
　　贷：银行存款　　　　　　　　　　　　　　　　　　　　　30 000
(2) 12 月末，核算增值税时：

应交增值税＝(68 000＋51 000)－(85 000－34 000)－70 000＝－2 000(元)

应交增值税为负 2 000 元，表示本期应纳税额为零，销项税额不足进项税额抵扣的 2 000 元，作为期末留抵的进项税额结转下期继续抵扣。

多交增值税＝30 000－0＝30 000(元)

借：应交税费——未交增值税　　　　　　　　　　　　　　　30 000
　　贷：应交税费——应交增值税（转出多交增值税）　　　　　30 000

5. 根据上述资料，甲公司会计处理如下：
(1) 发出原材料时：
借：委托加工物资　　　　　　　　　　　　　　　　　　　　100 000
　　贷：原材料　　　　　　　　　　　　　　　　　　　　　　100 000
(2) 支付加工费及相关税费时：

不含税加工费＝46 800÷(1＋17％)＝40 000(元)

应交增值税＝40 000×17％＝6 800(元)

组成计税价格＝(100 000＋40 000)÷(1－30％)＝200 000(元)

应交消费税＝200 000×30％＝60 000(元)

借：委托加工物资　　　　　　　　　　　　　　　　　　　　40 000
　　应交税费——应交增值税（进项税额）　　　　　　　　　　6 800
　　　　　　——应交消费税　　　　　　　　　　　　　　　60 000
　　贷：银行存款　　　　　　　　　　　　　　　　　　　　　106 800
(3) 收回加工完毕的应税消费品时：
借：原材料　　　　　　　　　　　　　　　　　　　　　　　140 000
　　贷：委托加工物资　　　　　　　　　　　　　　　　　　　140 000

6. 根据上述资料，乙公司会计处理如下：
(1) 2014 年 1 月 1 日，发行债券时：
借：银行存款　　　　　　　　　　　　　　　　　　　　　　965 350
　　应付债券——利息调整　　　　　　　　　　　　　　　　34 650
　　贷：应付债券——面值　　　　　　　　　　　　　　　　1 000 000
(2) 2014 年 12 月 31 日，确认实际利息、支付票面利息时：
借：在建工程 [实际利息＝期初摊余成本×实际利率

$\qquad =(1\,000\,000-34\,650)\times 6\%]$ 57 921
  贷：应付利息（票面利息＝面值×票面利率＝1 000 000×5%） 50 000
    应付债券——利息调整（差额＝实际利息－票面利息） 7 921
 借：应付利息 50 000
  贷：银行存款 50 000

（3）2015 年 12 月 31 日，确认实际利息、支付票面利息时：
 借：在建工程 ｛[1 000 000－(34 650－7 921)]×6%｝ 58 396
  贷：应付利息 50 000
    应付债券——利息调整 8 396
 借：应付利息 50 000
  贷：银行存款 50 000

（4）2016 年 12 月 31 日，确认实际利息、支付票面利息时：
 借：财务费用 ｛[1 000 000－(34 650－7 921－8 396)]×6%｝ 58 900
  贷：应付利息 50 000
    应付债券——利息调整 8 900
 借：应付利息 50 000
  贷：银行存款 50 000

（5）2017 年 12 月 31 日，确认实际利息、还本付息时：
 借：财务费用 59 433
  贷：应付利息 50 000
    应付债券——利息调整 [34 650－(7 921＋8 396＋8 900)] 9 433
 借：应付债券——面值 1 000 000
    应付利息 50 000
  贷：银行存款 1 050 000

7. 根据上述资料，乙公司会计处理如下：
（1）2014 年 1 月 1 日，发行债券时：
 借：银行存款 1 025 750
  贷：应付债券——面值 1 000 000
      ——利息调整 25 750

（2）2014 年 12 月 31 日，确认实际利息时：
 借：研发支出 [实际利息＝期初摊余成本×实际利率
$\qquad\qquad =(1\,000\,000+25\,750)\times 4\%]$ 41 030
  应付债券——利息调整（差额＝票面利息－实际利息） 8 970
  贷：应付债券——应计利息（票面利息＝面值×票面利率

$= 1\,000\,000 \times 5\%$)   50 000

(3) 2015 年 12 月 31 日，确认实际利息时：

 借：研发支出 {[1 000 000+(25 750−8 970)+50 000]×4%} 42 671

   应付债券——利息调整   7 329

  贷：应付债券——应计利息   50 000

(4) 2016 年 12 月 31 日，确认实际利息时：

 借：财务费用 {[1 000 000+(25 750−8 970−7 329)+50 000×2]×4%}

                        44 378

   应付债券——利息调整   5 622

  贷：应付债券——应计利息   500 00

(5) 2017 年 12 月 31 日，确认实际利息、还本付息时：

 借：财务费用   46 171

   应付债券——利息调整 [25 750−(8 970+7 329+5 622)] 3 829

  贷：应付债券——应计利息   50 000

 借：应付债券——面值   1 000 000

     ——应计利息   200 000

  贷：银行存款   1 200 000

第九章 所有者权益

三、单项选择题

1. C 2. D 3. D 4. A 5. B 6. C

四、多项选择题

1. BC 2. CD 3. ABC 4. ABCD 5. ABCD 6. AB 7. ABCD

五、判断题

1. √ 2. × 3. × 4. × 5. × 6. √ 7. √ 8. ×

六、计算题

1. 2017 年年末的未分配利润 = 200+(800−200)×(1−10%−5%)−25 = 685（万元）。

2. 2017 年年末的未分配利润 = −18+900−90−40−27 = 725（万元）。

七、核算题

1. (1) 发行股票时：

 借：银行存款   78 400 000

  贷：股本   10 000 000

    资本公积——股本溢价   68 400 000

（2）转增股本时：

借：资本公积——股本溢价　　　　　　　　　　　　　1 000 000
　　贷：股本　　　　　　　　　　　　　　　　　　　　　　1 000 000

2.（1）回购股票时：

借：库存股　　　　　　　　　　　　　　　　　　　　　960 000
　　贷：银行存款　　　　　　　　　　　　　　　　　　　　960 000

（2）注销库存股时：

借：股本　　　　　　　　　　　　　　　　　　　　　　200 000
　　资本公积——股本溢价　　　　　　　　　　　　　　　600 000
　　盈余公积　　　　　　　　　　　　　　　　　　　　　160 000
　　贷：库存股　　　　　　　　　　　　　　　　　　　　　960 000

3.（1）2016年相关会计处理：

①结转本年净利润时：

借：本年利润　　　　　　　　　　　　　　　　　　　3 000 000
　　贷：利润分配——未分配利润　　　　　　　　　　　　3 000 000

②分配利润时：

借：利润分配——提取法定盈余公积　　　　　　　　　　300 000
　　　　　　——提取任意盈余公积　　　　　　　　　　210 000
　　贷：盈余公积——法定盈余公积　　　　　　　　　　　300 000
　　　　　　　　——任意盈余公积　　　　　　　　　　　210 000

借：利润分配——应付现金股利　　　　　　　　　　　　900 000
　　贷：应付股利　　　　　　　　　　　　　　　　　　　900 000

借：利润分配——转作股本的股利　　　　　　　　　　1 000 000
　　贷：股本　　　　　　　　　　　　　　　　　　　　1 000 000

③结转"利润分配"明细科目时：

借：利润分配——未分配利润　　　　　　　　　　　　2 410 000
　　贷：利润分配——提取法定盈余公积　　　　　　　　　300 000
　　　　　　　　——提取任意盈余公积　　　　　　　　　210 000
　　　　　　　　——应付现金股利　　　　　　　　　　　900 000
　　　　　　　　——转作股本的股利　　　　　　　　　1 000 000

2016年年末"利润分配——未分配利润"明细科目贷方余额为1 090 000元。

（2）2017年相关会计处理：

①结转本年净亏损时：

借：利润分配——未分配利润　　　　　　　　　　　　1 800 000

　　　　贷：本年利润　　　　　　　　　　　　　　　　　　　　　　　　　　1 800 000
　②用法定盈余公积弥补亏损时：
　　　　尚未弥补的亏损＝1 800 000－1 090 000＝710 000(元)
　　　　借：盈余公积——法定盈余公积　　　　　　　　　　　　　　　　710 000
　　　　　　贷：利润分配——盈余公积补亏　　　　　　　　　　　　　　　　710 000
　③结转"利润分配"明细科目时：
　　　　借：利润分配——盈余公积补亏　　　　　　　　　　　　　　　　710 000
　　　　　　贷：利润分配——未分配利润　　　　　　　　　　　　　　　　710 000

第十章　收入、费用和利润

三、单项选择题
1．C　2．C　3．C　4．A　5．D　6．D　7．C　8．D　9．B　10．A
11．A

四、多项选择题
1．ABCD　2．ABCD　3．ABCD　4．BCD　5．ABCD　6．BC　7．ACD
8．AB　9．ABCD　10．ACD　11．ABD

五、判断题
1．√　2．×　3．×　4．×　5．×　6．√　7．×　8．√　9．√
10．√

六、计算题
1．2016 年完工进度＝150 000/(150 000＋1 850 000)×100％＝7.5％
　2016 年应确认的提供劳务收入＝3 300 000×7.5％＝247 500（元）
　2017 年完工进度＝1 200 000/(1 200 000＋800 000)×100％＝60％
　2017 年应确认的提供劳务收入＝3 300 000×60％－247 500
　　　　　　　　　　　　　　＝1 732 500（元）
2．营业利润＝3 270 000＋29 000＋35 000－2 800 000－50 000－17 000－
　　　　　　90 000－77 000－15 000－14 000－10 000
　　　　　＝261 000（元）
　利润总额＝261 000＋56 000－74 000＝243 000（元）
　净利润＝243 000－61 370＝181 630（元）

七、核算题
1．(1) 1 月 15 日收到预收款时：
　　　借：银行存款　　　　　　　　　　　　　　　　　　　　　　　　400 000
　　　　　贷：预收账款　　　　　　　　　　　　　　　　　　　　　　　　400 000

1月20日销售成立时：

　　借：预收账款　　　　　　　　　　　　　　　　　　　　　　2 340 000
　　　　贷：主营业务收入　　　　　　　　　　　　　　　　　　　　2 000 000
　　　　　　应交税费——应交增值税（销项税额）　　　　　　　　　　340 000
　　借：主营业务成本　　　　　　　　　　　　　　　　　　　　　1 600 000
　　　　贷：库存商品　　　　　　　　　　　　　　　　　　　　　　1 600 000

1月30日收入余款时：

　　借：银行存款　　　　　　　　　　　　　　　　　　　　　　　1 940 000
　　　　贷：预收账款　　　　　　　　　　　　　　　　　　　　　　1 940 000

(2) 1月20日发出商品时：

　　借：发出商品　　　　　　　　　　　　　　　　　　　　　　　8 000 000
　　　　贷：库存商品　　　　　　　　　　　　　　　　　　　　　　8 000 000

收到30%合同价款时：

　　借：银行存款　　　　　　　　　　　　　　　　　　　　　　　3 000 000
　　　　贷：预收账款　　　　　　　　　　　　　　　　　　　　　　3 000 000

发生安装费时：

　　借：劳务成本　　　　　　　　　　　　　　　　　　　　　　　　120 000
　　　　贷：银行存款　　　　　　　　　　　　　　　　　　　　　　　120 000

2月20日完成安装后：

　　借：预收账款　　　　　　　　　　　　　　　　　　　　　　　11 700 000
　　　　贷：主营业务收入　　　　　　　　　　　　　　　　　　　　10 000 000
　　　　　　应交税费——应交增值税（销项税额）　　　　　　　　　1 700 000
　　借：主营业务成本　　　　　　　　　　　　　　　　　　　　　8 120 000
　　　　贷：发出商品　　　　　　　　　　　　　　　　　　　　　　8 000 000
　　　　　　劳务成本　　　　　　　　　　　　　　　　　　　　　　　120 000

(3) 1月23日销售成立时：

　　借：应收票据　　　　　　　　　　　　　　　　　　　　　　　　936 000
　　　　贷：主营业务收入　　　　　　　　　　　　　　　　　　　　　800 000
　　　　　　应交税费——应交增值税（销项税额）　　　　　　　　　　136 000
　　借：主营业务成本　　　　　　　　　　　　　　　　　　　　　　600 000
　　　　贷：库存商品　　　　　　　　　　　　　　　　　　　　　　　600 000

(4) 1月25日发出商品时：

　　借：发出商品　　　　　　　　　　　　　　　　　　　　　　　　 80 000
　　　　贷：库存商品　　　　　　　　　　　　　　　　　　　　　　　 80 000

借：应收账款	18 700
贷：应交税费——应交增值税（销项税额）	18 700

(5) 甲公司 2017 年 1 月实现的商品销售收入＝2 000 000＋800 000＝2 800 000（元）。

2. (1) 4 月 10 日销售商品时：

借：应收账款	58 500
贷：主营业务收入	50 000
应交税费——应交增值税（销项税额）	8 500
借：主营业务成本	42 000
贷：库存商品	42 000

(2) 4 月 15 日收到货款时：

借：银行存款	57 500
财务费用	1 000
贷：应收账款	58 500

(3) 5 月 10 日销售退回时：

借：主营业务收入	50 000
应交税费——应交增值税（销项税额）	8 500
贷：银行存款	57 500
财务费用	1 000
借：库存商品	42 000
贷：主营业务成本	42 000

3. (1) 销售商品时：

借：应收账款	23 400
贷：主营业务收入	20 000
应交税费——应交增值税（销项税额）	3 400

(2) 发生销售折让时：

借：主营业务收入	3 000
应交税费——应交增值税（销项税额）	510
贷：应收账款	3 510

(3) 收到货款时：

借：银行存款	19 890
贷：应收账款	19 890

4. 甲公司的账务处理如下：

(1) 发出委托代销商品时：

借：委托代销商品　　　　　　　　　　　　　　　　　360 000
　　贷：库存商品　　　　　　　　　　　　　　　　　　360 000
(2) 收到代销清单时：
借：应收账款　　　　　　　　　　　　　　　　　　　350 000
　　贷：主营业务收入　　　　　　　　　　　　　　　　350 000
借：主营业务成本　　　　　　　　　　　　　　　　　252 000
　　贷：委托代销商品　　　　　　　　　　　　　　　　252 000
借：销售费用　　　　　　　　　　　　　　　　　　　 35 000
　　贷：应收账款　　　　　　　　　　　　　　　　　　 35 000
(3) 收到丙公司支付的货款时：
借：银行存款　　　　　　　　　　　　　　　　　　　315 000
　　贷：应收账款　　　　　　　　　　　　　　　　　　315 000
乙公司的账务处理如下：
(1) 收到受托代销商品时：
借：受托代销商品　　　　　　　　　　　　　　　　　500 000
　　贷：受托代销商品款　　　　　　　　　　　　　　　500 000
(2) 对外销售时：
借：银行存款　　　　　　　　　　　　　　　　　　　350 000
　　贷：应付账款　　　　　　　　　　　　　　　　　　350 000
借：受托代销商品款　　　　　　　　　　　　　　　　350 000
　　贷：受托代销商品　　　　　　　　　　　　　　　　350 000
(3) 计算并确认代销手续费收入时：
借：应付账款　　　　　　　　　　　　　　　　　　　 35 000
　　贷：主营业务收入　　　　　　　　　　　　　　　　 35 000
(4) 支付代销商品款时：
借：应付账款　　　　　　　　　　　　　　　　　　　315 000
　　贷：银行存款　　　　　　　　　　　　　　　　　　315 000

5. (1) 2015 年 1 月 1 日销售实现时：

$$应确认的销售收入 = 1\,000\,000/1.05 + 1\,000\,000/1.05^2 + 1\,000\,000/1.05^3$$
$$= 2\,723\,248(元)$$

未实现融资收益 $= 3\,000\,000 - 2\,723\,248 = 276\,752(元)$

第一年应确认的融资收益 $= 2\,723\,248 \times 5\% = 136\,162(元)$

第二年应确认的融资收益 $= (2\,723\,248 - 1\,000\,000 + 136\,162) \times 5\%$
$$= 92\,971(元)$$

第三年应确认的融资收益＝276 752－136 162－92 971＝47 619(元)

借：长期应收款	3 000 000
银行存款	510 000
贷：主营业务收入	2 723 248
应交税费——应交增值税（销项税额）	510 000
未实现融资收益	276 752
借：主营业务成本	2 560 000
贷：库存商品	2 560 000

(2) 2015 年 12 月 31 日确认融资收益，收取货款时：

借：未实现融资收益	136 162
贷：财务费用	136 162
借：银行存款	1 000 000
贷：长期应收款	1 000 000

(2) 2016 年 12 月 31 日确认融资收益，收取货款时：

借：未实现融资收益	92 971
贷：财务费用	92 971
借：银行存款	1 000 000
贷：长期应收款	1 000 000

(3) 2017 年 12 月 31 日确认融资收益，收取货款时：

借：未实现融资收益	47 619
贷：财务费用	47 619
借：银行存款	1 000 000
贷：长期应收款	1 000 000

6. (1) 实际发生劳务成本时：

借：劳务成本	375 000
贷：应付职工薪酬	375 000

(2) 2017 年 12 月 31 日确认收入、结转劳务成本时：

收入＝650 000×70%＝455 000(元)

费用＝(375 000＋125 000)×70%＝350 000(元)

借：应收账款	455 000
贷：主营业务收入	455 000
借：主营业务成本	350 000
贷：劳务成本	350 000

7. (1) 将损益类科目余额转入"本年利润"科目：

借：主营业务收入 200 000
　　其他业务收入 4 000
　　投资收益 5 000
　　营业外收入 1 600
　贷：本年利润 210 600
借：本年利润 174 105
　贷：主营业务成本 150 000
　　　税金及附加 8 345
　　　其他业务成本 2 200
　　　营业外支出 1 400
　　　所得税费用 12 160

(2) 将"本年利润"科目的余额转入"利润分配——未分配利润"科目
　借：本年利润 36 495
　　贷：利润分配——未分配利润 36 495

(3) 提取法定盈余公积
　借：利润分配——提取法定盈余公积 3 650
　　　　　　——提取任意盈余公积 1 825
　　贷：盈余公积——法定盈余公积 3 650
　　　　　　　　——任意盈余公积 1825

(4) 分配现金股利
　借：利润分配——应付现金股利或利润 7 299
　　贷：应付股利 7 299

(5) 分配股票股利
　借：利润分配——转作股本的股利 14 598
　　贷：股本 14 598

(6) 将"利润分配"其他各明细科目转入"利润分配——未分配利润"明细科目
　借：利润分配——未分配利润 27 372
　　贷：利润分配——提取法定盈余公积 3 650
　　　　　　　　——提取任意盈余公积 1 825
　　　　　　　　——应付现金股利或利润 7 299
　　　　　　　　——转作股本的股利 14 598

第十一章 财务报告

三、单项选择题

1. D 2. A 3. A 4. A 5. A 6. D 7. C 8. B 9. D 10. B
11. D 12. D 13. A 14. D 15. B 16. C 17. D 18. D 19. D
20. D 21. C 22. D 23. B 24. C

四、多项选择题

1. BCD 2. ABCD 3. AC 4. ABCD 5. ACD 6. ACD 7. ACD
8. BC 9. AD 10. ABCD 11. ABD 12. BD 13. AC 14. ACD
15. ABCD 16. ACD 17. ABC 18. ABCD 19. ABD 20. ABCD
21. ABCD

五、判断题

1. √ 2. × 3. × 4. √ 5. × 6. √ 7. × 8. × 9. √
10. × 11. √ 12. ×

六、核算题

1. 根据上述资料，该公司会计处理如下：

(1) "应收账款"项目＝258＋41＋1－15＝285（万元）；

(2) "预付款项"项目＝156＋10＝166（万元）；

(3) "应付账款"项目＝6＋210＝216（万元）；

(4) "预收款项"项目＝3＋20＝23（万元）。

2. 根据上述资料，甲公司会计处理如下：

(1) 分析调整营业收入：

借：经营活动产生的现金流量——销售商品收到的现金	910 000
应收账款	380 000
贷：营业收入	1 000 000
应收票据	120 000
应交税费——应交增值税（销项税额）	170 000

(2) 分析调整营业成本：

借：营业成本	800 000
应交税金——应交增值税（进项税额）	100 000
存货	120 000
贷：经营活动产生的现金流量——购买商品支付的现金	870 000
应付票据	150 000

(3) 分析调整销售费用：

借：销售费用 40 000
　　贷：经营活动产生的现金流量——支付其他与经营活动有关的现金
　　　　　　　　　　　　　　　　　　　　　　　　　　　　40 000
(4) 分析调整管理费用：
借：管理费用 100 000
　　贷：经营活动产生的现金流量——支付其他与经营活动有关的现金
　　　　　　　　　　　　　　　　　　　　　　　　　　　　70 000
　　　　固定资产——累计折旧 20 000
　　　　无形资产——累计摊销 10 000
(5) 分析调整财务费用：
借：财务费用 43 000
　　经营活动产生的现金流量——购买商品支付的现金 5 000
　　贷：筹资活动产生的现金流量——偿付利息支付的现金 10 000
　　　　经营活动产生的现金流量——销售商品收到的现金 8 000
　　　　应付利息 10 000
　　　　长期借款 20 000
(6) ①分析调整长期借款：
借：筹资活动产生的现金流量——取得借款收到现金 5 000 000
　　贷：长期借款 5 000 000
②分析调整短期借款：
借：短期借款 1 000 000
　　贷：筹资活动产生的现金流量——偿还债务支付现金 1 000 000

七、综合题
根据上述资料，甲公司会计处理如下：
1. 编制调整分录。
(1) 分析调整营业收入：
借：经营活动产生的现金流量——销售商品收到的现金 936 000
　　应收账款（1 521 000－1 170 000） 351 000
　　贷：营业收入 1 000 000
　　　　应收票据（234 000－351 000） 117 000
　　　　应交税费——应交增值税（销项税额） 170 000
(2) 分析调整营业成本：
借：营业成本 600 000
　　应交税金——应交增值税（进项税额） 34 000

存货（1 808 000－1 516 000）　　　　　　　　　　292 000
　　　　贷：经营活动产生的现金流量——购买商品支付的现金　224 000
　　　　　　应付票据（1 404 000－1 287 000）　　　　　　117 000
　　　　　　应付账款（1 755 000－1 170 000）　　　　　　585 000
（3）分析调整销售费用：
　　借：销售费用　　　　　　　　　　　　　　　　　　　　60 000
　　　　贷：经营活动产生的现金流量——支付其他与经营活动有关的现金
　　　　　　　　　　　　　　　　　　　　　　　　　　　　60 000
（4）分析调整管理费用：
　　借：管理费用　　　　　　　　　　　　　　　　　　　　90 000
　　　　贷：经营活动产生的现金流量——支付其他与经营活动有关的现金
　　　　　　　　　　　　　　　　　　　　　　　　　　　　60 000
　　　　　　固定资产——累计折旧　　　　　　　　　　　　20 000
　　　　　　无形资产——累计摊销　　　　　　　　　　　　10 000
（5）分析调整财务费用：
　　借：财务费用　　　　　　　　　　　　　　　　　　　　60 000
　　　　贷：筹资活动产生的现金流量——偿付利息支付的现金　60 000
（6）分析调整所得税费用：
　　借：所得税费用　　　　　　　　　　　　　　　　　　　47 500
　　　　贷：应交税费——应交所得税　　　　　　　　　　　47 500
（7）分析调整应交税费：
　　借：应交税费　　　　　　　　　　　　　　　　　　　　280 100
　　　　贷：经营活动产生的现金流量——支付的各项税费　　280 100
（8）举借长期借款：
　　借：筹资活动产生的现金流量——取得借款收到的现金　1 000 000
　　　　贷：长期借款　　　　　　　　　　　　　　　　　　1 000 000
（9）结转净利润：
　　借：净利润　　　　　　　　　　　　　　　　　　　　　142 500
　　　　贷：未分配利润　　　　　　　　　　　　　　　　　142 500
（10）提取盈余公积：
　　借：未分配利润　　　　　　　　　　　　　　　　　　　14 250
　　　　贷：盈余公积　　　　　　　　　　　　　　　　　　14 250
（11）调整现金及现金等价物净增加额：
　　借：货币资金　　　　　　　　　　　　　　　　　　　　1 251 900

贷：现金及现金等价物净增加额　　　　　　　　　　　1 251 900
2. 计算填列现金流量表工作底稿，详见表1。

表1　　　　　　　　现金流量表工作底稿（简表）　　　　　　金额单位：元

项目	年初数	调整分录 借方	调整分录 贷方	年末数或本年数
一、资产负债表项目	年初数			年末数
借方项目：				
货币资金	1 560 010	(11) 1 251 900		2 811 910
应收票据	351 000		(1) 117 000	234 000
应收账款	1 170 000	(1) 351 000		1 521 000
存货	1 516 000	(2) 292 000		1 808 000
固定资产	180 000		(4) 20 000	160 000
无形资产	90 000		(4) 10 000	80 000
借方项目合计	4 867 010	1 894 900	147 000	6 614 910
贷方项目：				
应付票据	1 287 000		(2) 117 000	1 404 000
应付账款	1 170 000		(2) 585 000	1 755 000
应交税费	200 100	(2) 34 000 (7) 280 100	(1) 170 000 (6) 47 500	103 500
应付利息	0			0
长期借款	0		(8) 1 000 000	1 000 000
实收资本（或股本）	2 000 000			2 000 000
盈余公积	40 990		(10) 14 250	55 240
未分配利润	168 920	(10) 14 250	(9) 142 500	297 170
贷方项目合计	4 867 010	328 350	2 076 250	6 614 910
调整分录借、贷合计	—	2 223 250	2 223 250	—
二、利润表项目	—			本年数
营业收入			(1) 1 000 000	1 000 000
营业成本		(2) 600 000		600 000
销售费用		(3) 60 000		60 000
管理费用		(4) 90 000		90 000
财务费用		(5) 60 000		60 000
所得税费用		(6) 47 500		47 500
净利润		(9) 142 500		142 500
调整分录借、贷合计	—	1 000 000	1 000 000	—
三、现金流量表项目	—			本年数
（一）经营活动产生的现金流量				

续表

项目	年初数	调整分录 借方	调整分录 贷方	年末数或本年数
销售商品、提供劳务收到的现金		(1) 936 000		936 000
收到其他与经营活动有关的现金				
经营活动现金流入小计				936 000
购买商品、接受劳务支付的现金			(2) 224 000	224 000
支付给职工以及为职工支付的现金				
支付的各项税费			(7) 280 100	280 100
支付其他与经营活动有关的现金			(3) 60 000 (4) 60 000	120 000
经营活动现金流出小计				624 100
经营活动产生现金流量净额				311 900
(二) 投资活动产生的现金流量				
收回投资收到的现金				
取得投资收益收到的现金				
处置固定资产收回的现金净额				
投资活动现金流入小计				
投资支付的现金				
投资活动现金流出小计				
投资活动产生现金流量净额				
(三) 筹资活动产生的现金流量				
吸收投资收到的现金				
取得借款收到的现金		(8) 1 000 000		1 000 000
收到其他与筹资活动有关的现金				
筹资活动现金流入小计				1 000 000
偿还债务支付的现金				
偿付利息支付的现金			(5) 60 000	60 000
筹资活动现金流出小计				60 000
筹资活动产生现金流量净额				940 000
(四) 现金及现金等价物净增加额			(11) 1 251 900	1 251 900
调整分录借、贷合计	—	1 936 000	1 936 000	—
调整分录借、贷总计	—	5 159 250	5 159 250	—

3. **计算填列现金流量表，详见表2。**

表 2　　　　　　　　　　　　　现金流量表

编制单位：甲公司　　　　　　　2017 年度　　　　　　　　　　　　金额单位：元

项目	本年金额	上年金额（略）
一、经营活动产生的现金流量：		
销售商品、提供劳务收到的现金	936 000	
收到的税费返还		
收到其他与经营活动有关的现金		
经营活动现金流入小计	936 000	
购买商品、接受劳务支付的现金	224 000	
支付给职工以及为职工支付的现金		
支付的各项税费	280 100	
支付其他与经营活动有关的现金	120 000	
经营活动现金流出小计	624 100	
经营活动产生的现金流量净额	311 900	
二、投资活动产生的现金流量：		
收回投资收到的现金		
取得投资收益收到的现金		
处置固定资产、无形资产和其他长期资产收回的现金净额		
处置子公司及其他营业单位收到的现金净额		
收到其他与投资活动有关的现金		
投资活动现金流入小计		
购建固定资产、无形资产和其他长期资产支付的现金		
投资支付的现金		
取得子公司及其他营业单位支付的现金净额		
支付其他与投资活动有关的现金		
投资活动现金流出小计		
投资活动产生的现金流量净额		
三、筹资活动产生的现金流量：		
吸收投资收到的现金		
取得借款收到的现金	1 000 000	
收到其他与筹资活动有关的现金		
筹资活动现金流入小计	1 000 000	
偿还债务支付的现金		
分配股利、利润或偿付利息支付的现金	60 000	
支付其他与筹资活动有关的现金		

续表

项目	本年金额	上年金额（略）
筹资活动现金流出小计	60 000	
筹资活动产生的现金流量净额	940 000	
四、汇率变动对现金及现金等价物的影响		
五、现金及现金等价物净增加额	1 251 900	
加：年初现金及现金等价物余额	1 560 010	
六、年末现金及现金等价物余额	2 811 910	

REFERENCES
参考文献

[1] 中华人民共和国财政部. 企业会计准则（合订本）[M]. 北京：经济科学出版社，2017.

[2] 中华人民共和国财政部. 企业会计准则——应用指南（2017）[M]. 上海：立信会计出版社，2017.

[3] 中国注册会计师协会. 会计[M]. 北京：中国财政经济出版社，2017.

[4] 李宝珍，田培源. 初级会计学[M]. 2版. 北京：中国市场出版社，2013.

[5] 李宝珍，裴淑红，付倩. 中级财务会计[M]. 北京：中国市场出版社，2013.

[6] 裴淑红. 高级财务会计[M]. 3版. 北京：中国市场出版社，2016.

[7] 李宝珍，尹文诚，李赵明. 初级会计仿真实训[M]. 2版. 北京：中国市场出版社，2013.

[8] 裴淑红，张兰. 财务会计综合实训[M]. 2版. 北京：中国市场出版社，2013.